Freiarbeit Religion
MATERIALIEN FÜR SCHULE UND GEMEINDE

HORST KLAUS BERG ——————— ULRIKE WEBER

So lebten die Menschen zur Zeit Jesu

Didaktisches Begleitheft

Calwer Verlag Stuttgart

Diese Lieferung enthält:

1. Einführung für den Leiter (Didaktisches Begleitheft mit Kopiervorlagen)
2. Die Erzählung »Benjamin und Julius«
3. Freiarbeitsmaterial
4. Farbige Fotos zum Einkleben in das Freiarbeitsmaterial

HINWEISE

Die Erzählung und das Freiarbeitsmaterial sind aufeinander bezogen, können aber unabhängig voneinander benutzt werden (vgl. S. 14f).

Eine Anleitung für die Fertigstellung des Materials finden Sie auf Seite 19f.

Quellennachweis der Farbbilder:

Leider war es nicht möglich, alle Urheber zu ermitteln. Betroffene Inhaber/innen von urheberrechtlichen Ansprüchen bitten wir, sich mit dem Calwer Verlag, Schloßstraße 73, 70176 Stuttgart, Tel. 0711/16722-0, Fax 0711/16722-77, E-Mail: info@calwer.com in Verbindung zu setzen.

Brot für die Welt, Stuttgart. Foto: Bruno Ensslen Studios, Gruibingen: 2
Editions Assouline, Paris. Foto: Laziz Hamani: 77
F. Nigel Hepper, Pflanzenwelt der Bibel, Deutsche Bibelgesellschaft Stuttgart 1992, © Three's Company, London: 3, 7, 17, 18, 20, 21, 26, 27, 30
Ich entdecke die Welt der Bibel. Altes Testament S. 60, © by Ravensburger Buchverlag 1985: 44
Institut für Film und Bild in Wissenschaft und Unterricht, München: 69, 72, 84
Ursula Jaeschke, Renate von Olnhausen: Medien-Bausteine Religion 1, Urs Görlitzer Verlag, Karlsruhe: 1, 4, 5, 6, 9, 13, 14, 32, 34, 37, 38
Ursula Jaeschke, Renate von Olnhausen: Medien-Bausteine Religion 2, Urs Görlitzer Verlag, Karlsruhe: 51, 53, 64, 65, 67, 68, 80, 82, 83, 85
Jerusalem-Foto: 70
Christian Keller: 62
Studio Mienert, Rüsselsheim: 59, 71, 73
Jörg Zink, Bildwerk zur Bibel, © Burckhardthaus-Laetare Verlag, Offenbach/M.: 8, 39, 60, 61
Michael Zohary, Pflanzen der Bibel, Calwer Verlag Stuttgart, 3. Auflage 1995: 16, 19, 22, 23, 24, 25, 28, 29

© der Erzählung »Benjamin & Julius« by Calwer Verlag, Stuttgart und Kösel Verlag, München, in der Verlagsgruppe Random House GmbH.

ISBN 978-3-7668-3946-6

4. Auflage 2017
© 1996 by Calwer Verlag, Stuttgart und Kösel Verlag, München
© der 3., verbesserten Auflage by Calwer Verlag, Stuttgart 2007
Alle Rechte vorbehalten
Umschlaggestaltung: ES Typo-Graphic, Stuttgart
Sachzeichnungen: Rolf Wertz, Ulm
Satz: Karin Class, Calwer Verlag
Druck und Verarbeitung: Mazowieckie Centrum Poligrafii –
05-270 Marki (Polen) – ul. Słoneczna 3C – www.buecherdrucken24.de

E-mail: info@calwer.com
Internet: www.calwer.com

Inhalt

Zu diesem Buch 5

Zum Theologischen und Didaktischen Ansatz 7

I. Biblisch-theologische Aspekte 7
   1. Zur Erzählung »Benjamin und Julius« 7
   2. Zum Freiarbeitsmaterial 11
   3. Jesus lernend entdecken 12

II. Zur Arbeit mit dem Material in der Lerngruppe 13
   1. Zum Aufbau des Materials 13
   2. Zum Gebrauch des Materials 14
   3. Zur Verknüpfung der Erzählung mit dem Freiarbeitsmaterial ... 14
   4. Mögliche Verknüpfungen mit dem Material »Mit Jesus beginnt
      etwas Neues« (FREIARBEIT RELIGION 1) 16
   5. Ergänzende Angebote zur kreativen Arbeit 16

III. Anleitung für die Fertigstellung des Materials 19

Freiarbeit im Religionsunterricht: Allgemeine Hinweise 21

I. Grundlagen 21
   1. Was ist Freiarbeit? 21
   2. Montessori-Pädagogik als Basis 22
   3. Freie Arbeit ist selbstbestimmtes Lernen 22
   4. Freie Arbeit ist Erlernen von Methoden,
      Erkenntniswegen und Strukturen 23
   5. Freiarbeit in der religiösen Erziehung:
      Den Lernenden einen »Schlüssel zur Welt des Glaubens« geben! ... 24
   6. Zwei »Schlüssel« 24
   7. Geht es nicht auch ohne Freiarbeit? 27
   8. Die »Umkehr zum Kind« 28

II. Zur Praxis der Freiarbeit im Religionsunterricht 29
   1. Welchen Stellenwert hat Freiarbeit? 29
   2. Die vorbereitete Umgebung 30
   3. Die vorbereitete Lernsituation 31
   4. Organisationsmodelle für die Freiarbeit 32
   5. Zur Fertigstellung und Präsentation von Freiarbeitsmaterialien:
      Praktische Vorschläge 34

Literatur 35

Zu diesem Buch

»So lebten die Menschen zur Zeit Jesu« ist als Freiarbeitsmaterial für Schule und Gemeinde entwickelt worden.
Viele nehmen es aber auch gern zur Hand, um sich anschaulich, knapp und zuverlässig über die Zeit zu informieren, in der Jesus lebte. Man kann etwas über den Lebensraum erfahren, über die politischen und sozialen Verhältnisse. Ausführlich wird das Leben der Menschen geschildert:
– Wie wohnten sie?
– Wie kleideten sie sich?
– Was kam auf den Tisch?
– Welche Berufe übten sie aus?
– Wie gestaltete sich das religiöse Leben?
– Wie feierten die Menschen?
– Welche Rolle spielte die römische Besatzung?

Zahlreiche Sachzeichnungen und über achtzig Farbfotos unterstützen die Informationen. (Die Farbfotos müssen noch eingeklebt werden.)
Einen mehr erlebnisbezogenen Zugang zu Jesus und seiner Welt eröffnet die Erzählung »Benjamin und Julius«, die im Material enthalten ist. Sie lädt ein, mit zwei Kindern Jesus auf seinen Wegen zu begleiten – und dabei einen sehr persönlichen, erfahrungsbezogenen Zugang zu dem Mann aus Nazaret zu erleben.
Wer etwas über die theologischen Hintergründe dieser Darstellung erfahren möchte, kann sich auf den folgenden Seiten informieren.

ZUM THEOLOGISCHEN UND DIDAKTISCHEN ANSATZ

I. Biblisch-theologische Aspekte

1. Zur Erzählung »Benjamin und Julius«

1.1 Zum Ansatz

Die Geschichte will so von Jesus erzählen, dass Kinder einen Zugang zu ihm finden.
Das bedeutet einmal, dass die Welt Jesu, soweit wir sie kennen, vor den Augen der Kinder ein Gesicht, das ist pulsierendes Leben, Farbe, Geschmack, Geruch, gewinnen soll.
Aber das ist nur die eine Seite. Wichtiger noch erschien uns, die Person und die Praxis Jesu so zu zeichnen, dass Kinder Jesus als Menschen kennen lernen, an dem sie erfahren können, was Gott allen Menschen zugedacht hat.
Lebens-Bilder von Jesus sollen also durch Erzählen sichtbar werden. Es war von vornherein klar, dass solche Lebens-Bilder nicht an einem einzelnen Text oder Traditionszusammenhang aufscheinen können. Es musste ein größerer Abschnitt aus der Geschichte und Praxis Jesu sein. Wir entschieden uns für die Zeit in Galiläa.
Wir verarbeiteten viele Informationen in den Geschichten des Buchs. Dabei gingen wir von der gleichen Erzähltechnik aus wie andere Autoren zu diesem Thema auch (z.B. Wölfel; Heller); wir führten zwei Kinder ein: Benjamin, einen jüdischen Jungen aus Kafarnaum, und Julius, den Sohn eines römischen Centurio. Dies bietet gute Möglichkeiten, durch gemeinsames Erleben, Fragen und Antworten grundlegende Kenntnisse zur Lebenswelt zu vermitteln. Dabei war eine gewisse Einseitigkeit nicht ganz zu vermeiden: Julius zeigt sich meistens als der wissbegierig Fragende, der oft die Stichworte für die Vermittlung einer Information gibt.

Und warum keine Julia?
In vielen Gesprächen über die Geschichten sind wir immer wieder gefragt worden, warum es denn ausgerechnet zwei Jungen sein müssen. Entspräche nicht eine »Julia« eher der Erfahrungswelt heutiger Kinder, in der ein gleichberechtigtes Zusammenleben von Jungen und Mädchen selbstverständlich ist?
Dennoch haben wir uns sehr bewusst für »Julius« entschieden; denn in biblischer Zeit waren Frauen und Mädchen in ihrer Rolle so einseitig festgelegt, dass die vielseitigen Erlebnisse und Erfahrungen, die Julius macht, für ein Mädchen nicht gut vorstellbar wären. Wir haben also der geschichtlichen Stimmigkeit den Vorzug gegeben.

Zur Freien Arbeit haben wir ein ergänzendes Material hergestellt: Auf den Text- und Bildkarten werden weiterführende und vertiefende Auskünfte gegeben (vgl. dazu die Bemerkungen auf S. 11ff).

Die Geschichten zeichnen zunächst verschiedene Bereiche der biblischen Lebenswelt, ohne dass Jesus schon vorkommt. Erst allmählich spielt er eine Rolle, anfangs durch Hörensagen, durch Geschichten, die man sich von ihm erzählt, schließlich wird die Ankunft des Rabbi Jeschua in Kafarnaum geschildert (wir haben die aramäische Form des Jesus-Namens gewählt, um nicht allzu schnell sich vordrängende Klischee-Bilder aufkommen zu lassen).

Welchen Jesus kann man Kindern erzählen?
Die ersten Nachrichten von ihm sollten ihn als einen Mann schildern, der ein außergewöhnlicher Mensch ist, weil er sich anderen hilfreich zuwendet, der anziehend von Gott erzählt, bei dem zusammenstimmt, was er redet und wie er handelt.
Allmählich kommt er in die Geschichte hinein. Beim »Einzug in Kafarnaum« zeigt er sich als freundlich, offener Mann, der mit seinen Freunden und Freundinnen auf dem Weg ist, der sich über die Zuneigung der Menschen freut. Ein menschlicher Mensch. (In dieser Szene haben wir übrigens einige Motive aus der schönen Erzählung von Werner Laubi aufgegriffen: W. Laubi, Bartimäus. – In: Ders., Geschichten zur Bibel 5. Kaufmann Verlag/Benziger Verlag, 1989, S. 51–54).
In die Geschichte von der Ankunft Jesu in Kafarnaum haben wir die Erzählung von der Heilung des blinden Barjona (Bartimäus) eingebaut. Hier tauchte eine weitere Frage auf: Wenn sich das Unverwechselbare, Einmalige an Jesus in seiner uneingeschränkten Menschenfreundlichkeit zeigt, wie steht es dann mit seiner »Wundermacht«? Wir suchten eine Lösung auf der Spur dieser Menschlichkeit: Nicht die staunenswerte Machttat macht das Wunder aus, sondern die bedingungslose Zuwendung. Also lässt Jesus den Blinden nicht mit einer messianisch-hoheitsvollen Geste heranholen, sondern setzt sich zu ihm an den Straßenrand, umarmt ihn, spricht leise mit ihm, geht weiter. Erst am nächsten Tag erzählt man sich in Kafarnaum: Barjona kann wieder sehen. Aber die Erzählung behält ihr Geheimnis – es bleibt offen, wie das alles vor sich ging. So entfaltet sich die Geschichte Zug um Zug.
Der Leser sieht – im Spiegel der Beteiligung der beiden Jungen – wie die Person Jesu immer deutlichere Züge annimmt und in den Mittelpunkt der Erzählung rückt.
Er erfährt, wie von ihm Leben ausging, Hoffnung, neuer Mut, ansteckende Freude.

1.2 Nur ein »Jesus für Kinder«?

Die erzählende Annäherung an Jesus bedeutet viel mehr als die Anwendung einer bestimmten Erzähl-Technik; vielmehr geht es darum, den Text zu verstehen und auszulegen. Unvermutet waren wir auf eine »Goldader der Auslegung« gestoßen – dieses Verfahren wird als narrative Exegese bezeichnet. Narrative Exegese heißt also: Auslegen durch Erzählen. Das bedeutet natürlich nicht, auf Exegese überhaupt zu verzichten, sondern einen anderen Weg zum Text zu gehen. Indem ich erzähle, fabuliere ich nicht einfach drauflos, sondern ich habe bereits historische Kenntnisse und stütze mich auf eine kritische Theologie im Blick auf Jesus. Wenn ich erzähle, muss ich meine Geschichten auch immer wieder rückbeziehen auf den biblischen Befund.
So kommt es zum Erzählen in einem eigenartigen Spannungszustand: Es gibt das Vorwissen – aber dieses wird nicht einfach durch Erzählen illustriert; es werden

auch neue, gegenläufige Sichtweisen provoziert, die dann wieder durch kritische Vergewisserung am Überlieferungsbestand zu überprüfen sind.

Dies ist bei unseren Jesus-Geschichten natürlich nicht am Einzeltext möglich, sondern nur im größeren Zusammenhang.

Es wäre also zu fragen: Kann der Entwurf der Person und Sache Jesu sich am Jesus des Neuen Testaments messen?

Aber jeder weiß, dass es »den Jesus des Neuen Testaments« nicht gibt, sondern die »tausend Bilder des Jesus von Nazareth«, wie Josef Blank einmal notierte. Man muss anders fragen: Kann sich das narrativ entfaltete Bild von Jesus auf theologische Entwürfe berufen, die exegetisch auf verlässlichem Boden stehen?

Dies ist u.E. mit Sicherheit der Fall – wir verweisen exemplarisch auf die Arbeiten von Luise Schottroff, Gerd Theißen und Ingo Baldermann (vgl. die Literaturhinweise am Schluss).

Zusammenfassend lässt sich ein Jesus-Bild, das sich am biblischen Befund der synoptischen Evangelien orientiert, etwa so skizzieren:

An Jesus sind die verschiedensten Bilder des messianischen Heilskönigs herangetragen worden – Erwartungen, Hoffnungen, Ansprüche ... und er hat sie alle gesprengt. Unsicherheit und Ratlosigkeit, die sein nicht berechenbares Auftreten und Verhalten oft auslösten, spiegeln sich nicht zuletzt in der Vielfalt der Bezeichnungen, die man ihm gab: Von »Zecher« bis zu »Gottes Sohn« reicht die Skala. – Die »Schemata«, die an ihn herangetragen wurden, stammen aus der vielschichtigen Glaubens- und Hoffnungswelt des zeitgenössischen Judentums. Ihnen allen ist gemeinsam, dass sie den machterfüllten Messias-König erwarten, den »Menschensohn« als kosmischen Weltenrichter, den endzeitlichen Heilbringer.

Das Bekenntnis der ersten christlichen Gemeinden und die dogmatische Entwicklung in der Theologiegeschichte haben dann – dieser Linie folgend – immer mehr den machtvollen, erhöhten Gottessohn gezeigt – es ist einmal gesagt worden, man habe Jesus von Nazaret einen Purpurmantel nach dem anderen umgehängt, bis er unkenntlich geworden sei.

Wie Jesus selbst die Erwartungen durchkreuzte, deuten einige Beispiele an:
- Johannes berichtet am Schluss der Erzählung von der wunderbaren Speisung: »Als nun die Leute das Zeichen sahen, das er tat, sagten sie: Dies ist in Wahrheit der Prophet, der in die Welt kommen soll. Als nun Jesus merkte, dass sie kommen und ihn gewaltsam wegführen wollten, um ihn zum König zu machen, zog er sich wiederum auf den Berg zurück, er allein« (Joh 6,14f).
- Die Vorstellung des machtvollen Menschensohn-Weltenrichters rückt er so zurecht: »Der Menschensohn ist nicht gekommen, damit ihm gedient werde, sondern damit er diene und sein Leben gebe als Lösegeld für viele« (Mk 10,45).
- Oder: Als Skeptiker von ihm ein Wunder fordern, das ihn als den von Gott Gesandten ausweist, bekommen sie zur Antwort: »Ein böses und abtrünniges Geschlecht begehrt ein Zeichen; und ein Zeichen wird ihnen nicht gegeben werden als nur das Zeichen des Propheten Jona« (Mt 12,39). – Auch hier wird die Richtung ganz klar, in die Jesus die Bilder und Erwartungen korrigiert: Der Weg des Dienens und Leidens liegt vor ihm, wie die Anspielung auf Jona anzeigt: Wie Jona wird er Hingabe und Leiden als Weg zum Leben erkennen und annehmen. Dabei trat er keineswegs ohne Anspruch auf: »Er lehrte mit Vollmacht« heißt es von ihm – eine bezwingende Kraft muss von seinem Reden und Handeln ausgegangen sein; sein ganzes Auftreten war voller Hinweise auf die jetzt anbrechende Heilszeit, auf die Israel hoffte.

Worin besteht seine »Vollmacht«?
Seine Messianität zeigte sich in dieser wahrhaftigen Menschlichkeit, die anderen ihre Menschlichkeit zurückgibt. Sie löste sich ein in einer tröstenden, aufrichtenden, ermutigenden und befreienden Praxis.
Was er redete und tat, durchkreuzte auch gewohnte Denkweisen, brach erstarrte Verhaltensmuster auf. Aber auch hier trat er nicht mit der Verbissenheit des Moralisten auf, sondern mit souveräner Gelassenheit, die auch einmal mit Humor die Rechthaberei in sich zusammenfallen lässt; das haben wir in der Geschichte »Wer ist der Größte?« angedeutet.
An Jesus konnte man ein Stück Himmel sehen – darum war seine Rede von der Gottesherrschaft so einleuchtend und verlockend.
In seinem Reden und Handeln kommt die Gottesherrschaft – aber eben nicht mit der Gewalt der Tyrannei, sondern Jesus begegnet den Menschen als Freund, ja als Diener; er fordert nicht sklavische Unterwerfung, sondern er wirbt um Liebe und Nachfolge. Sein Hoheitszeichen ist das Kreuz, nicht der Thron; seine Bilder sind das Weizenkorn (Joh 12,23–26) und das Lamm (Jes 53,7).
Allerdings forderte die so gelebte Messianität scharfen Widerspruch heraus: Die Zuwendung zu den »Sündern« beunruhigte die »Frommen«, die Anerkennung der Armen verunsicherte die Angesehenen, die Verweigerung der messianischen Machtdemonstration verwirrte die Gläubigen – und: Verunsicherung löst Aggressionen aus. Dorothee Sölle formuliert das so:

> »Er gab antworten wenn niemand fragte
> manchmal wagten sie nicht mehr weiterzureden
> nicht weil sie es nicht begriffen hätten
> er nahm ihnen alles weg
> was heilig war und verbürgt
> nichts garantierte die wahrheit«
>
> (Aus: D. Sölle, Meditationen und Gebrauchstexte, Berlin 1982).

So einer wird schließlich abgewiesen und ausgeschlossen (Mt 8,20), sein Weg führt am Ende ans Kreuz.
Das scheint in der letzten Geschichte (»Nur ein paar Ähren?«) auf: Abweisung und Drohung sind nur zu oft Antworten auf seine messianische Praxis.
Aber erst im scheinbaren Scheitern offenbart sich dann – im Rückblick auf sein Leben – wer er ist: »Dieser Mensch war in Wahrheit Gottes Sohn« (Mk 15,39).
Zusammenfassend kann man festhalten: Die narrative Exegese eröffnet Sichtweisen auf Jesus, die in der Überlieferung der Evangelien angelegt sind, die aber oft übersehen werden. Diese Sichtweisen können Jesus heutigen Menschen näherbringen und wohl nicht nur Kinder einladen, sich auf ihn und seine Sache einzulassen.

1.3 Ursprungsgeschichtliche Sichtweise

Im Ganzen folgt die Erzählung dem hermeneutischen Konzept der Ursprungsgeschichtlichen Auslegung.* Es geht darum, biblische Texte, vor allem auch Reden

---

* Vgl. Horst Klaus Berg, Ein Wort wie Feuer. Wege lebendiger Bibelauslegung. Stuttgart / München 1992.

Jesu als »Antworttexte« aufzufassen, als Äußerungen, in denen er zu Konflikten und Fragen Stellung nimmt. Teilweise sind solche Situationen in den Evangelien überliefert, z.B. die Erzählung der »Verlorenengleichnisse« in Lk 15 als Stellungnahme zum Konflikt um die »Zöllner und Sünder«. In solchen Verknüpfungen von Worten und Taten Jesu gewinnen die Texte an Leben und klarem Profil.
Ausgehend von den Beobachtungen in den Evangelien haben wir versucht, »Ursprungssituationen« zu rekonstruieren, Sprechanlässe für Reden Jesu herauszufinden. So haben wir beispielsweise das Gleichnis vom Feigenbaum (Lk 13,6ff) als Antwort Jesu auf die Frage eines Vaters dargestellt, was er mit seinem »nichtsnutzigen Sohn« anfangen solle (»Ein nutzloser Feigenbaum«). Oder wir haben der Erzählung von der Kindersegnung ein Wachstumsgleichnis als »Antworttext« zugeordnet (»Jeschua mag Kinder«). Oder im Gleichnis von den Arbeitern im Weinberg nimmt Jesus Stellung zur Empörung der Angesehenen über seine Zuwendung zu den »Armen« (»Streit im ›Schalomgarten‹«). Schließlich antwortet Jesus auf die Rede Benjamins zur Bedeutung des Sabbats mit dem Hinweis darauf, dass Gott sich in den Gedanken und Worten der »Unwissenden« offenbart (»Nur ein paar Ähren?«).

2. Zum Freiarbeitsmaterial

Die Karten haben einen stark sachkundlich ausgerichteten Charakter.
Dies kommt sicher dem deutlichen Interesse an »Realien« entgegen, das für die gedachte Altersstufe typisch ist. Viele Teilthemen wurden auch relativ ausführlich dokumentiert, weil es sonst kaum Material dazu gibt, das Schülern zugänglich ist. Selbstverständlich ist es möglich, die Materialien in fachübergreifende Vorhaben einzubeziehen, wodurch dann manche Teilaspekte noch vertieft bzw. erweitert würden.
Wir haben versucht, die Lebensverhältnisse zur Zeit Jesu gründlich darzustellen, um ein möglichst umfassendes Bild zu vermitteln. Dazu gehört auch ein realistischer Einblick in die wirtschaftlichen, sozialen und politischen Verhältnisse. Nur so kann vermieden werden, dass eine Bauern- und Hirtenidylle vor den Kindern aufleuchtet – ein Eindruck, der leicht entsteht, wenn nur Einzelaspekte vorgestellt werden. Vielmehr wollten wir auch das harte, kärgliche Leben der einfachen Menschen zeigen, die Not und Ungerechtigkeit, die sie allzu oft bedrückten, nicht verschweigen. Es soll ein Leben aufscheinen, in dem man sich nach dem Reich Gottes sehnt und nach dem, der es bringt.
Gleichzeitig ermöglichen diese umfangreichen Informationen ein intensives Einleben in die Welt Jesu, das zu einem wirklichkeitsbezogenen, vertieften Verständnis der neutestamentlichen Texte beiträgt. Wichtig erscheint uns hierbei auch, bei den Lernenden Verständnis für die fremde Welt zu wecken, die sich ihnen vielleicht oft als »absonderlich« darstellt; dies dürfte vor allem den Teilbereich »Die jüdische Religion« betreffen.
Die Absicht, die sich mit dem Kartenmaterial verbindet, reicht also weit über ein bloß sachliches Informieren hinaus.
Bei allem Interesse an gründlicher Darstellung haben wir uns doch auf die »kleine Welt des Jesus von Nazaret« begrenzt. Das Material bezieht sich ganz bewusst auf die Lebensverhältnisse einfacher Menschen in den Dörfern und kleinen Städten Galiläas.

Damit bleiben ganze Bereiche aus der Umwelt des Neuen Testaments ausgeblendet, bzw. sie werden nur überblicksmäßig angesprochen. Dies trifft z.B. auf das Leben in der Hauptstadt Jerusalem, vor allem die Tempelreligion, zu. Aber auch bestimmte Kulturtechniken, die im kleinstädtisch-bäuerlichen Milieu der galiläischen Heimat Jesu kaum relevant sind, wie z.B. die Schreibkultur, kommen nicht vor.
Diese weiterführenden Themen bleiben einer späteren Bearbeitung vorbehalten.

3. Jesus lernend entdecken

Das Material »So lebten die Menschen zur Zeit Jesu« möchte mehr sein als nur ein Informationsangebot zur Landeskunde in neutestamentlicher Zeit.
Wir stellen uns als mögliche Lernchancen in Verbindung mit diesem Material vor:
– Die Lernenden könnten einen sehr menschlichen, den Menschen zugetanen Jesus kennen lernen;
zu diesem Bild könnte auch beitragen, dass die Geschichten vieles offen lassen; die Geschehnisse und auch die Gestalt Jesu sollen ihr Geheimnis behalten;
– damit haben die Lernenden auch die Möglichkeit, ihr eigenes Bild von Jesus zu gewinnen;
– diese neue Sichtweise könnte die Gestalt Jesu wohl auch für die Lernenden aufschließen, denen er bisher durch lehrhafte Formeln verdeckt war;
– die Lernenden erleben an der Praxis Jesu, dass Religion nicht von vornherein auf die Bestätigung des Bestehenden zielt, sondern auf Kritik und Veränderung, wenn die Verhältnisse nicht menschendienlich sind;
– die Lernenden können Grundzüge der biblischen Vorstellung von der Gottesherrschaft entdecken: Sie zeigt sich als ein Prozess der Veränderung und Erneuerung, der nicht gewaltsam (»von oben«), sondern als behutsames Wachstum (»von unten«) vor sich geht. – Jesus tritt für die Gottesherrschaft nicht autoritär-fordernd ein, sondern freundlich werbend und lädt so zu einem neuen Leben ein. Diese Gottesherrschaft wird in den realen Lebensverhältnissen der Menschen wirksam, nicht nur im Binnenraum von Bekenntnis und Spiritualität;
– durch die ursprungsgeschichtliche Methode nehmen die Lernenden die Verkündigung Jesu in einem lebensbezogenen Prozess der Auseinandersetzung wahr;
– insgesamt kann der Vorgang des freien, selbstverantworteten Lernens die psychischen Kräfte der Schülerinnen und Schüler und ihr Selbstvertrauen stärken – das soll im zweiten Teil des Didaktischen Begleitheftes (S. 21ff) noch näher erläutert werden.

II. Zur Arbeit mit dem Material in der Lerngruppe

1. Zum Aufbau des Materials

Das Freiarbeitsmaterial enthält sieben große Themenbereiche, die sich wiederum in Teilthemen fächern:

DIE LANDWIRTSCHAFT
- Die Arbeit auf dem Getreidefeld
- Das Getreide wird verarbeitet
- Weinbau
- Olivenanbau
- Obstanbau
- Gemüseanbau
- Viehzucht

DAS TÄGLICHE LEBEN
- Wohnen
- Ernährung
- Auf dem Markt
- Kleidung
- Zusammenleben in der Familie

BERUFE
- Fischer, Hirten, Bauern
- Töpfer, Weber, Färber, Händler
- Schmied, Baumeister, Zöllner

DIE GESELLSCHAFT

DIE POLITIK

DAS LAND DER BIBEL

DIE JÜDISCHE RELIGION
- Grundlagen
- Der Glaube im Alltag
- Religiöse Gruppen
- Feste 1: Die drei Wallfahrtsfeste
- Feste 2: Andere Feste
- Von der Geburt bis zum Tod
- Die Synagoge
- Die Thora

Diese starke Fächerung sorgt für eine gute Übersicht bei den Lernenden und unterstützt damit ihre Selbständigkeit im Umgang mit dem Material. Der Leiter kann dies noch verstärken, indem er die o.g. Übersicht für alle zur Verfügung stellt.

Diese starke Differenzierung ermöglicht auch, dass viele Benutzer gleichzeitig mit dem Material arbeiten können.

2. Zum Gebrauch des Materials

Das Material für die Lernenden enthält außer den Einführungskarten keine weiteren Arbeitsanleitungen. Das hat folgende Gründe:
– die Lernenden sollen möglichst selbstständig mit dem Material umgehen;
– der Leiter soll nicht festgelegt werden, sondern die Möglichkeit haben, eigene Vorstellungen mit dem Material zu verwirklichen;
– das Material soll nicht überfrachtet werden.
Selbstverständlich bietet das Material neben den vielfältigen Informationen zahlreiche Möglichkeiten, die Inhalte kreativ und handelnd zu erschließen. Auch diese wurden nicht in das Material integriert, um den Leiter nicht festzulegen. Vorschläge dazu finden sich in Abschnitt 5.

Auch die Arbeitsvorschläge für die Benutzer sind sehr offen gehalten. Der Leiter kann entscheiden:
– ob den Lernenden alle Materialien zur Verfügung stehen oder ob nur bestimmte Themenbereiche angeboten werden (so legt sich z.B. nahe, beim Thema »Gleichnisse« die Informationen zur Landwirtschaft heranzuziehen; oder beim Thema »Streitgespräche über den Sabbat« geben die entsprechenden Materialien aus dem Themenbereich »Die jüdische Religion« die nötigen Hintergrundinformationen);
– ob sich die Benutzer aus jedem Themenbereich mit mindestens einem Teilthema befassen sollen;
– ob die Lernenden völlig frei wählen können, oder ob bestimmte Teilthemen als »Pflichtmaterialien« ausgewiesen werden, die durchlaufen werden müssen.

Damit diese Freiheit in der Benutzung gewährleistet ist, sind die einzelnen Themenbereiche und Teilthemen in sich abgeschlossen. Sie können ohne weitere Voraussetzungen separat bearbeitet werden.
Eine gewisse Ausnahme bildet der Themenbereich »Die jüdische Religion«: Hier wäre es günstig, wenn die Benutzer mit der Bearbeitung des Teilthemas »Grundlagen« beginnen, weil es die notwendigen Basis-Informationen enthält.
Auch auf Querverweise wurde fast gänzlich verzichtet. Dies hat zur Folge, dass einzelne Informationen in verschiedenen Teilthemen zu finden sind. Diese Doppelungen sorgen für die Abgeschlossenheit der Teilthemen und regen die Benutzer an, die Informationen zu vernetzen. Gleichzeitig sollen sie dafür sorgen, dass die Lernenden wichtige Grundinformationen aufnehmen, auch wenn sie sich nur mit einigen Teilthemen beschäftigen.

3. Zur Verknüpfung der Erzählung mit dem Freiarbeitsmaterial

Die Erzählung und das Freiarbeitsmaterial sind aufeinander bezogen; aber jeder Teil ist in sich selbstständig und kann separat bearbeitet werden. Natürlich ist es weitaus ergiebiger, wenn die Lernenden die Möglichkeit haben, die Geschichte durch die Bearbeitung der Karten wirklichkeitsnah zu erschließen; andererseits wird das Informationsmaterial durch die Geschichten erlebnis- und erfahrungsbezogen vertieft.

Als Grundlage der Erarbeitung ist die Erzählung gedacht. Im Blick auf die Grundregeln der Freiarbeit sowie die individuellen Interessen und das unterschiedliche Lerntempo der Lernenden ist es sinnvoll, wenn jeder ein eigenes Exemplar der Erzählung zur Verfügung hat. Natürlich ist es auch möglich, dass der Leiter den Text vorliest.

Hierbei bieten sich zwei unterschiedliche Möglichkeiten an:
- Die Geschichte wird als Ganze gelesen und das Kartenmaterial (bzw. Teilbereiche daraus) im Anschluss daran bearbeitet. Dieses Vorgehen hat den Vorteil, dass die Geschichte nicht unterbrochen und damit u.U. zerdehnt wird.
- Die Geschichte wird in Sinnabschnitten gelesen und das entsprechende Freiarbeitsmaterial bearbeitet, sobald es thematisch passt. Der Vorteil ist, dass Informationen dann aufgenommen werden, wenn sie zur Vertiefung am besten beitragen. Dazu kommt auch, dass dieses Verfahren einen stärkeren Methodenwechsel mit sich bringt (Erzählung – vertiefende Informationen – kreative Angebote).

Die folgende Übersicht zeigt Möglichkeiten auf:

Kapitel der Geschichte	Freiarbeitsmaterial
Ein Land »wie Milch und Honig«? Aufregung in Benjamins Familie Mit Prügeln fing es an … Das Städtchen Kafarnaum	Die Politik Die Gesellschaft Das Land der Bibel
In Benjamins Haus	Das tägliche Leben (Wohnen …)
Auf dem Feld Beim Dreschen und Worfeln Aus Korn wird Brot	Die Landwirtschaft (Die Arbeit auf dem Getreidefeld / Das Getreide wird verarbeitet …)
Beim Töpfer Ephraim	Berufe
Am Brunnen	Das tägliche Leben (Wohnen / Ernährung)
Ein Besuch bei Onkel Aaron Der alte Jakob	Berufe (Töpfer, Fischer …)
Schalom Schabbat Benjamin muss lernen	Die jüdische Religion (Der Glaube im Alltag / Die Synagoge / Die Thora …)
Nicht allen geht es gut in Kafarnaum	Die Gesellschaft Die Politik

Jeschua kommt Die große Neuigkeit Jeschua findet Freunde Ist Jeschua der Messias?	Die Politik Die jüdische Religion (Grundlagen / Religiöse Gruppen …)
Ein Skandal 99 + 1	Berufe Die jüdische Religion (Grundlagen / Der Glaube im Alltag …) Die Gesellschaft
Jeschua mag Kinder	Die Gesellschaft
Streit im »Schalomgarten« Ein nutzloser Feigenbaum Wer ist der Größte? Nur ein paar Ähren?	Die Politik Die jüdische Religion

4. Mögliche Verknüpfungen mit dem Material »Mit Jesus beginnt etwas Neues« (FREIARBEIT RELIGION 1)

Wenn das Material »Mit Jesus beginnt etwas Neues« Stuttgart/München 1995, zur Verfügung steht, bieten sich weitere Verknüpfungsmöglichkeiten an.

Beispiele:

So lebten die Menschen zur Zeit Jesu: Benjamin und Julius / Karten	Mit Jesus beginnt etwas Neues
Kranke	Der blinde Bartimäus und seine Freunde Gibt es böse Geister?
Frauen	Jesus und seine Freundinnen
Kinder	Die Kinder und ihr Freund Jesus
Zöllner	Der Zöllner Levi und seine Freunde
Messias	Das neue Leben

5. Ergänzende Angebote zur kreativen Arbeit

Hier ist zunächst einmal auf die Bastelangebote in »Benjamin und Julius« hinzuweisen.
Dieses – wie auch die weiteren Angebote – können von der ganzen Gruppe wahrgenommen werden; sie sind aber auch als Zusatz für diejenigen gedacht, die ihre Arbeit schon vor den anderen abgeschlossen haben.

Allgemeine Vorschläge für die kreative Auseinandersetzung mit dem Material finden Sie als Kopiervorlagen am Ende des didaktischen Begleitheftes. Diese können in Form von Karteikärtchen angeboten werden. Dabei ist es sinnvoll, die »Darstellungsmöglichkeiten« und »Arbeitsangebote« auf verschiedenfarbigen Karton zu kopieren.

5.1 Im Blick auf die Erzählung

– Personen aus den Geschichten, z.B. Barjona, Levi, Simon ... schreiben Briefe, in denen sie berichten, was sie erlebt haben bzw. wie ihr Leben sich verändert hat (Adressaten könnten sein: Freunde von ihnen; Teilnehmer der Lerngruppe, Menschen, die heute diskriminiert sind ...);
– Gestaltungsaufgabe: Jesus lädt viele Menschen aus den Geschichten zu einem großen Fest ein (Techniken: Malen; Reißtechnik; Collagen, Tonen ...);
Zusatz: Bei diesem Fest erzählen diese Menschen, wie es ihnen ergangen ist und wie ihr Leben jetzt aussieht;
– die Lernenden könnten eine oder mehrere Geschichten szenisch darstellen; dabei sollten sie besonders auf die Gedanken und Gefühle der Beteiligten achten;
– eine solche Szene lässt sich auch als Hörspiel oder als Video gestalten;
– »Wenn ich Julius wäre ...« Die Lernenden wählen eine Person aus den Geschichten und bedenken in Form einer Schreibmeditation, wie sich ihr Leben wohl gestalten würde, wenn sie ähnliche Erfahrungen gemacht hätten;
– der Rabbi oder der Bürgermeister schreibt einen Bericht über die Umtriebe des Rabbi Jeschua an die Behörden.

5.2 Im Blick auf das Freiarbeitsmaterial

Hier bietet sich vor allem an, Tätigkeiten aus dem Lebensalltag der Menschen zur Zeit Jesu handelnd nachzuvollziehen.

Beispiele:
– In eine große Umrisskarte (Poster) passende Bilder einkleben (Reisebüro ...);
– Mahlen von Getreide zwischen zwei Steinen;
– Öllämpchen töpfern;
– Brot backen nach einem einfachen Fladenbrotrezept ...
– ein einfaches Gericht nach altem Rezept kochen; hier können auch exotische Früchte einbezogen werden;
– Rohwolle spinnen;
– Wolle mit Pflanzenfarben einfärben;
– Weben;
– aus dem Selbstgewobenen ein einfaches Gewand herstellen, z.B. für eine Sisal-Draht-Puppe;
– Kartons mit verschiedenen Materialien füllen (z.B. Kies, hartes Gestrüpp, Sand ...) und mit nackten Füßen darüberlaufen;
– ein jüdisches Fest nachempfinden, z.B. einen Sederabend;
– ein Textbüchlein mit jüdischen Gebeten, Bekenntnissen, Segensworten ... anlegen und ausgestalten (gute Vorlagen: M. Rink, Was habt ihr da für einen Brauch? Jüdische Riten und Feste. Schönberger Hefte Sonderband 1988, Folge 8).

5.3 Im Blick auf eine Dokumentation

Bei einem so vielfältigen und materialreichen Lernvorhaben bietet es sich an, neben den Heften/Ordnern, die sich die Lernenden anlegen, die Arbeitsergebnisse etwas breiter zu dokumentieren. Die Lerngruppe könnte:
- eine Ausstellung organisieren, für die die wichtigsten Informationen aufbereitet wurden;
- ihre Ergebnisse im Rahmen einer Veranstaltung (Elternabend, Tag der offenen Tür ...) vorstellen; dabei könnten auch einzelne Szenen aus »Benjamin und Julius« gespielt werden; auch kleine Quiz-Spiele könnten angeboten werden;
- die Lerngruppe feiert (allein oder mit anderen) ein Fest im Stil der Zeit Jesu (Speisen; Getränke; auf Matten sitzen; jüdische Lieder singen ...);
- im Rahmen einer multikulturellen Veranstaltung könnte die Lerngruppe einiges aus ihrer Arbeit einbringen.

Mancher Benutzer wird vielleicht **Methoden** vermissen, die sich im Bibelunterricht bewährt haben und aus einem guten Methodenensemble nicht fortzudenken sind wie Singen, Rollenspiel, Austausch im Gespräch ... Hier wird man sich immer wieder vor Augen halten, dass Freiarbeitsmaterialien meist nicht in der ganzen Lerngruppe »durchgenommen« werden, sondern Einzelne oder Kleingruppen bearbeiten verschiedene Teilthemen. Damit entfallen viele bewährte Methoden zugunsten anderer Zugangsweisen. – Selbstverständlich kann es nicht das Ziel sein, den ganzen Religionsunterricht als Freiarbeit anzulegen; im Klassenverband kommen dann wieder die genannten Methoden zum Zug. Darüber hinaus finden sich stärker handlungsorientierte Vorschläge in anderen Materialien der Reihe FREIARBEIT RELIGION.

III. Anleitung für die Fertigstellung des Materials

Das Materialset besteht aus folgenden Elementen:

1. Die Erzählung »Benjamin und Julius«;
2. Freiarbeitsmaterial: Karten im Format DIN A5 quer zu den auf S. 13 aufgelisteten Themenbereichen und Teilthemen;
3. Bildvorlagen (aufzubewahren in einem Leitzordner im Format DIN A4);
4. Ausschneidebögen mit Farbbildern zum Einkleben in die Karten;
5. Etiketten und Rückenschilder;
6. Kopiervorlagen für zwei kleinere Karteien:
   – Darstellungsmöglichkeiten,
   – Arbeitsanregungen.

Grundsätzlich sind die A5-Karten natürlich so verwendbar, wie sie nach dem Kopieren und Schneiden vorliegen.
Damit die einzelnen Themenbereiche jedoch gut zu unterscheiden sind, haben wir die Karten entlang der Rahmenlinie ausgeschnitten und auf farbiges Tonpapier geklebt. Dies bedeutet natürlich einiges an Mehrarbeit, allerdings sieht das Material dadurch noch ansprechender aus.
Um die Landkarten noch etwas attraktiver zu gestalten, können Sie sie von Hand kolorieren (Politik Karte 4; Land der Bibel Karte 3, 4, 6, 8, 9, 16; Religion: Grundlagen Karte 3).

Für jeden Themenbereich haben wir eine »Leitfarbe« gewählt:

Das Land der Bibel:	grau
Das tägliche Leben:	blau
Die Landwirtschaft:	braun/gelb
Berufe:	lila
Die jüdische Religion:	grün
Die Gesellschaft	hellrot
Die Politik	dunkelrot

Innerhalb der einzelnen Themenbereiche wurden die Karten für die Teilthemen auf Tonkarton unterschiedlicher Farbstufen der Leitfarbe geklebt (z.B. sieben Grüntöne für »Die jüdische Religion«).

Zur Präsentation und Aufbewahrung des Materials

Grundsätzlich eignen sich die Materialien zum unmittelbaren Gebrauch. Es empfiehlt sich jedoch, die Karten auf dickeres Papier (z. B. 120g/qm) zu kopieren und sie vor zu schnellem Verschleiß zu schützen:
- Man kann sie in DIN A5-Klarsichthüllen stecken (diese sind auch ohne Lochrand zu beziehen);
- die Karten können foliert oder laminiert werden (vgl. die allgemeinen Hinweise auf S. 34).

Zur Aufbewahrung der Karten benötigen Sie mehrere Kästen/Karteikästen (z.B. im Bürofachhandel, in Baumärkten oder eigene Anfertigung aus Holz oder Pappe.
Zur Aufbewahrung der kopierten Bilder und Texte brauchen Sie einen DIN A4-Leitzordner und eine entsprechende Anzahl Klarsichthüllen.
Es empfiehlt sich, Pappen zuzuschneiden, die etwas größer als DIN A5 sind und als Registerblätter zwischen den einzelnen Themenbereichen und Teilthemen des Materials dienen.
Zur Kennzeichnung benutzen Sie die vorgedruckten Etiketten (→ Kopiervorlagen).

FREIARBEIT IM RELIGIONSUNTERRICHT: ALLGEMEINE HINWEISE

I. Grundlagen

Vorbemerkung: Über die Grundlagen und Methoden der Freien Arbeit im Religionsunterricht kann hier nur ein knapper Abriss gegeben werden. Sie sind breiter entfaltet in: Horst Klaus Berg, Freiarbeit im Religionsunterricht. Konzepte – Modelle – Praxis, Calwer Verlag / Kösel Verlag, Stuttgart/München ²1998.

1. Was ist Freiarbeit?

»Freiarbeit« ist eine Form des Lernens, die sich an den individuellen Bedürfnissen des einzelnen Lernenden ausrichtet und einen Prozess selbstständiger Arbeit ermöglicht.

ERLÄUTERUNG: Diese Definition grenzt sich ab gegen den heute modisch gewordenen Sprachgebrauch, der Freiarbeit häufig als Sammelbegriff benutzt, um jede Art von nicht konventionellen Lernmethoden zu kennzeichnen.
Gegenüber allem methodischen Eifer ist zunächst einmal eine besonnene didaktische Überlegung nötig. Es kommt vor allem darauf an zu klären, dass die Freiarbeit keine beliebig hantierbare Methode ist, sondern nur in einem klaren pädagogischen Begründungszusammenhang sinnvoll zur Geltung kommt. »Freiarbeit« meint letztlich ein Konzept von Entwicklung und Lernen und ist darum sorgfältig aus didaktischen Basis-Sätzen zu begründen.
In herkömmlicher Sicht zielt schulisches Lernen darauf, Schülern eine bestimmte Menge von Wissen beizubringen; zwar werden auch andere Aufgaben genannt wie soziales Lernen und Persönlichkeitsbildung – aber faktisch konzentrieren sich die Lehrpläne auf die Übermittlung von Inhalten. Als didaktische Leitfrage könnte man formulieren: »Wie kann Lernenden das notwendige Wissen effektiv und dauerhaft vermittelt werden?« Auch das Freiarbeits-Konzept legt großen Wert auf den Erwerb von Kenntnissen, aber der Blick richtet sich grundlegend auf die innere Entwicklung der Heranwachsenden.
Das traditionelle schulische Lernkonzept geht davon aus, dass in einer Lerngruppe Schüler einer Jahrgangsstufe alle die gleichen Inhalte zur gleichen Zeit lernen. Im Rahmen des Freiarbeitskonzepts erfordert die Orientierung an den Lernbedürfnissen des einzelnen eine sorgfältige darauf abgestimmte innere Differenzierung der Lernprozesse.
Das traditionelle Lernkonzept geht davon aus, dass Heranwachsende nur auf Anweisung und unter Anleitung Erwachsener lernen können. Das Konzept der Freiarbeit lässt sich von der Idee und der Erfahrung leiten, dass Kinder und Jugendliche selbstständig lernen wollen und lernen können, wenn sie die Lerninhalte weitgehend frei wählen können.

2. Montessori-Pädagogik als Basis

Die im Rahmen des Programms »Freiarbeit Religion« entwickelten Materialien orientieren sich am pädagogischen Konzept der Freiarbeit in der Montessori-Pädagogik, weil hier nach unserer Überzeugung der schlüssigste Entwurf vorliegt. (Zwar verwendet Montessori den Begriff der Freiarbeit nicht. Sie spricht eher von »Freier Wahl der Arbeit bzw. des Gegenstands«, von »indirekter Methode« usw. Aber der Sache nach ist die Freie Arbeit bei ihr grundgelegt. Zur Einführung des Begriffs »Freiarbeit« vgl. Schulz-Benesch, 1984, 99.)

Grundlegend sind Maria Montessoris Erkenntnisse zur Anthropologie. Sie schreibt: »Das Kind trägt nicht die verkleinerten Merkmale des Erwachsenen in sich, sondern in ihm wächst sein eigenes Leben, das seinen Sinn in sich selber hat ... Das Kind allein ist der Bildner seiner Persönlichkeit. Schöpferischer Wille drängt es zur Entwicklung ... Alle Kräfte des kindlichen Lebens gehen den Weg, der zur inneren Vollendung führt« (Maria Montessori, Grundlagen, 7; 12).

Hier benutzt Maria Montessori bestimmte, für ihr Denken sehr charakteristische Begriffe: Das Kind ist eine eigene Persönlichkeit; es kommt zu sich selbst, wenn es die in ihm grundgelegten Möglichkeiten in Freiheit entwickeln und in Ruhe wachsen lassen kann.

Dieses Wachstum verläuft nicht zufällig oder regellos, sondern folgt dem inneren »Bauplan«, den jedes Kind in sich trägt. Dieser Plan läuft nach den »sensiblen Phasen« ab, den Perioden, in denen das Kind für die Aufnahme bestimmter Informationen und / oder den Erwerb bestimmter Fähigkeiten besonders aufgeschlossen und befähigt ist.

Das Kind als Schöpfer seiner selbst – Wachsen in Freiheit gemäß dem inneren Bauplan – Entwicklung durch freies, ganzheitliches Lernen – das sind wichtige Grundgedanken der Pädagogik Maria Montessoris.

Was bedeuten sie für die Freiarbeit?

Montessori erklärt: »Die menschliche Personalität muss in den Blick genommen werden und nicht eine Erziehungsmethode« (Die Macht der Schwachen, 16). Vor allen Vermittlungsfragen steht also die Überlegung: Welche Chancen zur Selbstfindung und -annahme zeigen sich? Wie kann die Freiarbeit die Schüler zu selbstbestimmter und selbstorganisierter Arbeit führen? Was können Materialien in diesem Prozess leisten?

Die erste Antwort, die man bei Montessori findet, verblüfft: »Die Kinder in Ruhe lassen, sie nicht in ihrer Wahl und spontanen Aktivitäten hemmen – das ist alles, was man (vom Erziehenden – HKB) verlangt« (Grundlagen, 43).

Montessori ist so stark beeindruckt von der Kraft freien Lernens bei Kindern, dass ihr alles daran liegt, dieser Kraft freien Lauf zu lassen.

Darum ist bei ihr als erster Grundsatz der Freien Arbeit zu erkennen:

3. Freie Arbeit ist selbstbestimmtes Lernen

Die Freiheit des Kindes realisiert sich in der Freiheit der Wahl. Diese differenziert sich in fünf Aspekte:

▶ dass die Lernenden die Möglichkeit haben, unter verschiedenen inhaltlichen Angeboten zu wählen;

- dass sie innerhalb der Themen unterschiedliche Aspekte, Schwierigkeitsstufen, Zugangswege und Arbeitsweisen wählen können;
- dass sie entscheiden können, wie ausführlich sie sich mit dem Thema auseinander setzen wollen;
- dass sie wählen können, ob sie allein oder mit anderen gemeinsam arbeiten wollen;
- dass sie selbst bestimmen können, in welcher Weise sie die Ergebnisse ihrer Arbeit zusammenfassen bzw. darstellen.

4. Freie Arbeit ist Erlernen von Methoden, Erkenntniswegen und Strukturen

Die in der Freiarbeit erfahrbare und zu übende Freiheit realisiert sich nicht nur in Gestaltung der Lernprozesse, sondern auch in der Auswahl, Präsentation und Erschließung der Lerninhalte.
Dieser Grundsatz greift ein wichtiges Prinzip der Montessori-Pädagogik auf: Lernen durch Ordnung von Wahrnehmungen, Erfahrungen und Gedanken.
Bei Montessori erfährt das Kind einen Zugewinn an Selbstbestimmung dadurch, dass es nicht vorrangig Inhalte, sondern Erkenntniswege und Ordnungs-Strukturen erlernt.
Die erlernten Methoden, Erkenntniswege und Strukturen ermöglichen ihm die selbstständige Erkenntnis und Bearbeitung von Gegenständen, die die gleichen Strukturmerkmale aufweisen; es kann mit diesem »Schlüssel« eine Vielzahl von Wahrnehmungen aus seiner Umwelt einordnen. Es geht nicht darum, führt Montessori aus, den Heranwachsenden eine Vielzahl von Gegenständen und Inhalten zu vermitteln, sondern »wir müssen dem Kind die Philosophie der Dinge geben«, d.h. ihre strukturellen Merkmale und ihr Beziehungsgeflecht aufdecken (Die Entdeckung des Kindes, 197).
Maria Montessori spricht in diesem Zusammenhang davon, dass ein solches Lernen dem Kind einen »Schlüssel zur Welt« in die Hand gibt (z.B. Die Entdeckung des Kindes, 101f; 186).

5. Freiarbeit in der religiösen Erziehung: Den Lernenden einen »Schlüssel zur Welt des Glaubens« geben!

Wenn Lernen in Freiheit grundlegend das Erlernen von Methoden, Erkenntniswegen und Strukturen bedeutet, löst dies tiefgreifende Veränderungen auch in der religiösen Erziehung aus: Statt wie bisher eine Fülle von Inhalten zu vermitteln, kommt es jetzt darauf an Strukturen zu erschließen; Montessoris Formel, Arbeitsmaterialien müssten »Schlüssel zur Welt« sein, ist im Blick auf die religiöse Erziehung abzuwandeln: Materialien zur freien Arbeit in der religiösen Erziehung sind so zu konstruieren und einzusetzen, dass sie »Schlüssel zur Welt des Glaubens« sind.
Dies ist ein anspruchsvoller Prüfstein für Freiarbeitsmaterialien. Er wirft ein sehr kritisches Licht auf viele Materialien, die unter der Bezeichnung »Freiarbeit« für den Religionsunterricht angeboten werden. Vor allem bei den zahlreichen Angeboten zur Bibelkunde handelt es sich oft um eine öde Abfragerei von belanglosen

Kenntnissen. Hier wird nicht mit qualifizierten didaktischen Kriterien gearbeitet, sondern am methodischen Einfall maßgenommen! Dabei wird meist nicht zwischen Wichtigem und Unwichtigem unterschieden.
Ich möchte einmal deutlich formulieren:
Wer Lernenden den Kopf mit unwesentlichem Faktenwissen vollstopft, enthält ihnen nicht nur den »Schlüssel zur Welt des Glaubens« vor, sondern vernagelt die Zugänge selbst!

6. Zwei »Schlüssel«

Wie könnten solche »Schlüssel« zur Welt des Glaubens aussehen?
Grundlegend ist: Es muss ein für die Lernenden zentraler, für ihre Entwicklung notwendiger Aspekt der »Welt« aufgeschlossen werden. Das gilt auch – und verstärkt! – für die »Welt des Glaubens«.
Das soll an zwei zentralen Aufgabenstellungen konkretisiert werden.

a. Erarbeitung exemplarischer Inhalte und Erfahrungen

Die Freiarbeit muss sich auf Inhalte beziehen, die exemplarisch sind, für einen wesentlichen Aspekt des Glaubens stehen.
Beispiele solcher **»Schlüssel-Überlieferungen«**:
- Die Überlieferung von der Schöpfung, die die Menschenwürde betont, aber auch den Platz in der Schöpfung anweist;
- die Freiheits- und Gerechtigkeitstraditionen des Alten Testaments, vornehmlich die Erinnerungen an den Exodus;
- die Rede von der heilenden, tröstenden und ermutigenden Gottesherrschaft (Schalom) im Alten und Neuen Testament;
- die Erinnerung an die Auferstehung als Anfang neuen Lebens, das auch heute Raum gewinnen will.

Welche Funktion nehmen solche »Schlüssel-Überlieferungen« wahr?
Im Blick auf die Arbeit mit biblischen Texten markieren sie Grundlinien durch die unübersehbare Vielzahl von Texten; sie können die Texte zentrieren, wie ein Magnet die Eisenteilchen ausrichtet, und dabei den Schülern einleuchtend ihre Bedeutung und Intention aufzeigen. Auf diese Weise käme Klarheit und Profil in die oft verwirrende Fülle biblischer Texte.
Den einzelnen »Schlüssel-Überlieferungen« sind dann die entsprechenden Texte oder Textgruppen zuzuordnen. So kann beispielsweise die Erinnerung an die Schöpfung nicht nur die spezifischen Schöpfungstexte zentrieren, sondern eine Vielzahl biblischer Texte ausrichten, z.B. neutestamentliche Heilungstexte oder das Auferstehungszeugnis.
Die Geschichte »Benjamin und Julius« wählt als Basis die »Schlüssel-Überlieferung« von der Gottesherrschaft: Die Menschen, die Jesus begegnen, erfahren »Schalom« auf vielfältige Weise:
– sie erleben, dass verfestigte Sichtweisen und Verhaltensmuster radikal in Frage gestellt und aufgebrochen werden;
– sie erfahren eine neue Orientierung;

- sie erhalten neuen Lebensmut, mit dem sie nicht gerechnet hatten;
- sie lernen, dass die Gottesherrschaft nicht als gewaltsamer Umsturz »von oben« über sie kommt, sondern als behutsamer Wachstumsprozess »von unten«, der das Selbstvertrauen und die eigenen Kräfte aktiviert;
- sie begegnen dem Messias als jemand, der kompromisslos auf der Seite der Schwachen steht und damit die Feindschaft der Mächtigen auf sich zieht.

Das Freiarbeitsmaterial »So lebten die Menschen zur Zeit Jesu« will zeigen, dass die Gottesherrschaft sich in den realen Lebensverhältnissen der Menschen einlöst. Das soll nicht nur in der Erzählung aufscheinen, sondern auch in den begleitenden Materialien, z.B. in den realistischen Darstellungen des Lebens und Arbeitens, der Unterdrückung durch die Römer, der oft repressiven sozialen Strukturen. Hier kann den Lernenden aufgehen, warum sich diese Menschen nach Befreiung und Erlösung sehnten, auf den messianischen Friedenskönig hofften.

Als durchgehende Linien in der Bibel zeigen sich auch immer wiederkehrende **Glaubenserfahrungen und Verhaltensweisen**.

Beispiele:
- glauben und vertrauen;
- lieben;
- hoffen;
- zweifeln und verzweifeln;
- klagen;
- sich freuen;
- nachfolgen.

Auch sie könnten als »Magneten« verwendet werden, die bestimmte Überlieferungselemente an sich ziehen und zentrieren. Beispiel:
Eine Sequenz »Glauben und vertrauen« könnte enthalten: Abraham-Erzählungen; Vertrauenspsalmen, z.B. Ps 23; 73; Heilungserzählungen des Neuen Testaments ...

b. Erarbeitung exemplarischer Erschließungswege
   zu religiöser Sprache und Tradition

Auf die Dauer werden Heranwachsende nur dann selbstständig und selbstbestimmt mit Religion umgehen können, wenn sie nicht nur exemplarische Inhalte erarbeiten, sondern wenn sie auch typische Erschließungswege kennen lernen und diese zunehmend sicher handhaben können.
Zwei solcher Erschließungswege sollen vorgestellt werden.

(1) Mehrdimensionales, symbolisches Wahrnehmen und Denken
Die höchste Barriere, die den Zugang zur Religion verstellt, ist wohl das eindimensionale Denken.
Wir sind daran gewöhnt worden – und die junge Generation noch viel intensiver – nur noch das für wahr und gültig zu halten, was zählbar und messbar ist, und Zweckrationalität ist für viele zum wichtigsten Kriterium geworden.

Wir müssen wieder lernen – und lehren –, dass die Wirklichkeit noch eine andere, tiefere Schicht hat, die Schicht der Gefühle und existentiellen Erfahrungen, der Wertvorstellungen und der religiösen Orientierung.
Mehrschichtiges Denken kann vor allem durch den Umgang mit Symbolen erlernt werden. Hier bieten sich auch in der Freiarbeit vielfältige Arbeits- und Übungsmöglichkeiten an.
Vor allem ist wichtig, die Bedeutung und Erschließung von Symbolen zu erlernen. Dabei sind verschiedene Zugänge zu erproben.

Auch die Sprache der Bibel bleibt ohne ein sicheres Symbolverständnis verschlossen; gute Erfahrungen wurden über die Symbolsprache der Psalmen gemacht. Beispiele:
- Die Symbole für Angsterfahrungen (wilde Tiere; bedrohliche Wasserfluten ...) helfen, ungreifbare Ängste zur Sprache zu bringen und mit ihnen umzugehen;
- die starken Symbole der Geborgenheit (der gute Hirte; die Burg; der Fels ...) laden ein, nach Möglichkeiten der Orientierung und der Sicherheit zu fragen.

Damit kommt schon ein zweiter Erschließungsweg in den Blick:

(2) Erfahrungsbezogenes Verstehen der biblischen Überlieferung
Auch dies ist ein sehr wichtiger Erschließungsweg zum Verständnis von Religion. Wer biblische Texte nur als Dokumente geschichtlicher Glaubensäußerungen oder als Urkunden der wahren christlichen Lehre versteht, wird kaum einen eigenen, lebensbezogenen Zugang zu ihnen finden.
Es kommt darauf an, sie erfahrungsbezogen zu verstehen.
Erfahrung kommt zunächst einmal als Frage nach der Erfahrung ins Spiel, die die Produktion biblischer Texte angestoßen hat. Wie fruchtbar diese Überlegung sein kann, soll das folgende Beispiel verdeutlichen: Wer die Erzählung von der Erschaffung des Menschen aus Ton (Gen 2) in traditioneller Sichtweise liest, wird sie entweder als Dokument längst versunkener religiöser und kultureller Vorstellungen beiseite legen oder aber versuchen, ihre wortwörtliche »Wahrheit« gegen alle historische Vernunft zu behaupten. Erfahrungsbezogenes Verständnis erkennt dagegen in dieser Symbolik den Versuch einer Antwort auf die Frage: Wo komme ich her? Wo habe ich meine Wurzeln? Wem bin ich verantwortlich?
Noch deutlicher tritt das Profil eines Textes hervor, wenn man versucht, die mögliche Ursprungssituation eines Textes zu rekonstruieren. So wissen wir beispielsweise aus den synoptischen Evangelien, dass viele Reden Jesu, vor allem seine Gleichnisse, in sehr konkrete Situationen hineinsprechen: Gegenspieler Jesu streiten mit ihm um seine Kontakte zu den Deklassierten – als »Antwort« erzählt Jesus die »Verlorenengleichnisse« (Lk 15). Oder: Petrus fragt, wie oft er denn einem anderen vergeben müsse – Jesus unterweist ihn mit der Rede vom unbarmherzigen Schuldner (Mt 18,21–34).
Die Erzählung »Benjamin und Julius« nimmt diese ursprungsgeschichtliche Sichtweise intensiv wahr (vgl. dazu die Hinweise auf S. 10f).

Dieses Verständnis biblischer Überlieferung als »Antwort-Texte« ist nach meiner Überzeugung die Basis eines sachgemäßen Umgangs mit ihr. Es erfordert ein intensives Einleben in die Erfahrungswelt des Alten und Neuen Testaments – eine Aufgabe, die mit Freiarbeits-Materialien ausgezeichnet anzugehen ist. Das begleitende Informationsmaterial versucht, diese Aufgabe möglichst vielseitig einzulösen.

Solche »Schlüssel zur Welt des Glaubens« öffnen den Lernenden die Tür zum selbstständigen Umgang mit Religion und biblischer Überlieferung.

7. Geht es nicht auch ohne Freiarbeit?

Natürlich könnten solche »Schlüssel« im Prinzip auch im gebundenen Unterricht ohne Freiarbeit vermittelt werden!
Aber damit würden die hier gegebenen Chancen bei weitem nicht ausgeschöpft!
Denn Freiarbeit hat immer zwei Seiten – das wollten die bisherigen Ausführungen zeigen:

▸ Freie Arbeit ist selbstbestimmtes Lernen; es kommt zustande, wenn die Lernenden ihre Arbeitsprozesse so weit als irgend möglich in eigener Verantwortung organisieren. Diese Form des freien Lernens könnte man als **prozessbezogene Freiarbeit** bezeichnen.
▸ Freie Arbeit ist aber auch das Erlernen von Methoden, Erkenntniswegen und Strukturen, das den Lernenden die selbständige Erschließung von Inhalten ermöglicht. Es kommt zustande, wenn die Lerninhalte so ausgewählt und aufbereitet werden, dass die Lernenden sich »Schlüssel zur Welt« aneignen können. Da sich diese Form des freien Lernens immer auf die Erschließung von Inhalten bezieht, könnte man sie als **gegenstandsbezogene Freiarbeit** bezeichnen.

Freies Lernen kann optimal gelingen, wenn prozessbezogene und gegenstandsbezogene Freiarbeit eng miteinander verzahnt sind.
Würden also »Schlüssel« zum Verstehen im gebundenen Unterricht vermittelt – das war die Ausgangsfrage –, dann würde die prozessbezogene Seite des freien Lernens ausfallen!

Das Material »So lebten die Menschen zur Zeit Jesu« versucht, diesen inneren Zusammenhang zu knüpfen:

▸ Die biblischen Inhalte wurden so aufbereitet, dass den Lernenden »Schlüssel« zum eigenständigen Verstehen angeboten werden; dies versucht vor allem die Erzählung;
▸ der Lernprozess ist so angelegt, dass er freies, eigenständiges Lernen ermöglicht. Dem tragen vor allem die Freiarbeitskarten Rechnung.

Besonders günstig wirkt sich bei der Thematik der vorliegenden Materialien aus, dass auch biblische Inhalte im Mittelpunkt stehen, die von Freiheit und neuen Lebenschancen der Menschen erzählen.
Diese Verstärkung des Freiheitsaspekts ergibt sich natürlich nicht bei allen Inhalten, die in der Freiarbeit aufgegriffen werden.

8. Die »Umkehr zum Kind«

Bisher war viel von den neuen Lernchancen für die Kinder die Rede.
Wie steht es aber mit den Lehrern, Erziehern, Leitern?
Wenn freie Arbeit zuallererst auf die Förderung der freien Entwicklung von Kindern und Jugendlichen zielt und erst in zweiter Linie sich als interessante Arbeitsform versteht, dann zieht dies weitreichende Folgen für das Selbstverständnis des Erziehers (Lehrers, Leiters …) nach sich. Maria Montessori formuliert das sehr radikal mit ihrer Forderung, der Erzieher müsse »zum Kind umkehren« oder »sich zum Kind bekehren«.
Eine solche »Umkehr« betrifft nicht nur das Rollenverständnis des Erziehers, sondern schließt die Frage nach den Zielen der religiösen Erziehung ein. Im Konzept des freien Lernens wird sie darauf bedacht sein, dem Kind seiner Wachstumsstufe gemäß, aber auch seiner individuellen Reifung entsprechend Möglichkeiten des Glaubens vor Augen zu stellen. Angebote etwa im Material zur freien Arbeit, zu Stilleübungen, zur Meditation sollten ein breites Spektrum an Erfahrungen, sprachlichem Ausdruck, Perspektiven und Gestaltungen umgreifen. Zu diesem Wachstum gehört auch, dass es sich letztlich der Planbarkeit und Verfügbarkeit entzieht.
Auch wer sich dem kompromisslosen Anspruch auf »Umkehr zum Kind« nicht stellen mag, wird doch herausgefordert, die traditionellen Rollen neu zu überdenken: Der Lehrer ist nicht länger der »Be-Lehrer«, der Leiter nicht länger der allein Maßgebliche; sondern es geht um Beratung und helfende Begleitung. Die erwünschten Tätigkeiten sind:

- **Warten und Beobachten:** Es geht darum, die Arbeit der Lernenden genau zu beobachten – nicht im Interesse der Überwachung, sondern mit dem Ziel, herauszufinden, was gerade jetzt nötig ist, um das Kind zu fördern;
- **Anregen:** Die Lernenden sollen stimuliert werden, sich mit bestimmten Themen auseinander zu setzen. Dies wird in der Regel indirekt geschehen, d.h. durch das Angebot möglichst anregender Materialien.
- **Beraten:** Wenn die Lernenden es wünschen, können sie jederzeit auf die Beratung und Unterstützung des Leiters zurückgreifen. Diese sollte aber nicht ungebeten erfolgen oder gar aufgedrängt werden;
- **Organisieren:** Auch bei der Organisation der Arbeit ist die Unterstützung des Leiters notwendig: Es geht um die Formulierung und Einhaltung von »Spielregeln«, um die geordnete Bereitstellung von Arbeitsmaterial, um die Aufstellung von Arbeitsplänen, Wochenplänen usw.

Diese Veränderung im Rollenverständnis sollte nicht einfach als Zugeständnis an ein neues Konzept in Kauf genommen werden; sie bietet die Möglichkeit, sich selbst ganz neu ins Spiel zu bringen. Wenn der Leiter/Lehrer nicht länger gezwungen ist, auf alles eine Antwort bereit zu haben, sondern sich eher als Vor-Frager der Lerngruppe versteht, kann auch er neue, vielleicht bisher verschüttete Zugänge zum Glauben finden.

II. Zur Praxis der Freiarbeit im Religionsunterricht

1. Welchen Stellenwert hat Freiarbeit?

Fragen wir zunächst nach dem Stellenwert der Freiarbeit im Unterrichtsgeschehen. Freiarbeit wurde in dieser Skizze als grundlegendes Lernkonzept vorgestellt. Das bedeutet aber keineswegs, dass sie nun den Rang der einzig möglichen Lernform beansprucht, die alle anderen Arbeitsweisen verdrängt.
Gerade der Religionsunterricht lebt von vielen Lern- und Arbeitsweisen, die nicht ohne Schaden aufgegeben werden dürfen: Das Singen in der Gruppe, das Erzählen im Kreis, die Gesprächsrunde ... Es wird darauf ankommen, die verschiedenen Lernformen auszubalancieren. Dabei wird die Freiarbeit, wenn sie nicht bloß als beliebige Unterrichtsmethode, sondern als Konzept freien Lernens aufgefasst wird, alle Lernaktivitäten in der Gruppe positiv beeinflussen.
Freiarbeit ist nicht das neue Gesamtkonzept ..., aber auch keine »Randstundendidaktik«, die als angenehme Abwechslung neben dem »eigentlichen« Lerngeschehen geduldet wird. Freiarbeit kann ihre Möglichkeiten nicht ausspielen, wenn sie in einigen Nischen des vorherrschenden gebundenen Unterrichts angesiedelt wird.

Dies bezieht sich zunächst einmal auf den **Zeitaspekt**. Nur wenn Freiarbeit genügend Raum in der Stundentafel findet,
- wird sie als wichtige Lernform ernst genommen;
- können Schüler und Lehrer sich in diese anspruchsvolle Arbeits- und Kommunikationsweise in Ruhe einüben.

Auf jeden Fall sollte man versuchen, die Freiarbeit nicht dem hektischen 45-Minuten-Takt der Schule zu unterwerfen, sondern mindestens Doppelstunden einzuplanen.
Wichtig ist aber auch der **Inhaltsaspekt**: Oft bleiben der Freiarbeit Themen, die nicht im Zentrum des jeweiligen Fachs stehen; oder es werden Gegenstände, die im gebundenen Unterricht erarbeitet wurden, in der Freiarbeit in spielerischer Form geübt. Bei solchen Inhalten werden die Lernenden kaum die Bedeutung des freien Lernens in Erfahrung bringen. Freiarbeit sollte sich daher zentrale Themen wählen – dass dies möglich ist, wollten wir mit diesem Material für den Religionsunterricht zeigen.
Im Vergleich mit den oft recht ungünstigen organisatorischen Verhältnissen in der Schule bietet wohl die **Kinder- und Jugendarbeit** viel bessere Rahmenbedingungen für Freiarbeit: Teilbereiche aus dem Thema »So lebten die Menschen zur Zeit Jesu« könnten gut in einer Wochenendfreizeit erschlossen werden oder in einer Folge von 4–5 Gruppentreffen, wobei auch die Möglichkeiten kreativer Gestaltung wie beispielsweise Themengottesdienst, Theaterstück, Bilderwand nicht zu unterschätzen sind.
Welchen **Stellenwert** und welche **Reichweite** hat das freie Lernen nun für die Lernarbeit der Kinder? Sicher ist überall da, wo bestimmte Themen zur Bearbeitung vorgegeben sind, die völlige Wahlfreiheit eingeschränkt, weil sie nicht beliebig unter verschiedenen Angeboten aussuchen können. Aber von den fünf Aspekten

der Wahlfreiheit (s.o. S. 22f) bleibt auch im strengen Rahmen schulischen Unterrichts noch viel: Bei dem Material »So lebten die Menschen zur Zeit Jesu« können sie z.B. unter verschiedenen **Inhaltsaspekten** wählen (durch Entscheidung für die Teilthemen); sie können festlegen, wie gründlich sie am Thema arbeiten wollen (durch Auswahl von einem oder mehreren Teilthemen), sie haben die Freiheit, allein oder mit anderen zu arbeiten ... Auch die **Auswertung** der Arbeit ist nicht festgelegt. Bei den genannten Gestaltungsvorschlägen (s.o. S. 16ff) werden sie solche Möglichkeiten wählen, die ausdrücken, was ihnen eingeleuchtet hat oder wichtig geworden ist. Das gilt nicht zuletzt für Angebote der nicht kognitiven, kreativen Auseinandersetzung. – Wichtig ist auch, dass in der Freiarbeit ohne den **Zeitdruck** des Frontalunterrichts gearbeitet werden kann. Jedes Kind hat die Möglichkeit, in aller Ruhe auch solchen Fragen nachzugehen, die ihm wichtig sind, die aber im Klassenunterricht möglicherweise nicht zur Sprache kommen. Daraus können sich tiefere Beziehungen zur eigenen Lebenswelt entwickeln. Solche Beziehungen können sich noch deutlich vertiefen, wenn Freiarbeitsmaterialien Anlässe und Anreize zu **Austausch und Kooperation** anbieten: Das intensive Gespräch mit einem selbst gewählten Partner wird eher in die Tiefe führen als die Besprechung eines Themas im Klassenverband.

Wie lässt sich Freiarbeit im Religionsunterricht organisieren?
An immer mehr Schulen ist Freiarbeit in irgendeiner Form eingerichtet: Als Offener Unterricht – als Freie Stillarbeit – als Unterricht mit Werkstattcharakter o.ä.
In aller Regel ist aber der Religionsunterricht in solche Aktivitäten nicht integriert, u.a. weil für das Fach wenig brauchbares Material vorliegt, aber auch weil die konfessionelle Trennung die Zusammenarbeit sehr erschwert.
Darum wird der Religionsunterricht sich selbst organisieren und notfalls Freiarbeit im Rahmen der üblichen zwei Wochenstunden Fachunterricht durchführen müssen (vgl. auch die Vorschläge zu Organisationsmodellen auf S. 32ff).

2. Die vorbereitete Umgebung

Dieser in der Montessoripädagogik wohlbekannte Begriff besagt, dass die Umgebung der Kinder (das Kinderhaus; die Schule; der Klassenraum) so eingerichtet sein muss, dass sie den Lernenden die Möglichkeit zum selbstbestimmten Lernen eröffnet und sie dazu anregt. Hildegard Holtstiege charakterisiert eine gut gestaltete vorbereitete Umgebung als »Anregungswelt voll progressiver Interessen« (Holtstiege, 1989, 128).

a. Der Raum

Der Raum sollte nach den Grundsätzen der vorbereiteten Umgebung gestaltet sein:
▸ Möglichkeit der freien Bewegung und des selbstständigen Handelns;
▸ funktionale Gliederung (z.B. Regale / Schränke für Materialien zur Freiarbeit; Informationsbereich; Leseecke ...);
▸ Übersichtlichkeit, Ordnung und Zugänglichkeit des Materials.

b. Das Material

(1) Allgemeine Grundsätze
Die Kriterien zur Analyse von Freiarbeitsmaterialien sollen hier nur sehr summarisch genannt werden (ausführliche Zusammenstellung und Begründung in dem auf S. 21 genannten Buch):
Die Materialien zur Freiarbeit sollen
- die selbstständige Arbeit fördern, indem sie die eigenständige Erarbeitung von Sachstrukturen anregen (Montessori: »Schlüssel zur Welt«) und die Lernenden vom Lehrer so weit wie möglich unabhängig machen, z.B. durch immanente Fehlerkontrollen;
- sie sollen durch ihre Gestaltung die Schüler zum eigenständigen Arbeiten anregen;
- sie sollen durch funktional stimmige und ästhetisch ansprechende Gestaltung die Schüler zum sorgsamen und bedachten Umgang mit den Dingen anleiten.

(2) Funktionale Differenzierung
Im Blick auf das Material zur Freiarbeit ist dreifach zu differenzieren:
- Materialien zu bestimmten Themen;
- Materialien zur eigenen Information (Informations-Bibliothek); auf längere Sicht sollte in jeder Klasse eine kleine Bibliothek vorhanden sein, die den Lernenden ermöglicht, sich selbst Informationen zu Themen des Religionsunterrichts zu beschaffen;
- Materialien zur Stille und Meditation.

3. Die vorbereitete Lernsituation

Ein häufig geäußertes Missverständnis im Blick auf die Montessori-Pädagogik besagt, dass man das Kind in die vorbereitete Umgebung setzt und es sich selbst überlässt! Bei Montessori ist aber der Vorgang der Freiarbeit genau strukturiert. Es lassen sich **drei Phasen** unterscheiden:

I. **Eröffnungsphase:** In der Regel als Einführung in das Material und seine Handhabung (»Lektion«) angelegt.
II. **Freiarbeitsphase:** Das Kind arbeitet selbstständig; der Erzieher/Lehrer beobachtet und steht zur Beratung zur Verfügung.
III. **Abschluss-/Auswertungsphase:** Das Kind stellt mit Hilfe der immanenten Fehlerkontrolle fest, ob seine Arbeit erfolgreich war, oder sichert seine Arbeit auf andere Weise (Frage an den Erzieher/Lehrer; Austausch mit anderen; Zusammenfassung im Heft, auf dem Arbeitsblatt; Einspeisung der Ergebnisse in ein gemeinsames Projekt …).

Diese Elemente sollten auch in der Struktur der Freiarbeits-Materialien für die religiöse Erziehung enthalten sein. Dazu einige Hinweise:

a. Zur Eröffnungsphase

Sie soll leisten:
▸ Einführung in die Thematik;
▸ Kennzeichnung der einzelnen Aspekte der Thematik, die in der Freiarbeit als Materialien angeboten werden;
▸ Motivation für die weitere Auseinandersetzung.

Die Eröffnungsphase kann in Form des Klassenunterrichts ausgeführt werden. Sie könnte aber auch immanent im Material enthalten sein, sodass die Lernenden sich selbst über Inhalt und Aufbau des Materials sowie die erforderliche Arbeitsweise informieren können.
Diese Form haben wir im Material »So lebten die Menschen zur Zeit Jesu« gewählt: Vor allem die Erzählung bietet durch den Aufbau der einzelnen Kapitel eine Grundstruktur der gesamten Thematik an. Auch bei jedem Teilthema stellt eine Karte das Material und die vorgeschlagene Arbeitsweise vor.

b. Zur Phase der Freiarbeit

Sie ist auf die möglichst funktional gestaltete und anregend vorbereitete Umgebung angewiesen. Zur Organisation werden in Abschnitt 4. Vorschläge entwickelt.

c. Zur Phase der Auswertung

Im Blick auf die Auswertung sollte bedacht werden, dass es hierbei nicht um eine Lernkontrolle geht! Vielmehr sollen die Lernenden Gelegenheit finden, ihre Arbeitsergebnisse so darzubieten, dass es für sie lohnend und reizvoll ist (z.B. in einem Bericht in der Lerngruppe, in den eigene Ideen einfließen, in einem Projektheft oder einer Wandzeitung; vielleicht auch einmal in größerem Rahmen, etwa in einem Gottesdienst, einer Informationsveranstaltung oder einer Fotodokumentation).
Im vorliegenden Material wird die Form des Projektheftes vorgeschlagen.

4. Organisationsmodelle für die Freiarbeit

Wie kann unter den Voraussetzungen der Regelschule Freiarbeit im Religionsunterricht erfolgreich organisiert werden?

a. Vorbemerkungen

Die folgenden Überlegungen gehen von der »Normalsituation« aus, d.h. von der Annahme, dass Freiarbeit im Religionsunterricht der Regelschule erteilt wird, und zwar in einer konfessionell abgegrenzten, altershomogenen Klasse. Günstig wäre eine Zusammenfassung in einer wöchentlichen Doppelstunde.
Wie bei jeder regelmäßig durchgeführten Freiarbeit ist eine Aufgliederung des Schuljahrs in Freiarbeits-Epochen dringend anzuraten. Eine solche Strukturierung sorgt dafür, dass die Stofffülle für die Lernenden überschaubar bleibt; als Grundmuster bietet sich etwa ein 8-Wochen-Rhythmus an. Dabei können sich im Religionsunterricht Epochen mit Freiarbeit abwechseln mit Zeiten, in denen gebundener Unterricht erteilt wird.

b. Organisationsmodell: Freiarbeitsepoche, in der *ein* Thema bearbeitet wird

Grundraster des Unterrichts ist die Gliederung in Lernepochen, die jeweils ein Thema bearbeiten. Jede Lernepoche orientiert sich an der schon genannten Grundstruktur:

Eröffnungsphase – Freiarbeitsphase – Auswertungsphase.

Wichtig ist, dass die klare Strukturierung des Themenfeldes nicht nur in der Eröffnungsphase sichtbar wird, sondern durchgehend erkennbar bleibt. Das kann beispielsweise durch die Verwendung von deutlichen Kennbuchstaben, Ziffern, Nummerierungen geleistet werden. Im vorliegenden Material haben wir dafür das Verfahren der durchlaufenden Kopfzeile gewählt. Zusätzlich haben wir mit unterschiedlichen »Signalfarben« gearbeitet (s. S. 19). Denkbar wäre auch die Zusammenstellung der Teilthemen auf einem Poster, das während der ganzen Epoche aufgehängt bleibt (vgl. die Übersicht auf S. 13). Die Epoche schließt mit einer Auswertungsphase ab. Sie sollte möglichst vielfältige freie Darstellungsmöglichkeiten einbeziehen. Nach dem Abschluss der Epoche kann nach dem gleichen Muster ein neues Thema begonnen werden.

Vorteile dieses Epochenmodells sind, dass die Klasse in überschaubaren Zeitspannen arbeitet und dass die Zusammenarbeit zwischen den Schülern und ein Austausch der Ergebnisse gut möglich ist. Ein schwerwiegender Nachteil liegt darin, dass mehrere Exemplare eines Materials bereitgestellt werden müssen, da alle Schüler gleichzeitig an einem Thema arbeiten. Bei »So lebten die Menschen zur Zeit Jesu« stellt sich dieses Problem nur, wenn lediglich mit Teilthemen gearbeitet wird.

c. Organisationsmodell: Freiarbeitsepoche, in der *mehrere* Themen bearbeitet werden

Dieses Modell geht davon aus, dass Material zu mehreren unterschiedlichen Themen bereitsteht und die Schüler daran arbeiten. Diese Methode hat den Vorteil, dass die Lernenden eine breitere Wahlmöglichkeit haben und ihren Interessen differenzierter nachgehen können. Vor allem ist wichtig, dass für die einzelnen Themen nicht so viele Materialien hergestellt werden müssen. Allerdings reduzieren sich gleichzeitig die Chancen auf eine Zusammenarbeit. Bei diesem Modell entfällt die gemeinsame Einführungsphase in das Thema. Die Funktionen der Einführung müssen also im Material selbst angelegt sein.

Dazu bieten sich mehrere Möglichkeiten an:

▶ Man könnte ein Basismedium herstellen, das alle Teilaspekte zusammenhält und strukturiert, z.B. eine Erzählung; im vorliegenden Material die Geschichte »Benjamin und Julius«.
▶ Als zweite Möglichkeit bietet sich an, ein oder mehrere »Pflichtmaterialien« in das Angebot einzubauen, die die genannten Funktionen wahrnehmen können.
▶ Schließlich wäre auch daran zu denken, dass diejenigen, die die Bearbeitung des Themas anfangen, ein Übersichtsblatt erhalten, das ihnen bei der Orientierung hilft.

d. Organisationsmodell: Freiarbeitsphase innerhalb des Klassenunterrichts

Dort, wo Freiarbeit noch nicht als Grundform der religiösen Erziehung möglich ist, bietet es sich an, Freiarbeits-Phasen in den Klassenunterricht einzubauen – dies ist vielleicht auch eine empfehlenswerte Vorstufe für Lehrer und Schüler, die erst mit Freiarbeit im Religionsunterricht anfangen.
Beispiel: In eine Unterrichtseinheit zum Thema »Verbreitung des Evangeliums in der frühen Kirche« (Klasse 6) wurde eine Freiarbeits-Phase zum Thema »Reisen des Apostels Paulus« integriert. Die Schüler erhielten Materialsets zu einer Reihe von Teil-Themen, die sie allein oder in Kleingruppen bearbeiteten (z.B. Wie reiste man damals; wie schrieb man? Griechische Götter ...). Jedes Teilthema wurde durch ein entsprechendes Zeichen markiert. Strukturierendes Leitmedium war eine Karte des Mittelmeerraums, Kärtchen mit den Zeichen der Teilthemen signalisierten deren Ort. Nach etwa drei Unterrichtsstunden präsentierten die Lernenden ihre Ergebnisse; sie wurden in einem großen Poster zusammengefasst.

5. Zur Fertigstellung und Präsentation von Freiarbeitsmaterialien: Praktische Vorschläge

Im Rahmen der Reihe »FREIARBEIT RELIGION« werden die Materialien so angeboten, dass der Benutzer sie noch für den praktischen Gebrauch fertigstellen sollte. Das bietet die Chance, sich aktiv in das Material und dessen Handhabung einzuarbeiten. Gleichzeitig kann der Benutzer das Material nach seinen eigenen Bedürfnissen und Vorstellungen aufbereiten. Die folgenden Hinweise geben dazu praktische Vorschläge:
Grundsätzlich sollte die ästhetisch-funktionale Qualität der Materialien beachtet werden. Aus Gründen der Haltbarkeit werden die einzelnen Blätter auf Pappe gedruckt. Zusätzlich sollten sie gegen zu schnelle Abnutzung geschützt werden. Die einfachste Form ist die Klarsichthülle (in DIN A5 auch ohne Lochrand erhältlich). Wenn möglich, sollte man die Freiarbeitskarten folieren; der Mehraufwand bei der Herstellung macht sich in Kürze bezahlt, weil die Materialien dann auch einem stärkeren Gebrauch gewachsen sind. Dafür reichen allerdings die normalen Foliermaschinen in der Regel nicht aus, weil sie nur relativ schwache Papierstärken verarbeiten und weil sie die Schnittkanten freilassen. Wer nicht von Hand folieren will, ist auf zwei relativ teure Verfahren angewiesen: Entweder er benutzt eine Laminiermaschine, die Kunststofftaschen verschweißt, oder selbstklebende Folientaschen.
Für die Aufbewahrung der Materialien greift man am besten auf handelsübliche Kunststoffkästen (Baumarkt) zurück; die ästhetisch ansprechenderen Holzkästen sind in der Regel recht teuer. Für den Anfang kann man sich aber auch mit ansprechend bemalten oder beklebten (Schuh-)Kartons behelfen.
Die Kästen sollten auf jeden Fall beschriftet werden, damit die Lernenden sich gut orientieren können. Besonders attraktiv ist es, wenn man für die Teilthemen unterschiedliche Signalfarben benutzt.

Literatur

Zur Basis der Montessori-Pädagogik
Montessori, Maria, Grundlagen meiner Pädagogik. Heidelberg [9]2005.
Montessori, Maria, Die Entdeckung des Kindes. Freiburg [18]2005.
Montessori, Maria, Die Macht der Schwachen (Kleine Schriften 2). Freiburg 1989.
Oswald, Paul/Schulz-Benesch, Günter, Grundgedanken der Montessori-Pädagogik. Freiburg [20]2002.

Zur Freiarbeit im Religionsunterricht
Berg, Horst Klaus, Freiarbeit im Religionsunterricht. Konzepte – Modelle – Praxis. Stuttgart/München [2]1998.
Berg, Horst Klaus, Grundriß der Bibeldidaktik (Handbuch des biblischen Unterrichts Band 2). Stuttgart/München 1993.
Berg, Horst Klaus/Weber, Ulrike, Mit Jesus beginnt etwas Neues. Freiarbeit Religion I. Stuttgart/München 1995.
Holtstiege, Hildegard, Modell Montessori. Freiburg [13]2004.
Schulz-Benesch, Günter, Über »Freiarbeit« im Sinn Montessoris. In: Montessori-Werkbrief 1984, Nr. 3/4, S. 97–115.

Zum neutestamentlichen Ansatz
Baldermann, Ingo, Der Himmel ist offen. Jesus aus Nazareth: eine Hoffnung für heute. Neukirchen/München 1991.
Schottroff, Luise, Befreiungserfahrungen. Studien zur Sozialgeschichte des Neuen Testaments. München 1990 (Theologische Bücherei 82).
Theißen, Gerd, Der Schatten des Galiläers. Historische Jesusforschung in erzählender Form. Gütersloh [19]2006.

KOPIERVORLAGEN

Die Kopiervorlagen sind als Unterstützung für die Arbeit der Lernenden gedacht: Sie können Texte und Bilder in ein Projektheft oder ein Poster, eine Wandzeitung oder eine Collage einbeziehen.
Die Materialien sollten also in entsprechender Anzahl kopiert werden.
Damit der Leiter die Texte und Bilder der jeweiligen Situation der Arbeitsgruppe anpassen kann, wurden sie so gedruckt, dass sie flexibel eingesetzt werden können: Man kann sie verkleinern, vergrößern, in Auswahl benutzen, neu zusammenstellen, zu Teilsammlungen zusammenfassen usw.

Skizze mit Beschriftung	Protest-song	Streit-gespräch
Zeitungs-artikel	»Am Stammtisch«	Gebet
Tagebuch	Tabelle	Collage

Darstellungs-möglich-keiten	Speisekarte	Zeit-maschine (In die Vergangenheit)
Brief	Interview	Bilder-geschichte
Kochrezept	Zeit-maschine (Aus der Vergangenheit)	Reise-bericht

Gedicht		
Traum	Gespräch beim Mittagessen	
Zeitung	Lied	

Arbeitsanregungen	Beschreibe einen typischen Tagesablauf aus der Zeit Jesu	Beschreibe einen typischen Wochenablauf aus der Zeit Jesu
Beschreibe einen typischen Lebenslauf aus der Zeit Jesu	Beschreibe oder vergleiche die Wohnverhältnisse von typischen Personen aus der Zeit Jesu (z.B. Arme – Reiche – Handwerker – Künstler – Herrscher – Bettler …)	Schreibe ein Interview mit einer Person aus der Zeit Jesu
Du besteigst die Zeitmaschine und lässt dich in die Zeit Jesu versetzen – was erlebst du?	Ein Mensch aus der Zeit Jesu kommt mit der Zeitmaschine bei uns an – was könnte passieren?	Du triffst ein Kind aus der Zeit Jesu – ihr kommt ins Gespräch …

Du lebst als Kind in der Zeit Jesu – was musst du alles lernen?	Schreibe ein Kochrezept aus der Zeit Jesu	Stelle eine typische Speisekarte für die Zeit Jesu zusammen – Gibt es Unterschiede zwischen Armen und Reichen?
Stelle die Mahlzeiten eines Tages der Zeit Jesu zusammen	Stelle (zusammen mit anderen) eine Zeitung aus der Zeit Jesu her – z.B. »KAFARNAUM-ECHO« »FORUM ROMANUM« Darin könnte vorkommen: Interviews – Berichte – Sport – Wirtschaftsteil – Wetterbericht – Politik – Anzeigenteil …	Schreibe einen Bericht über die Probleme der Zeit Jesu
Schreibe ein Streitgespräch aus der Zeit Jesu	Beschreibe eine Gerichtsverhandlung aus der Zeit Jesu	Schreibe die Rede einer wichtigen Person aus der Zeit Jesu

DAS LAND DER BIBEL

DAS TÄGLICHE LEBEN

ERNÄHRUNG

MARKT

FAMILIE

WOHNEN

KLEIDUNG

LANDWIRTSCHAFT

FELDARBEIT

GETREIDEVERARBEITUNG

GEMÜSEANBAU

OBSTANBAU

OLIVENANBAU

WEINANBAU

VIEHZUCHT

BERUFE

FISCHER ...

TÖPFER ...

SCHMIED ...

DIE JÜDISCHE RELIGION

GRUNDLAGEN

DER GLAUBE IM ALLTAG

GEBURT – TOD

RELIGIÖSE GRUPPEN

WALLFAHRTSFESTE

ANDERE FESTE

DIE SYNAGOGE

DIE THORA

DIE GESELLSCHAFT

DIE POLITIK

SO LEBTEN DIE MENSCHEN ZUR ZEIT JESU

Landwirtschaft: Die Arbeit auf dem Getreidefeld

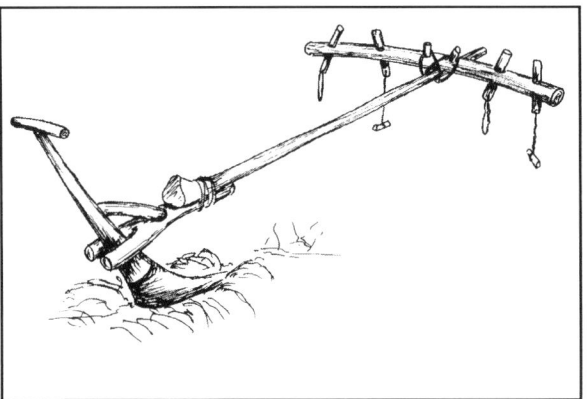

Landwirtschaft: Gemüseanbau

Das tägliche Leben: Auf dem Markt

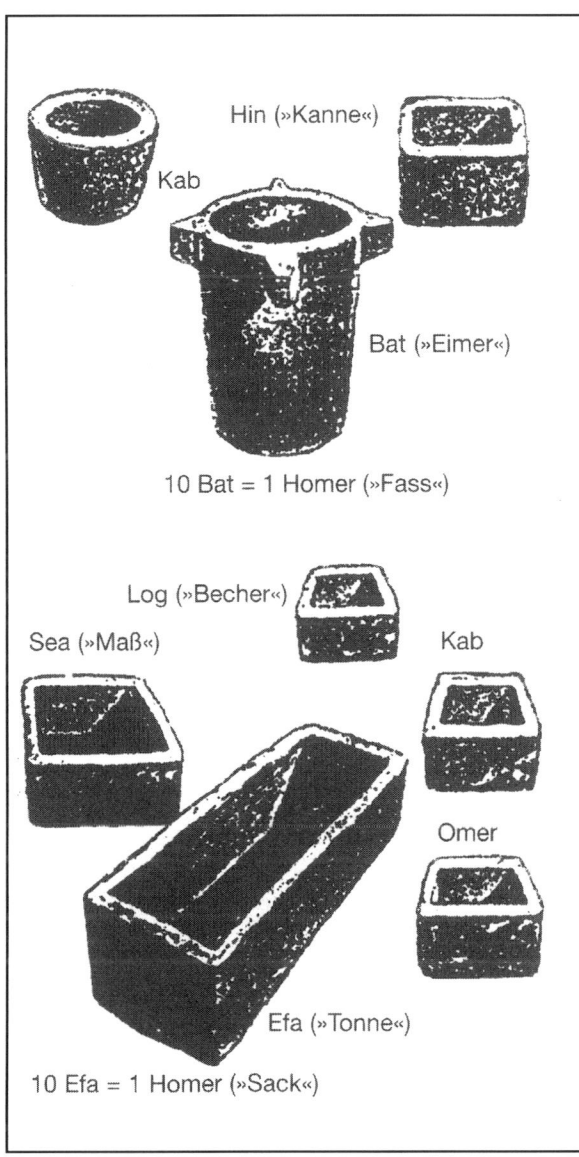

Die jüdische Religion: Die Synagoge

Der »Aaronitische Segen«
Jahwe segne dich und behüte dich. Jahwe lasse sein Angesicht über dir leuchten und sei dir gnädig. Jahwe erhebe sein Angesicht auf dich und gebe dir Frieden.

Landwirtschaft: Die Arbeit auf dem Getreidefeld

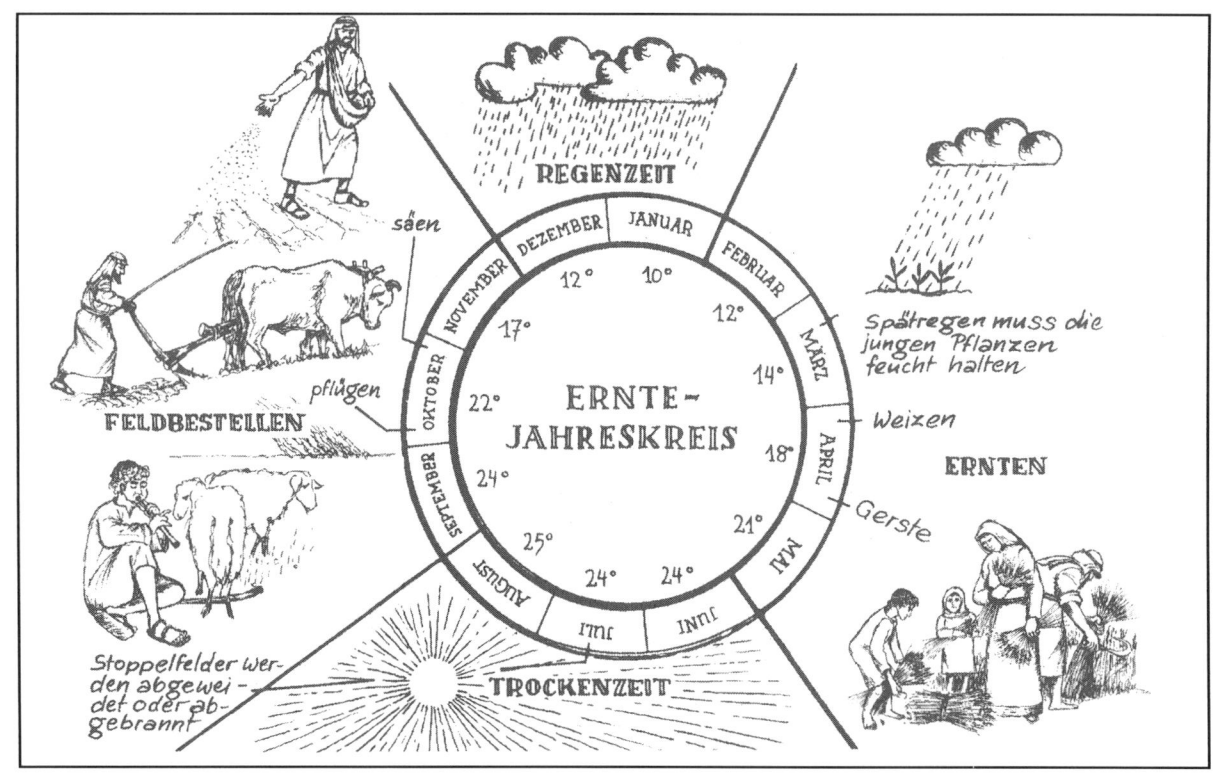

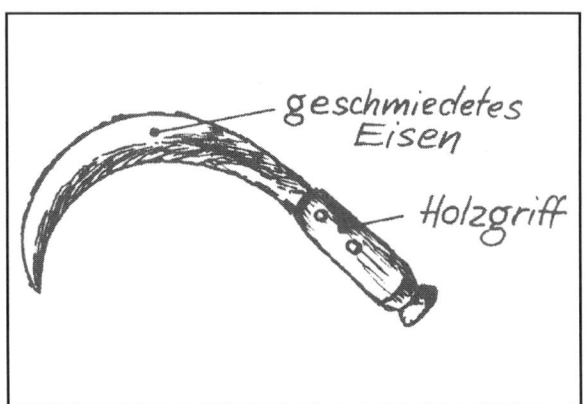

Landwirtschaft: Das Getreide wird verarbeitet

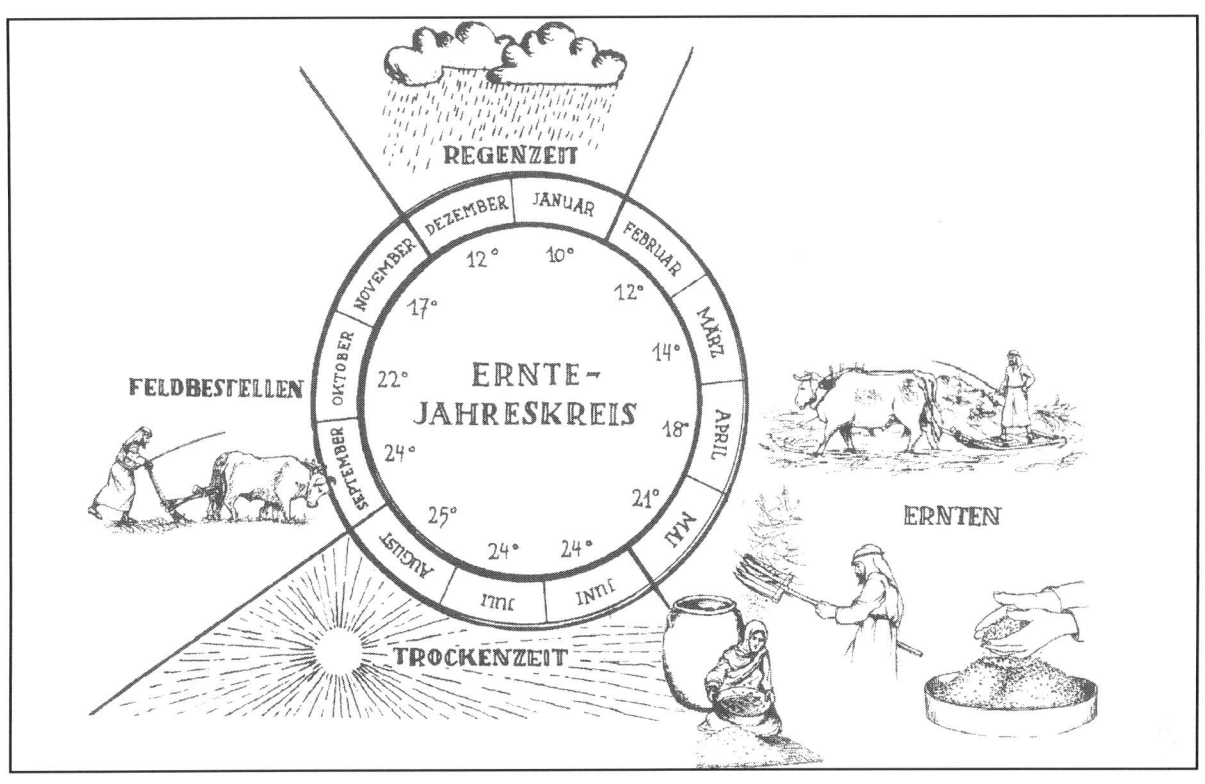

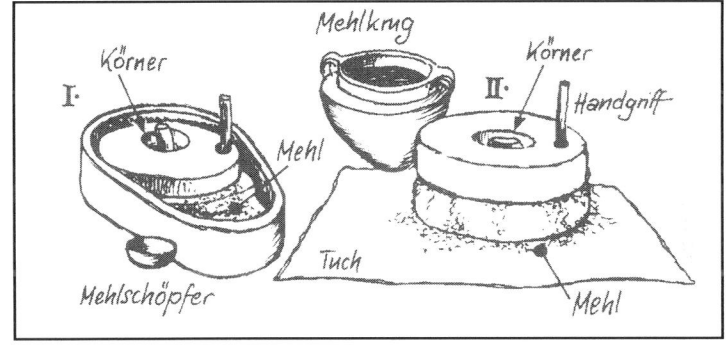

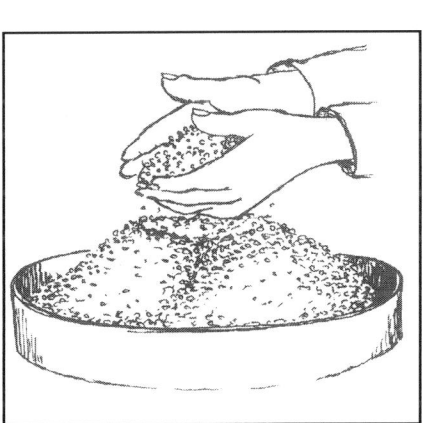

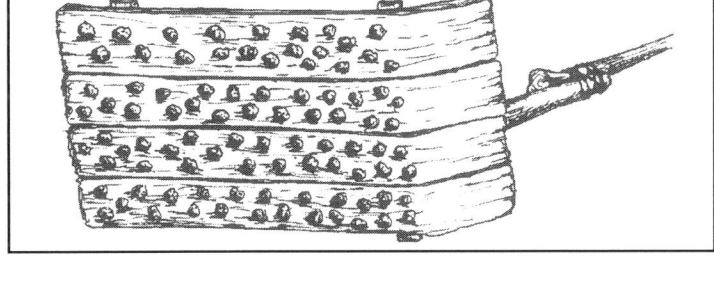

Landwirtschaft: Die Viehzucht

Landwirtschaft: Obstanbau

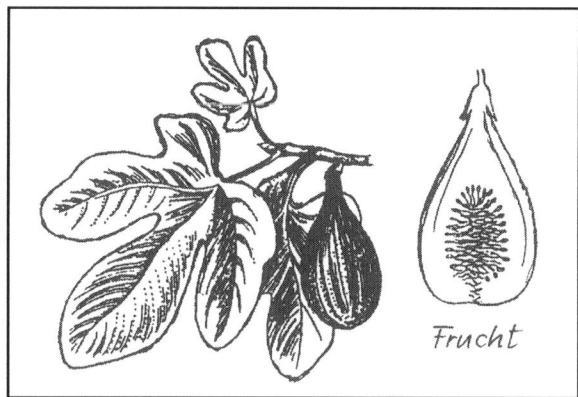

Frucht

Frucht

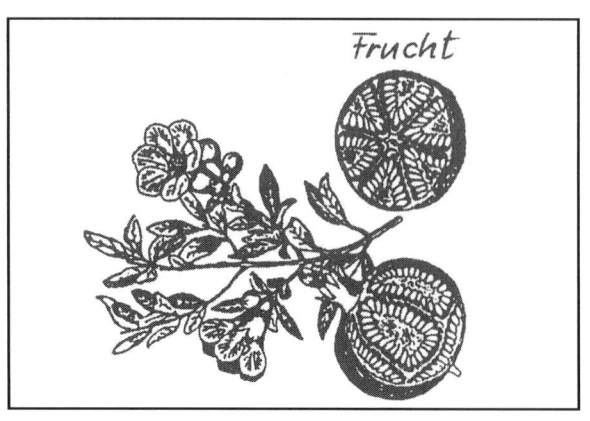

Frucht

Landwirtschaft: Der Weinbau

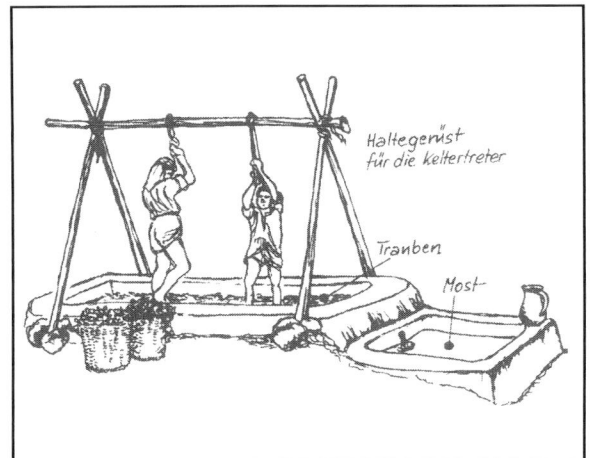
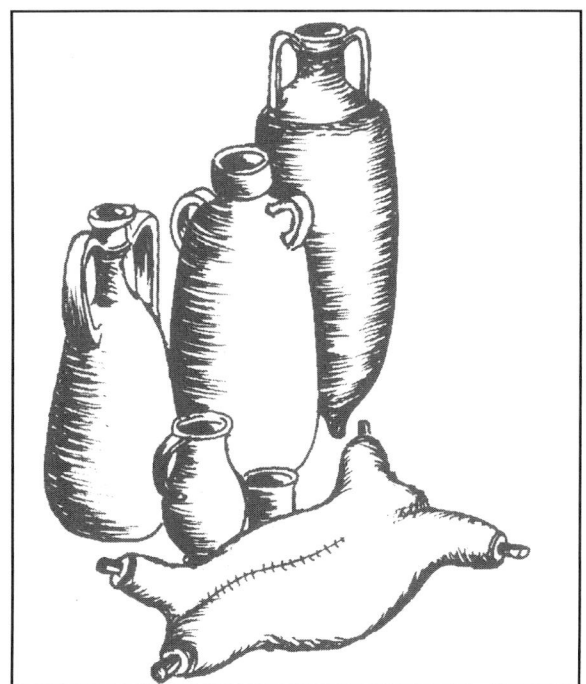

Landwirtschaft: Der Olivenanbau

Berufe: Fischer, Hirten, Bauern

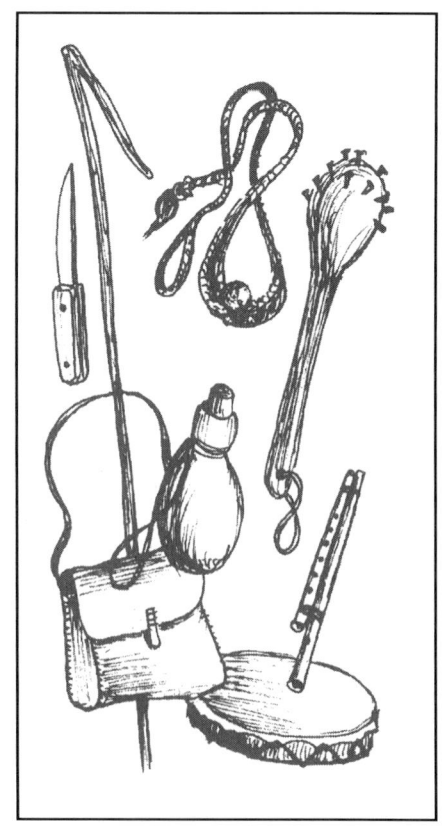

Berufe: Schmied, Baumeister, Zöllner

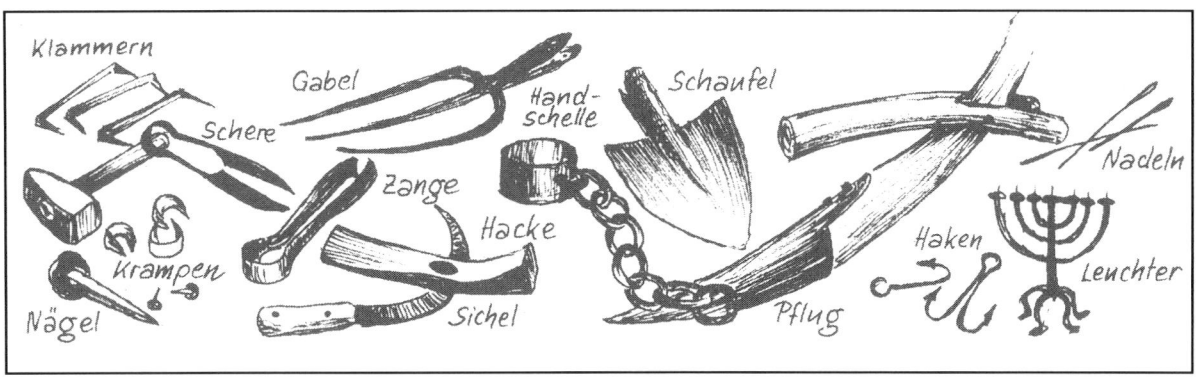

Berufe: Töpfer, Weber, Färber, Händler

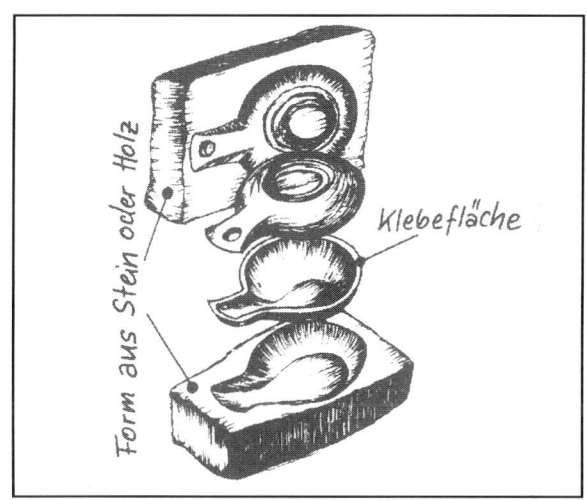

Berufe: Töpfer, Weber, Färber, Händler

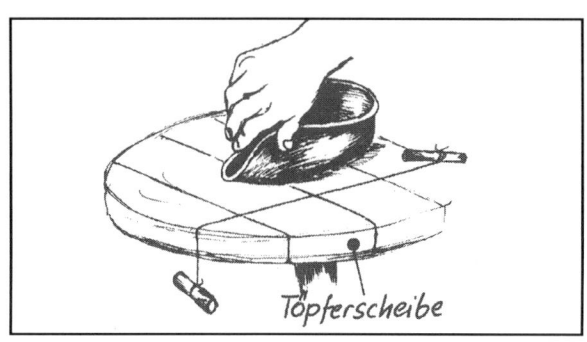
Töpferscheibe

Berufe: Schmied, Baumeister, Zöllner

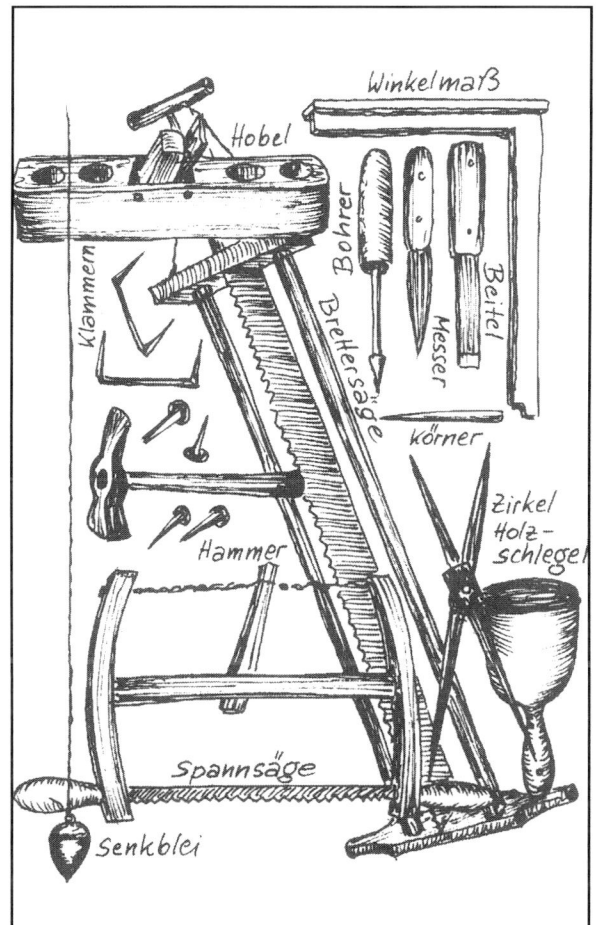

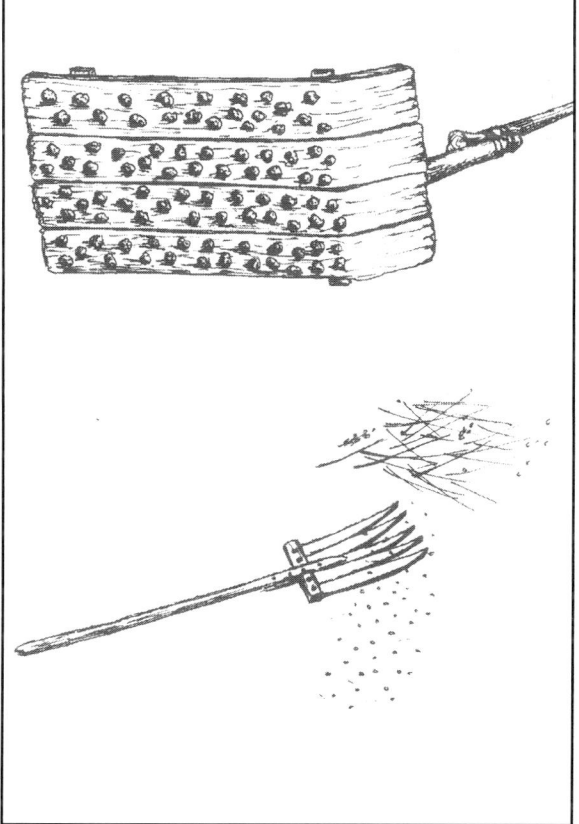

Das tägliche Leben: Wohnen

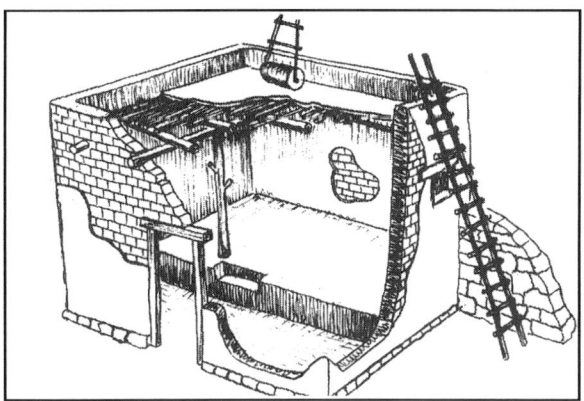

Das tägliche Leben: Kleidung

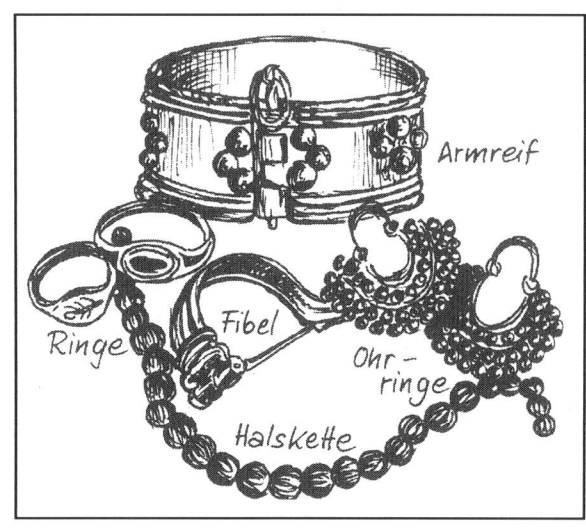

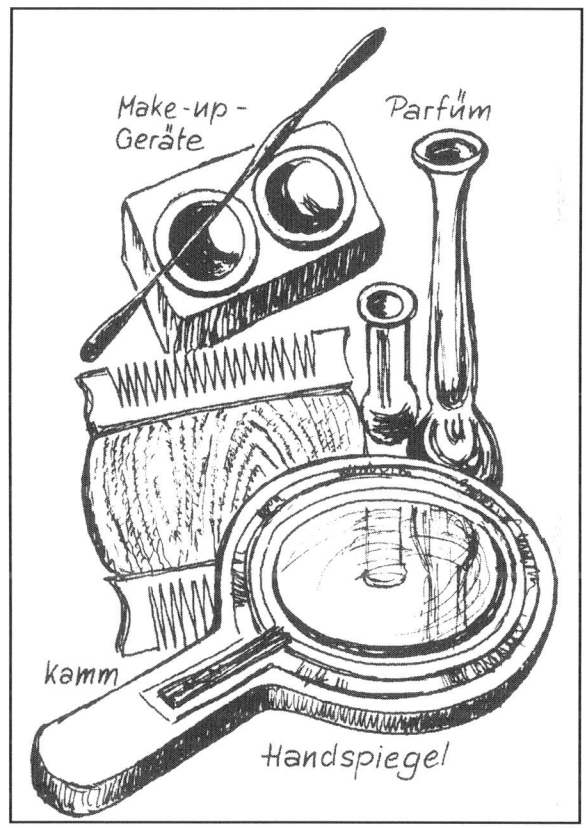

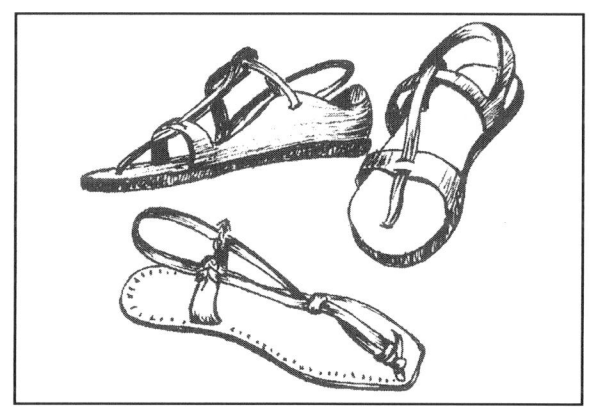

Das tägliche Leben: Auf dem Markt

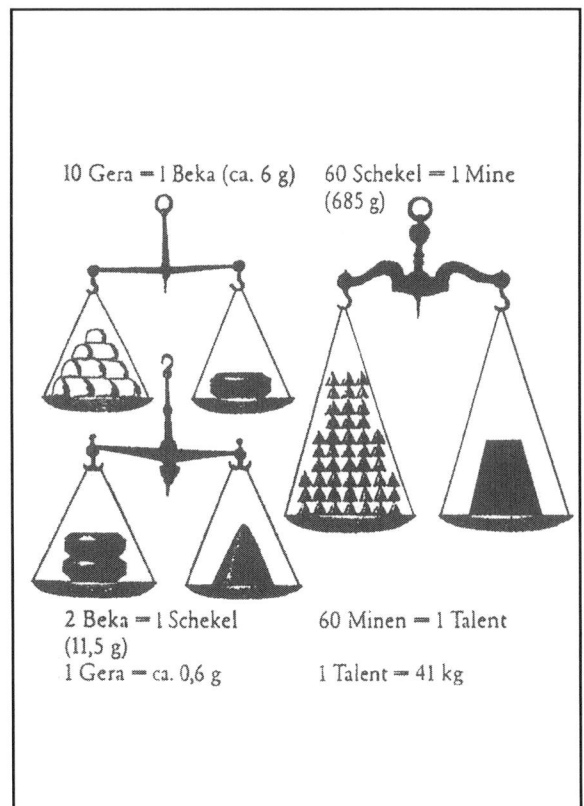

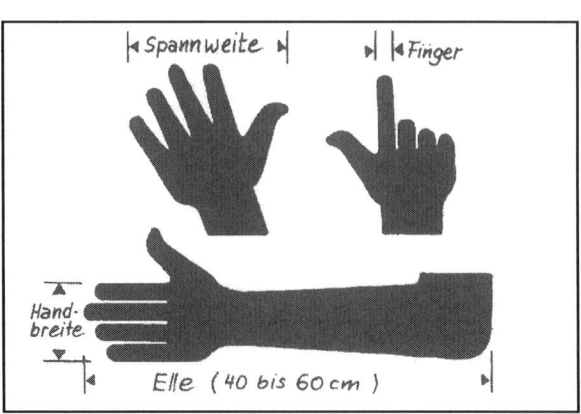

Das tägliche Leben: Ernährung

Segensspruch beim Essen

Gelobt seist du,
Ewiger, König der Welt,
dass du Brot
aus der Erde hervorbringst

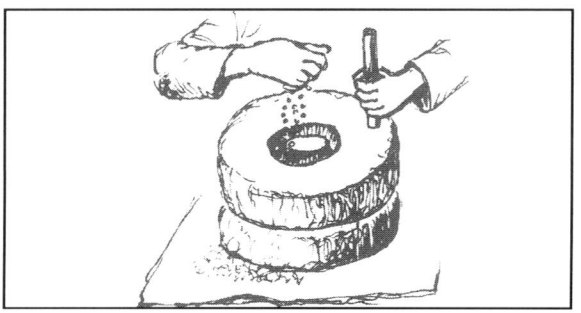

Die Gesellschaft

Die Gesellschaft

So wurden die Menschen zur Zeit Jesu
in der Gesellschaft eingeschätzt

So wurden die Menschen zur Zeit Jesu
in der Religion eingeschätzt

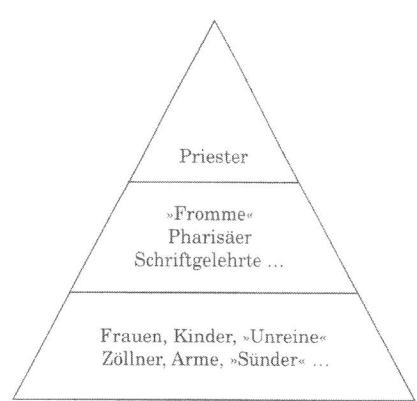

Die Politik

Das Römische Weltreich

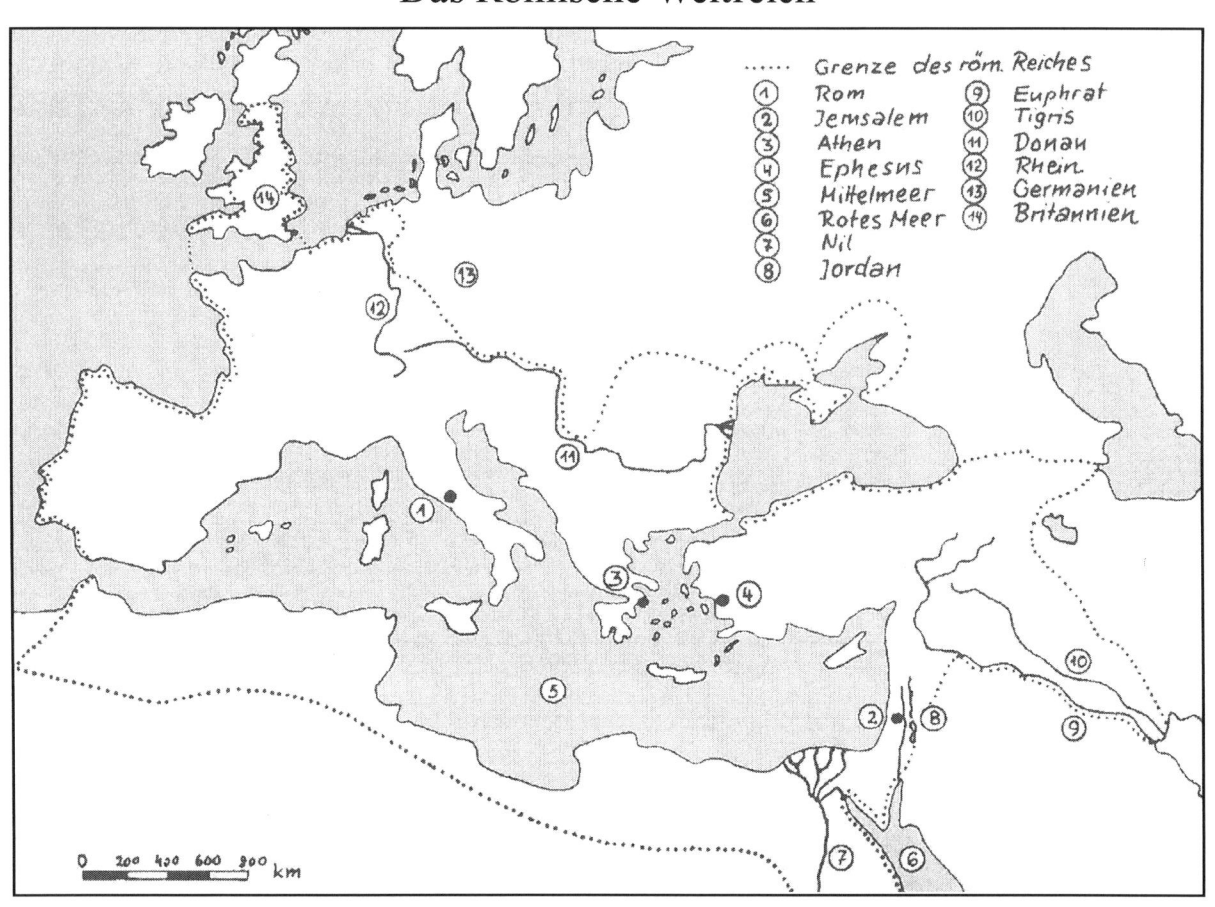

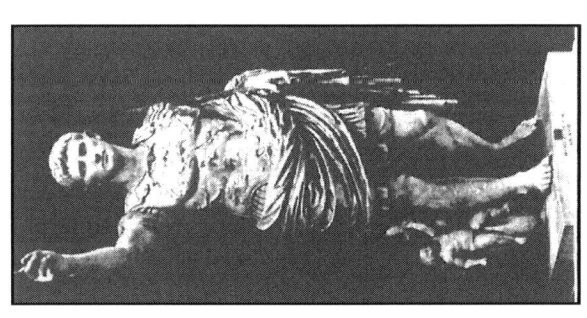

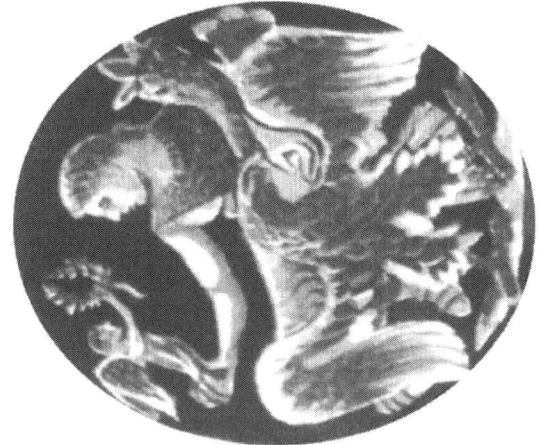

Das Land der Bibel

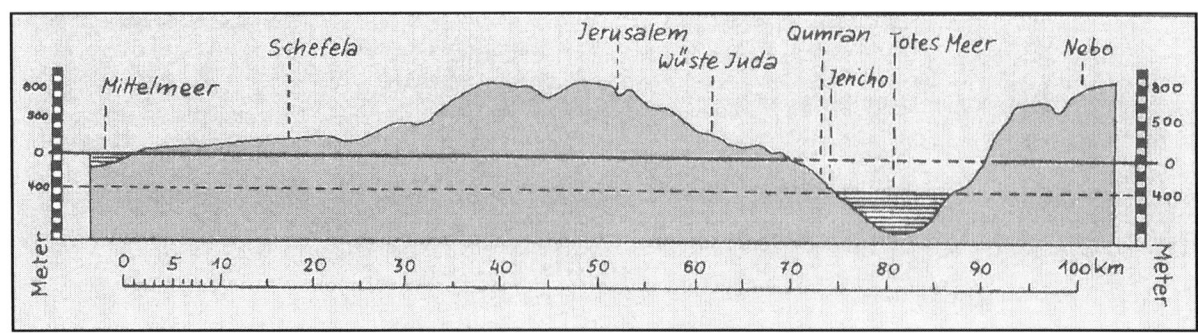

Das Land der Bibel

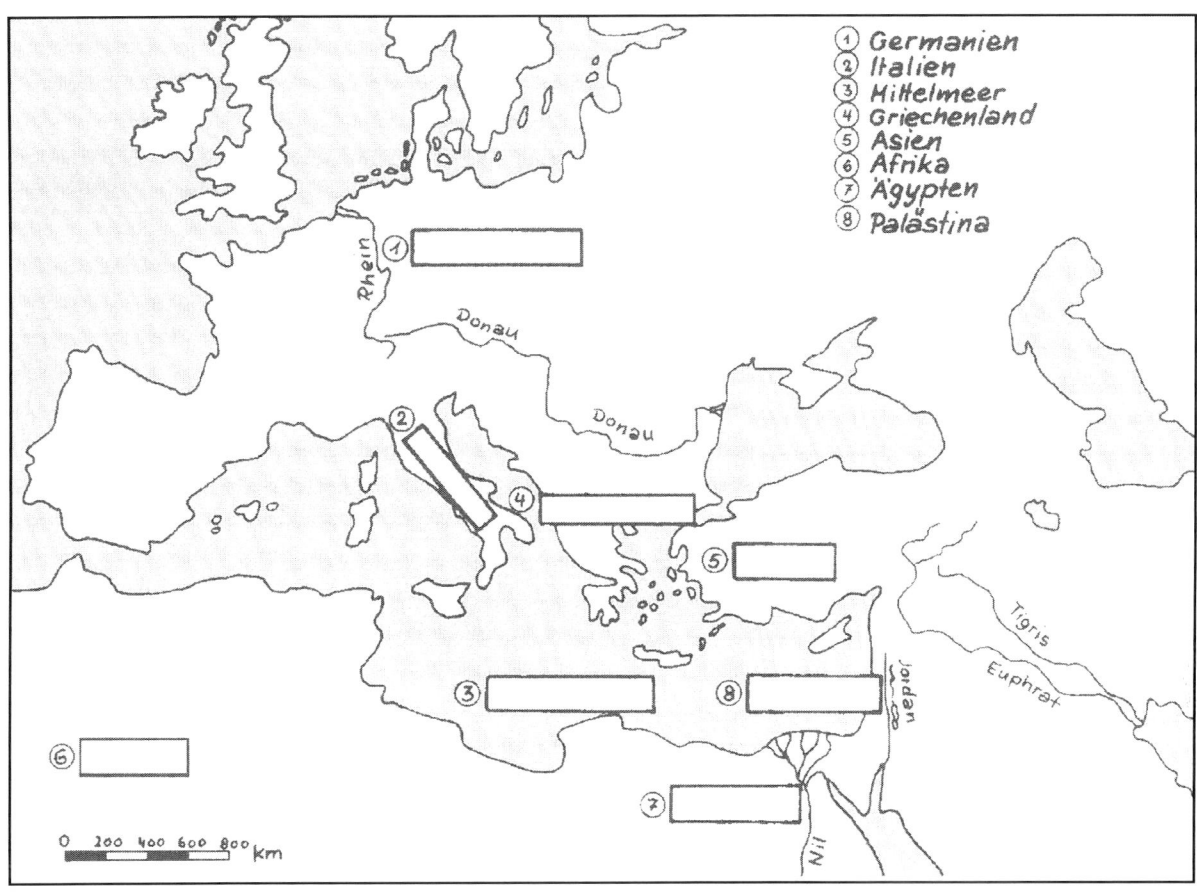

① Germanien
② Italien
③ Mittelmeer
④ Griechenland
⑤ Asien
⑥ Afrika
⑦ Ägypten
⑧ Palästina

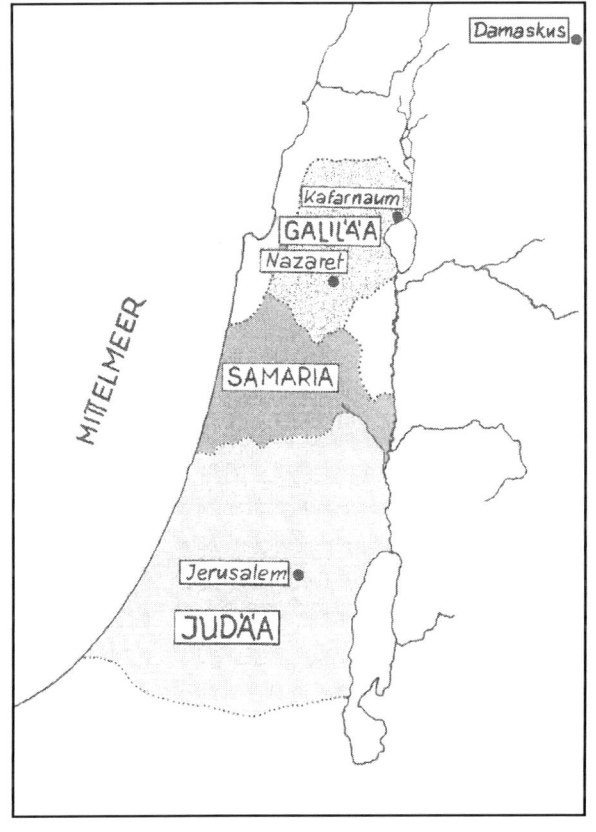

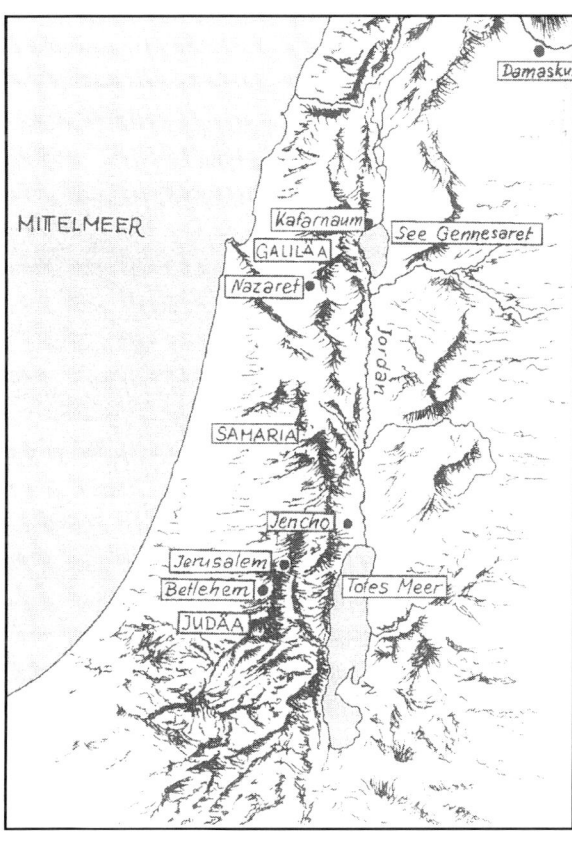

Die Vegetation in Palästina

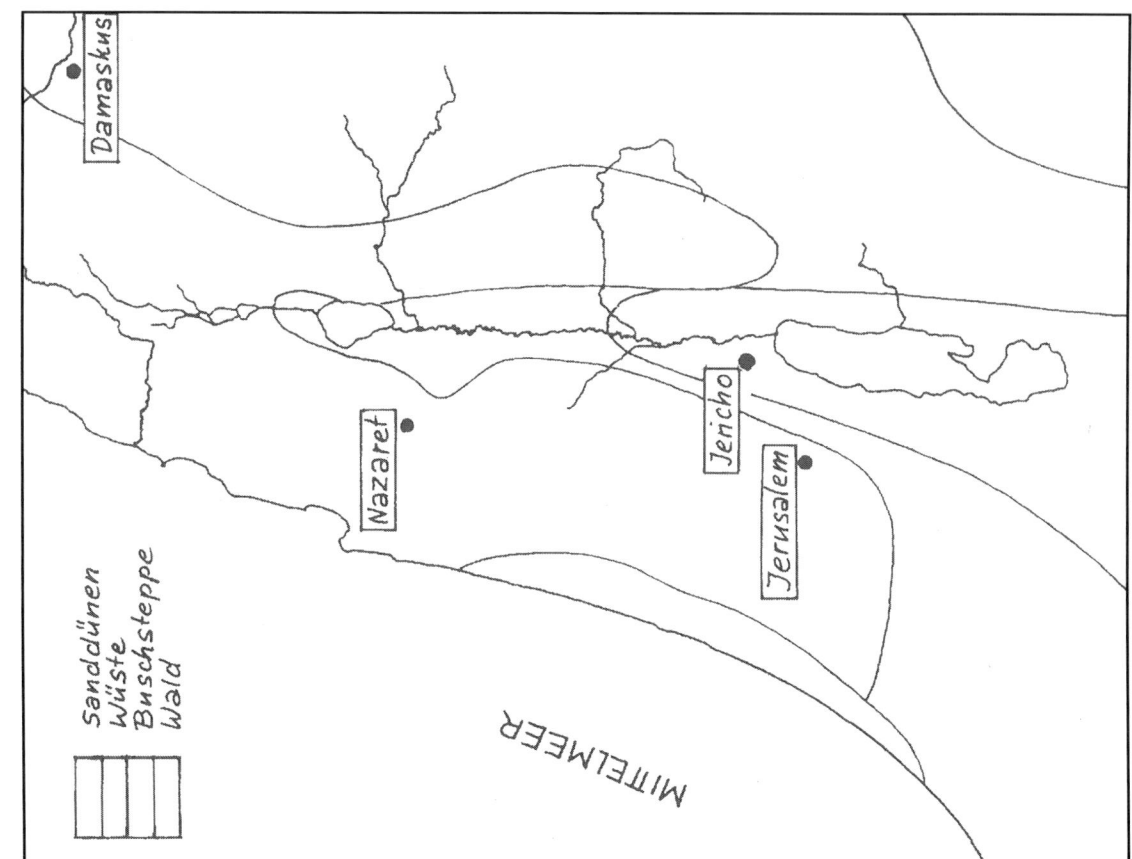

Palästina aus der Vogelperspektive

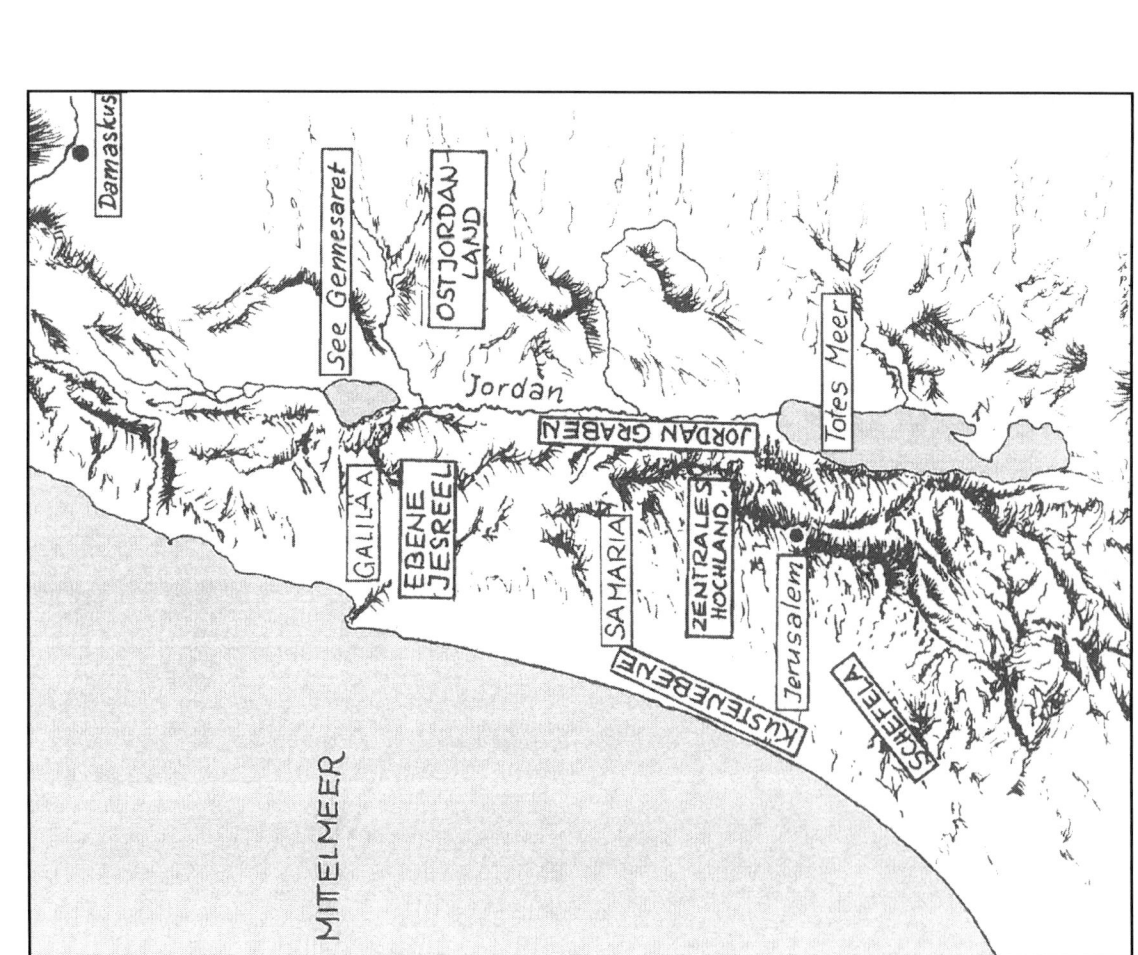

Das tägliche Leben: Zusammenleben in der Familie

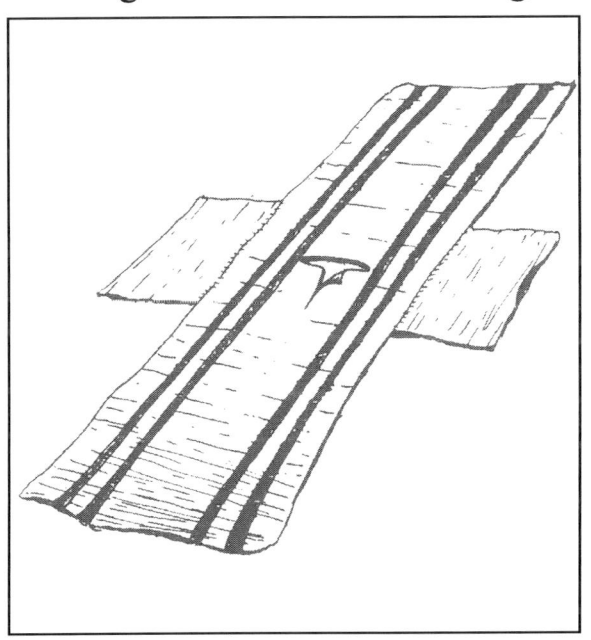

Beispiel für ein Sabbatgebot:

Am Sabbat gehen wir nicht wie an einem Wochentag. Wir vermeiden lange Schritte. Hetze, übermäßige Hast, unnötige Eile und alles, was unseren Gang in der Woche kennzeichnet.

Das tägliche Leben: Kleidung

Die jüdische Religion: Grundlagen

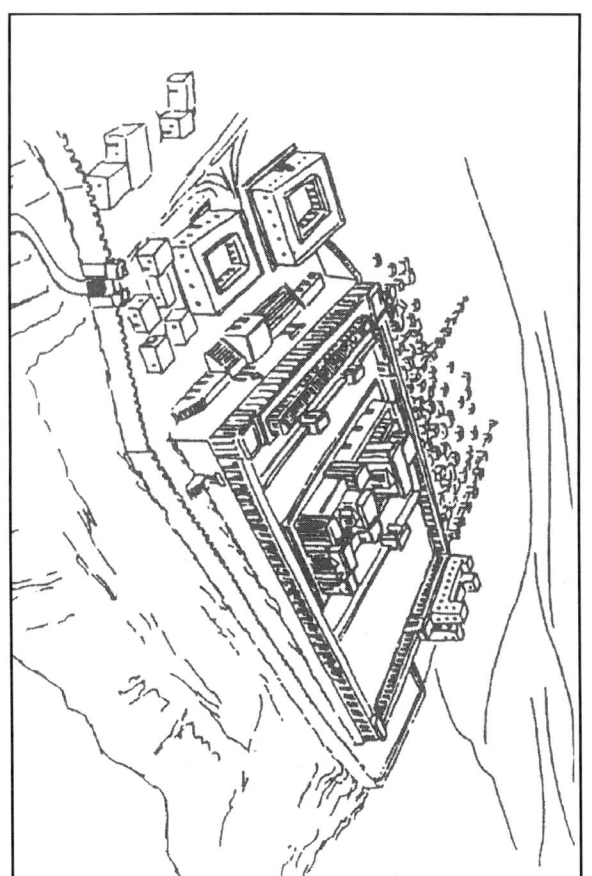

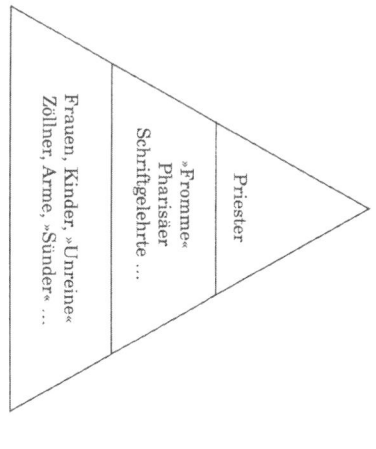

So wurden die Menschen
zur Zeit Jesu
in der Religion eingeschätzt

- Priester
- »Fromme« Pharisäer Schriftgelehrte ...
- Frauen, Kinder, »Unreine« Zöllner, Arme, »Sünder« ...

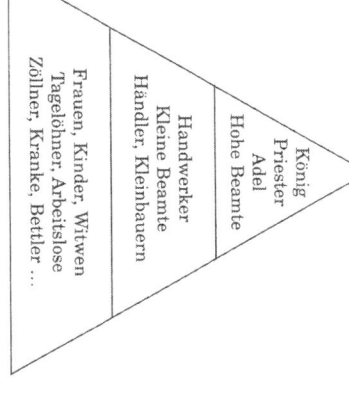

So wurden die Menschen
zur Zeit Jesu
in der Gesellschaft eingeschätzt

- König Priester Adel Hohe Beamte
- Handwerker Kleine Beamte Händler, Kleinbauern
- Frauen, Kinder, Witwen Tagelöhner, Arbeitslose Zöllner, Kranke, Bettler ...

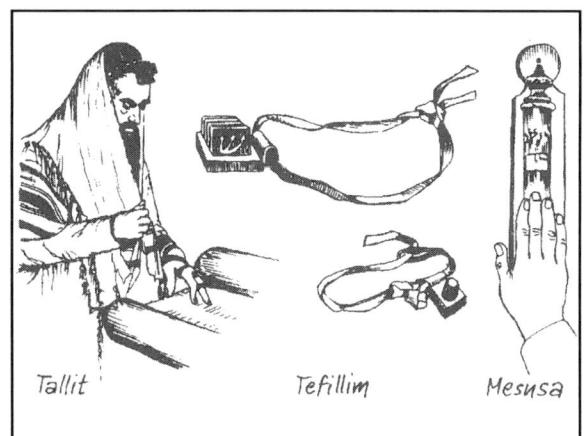

Tallit — Tefillim — Mesusa

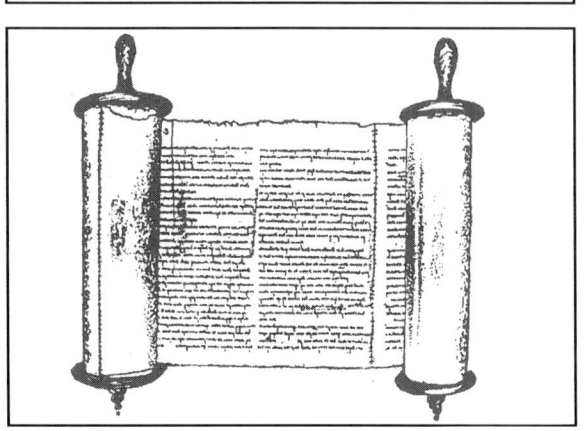

Die jüdische Religion: Grundlagen

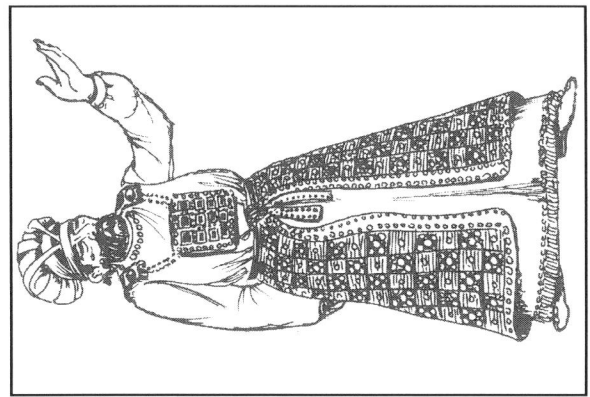

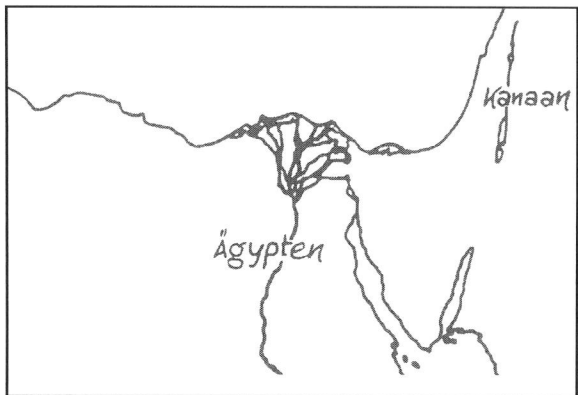

Die jüdische Religion: Feste 2 (andere Feste)

Segen beim Anzünden der Lichter:

»Gelobt seist du, Ewiger, unser Gott, König der Welt, der uns durch seine Gebote geheiligt und uns befohlen hat, das Chanukkalicht anzuzünden. Gelobt seist du, Ewiger Gott, König der Welt, der für unsere Väter Wunder getan in jenen Tagen, um diese Zeit.«

Gebete zu Rosch Haschana

»Gib Ehrfurcht vor dir, Gott, unser Gott, auf all deine Geschöpfe und Schrecken von dir, auf alles, was du geschaffen hast, damit alles Werk dich fürchte und alles Erschaffene sich vor deinem Angesicht beuge, damit sie alle ein Bund werden, deinen Willen zu tun von ganzem Herzen …«

»Unser Vater, unser König, wir haben vor dir gesündigt. Unser Vater, unser König, wir haben keinen König außer dir. Unser Vater, unser König, erneuere uns ein gutes Jahr. Unser Vater, unser König, schreib uns ein in das Buch eines guten Lebens …«

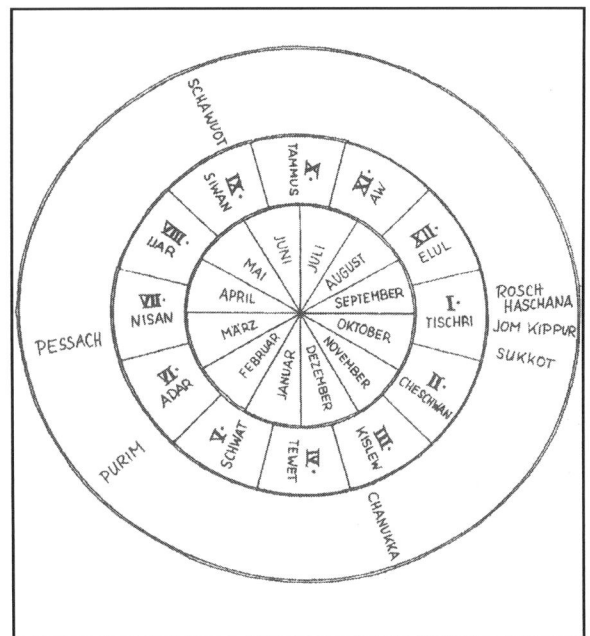

Die jüdische Religion: Von der Geburt bis zum Tod

»Unser Gott
und Gott unserer Vorfahren,
erhalte dies Kind seinem Vater und
seiner Mutter und sein Name
in Israel soll … sein,
Der Vater erfreue sich
an seinem Kind und die Mutter singe
über ihr Kind … Dankt dem Herrn,
denn er ist gut,
er ist immer und ewig gnädig.«

Die jüdische Religion: Der Glaube im Alltag

Sch{e}mone Esre (Textauszug)

»1. Gepriesen seist du, Herr, unser Gott und Gott unserer Väter, Gott Abrahams, Gott Isaaks und Gott Jakobs, großer, mächtiger und furchtbarer Gott, höchster Gott, Schöpfer Himmels und der Erde, unser Schild und Schild unserer Väter, unsere Zuversicht von Geschlecht zu Geschlecht. Gepriesen seist du, Herr, Schild Abrahams ...
3. Heilig bist du, und furchtbar ist dein Name, und kein Gott ist außer dir. Gepriesen seist du, Herr, heiliger Gott ...
6. Vergib uns, unser Vater, denn wir haben gegen dich gesündigt. Tilge und entferne unser Verfehlen vor deinen Augen, denn groß ist dein Erbarmen. Gepriesen seist du, Herr, der viel vergibt.
7. Schaue auf unser Elend und streite unseren Streit und erlöse uns um deines Namens willen. Gepriesen seist du, Herr, Erlöser Israels.
18. Lege deinen Frieden auf Israel, dein Volk, auf deine Stadt und auf dein Eigentum und segne uns allesamt. Gelobt seist du, Herr, der Frieden macht.«

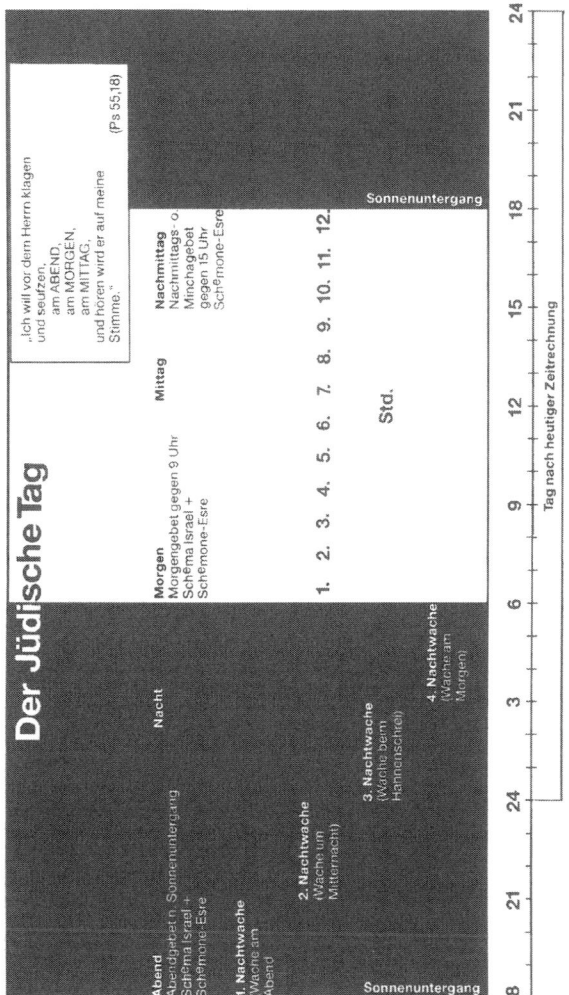

Schabbat-Vorschriften

Hauptarbeit 11: Backen, Kochen, Braten. Dazu gehören: Jedes Backen, Kochen, Braten auf offenem Feuer oder in erhitztem Ofen (z.B. Bratäpfel); ...
Das Hineingießen kalter Milch in heißen Kaffee, ... Das Verflüssigen fester Stoffe (Butter, Fett, Wachs) durch Hitzeeinwirkung; ... Das Trocknen von feuchtem Holz im Ofen; ... Das Umrühren kochender Speisen mit dem Rührlöffel; ...

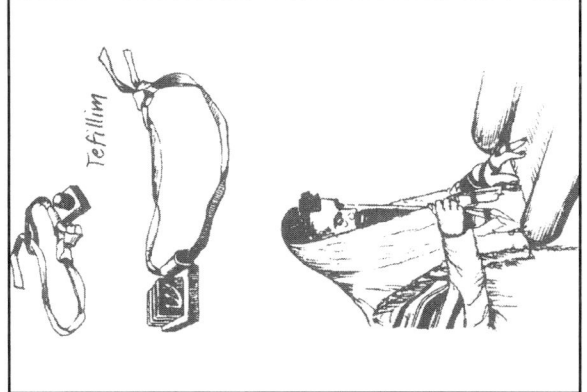

Sch{e}ma Jisrael – Höre Israel (Textauszug)

Höre Israel! Jahwe, unser Gott, Jahwe ist einzig. Darum sollst du den Herrn, deinen Gott, lieben mit ganzem Herzen, mit ganzer Seele und mit ganzer Kraft. Diese Worte, auf die ich dich heute verpflichte, sollen auf deinem Herzen geschrieben stehen. Du sollst sie deinen Söhnen wiederholen, du sollst von ihnen reden, wenn du zu Hause sitzt und wenn du auf der Straße gehst, wenn du dich schlafen legst und wenn du aufstehst. Du sollst sie als Zeichen um das Handgelenk binden. Sie sollen zum Schmuck auf deiner Stirn werden. Du sollst sie auf die Türpfosten deines Hauses und in deine Stadttore schreiben. (5. Mose 6,4–9)

Die jüdische Religion: Der Glaube im Alltag

Ausnahmen von
den Schabbat-Vorschriften:

»Man sei am Schabbat um Lebensrettung besorgt und je eifriger desto lobenswerter ist es. Es ist nicht nötig, erst vom Gerichtshof Erlaubnis einzuholen. Hat einer gesehen, dass ein Kind ins Meer gefallen ist, so wirf er ein Netz aus, damit er es heraufschaffe, und zwar je eifriger desto lobenswerter. Und es ist nicht nötig, erst vom Gerichtshof Erlaubnis einzuholen, obwohl er dabei Fische mitfängt …«

»Es ist besser, jemanden, der sich in Not befindet, durch die Entweihung des Schabbats zu retten, als es zu unterlassen; dadurch erreicht man, dass dieser Mensch noch viele Schabbattage halten kann.«

Gebot: (2. Mose 23,17)

»Du sollst eine kleine Ziege nicht in der Milch seiner Mutter kochen.«
(Das bedeutet: Man darf Fleisch und Milch nicht zusammen kochen und essen!)

»L^{e}cha Dodi« (Textauszug)

Auf, mein Freund, der Braut entgegen,
wir wollen den Schabbat empfangen!
Der Ruhe entgegen, auf, lasst uns gehn!
Denn sie ist uns des Segens Quell.
Von Anfang, von Vorzeit dazu ersehn,
Schöpfungsanfang, von Anfang
umfangen. Auf, mein Freund,
der Braut entgegen,
wir wollen den Schabbat
empfangen! Ermuntre dich,
ermuntre dich, auf, leuchte!
Denn es kommt dein Licht.
Erwach, erwach! Lieder sprich!
Gottes Glanz ist dir aufgegangen.

Sch^{e}mone Esre (Textauszug)

»1. Gepriesen seist du, Herr, unser Gott und Gott unserer Väter, Gott Abrahams, Gott Isaaks und Gott Jakobs, großer, mächtiger und furchtbarer Gott, höchster Gott, Schöpfer Himmels und der Erde, unser Schild und Schild unserer Väter, unsere Zuversicht von Geschlecht zu Geschlecht. Gepriesen seist du, Herr, Schild Abrahams …
3. Heilig bist du, und furchtbar ist dein Name, und kein Gott ist außer dir. Gepriesen seist du, Herr, heiliger Gott …
6. Vergib uns, unser Vater, denn wir haben gegen dich gesündigt. Tilge und entferne unser Verfehlen vor deinen Augen, denn groß ist dein Erbarmen. Gepriesen seist du, Herr, der viel vergibt.
7. Schaue auf unser Elend und streite unseren Streit und erlöse uns um deines Namens willen. Gepriesen seist du, Herr, Erlöser Israels.
18. Lege deinen Frieden auf Israel, dein Volk, auf deine Stadt und auf dein Eigentum und segne uns allesamt. Gelobt seist du, Herr, der Frieden macht.«

Die jüdische Religion: Der Glaube im Alltag

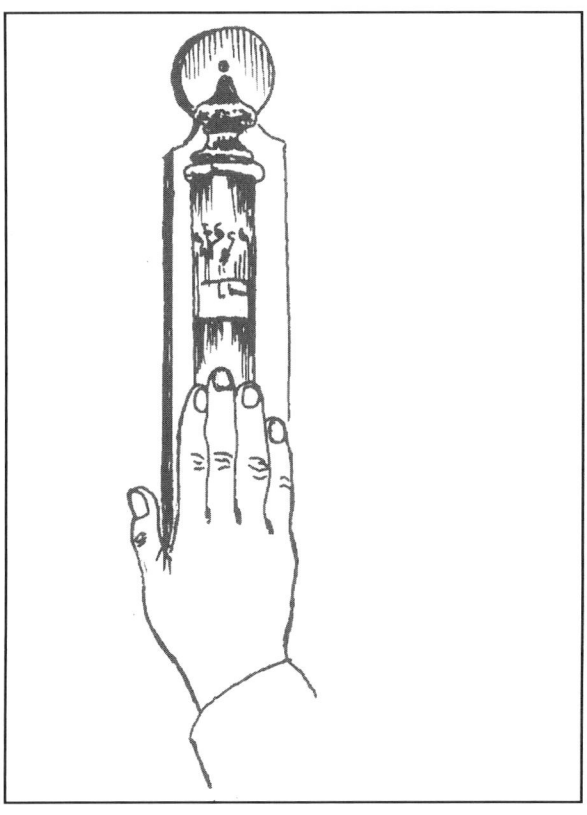

Die jüdische Religion: Religiöse Gruppen

Aus einem Qumran-Psalm:

Ich preise dich, Herr, denn du hast mich weise gemacht durch deine Wahrheit! Tiefe Geheimnisse hast du mir eröffnet in deiner wunderbaren Liebe.

Die jüdische Religion: Religiöse Gruppen

Gebote:
(3. Mose 19,9–10 / 5. Mose 24,20+22)

Wenn ihr die Ernte eures Landes einbringt, sollt ihr das Feld nicht bis zum äußersten Rand abernten. Du sollst keine Nachlese von deiner Ernte halten. In deinem Weinberg sollst du keine Nachlese halten und die angefallenen Beeren nicht einsammeln. Du sollst sie den Armen und dem Flüchtling überlassen. Ich bin der Herr, euer Gott.

Wenn du bei einem Ölbaum die Früchte heruntergeschlagen hast, sollst du nicht auch noch die Zweige absuchen; was noch hängt, soll den Fremden, Waisen und Witwen gehören. Denke daran: Du bist in Ägypten Sklave gewesen. Darum mache ich es dir zur Pflicht, diese Bestimmung einzuhalten.

Gebot: (2. Mose 23,17)

»Du sollst eine kleine Ziege nicht in der Milch seiner Mutter kochen.«
(Das bedeutet: Man darf Fleisch und Milch nicht zusammen kochen und essen!)

Die jüdische Religion: Feste 1 (Wallfahrtsfeste)

Spruch beim Austeilen der Mazzen:

Dies ist das Brot der Armut, das unsere Väter im Land Ägypten aßen. Jeder, der hungrig ist, komme und esse. Wer in Not ist, komme und feiere mit uns das Pessach-Fest. In diesem Jahr sind wir Sklaven, im kommenden Söhne der Freiheit.

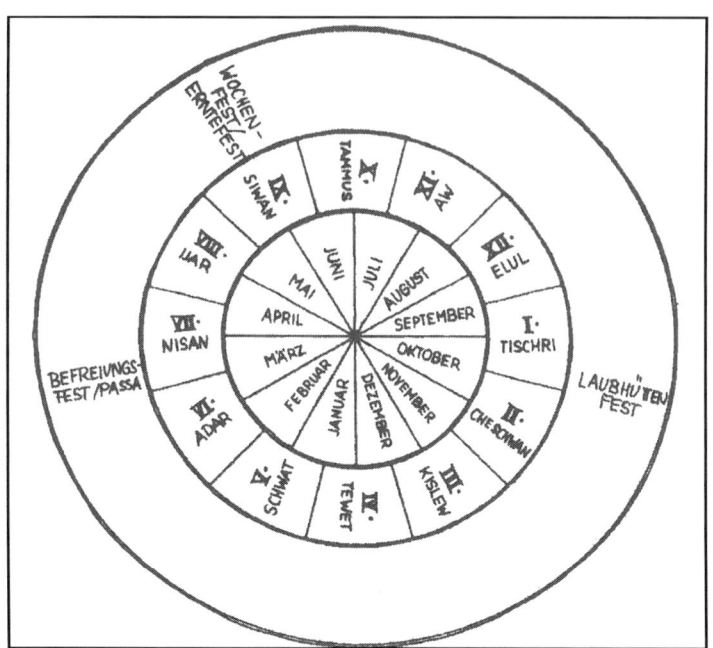

»Sieben Tage sollt ihr in Laubhütten wohnen. Wer einheimisch ist in Israel, soll in Laubhütten wohnen, damit eure Nachkommen wissen, wie ich die Israeliten in Hütten wohnen ließ, als ich sie aus Ägypten führte. Ich bin Jahwe, euer Gott.«

(3. Mose 23,42+43)

Die jüdische Religion: Die Thora

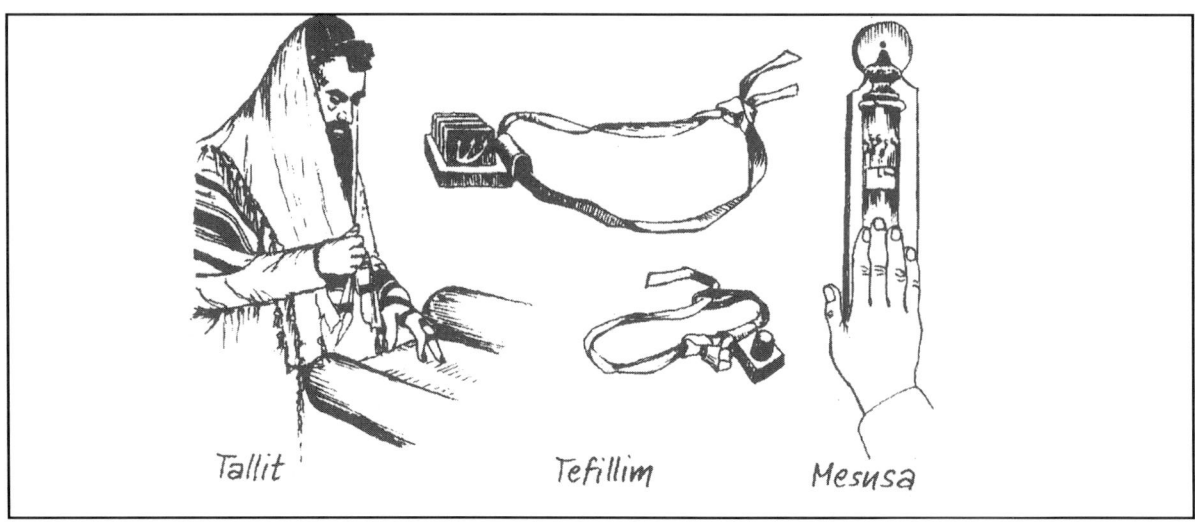

Tallit — Tefillim — Mesusa

Die jüdische Religion: Die Synagoge

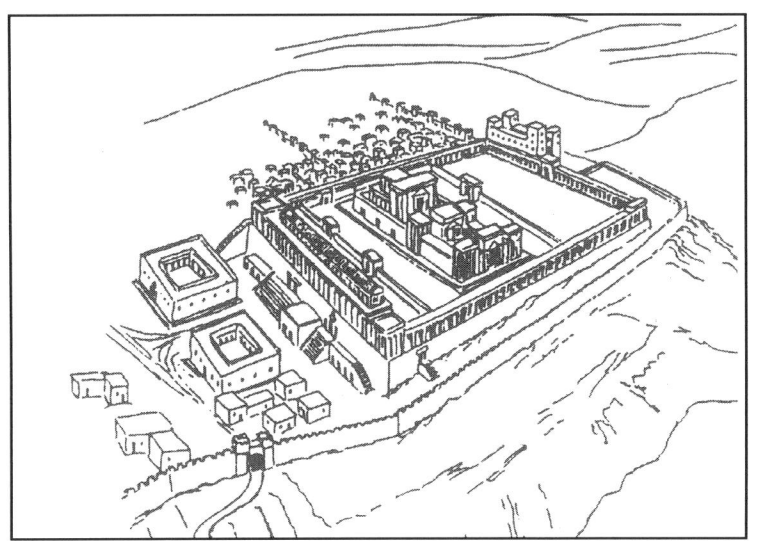

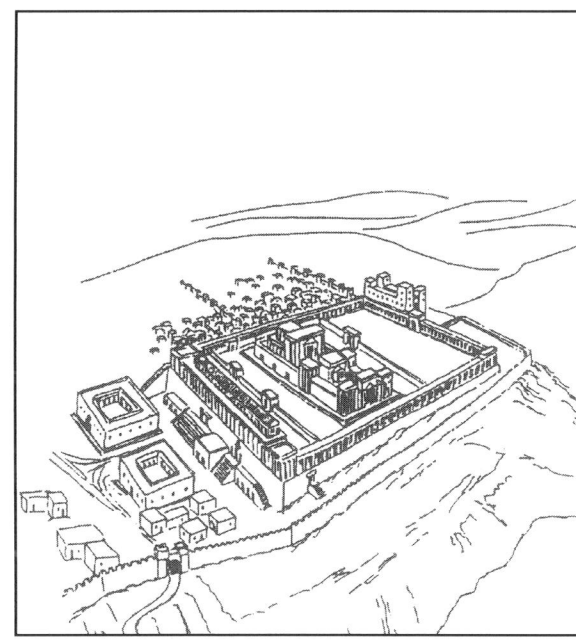

Die jüdische Religion: Die Thora

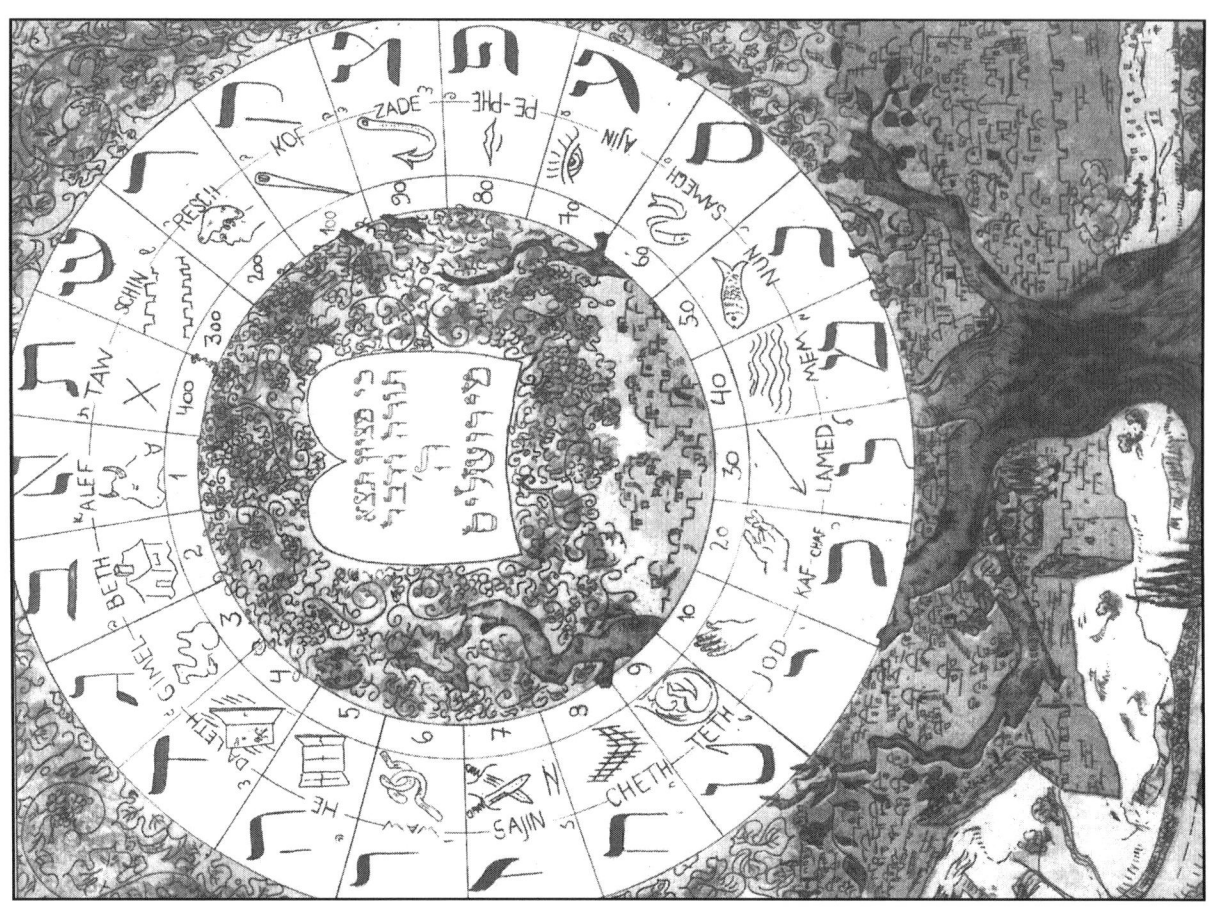

Das hebräische Alphabet

Name	am Wortende	Grundform	Name	am Wortende	Grundform
Aleph		א	Mem	ם	מ
Bet		ב	Nun	ן	נ
Gimel		ג	Samech		ס
Dalet		ד	Ajin		ע
He		ה	Pe	ף	פ
Waw		ו	Zade	ץ	צ
Sajin		ז	Koph		ק
Chet		ח	Resch		ר
Tet		ט	Schin, Sin		ש
Jod		י	Taw		ת
Kaph	ך	כ	Vokale werden als Punkte und Striche unter die Buchstaben gesetzt.		
Lamed		ל			

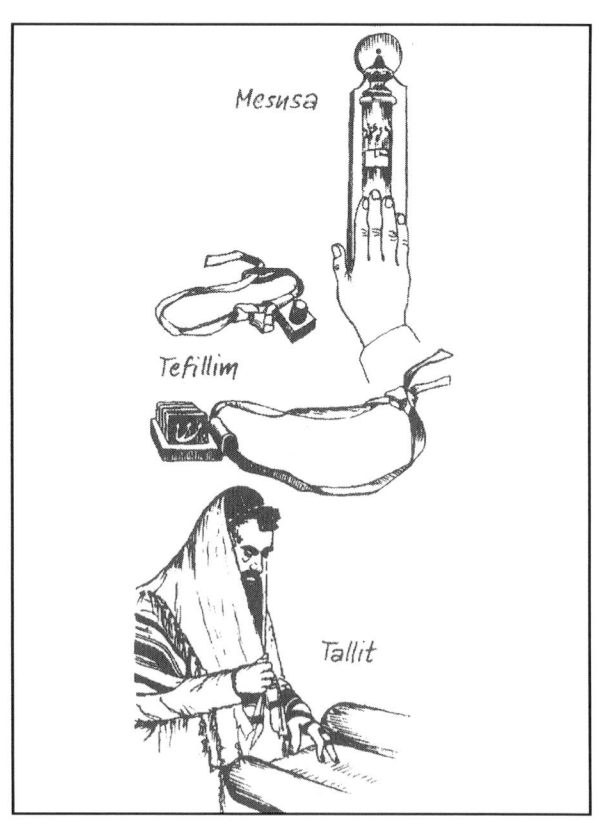

Die jüdische Religion: Die Thora

Sch^ema Jisrael – Höre Israel
(Textauszug)

Höre Israel! Jahwe, unser Gott, Jahwe ist einzig. Darum sollst du den Herrn, deinen Gott, lieben mit ganzem Herzen, mit ganzer Seele und mit ganzer Kraft. Diese Worte, auf die ich dich heute verpflichte, sollen auf deinem Herzen geschrieben stehen …

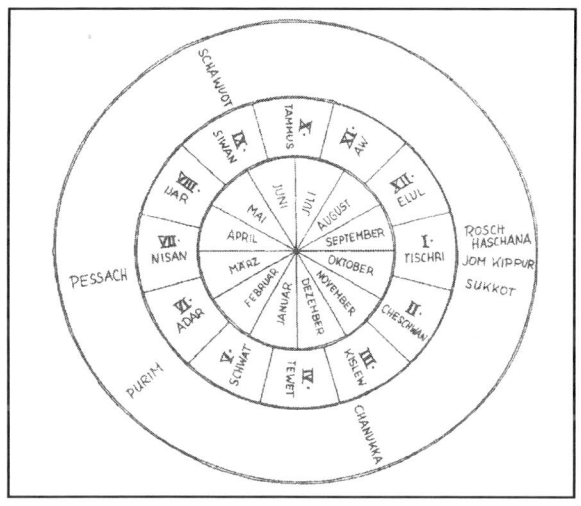

Wer sich an die Thora hält …
… »der ist wie ein Baum,
der an Wasserbächen gepflanzt ist.
Er bringt seine Frucht zur richtigen Zeit,
und seine Blätter verwelken nicht. Und was er macht, das gelingt gut.«   (Aus Psalm 1)

Benjamin & Julius

Geschichten einer Freundschaft zur Zeit Jesu

Horst Klaus Berg
Ulrike Weber

»Benjamin und Julius« ist auch als Taschenbuch erhältlich.
ISBN 978-3-7668-3447-8 (Calwer)
ISBN 978-3-466-36435-0 (Kösel)
Einzel- und Staffelpreise unter www.calwer.com

Inhalt

Ein Land »wie Milch und Honig«? 9
Aufregung in Benjamins Familie 11
Mit Prügeln fing es an 14
Das Städtchen Kafarnaum 19
In Benjamins Haus 22
Auf dem Feld 26
Beim Dreschen und Worfeln 30
Aus Korn wird Brot 35
Beim Töpfer Ephraim 38
Am Brunnen 41
Ein Besuch bei Onkel Aaron 43
Der alte Jakob 46
Schalom Schabbat! 51
Benjamin muss lernen 53
Nicht allen geht es gut in Kafarnaum 57
Aufregung in Kafarnaum 61
Jeschua kommt! 64
Die große Neuigkeit 69
Jeschua findet Freunde 74
Ist Jeschua der Messias? 75
Ein Skandal! 77
99 + 1 80
Jeschua mag Kinder 82
Streit im »Schalomgarten« 87
Ein nutzloser Feigenbaum 91
Wer ist der Größte? 95
Nur ein paar Ähren? 101
Nachwort 109
Bastelvorlagen 111

HINWEIS

Bei den Geschichten findest du am Rand solche Buchstaben:

   A   B   C

Sie geben dir Hinweise auf die Bastelbögen am Ende des Buches. Nach und nach kannst du dir ein kleines Städtchen basteln, wie es wohl zur Zeit von Benjamin und Julius ausgesehen hat.

Das Foto zeigt dir, wie das fertige Städtchen aussehen kann.

Und nun: **Viel Spaß beim Lesen und Basteln!**

Hallo!
Wir sind die beiden Hauptpersonen in dieser Geschichte.

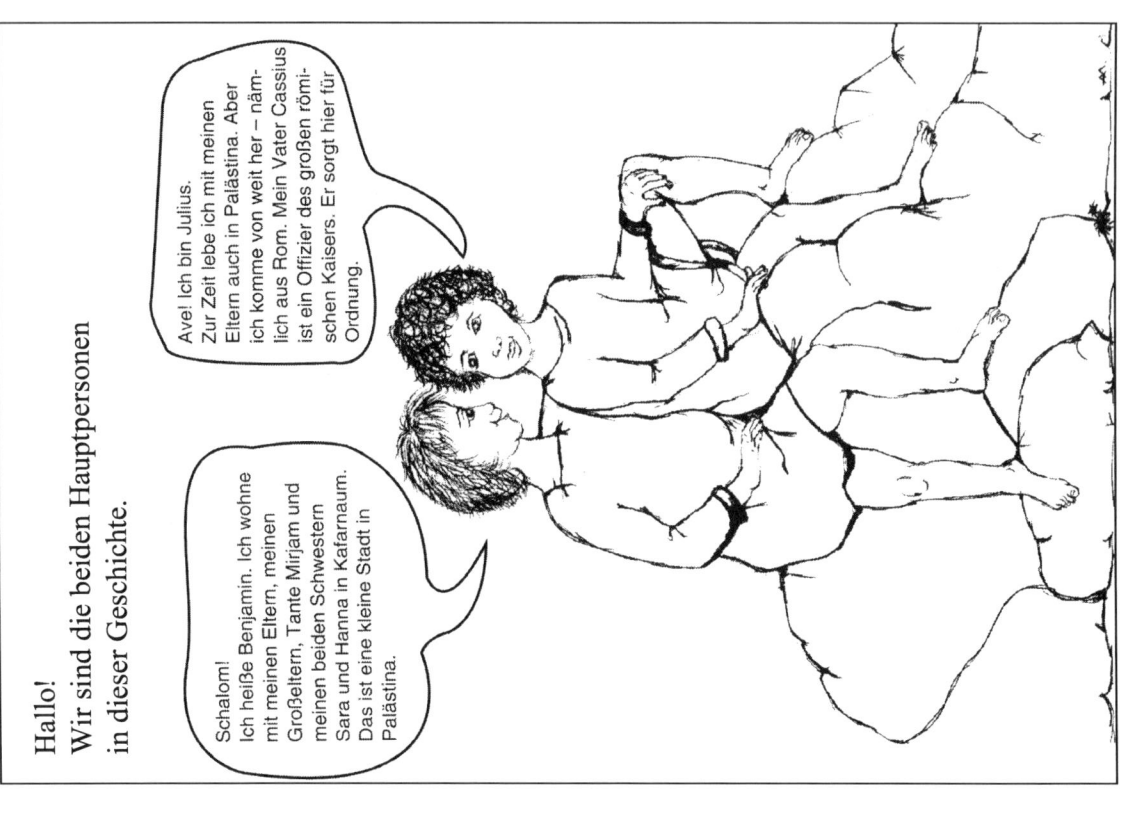

Schalom!
Ich heiße Benjamin. Ich wohne mit meinen Eltern, meinen Großeltern, Tante Mirjam und meinen beiden Schwestern Sara und Hanna in Kafarnaum. Das ist eine kleine Stadt in Palästina.

Ave! Ich bin Julius. Zur Zeit lebe ich mit meinen Eltern auch in Palästina. Aber ich komme von weit her – nämlich aus Rom. Mein Vater Cassius ist ein Offizier des großen römischen Kaisers. Er sorgt hier für Ordnung.

Ein Land »wie Milch und Honig«?

Den Römern war es gelungen, sehr viele Länder zu erobern. Dazu gehörte auch Benjamins Heimat: Palästina, das heutige Israel.

Palästina war ein sehr schönes Land. Lange Zeit bevor Benjamin lebte, hatten seine Vorfahren, die Israeliten, über dieses Land gesagt:

»Es ist ein Land, in dem Milch und Honig fließen!« – so begeistert waren sie über die saftigen Weiden und die guten Äcker. Weil die Sonne die meiste Zeit des Jahres scheint, wachsen in Palästina herrliche Früchte wie Trauben, Feigen, Datteln, Granatäpfel und Oliven.

Aber die Sonnenhitze hat auch ihre Nachteile: Große Gebiete sind so trocken, dass dort wenig oder gar nichts wächst; solche Steppen und Wüsten gab es auch damals schon in Palästina.

Benjamins Heimatstadt Kafarnaum lag besonders schön: Der See Gennesaret glänzte in der Sonne, die vielen Fischerboote kamen oft mit vollen Netzen heim und die Bauern konnten häufig gute Ernten einbringen.

Es hätte also alles ganz wunderbar sein können – wenn da nicht die Römer gewesen wären:

Die Truppen des römischen Kaisers hatten ganz Palästina unter ihre Herrschaft gebracht. Deshalb waren sie bei den Bewohnern des Landes, den Juden, verhasst. Es gab zwar noch den jüdischen König Herodes, aber auch er musste sich nach den Römern richten.

In dieser Zeit lebte also in der kleinen Stadt Kafarnaum der jüdische Junge Benjamin; er war ungefähr so alt wie du.

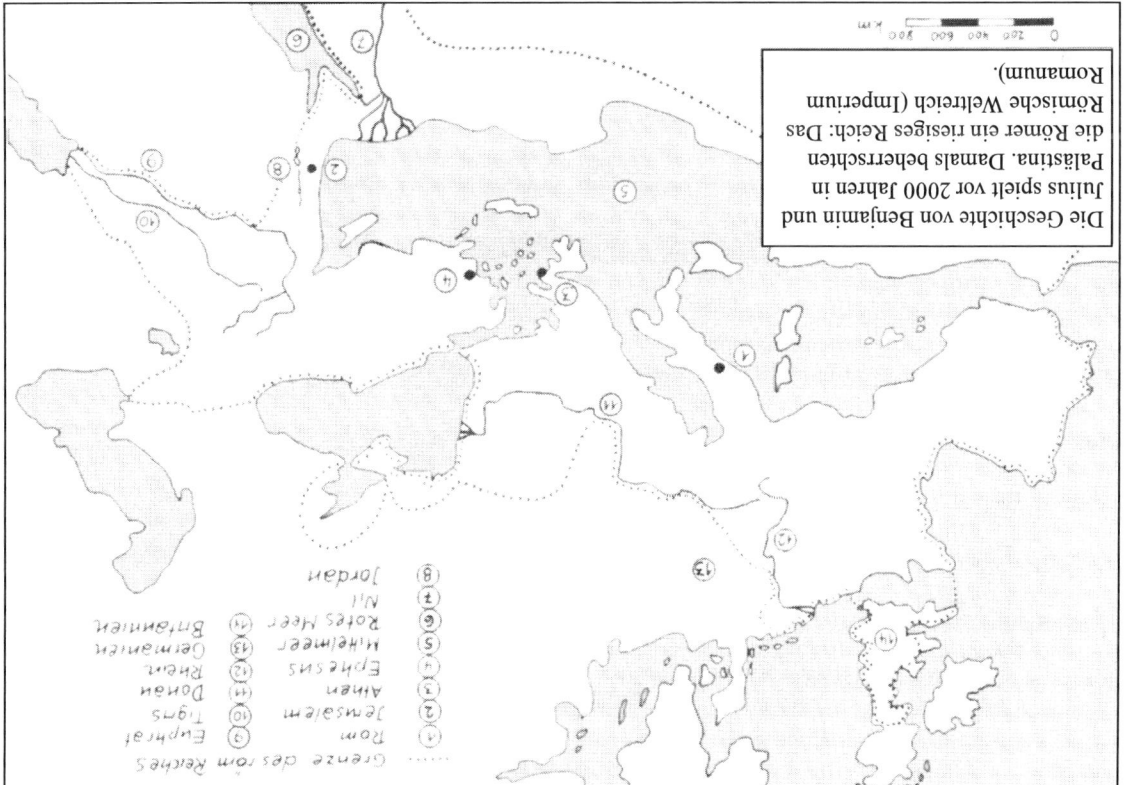

Das Römische Weltreich

Die Geschichte von Benjamin und Julius spielt vor 2000 Jahren in Palästina. Damals beherrschten die Römer ein riesiges Reich: Das Römische Weltreich (Imperium Romanum).

Mittelmeer

See Gennesaret

Kafarnaum

Jordan

Totes Meer

Jerusalem

Aufregung in Benjamins Familie

Benjamins Vater hieß Aram. Er war Bauer – und als Bauer wusste er nur zu gut, was es bedeutete, dass die Römer die Herren in Palästina waren.

An diesem Abend herrschte große Aufregung in dem Städtchen Kafarnaum – und auch in Benjamins Familie wurde lautstark diskutiert:

»Es ist nicht zu glauben!«, wetterte Benjamins Vater, als er abends vom Feld kam. Auch Samuel, Benjamins Großvater, blickte finster drein und murmelte Verwünschungen vor sich hin. Großmutter Rebecca ließ vor Schreck beinahe die Strohmatte fallen, die sie gerade ausbesserte.

»Aram, was ist passiert? Warum regst du dich so auf …?« Esther, seine Frau, machte ein erschrockenes Gesicht.

»Was hat Benjamin denn jetzt schon wieder angestellt?«, mischte sich Sara schadenfroh ein.

»Ältere Schwestern sind wirklich eine Landplage!«, fauchte Benjamin. »Ich habe heute …«

»Ruhe jetzt!«, brüllte Aram fuchsteufelswild. »Als ob es nicht genug Ärger gibt – da brauche ich eure ständigen Streitereien nicht auch noch.«

Hanna, Benjamins kleine Schwester, fing vor Schreck an zu weinen.

»Also, Aram, was ist denn los?« Mirjam, Benjamins Tante, nahm Hanna auf den Schoß.

Aram schnaufte wütend: »Dieses Dreckspack, Gesindel, Blutsauger …«

»Aha, mal wieder die Römer!«, rief Benjamin dazwischen, und Samuel nickte traurig.

»Natürlich – wie könnte es auch anders sein? Wer sonst sorgt hier immer für Scherereien? Die Römer und ihre Handlanger!«, brauste Aram auf.

»Was ist denn passiert?«, fragten Esther und Sara wie aus einem Mund.

Beide sahen sehr besorgt aus.

»Was passiert ist? Schon wieder haben sie die Steuern erhöht! Nun muss jeder noch mehr von seiner Ernte abgeben – und dabei konnten wir doch schon im letzten Monat kaum genug zusammenkratzen! Ich weiß wirklich nicht, wie es für uns und die Tiere noch reichen soll. Wollen die denn, dass wir alle verhungern?«

»Aber warum brauchen die Römer denn jetzt noch mehr zu essen?«, fragte Benjamin.

»Ich habe auch Hunger!«, maulte Hanna, aber niemand beachtete sie weiter. Mirjam griff hinter sich in einen Korb und brach Hanna ein Stück Fladenbrot ab.

»Zu essen haben die genug – und mehr als genug! Aber denen geht es nicht nur ums Essen! Sie wollen Geld, Geld, Geld …« Aram fuchtelte vor Wut mit den Fäusten wild in der Luft herum.

»Ach, Aram, reg dich doch nicht so auf. Du weißt doch, dass es dir nur schadet – und ändern kannst du doch nichts!« Rebecca versuchte ihn zu besänftigen.

»Aber wofür denn nur?«, bohrte Benjamin hartnäckig weiter. »Die Römer haben doch schon alles, was sie brauchen – sie wohnen in schönen Häusern außerhalb der Stadt, müssen längst nicht so hart arbeiten wie wir und …«

»Ja, vielleicht wäre es den römischen Soldaten hier egal. Aber der Kaiser Tiberius in Rom ist da ganz anderer Meinung – er möchte noch reicher und noch mächtiger werden! Seine riesigen Heere kosten viel Geld. Und er selbst lebt in Saus und

Braus. Die schönsten und größten Paläste sind für ihn gerade gut genug – und seine rauschenden Feste verschlingen unser Geld.«

»Und das müssen wir alles bezahlen?«, fragte Esther.

»Pah – wenn es nur das wäre … das ginge ja noch. Aber nicht nur die Römer sind die Blutsauger: Auch unser König Herodes will in Pracht und Herrlichkeit leben – er kommt sich doch vor wie ein zweiter Tiberius. Und die Großgrundbesitzer, von denen wir unsere Äcker gepachtet haben … sie wollen auch immer mehr! Jeden Denar pressen sie aus uns heraus, bis wir nicht mehr können.«

Aram sah auf einmal sehr müde und verzweifelt aus und in Esthers Augen glitzerten Tränen. Mirjam und Rebecca schauten stumm zu Boden.

»Ich hasse alle Römer!«, schrie Benjamin wütend, als er seine Eltern so niedergeschlagen sah. »Ich werde gegen sie kämpfen!«

»Ach Benjamin«, seufzte Samuel, »was sollen wir schon gegen die römischen Soldaten ausrichten?«

Mit Prügeln fing es an …

Auch im Lager der römischen Soldaten vor den Toren Kafarnaums gab es einige Aufregung: Vor zwei Tagen war der neue Kommandeur Cassius mit seiner Familie aus Rom angekommen. Er sollte die neuen Gesetze des römischen Kaisers durchsetzen und dafür sorgen, dass die Juden keinen Ärger machten. Cassius galt als sehr strenger Kommandeur – kein Wunder, dass die Soldaten nervös waren.

Der ganze Stolz von Cassius war sein Sohn Julius. Auch er sollte einmal Kommandeur werden!

Aber Julius interessierte sich noch nicht so sehr für die große Politik. Ihn beschäftigten ganz andere Dinge: Was war das bloß für ein Provinznest, in das er geraten war? Gab es hier kein Theater, kein öffentliches Bad, keine Paläste? Alles, was er bisher gesehen hatte, waren kleine, einfache Häuser und natürlich der große See in der Ferne.

Sein Vater hatte keine Zeit ihm die Umgebung zu zeigen. Er sagte bloß:

»Du darfst in die Stadt gehen – verlaufen kannst du dich in diesem Nest wohl kaum. Schau dir alles an, was dich interessiert. Ich gebe dir einen Soldaten als Wache mit.«

»Was, ich soll mit einem Kindermädchen spazieren gehen?« Julius war ganz entrüstet. »Ich dachte, wir Römer sind hier die Herren – also, was kann mir schon passieren!«

»Na gut, meinetwegen. Aber pass gut auf und sei zum Abendessen pünktlich zurück. Ich kann es nicht leiden, wenn ich warten muss.«

Zufrieden machte sich Julius auf den Weg. Er reckte sich, damit er ein bisschen größer aussah. Er stolzierte ganz recht daher – so hatte er es bei seinem Vater gesehen. Ein bisschen fühlte er sich schon wie ein Kommandeur, der sein neues Gebiet in Besitz nimmt.

Er machte sich auf den Weg nach Kafarnaum. In der Mittagshitze war weit und breit kein Mensch zu sehen. Aber Julius stellte sich vor, dass alle Einwohner des Städtchens zusammengeströmt waren, um ihn als neuen Kommandeur zu begrüßen. Er schreckte erst aus seinen Träumen auf, als ihm jemand auf dem staubigen Weg entgegenkam.

»Oh, da kommt ein Junge. Der ist bestimmt von hier. Wie

praktisch – den kann ich gleich nach dem Weg fragen. Und wehe, der kommt mir dumm – ich bin schließlich nicht irgendwer, sondern ein Römer! Ich sage nur ›Cassius‹ – dann wird er schon den Kopf einziehen.«

Als der fremde Junge nur noch ein paar Schritte von Julius entfernt war, blieb er stehen. Auch Julius ging langsamer. Misstrauisch sahen sie sich an.

»Bist du von hier?«, fragte Julius, aber der andere verzog nur das Gesicht:

»Ich rede nicht mit Römern«, sagte er verächtlich. »Ihr seid doch alle nur hier, um uns auszusaugen. Ihr seid alle Blutsauger, Ratten, Ausbeuter! Hau doch ab, du hast hier nichts zu suchen!«

Julius blieb vor Überraschung fast der Mund offen stehen. Aber dann ging er einen Schritt näher und schrie zurück:

»Blutsauger, sagst du? Wer ist hier ein Blutsauger? Was glaubst du eigentlich, wer vor dir steht? Du miese kleine Wanze? Mein Vater ist hier der neue Kommandeur und heißt Cassius – und ich bin Julius, sein Sohn! Und ich werde später auch Kommandeur! Und: Was mein Vater sagt, das müsst ihr alle tun. Wenn du noch einmal Blutsauger sagst, dann ...« Er hielt ihm seine geballte Faust dicht unter die Nase.

Doch der fremde Junge drückte mit der Hand die Faust zur Seite:

»Gib nicht so an. Wenn dein Vater auch Kommandeur ist, hast du noch lange nichts zu sagen. Glaub ja nicht, dass ich Angst vor dir habe. Ihr Römer seid auch nur mit dem Mundwerk stark! Ein Maulheld bist du!! Komm doch her, wenn du dich traust!«

Das konnte Julius sich nicht gefallen lassen – und schon war die wildeste Prügelei in Gang.

Sie wälzten sich im Staub … hin und her ging die Rauferei, bis Julius auf einmal so gewaltig niesen musste, dass der andere eine Staubwolke ins Gesicht bekam.

Da mussten beide lachen – sie hörten mit Prügeln auf und klopften sich den Staub aus den Kleidern.

Sie schauten sich an und dachten beide: »Der sieht eigentlich ganz nett aus. Vielleicht kann man miteinander reden.«

»Mit wem habe ich denn die Ehre? Ich bin jedenfalls Julius, Sohn des berühmten Kommandeurs Cassius.«

»Bilde dir bloß nichts ein! Du bist auch nichts Besseres. Übrigens – ich heiße Benjamin, Sohn des weniger berühmten Bauern Aram. Aber deswegen bin ich noch lange keine Wanze!«

»Und ich keine Ratte! Also, reg dich nicht so auf – ich habe nichts gegen euch Juden! Komm, wir wollen uns vertragen!« Benjamin nickte zögernd.

»Was machst du hier – außerhalb von eurem Quartier, Julius?«

»Ich wollte mich umschauen; wir sind nämlich erst vor zwei Tagen angekommen. Hast du Lust, mir deine Stadt zu zeigen?«

»Ja, schon! Aber was werden meine Eltern sagen? Sie sehen es bestimmt nicht gern, wenn ich mit einem römischen Jungen zusammen bin. Mein Vater wird immer gleich so wütend, wenn es um Römer geht.«

Julius schaute Benjamin erstaunt an:

»Warum das denn? Er kennt mich doch gar nicht! Ich habe ihm doch nichts getan!«

»Du nicht – aber die anderen Römer. Für uns seid ihr Fremde! Und oft müssen wir sehr unter euch leiden. – So ganz genau verstehe ich es auch nicht. Aber mein Vater schimpft immer nur über die Römer.«

»Ach, immer diese Erwachsenen – verderben einem jeden Spaß! Oder magst du die Römer auch nicht?« Benjamin zuckte mit den Schultern:

»Ich weiß nicht – ich kenne eigentlich keinen. Du bist der Erste, mit dem ich spreche, sonst gehen wir euch Römern immer aus dem Weg.«

»Können wir nicht trotzdem Freunde werden?«

»Ich weiß auch nicht«, Benjamin sah sich unsicher um. »Wir können es probieren«, meinte er schließlich. »Hast du Lust, mit zu uns zu kommen? Ich zeig dir, wo wir wohnen.«

»Aber wenn dein Vater doch keine Römer mag …?«

»Mein Vater und mein Großvater sind um diese Zeit bestimmt nicht daheim – und mit meiner Mutter kann man eher reden!«

Das Städtchen Kafarnaum

Benjamin und Julius liefen einen schmalen Pfad entlang, der zum See Gennesaret führte. Auf einem kleinen Hügel blieben sie stehen.

Julius war begeistert, als er den großen See vor sich liegen sah:

»Bei Jupiter! Der See ist noch blauer als das Meer, über das ich gekommen bin. Und solch einen großen See habe ich noch nie gesehen!«

»Mir gefällt der See am besten, wenn es stürmisch ist – dann hat das Wasser ganz viele Farben: Blau, grau, grün. Und es sieht auch sehr hübsch aus, wenn die Fischer frühmorgens vom Fischen kommen«, lachte Benjamin.

»Wo sind die Fischer denn jetzt?«

»Jetzt sind sie am Ufer – sie ordnen und flicken ihre Netze, reparieren die Boote und reden miteinander. Komm, du wirst es gleich sehen können.«

Sie liefen hinunter zum See. Die Fischer beachteten sie kaum, aber Julius schien es, als ob sie ihm und Benjamin neugierig hinterherschauten.

»Mein Onkel Aaron ist auch Fischer«, erklärte Benjamin, »vielleicht können wir mit ihm einmal auf den See hinausfahren.«

»Du, das wäre wahnsinnig toll! Wenn ich das meinen Freunden in Rom erzähle – die platzen vor Neid. Von denen war noch nie jemand beim Fischen!«

Kurz darauf bogen sie in eine schmale Straße ein, die in die Stadt führte.

»Wie merkwürdig die Häuser hier aussehen, ganz anders als in Rom.«

»Warum – wie wohnt ihr denn?«

»Bei uns zu Hause sind die Häuser aus Stein oder sogar aus kostbarem Marmor. Sie sind ziemlich groß und sie haben auch viel mehr Fenster. Eure Häuser sind ja winzig … und woraus sind sie eigentlich gemacht?«

»Die sind aus Lehmziegeln gemacht, die wir selber herstellen. Und viele Fenster können wir hier gar nicht brauchen. Große Fenster sehen ja vielleicht sehr schön aus, aber sie lassen zuviel Sonne ins Haus. Und bei der Hitze hier sind wir froh, wenn es drinnen kühl bleibt. – Schau! Da ist schon unser Haus!«

In Benjamins Haus

»Ich glaube, ich warte lieber hier an der Ecke, bis du mit deiner Mutter geredet hast«, murmelte Julius.

»Ach was«, meinte Benjamin, »sie wird dich schon nicht fressen! Schau, da ist meine kleine Schwester Hanna. – Hallo, Hanna, ist Mutter da?«

Hanna sah Julius mit großen Augen neugierig an, sagte aber nur:

»Geht rein, sie fegt gerade. Und Tante Mirjam und Oma kochen Linsenbrei für das Abendessen. Linsen mag ich gern!«

Benjamin und Julius gingen ins Haus. Julius blieb vorsichtshalber im Schatten des Eingangs stehen.

»Hallo, Mutter, ich habe einen neuen Freund«, legte Benjamin sofort los.

»Benjamin, wie siehst du denn aus?«, zeterte Tante Mirjam. »Erst gestern habe ich deinen Kittel geflickt und heute hat er schon wieder zwei große Risse! Und dreckig bist du – was hast du denn angestellt?«

»Ist doch egal!« Benjamin hatte jetzt Wichtigeres im Kopf! »Also, Benjamin ...«, rief die Großmutter.

»So, so. Wo ist denn dein neuer Freund?« Benjamins Mutter stützte sich auf den Besen und sah sich um. Schließlich entdeckte sie Julius und musterte ihn von oben bis unten. Julius fing ein bisschen an zu stottern: »Ja, ich, also ...«

»Lass nur, ich sehe schon, du bist ein römischer Junge. Benjamin, wie kannst du nur? Du weißt doch ...! Wenn Vater das erfährt ...!« Sie sah ihn strafend an.

»Ja, ja, ich weiß. Aber Mutter, Julius ist doch neu hier ...«

»Benjamin, ich habe ja nichts gegen den Jungen – aber das ist einfach kein Umgang für dich!«, tadelte seine Mutter weiter.

»Woher willst du das wissen? Du kennst Julius doch gar nicht!«, maulte Benjamin. »Und geprügelt haben wir uns auch schon!«

»Und wieder vertragen!«, ergänzte Julius, der noch immer in der Ecke stand.

Benjamins Mutter musste unwillkürlich lächeln. »Na, wenn es so ist, müsst ihr euch ja gut verstehen. Aber ob Vater einverstanden ist, das weiß ich nicht. – Na, jetzt seid ihr erst mal da.«

»Und wer darf wieder den Kittel flicken?«, murmelte Tante Mirjam missmutig. »Na, gib schon her!«

Ein Anfang war gemacht! Julius atmete erleichtert auf. Dann fing er an, neugierig umherzuschauen. Hier gab es nur einen großen Raum. Von der Decke hing eine Öllampe; es war ziemlich schummrig. Hinten gab es einen erhöhten Teil; dort lagen die aufgerollten Schlafmatten und Felle. In einem einfachen Regal standen Schüsseln und Krüge aus Ton. Julius wollte gerade anfangen, Benjamin über alles auszufragen, da bekam er von hinten einen Schubs.

»He, was soll das?« Julius drehte sich um – und musste lachen: Es war die Ziege, die ihn schubste.

»Gehören die bei euch auch zur Familie, Benjamin?«

»Ja, auch die Tiere haben ihren Platz im Haus. Da sind sie sicher vor den wilden Tieren, und an kühlen Tagen ist das Haus schön warm. Aber sie müssen hier unten bleiben, denn sonst ist nichts mehr vor ihnen sicher.«

»Und wohnt ihr hier etwa alle in diesem einen Raum?«

»Ja, Julius, einen Palast haben wir nicht. Wir leben hier mit acht Personen: Meine Großeltern, meine Eltern, meine Tante, meine beiden Schwestern und ich – und natürlich die Tiere.«

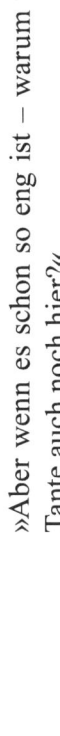

»Aber wenn es schon so eng ist – warum wohnt denn deine Tante auch noch hier?«

Mirjam blickte von ihrer Arbeit auf: »Weißt du, Julius, mein Mann ist vor drei Jahren gestorben. Wenn Benjamins Eltern mich nicht aufgenommen hätten, müsste ich heute betteln. Wovon sollte ich denn sonst leben? Männern geht es da besser. Sie haben einen Beruf und können bei anderen Leuten arbeiten. Aber wir Frauen können das nicht und müssen schauen, dass die Familie uns aufnimmt.«

Julius war ein bisschen verlegen – aber nach kurzer Zeit fragte er weiter: »Warum sind eure Krüge so groß? Daraus kann doch kein Mensch trinken.«

»Ist doch klar! Darin hat die Mutter Korn und Oliven, in anderen Öl und Wein. Und Wasser gibt es in dem Schlauch aus Tierhaut, der an der Decke hängt.« Benjamin war ganz in seinem Element: Er wollte seinem neuen Freund alles genau erklären.

Inzwischen war auch Hanna hereingekommen und versteckte sich schüchtern hinter ihrer Mutter: »Ich habe Hunger, Mama.«

»Ach du Schreck, ist es schon so spät?«, meinte Julius. »Jetzt muss ich aber schnell heim, sonst schickt mein Vater noch Soldaten aus, um mich zu suchen! Vielleicht kann ich dich mal wieder besuchen, Benjamin. – Also: Auf Wiedersehen! Das heißt übrigens ›ave‹ in unserer Sprache.«

»Und wir sagen ›schalom‹ – das bedeutet: Frieden«, sagte Benjamin zum Abschied.

Auf dem Feld

Ein paar Tage hatte Benjamin nichts mehr von Julius gehört. Ob er doch nur einer von diesen eingebildeten Römerjungen war, auf die man sich nicht verlassen konnte?

Immer wieder ging Benjamin zu der Stelle, wo er Julius zum ersten Mal getroffen hatte. Und tatsächlich, heute sah er ihn schon von weitem.

»Wo bist du denn so lange gewesen?«, maulte Benjamin ihn an.

»Ich wollte schon längst wieder vorbeischauen, aber mein Vater war ein paar Tage fort – und ein Mann musste ja im Haus bleiben«, verteidigte sich Julius.

»Na, das kann ich einsehen! – Schön, dass du endlich gekommen bist. Mein Vater und mein Großvater möchten dich unbedingt kennen lernen ... hoffentlich mögen sie dich, sonst dürfen wir uns nämlich nicht mehr sehen. Aber meine Mutter hat schon ein gutes Wort für uns eingelegt.«

»Sind sie jetzt auf eurem Feld?«

»Ja, heute ist die ganze Familie draußen. Bei der Ernte müssen nämlich immer alle mithelfen; ich sollte eigentlich auch mit aufs Feld.«

»Dann lass uns hingehen.« Julius war schon ganz aufgeregt.

»Ja, komm! Wir müssen uns beeilen! Mein Vater wollte mich eigentlich sowieso nicht gehen lassen.«

Die beiden Jungen mussten halb um Kafarnaum herumlaufen, bis sie endlich bei dem Feld ankamen. Eine ganze Menge Leute war emsig beschäftigt.

So etwas hatte Julius noch nie gesehen: Samuel und ein paar Männer aus der Nachbarschaft arbeiteten mit seltsamen krummen Messern, die Frauen trugen große Strohbüschel mit sich herum. Aber er hatte gar nicht so viel Zeit, sich alles genau anzusehen, denn bald standen sie auch schon vor Benjamins Vater, der ihn von oben bis unten sehr kritisch musterte.

»Das ist mein neuer Freund Julius!«, stellte Benjamin ihn vor. »Schalom«, nuschelte Julius, denn das hatte er sich letztes Mal in Benjamins Haus gemerkt – und er wollte doch Benjamins Vater unbedingt gefallen.

»Schalom«, erwiderte Aram mit ernster Miene. »Eigentlich sind wir alles andere als begeistert, wenn Benjamin mit einem Römerjungen befreundet ist – und das habe ich ihm auch deutlich gesagt … – aber er hat mir ständig in den Ohren gelegen. Und sogar Esther, meine Frau, fing immer wieder damit an.«

»Schalom, schalom …« Etwas anderes fiel Julius in seiner Hilflosigkeit nicht ein. Er wäre am liebsten im Erdboden versunken.

»Na ja«, lenkte Aram ein, »wenn du schon unsere Sprache sprichst, musst du ja wirklich ein guter Freund von Benjamin sein; vielleicht bist du ja anders als die Römer, die ich kenne.«

»Heißt das, ich darf dableiben?«, stammelte Julius.

»Gut – ich habe weiter nichts dagegen. Aber Benjamins Großvater hat auch noch kein Wort mitzureden. Da drüben arbeitet er.«

Benjamin zog Julius hinter sich her: »Opa! Das ist Julius, von dem ich euch schon so viel erzählt habe. Vater hat nichts gegen ihn.« Benjamin schaute seinen Großvater an, als wollte er fragen: »Und du? Was sagst du zu unserer Freundschaft?«

Als Großvater Samuel schwieg, bot Julius sich an:
»Ich könnte auch gleich etwas mithelfen, arbeiten werde ich schon können!«

Der alte Samuel sah Julius freundlich an:
»Ja, was will man da noch sagen!«, meinte er und strich sich mit den Fingern durch den Bart: »Aber vorher wollen wir uns noch stärken und einen Schluck Wasser trinken. Ich habe meinen Wasserschlauch dort bei dem großen Stein in den Schatten der Palme gelegt.«

Nach dem langen, staubigen Weg tat ein Schluck Wasser sehr gut.

Julius musste an Rom denken, wo sie bei solcher Hitze nie aus dem Haus gegangen waren. Aber er hatte gar keine Zeit für Heimweh, denn er musste sich wieder vieles erklären lassen: »Was machen die denn alle hier?«, wollte Julius wissen. Benjamins Vater sah ihn erstaunt an:

»Ja, hast du denn daheim nicht bei der Ernte helfen müssen? Na, dann kommt beide mal mit – für Benjamin wird es auch wieder Zeit, dass er mitarbeitet.«

»Was sollen wir denn tun?«, fragte Julius gespannt.

»Pass auf, dort drüben sind die Schnitter an der Arbeit, das sind die Männer mit den Sicheln, die das Getreide abschneiden. Das ist keine Arbeit für euch. Geht ihnen also aus dem Weg.«

»Aber was können wir dann machen?«, drängelte Julius.

»Komm, ich zeige es dir.« Benjamin zog Julius mit sich zu den Frauen, die mit den eigenartigen Büscheln hantierten.

»Ich stell dir auch gleich meine große Schwester Sara vor – es ist die Zweite dort hinten, die mit dem Kopftuch. Den Rest der Familie kennst du ja schon.«

»Und was kann ich jetzt machen?«

»Hier wird das geschnittene Getreide zu Garben zusammengetragen und gebunden. Dabei können sie uns gut gebrauchen.«

Julius hatte schnell heraus, was zu tun war, und bemühte sich mit den anderen mitzuhalten. Aber nach einiger Zeit setzte er sich auf den Boden und verzog das Gesicht.

»Was hast du denn?«, fragte Benjamin.

»Mir tut sooooo der Rücken weh – ich glaube, der bricht gleich durch«, stöhnte Julius.

Benjamin lachte: »Da sieht man halt, dass du solche Arbeit nicht gewöhnt bist. Komm, wir machen einen Moment Pause – und dann zeige ich dir eine andere Arbeit, bei der dein Rücken wieder gerade wird.«

Die beiden Jungen schlenderten langsam zum Feldrand.

»Du, Benjamin, nimm's mir nicht übel, aber ich kann dir heute nicht länger helfen. Ich muss unbedingt zum Essen zu Hause sein, sonst wird mein Vater sehr wütend!«

»Ist schon in Ordnung – komm doch einfach morgen zu uns ans Haus; dann zeige ich dir, was mit dem geernteten Getreide gemacht wird.«

»Schalom«, rief Julius ihm zu und rannte los.

»Ave«, schrie Benjamin ihm nach, »bis morgen …!«

Beim Dreschen und Worfeln

Am nächsten Morgen konnte Julius es kaum erwarten, bis die Mutter ihn endlich gehen ließ.

Als er bei Benjamins Haus ankam, waren die Männer im Hof schon fleißig bei der Arbeit.

Esther und Mirjam waren im Haus eifrig dabei, viele Fladenbrote zu backen; Sara half der Großmutter: Sie rollten die Schlafmatten auf und fegten den Boden.

»Hallo, Julius!«

»Hallo, Benjamin! Sag mal, was macht denn bloß der Ochse? Der läuft ja immer bloß hin und her! Und was zieht er hinter sich her?«

»Das ist ein Dreschschlitten, Julius«, erklärte Benjamin geduldig. »Schau, hier auf dem Boden liegt das Getreide, das die Männer auf dem Acker geschnitten und die Frauen zusammengebunden haben.«

»Oh je«, jammerte Julius, »hör bloß auf. Wenn ich an gestern denke, tut mir immer noch der Rücken weh! Wie halten die Frauen das bloß aus?«

»Daran gewöhnt man sich bald«, meinte Benjamin.

»Ich glaube, ich könnte mich daran nicht gewöhnen – in Rom hat man für solche Arbeiten Sklaven! – Ich glaube, ich werde doch lieber Kommandeur ...« Julius sah Benjamin von der Seite an und grinste.

Benjamin gab ihm einen kräftigen Stoß in die Rippen. Aber dann wurde er ernst: »Weißt du, Julius, Sklaven gibt es hier in Palästina auch. Die reichen Großgrundbesitzer haben oft viele Sklaven. Es kommt immer wieder vor, dass kleine Bauern wie wir hohe Schulden haben. Bleibt dann in einem Jahr der Regen aus und es gibt eine schlechte Ernte, kann der Bauer seine Schulden nicht bezahlen. Manchmal bleibt nur noch ein Ausweg: Der Bauer muss eins seiner Kinder oder sogar seine Frau als Sklaven verkaufen!«

»Was?!« Julius erschrak. »Du könntest als Sklave verkauft werden? Das glaube ich nicht!«

»Doch, das stimmt. In den großen Städten gibt es sogar besondere Märkte für Kindersklaven. Manchmal, wenn ich daran denke, habe ich große Angst.«

Julius schwieg betroffen.

»He, steht hier nicht im Weg herum!«, rief ihnen Sara zu. »Hier wird heute gearbeitet – und nicht geschwätzt!«

Sie warteten einen Moment, bis der Ochse wieder an ihnen vorbei war – dann zog Benjamin Julius quer über den Hof.

»Was macht der Ochse denn da mit dem Schlitten?«, wollte Julius wissen.

»Der Schlitten ist aus schweren Brettern gemacht und drückt die Körner aus den Ähren. Der Ochse zieht ihn immer wieder über das Getreide, bis alle Körner heraus sind. – So, und wir haben es heute gut! Wir dürfen uns auf den Dreschschlitten stellen, damit er noch schwerer wird.«

»Gut!« Julius grinste. »Das ist eine prima Arbeit!«

Die beiden Jungen ließen sich im Hof hin und herziehen – das machte wirklich Spaß!

Aber staubig war es! Julius musste immer wieder niesen.

»Was ist das bloß für ein Staub, Benjamin, der da durch das Hoftor weht?«

»Das kommt vom Worfeln; wir schauen es uns nachher an«, erklärte ihm Benjamin.

In diesem Moment rief Tante Mirjam alle zusammen:

»Vesper!«

Augenblicklich blieb der Ochse stehen und fing an zu fressen.

»Pass auf, Benjamin, der frisst all die schönen Körner, die wir gedroschen haben!«, schrie Julius entsetzt.

Aber Benjamin blieb ganz ruhig und sah dem Ochsen beim Fressen zu. Dabei erklärte er Julius, wie er die Sache sah:

»Weißt du, der Ochse hat viel mehr gearbeitet als wir, darum darf er einen Augenblick fressen. Bei uns gibt es ein altes Sprichwort. Es heißt: ›Du sollst dem Ochsen, der drischt, keinen Maulkorb anlegen‹. Danach richten wir uns!«

Dann lachte Benjamin und zwinkerte seinem Freund zu:

»Aber unseren Mund darf man natürlich auch nicht zubinden, was Julius? Komm, es gibt was zum Futtern.«
Es gab Fladenbrot und Ziegenmilch. Hmmm – das schmeckte!

Nach der Pause zeigte Benjamin Julius das Worfeln. Draußen vor dem Hoftor, wo der Wind kräftig wehte, standen der Großvater und der Tagelöhner Ruben mit großen Holzschaufeln vor einem Haufen gedroschenem Getreide. Immer wieder warfen sie es mit ihren Schaufeln in die Luft.
»Was soll denn das? Muss das Getreide gelüftet werden?«
»Nein, natürlich nicht!« Benjamin musste lachen. »Wenn das Getreide gedroschen ist, sind noch die Reste von den Ähren dabei. Wenn es hochgeworfen wird, fallen die schweren Körner auf den Boden. Die leichten Ährenreste, die Spelzen, trägt der Wind fort.«
»Das ist praktisch«, meinte Julius, »sonst müsste man ja die Körner einzeln mit der Hand herauslesen. – Aber jetzt weiß ich auch, woher der Staub kommt, von dem ich vorhin beim Dreschen immer niesen musste.«
Julius sah Ruben fragend an:
»Ob ich auch einmal versuchen darf zu worfeln?«, bat er.
»Warum nicht?«, sagte Ruben und drückte Julius die Schaufel in die Hand.
Julius warf das Korn in die Luft – aber was kam dabei heraus? Er hatte das Getreide nicht weit genug nach vorn geworfen – und jetzt regnete es Korn und Spelzen!
»Ich glaube, ich schau doch lieber zu!«, meinte Julius kleinlaut.

Aus Korn wird Brot

Als die beiden Freunde sich nach einiger Zeit wieder trafen, tat Benjamin sehr geheimnisvoll:
»Gut, dass du heute so früh gekommen bist. Es gibt wieder etwas Neues für dich zu sehen. Meine Mutter und Sara mahlen um diese Zeit immer Korn. Außerdem ist heute Backtag, da treffen sich alle, die Lust haben, am großen Ofen mitten in der Stadt.«
»Warum backt ihr denn nicht wie sonst in eurem eigenen kleinen Steinofen?«
»Einmal in der Woche wird der große Ofen auf dem Marktplatz für alle angeheizt.«
Heute sah der Hof ganz anders aus als neulich beim Dreschen. Alles war sehr sauber gefegt. Esther und Sara kamen aus dem Haus und setzten sich neben zwei Steinen auf den Boden. Sollte das etwa die Mühle sein? Für Julius sah sie sehr merkwürdig aus! Auf dem Boden lag ein großer runder Stein mit einer Mulde in der Mitte. – Er sah fast aus wie eine große flache Schüssel. In dieser Schüssel lag ein etwas kleinerer, flacher Stein mit einem Holzgriff: der Mahlstein.
Sara nahm eine Handvoll Körner aus der geflochtenen Schale und warf sie in die Mühle hinein. Nun fingen beide an, den Mahlstein im Kreis zu bewegen.
»Schau, Julius«, forderte Benjamins Mutter ihn auf. »Der Stein zerquetscht die Körner. Nach einer Weile haben wir gutes Mehl.«

Bald ging es ans Fladenbacken. Großmutter Rebecca vermischte das Mehl mit Wasser und etwas Salz; in einem Tontopf hatte sie vom letzten Backen etwas Sauerteig aufgehoben. Den gab sie jetzt zu dem Teig dazu und formte daraus dünne, tellergroße Scheiben. Dabei durften Benjamin, Julius und Hanna mithelfen.

Einen Rest des Teiges legte Sara wieder in den Tontopf.

»Das ist fürs nächste Mal«, erklärte sie Julius, der sie schon wieder fragend ansah. »Ohne den Sauerteig gehen die Fladen nämlich nicht auf!«

Es dauerte eine ganze Weile, bis die Fladen aufgegangen waren. Sara legte sie auf flache Bastschalen, immer einen auf den anderen.

»Kommt, ihr beiden, jeder von euch kann auch eine Schale zum Backofen tragen«, rief Tante Mirjam – und schon hatte Julius einen flachen Korb mit Fladen auf dem Kopf.

»Lass ihn bloß nicht fallen«, sagte Benjamin, »sonst gibt es Ärger!«

»Ich pass schon auf.«

Julius musste sehr vorsichtig sein, denn heute war viel los auf der Straße. Viele Frauen mit ihren Kindern waren unterwegs zum Backofen.

Bald sahen sie auch schon den großen Ofen. Heiß war es hier! Sie mussten eine Weile warten, bis sie an der Reihe waren. Benjamins Mutter und Tante Mirjam nutzten die Zeit, um mit einigen anderen Frauen die wichtigsten Neuigkeiten auszutauschen. Endlich waren sie an der Reihe und sie konnten zum Ofen gehen. Die Mutter nahm eine Teigscheibe nach der anderen und klatschte sie im heißen Ofen an die Wand.

»Verbrennen die denn nicht bei der Hitze?« Julius traute seinen Augen nicht.

»Nein, dazu haben sie keine Zeit«, erklärte Mirjam. »Du wirst sehen – in kurzer Zeit sind sie fertig und fallen von der Ofenwand ab. Dann muss man sie schnell aus der Glut ziehen.«

Und wirklich: Im Handumdrehen waren die Fladen fertig; Benjamin und Julius durften einen probieren.

»So was Gutes habe ich noch nie gegessen«, schwärmte Julius, »hoffentlich wird bald wieder Brot gebacken, wenn ich da bin!«

D

Beim Töpfer Ephraim

Als Julius ein paar Tage später wieder zu Benjamin kam, sah sein Freund ziemlich unglücklich aus.

»Was ist denn mit dir los? Ist dir eine Laus über die Leber gelaufen?«, fragte Julius.

»Keine Laus, aber ein Teller. Er ist mir heute Morgen heruntergefallen und meine Mutter hat geschimpft. Nun muss ich zum Töpfer Ephraim und einen neuen holen. Sonst muss ich heute Abend vom Fußboden essen. – Kommst du mit?«

»Klar doch, da gibt es bestimmt wieder viel zu sehen. Los, komm!«

Die beiden Jungen trabten los. Bald waren sie beim Haus des Töpfers angekommen.

Im Hof stand ein Gestell mit einer hölzernen Scheibe oben drauf. Der Töpfer saß auf einem Mauervorsprung und stieß diese Scheibe mit geschickten Bewegungen an, so dass sie sich gleichmäßig drehte. Oben auf der Scheibe lag ein Klumpen Ton, den der Töpfer beim Drehen knetete und formte.

»Schalom«, grüßten die beiden Jungen.

»Schalom«, antwortete der Töpfer Ephraim.

Er blickte nur kurz auf und lächelte sie an. Die beiden Jungen

sahen ihm eine Weile bei der Arbeit zu. Schließlich platzte Julius heraus: »Und aus diesem Klumpen Dreck sollen Teller und Töpfe werden? Können Sie wirklich alles aus Ton formen?«

»Was soll es denn sein?«, schmunzelte Ephraim.

»Ich habe einen Teller zerbrochen und soll einen neuen holen«, sagte Benjamin kleinlaut.

»Einen Teller kann ich schon formen«, meinte der Töpfer und lachte Benjamin aufmunternd an. »Aber du kannst ihn nicht einfach gleich mitnehmen.«

»Aber warum denn nicht? Benjamins Mutter braucht ihn doch dringend.« Julius fing schon wieder an sich aufzuregen.

»Junger Mann, bei dieser Arbeit muss man etwas mehr Geduld haben. Der Teller muss erst trocknen und dann im Ofen gebrannt werden, bevor man ihn benutzen kann. Oder willst du ihn etwa so mitnehmen? Komm her, fass ihn mal an.« Julius berührte den Teller vorsichtig mit dem Zeigefinger, und schon hatte er eine kleine Delle hineingedrückt.

»Siehst du«, sagte Ephraim, »es braucht alles seine Zeit. Natürlich würde der Teller auch in der Sonne trocken und hart, aber er würde sich nach ein paarmal Abwaschen wieder in Tonerde auflösen. Darum muss er gebrannt werden, dann wird er viel fester. Kommt, seht euch den Brennofen an.«

Die Jungen gingen mit dem Töpfer zum Ofen. Er war aus Ziegelsteinen gemauert und mit Lehm verputzt. Ephraim schob ein paar neue Holzstücke in das Feuerloch und fachte die Glut mit dem Blasebalg kräftig an. Das war eine Hitze! Benjamin und Julius waren richtig froh, als Ephraim mit ihnen zu seinem kleinen Lager ging und sagte:

»So, jetzt hole ich einen fertigen Teller aus dem Regal. Der hält bestimmt! – Und lass ihn nicht gleich wieder fallen!«

»Bestimmt nicht! und vielen Dank«, sagte Benjamin, »und meine Mutter kommt dann zum Bezahlen. Schalom!«

»Schalom!« Ephraim winkte ihnen noch lange mit seinen lehmigen Händen nach.

Am Brunnen

Heute war ein schwüler Tag – schon vormittags lag lähmende Hitze über der Stadt Kafarnaum; die Luft über dem See und den Gassen flimmerte, die Tiere suchten alle einen schattigen Platz und es waren kaum Menschen zu sehen.

Julius kam der Weg zu seinem Freund Benjamin heute endlos vor. Als er in die Gasse einbog, in der Benjamins Haus stand, freute er sich schon mächtig auf einen Schluck kühles Wasser. Er kam sich vor wie ein ausgetrocknetes Blatt, als er schließlich in der Tür stand.

»Puh, ist das heute eine glühende Hitze – ich könnte einen ganzen Brunnen leer trinken«, stöhnte er und wischte sich mit dem Handrücken über die Stirn.

»Hallo, Julius«, begrüßte ihn Benjamins Mutter. »Leider muss ich dich enttäuschen, wir haben keinen eigenen Brunnen. Und unser Wasserschlauch ist leer bis auf den letzten Tropfen; den Rest hat gerade Hanna bekommen.«

»Und das Wasser aus der Zisterne kann ja kein Mensch trinken!« Benjamin schüttelte sich angeekelt.

Julius war ganz erstaunt: »Aber eure Tiere trinken doch auch daraus!«

»Ja, für die ist es schon recht. Aber wenn das Regenwasser, das wir in der Zisterne sammeln, ein paar Tage steht, schmeckt es faulig und alle möglichen kleinen Viecher schwimmen darin herum. Nein, danke!«

Julius sah Benjamins Mutter erschrocken an: »Müssen wir jetzt alle verdursten?«

»Nein, ganz so schlimm steht es noch nicht«, lachte Esther, »aber jemand muss zum Brunnen laufen und Wasser holen.«

»Das kann doch Sara machen«, fauchte Benjamin.

Aber Mutter schüttelte den Kopf: »Sara ist zum Holzsammeln hinunter zum Olivenhain gegangen und Tante Mirjam ist bei den Männern auf dem Feld und ich kann auch nicht weg. Heute müsst ihr schon selber für Wasser sorgen!«

»Was«, schrie Benjamin entrüstet, »das ist Frauenarbeit! Das geht uns Männer nichts an! Wo kommen wir denn da hin?«

»Ja, dann weiß ich auch keinen Rat – dann müssen die zwei jungen Männer wohl doch verdursten. Und auf ihre gekochten Linsen können sie auch lange warten – die gibt es dann eben roh!«

Hanna fing an zu weinen und schluchzte: »Dann muss ich ja auch noch verhungern, nicht nur verdursten.«

»Also los, Benjamin«, sagte Julius großmütig, »bevor wir noch schuld sind, wenn deine Familie ausstirbt, gehen wir wohl doch besser zum Brunnen.«

»Aber nur ausnahmsweise«, maulte Benjamin. Er holte den großen Wasserkrug und setzte ihn sich geschickt auf den Kopf.

Am Brunnen herrschte heute Hochbetrieb: Frauen und junge Mädchen füllten ihre Krüge. Nebenher hatten sie aber immer noch Zeit für ein Schwätzchen.

»Typisch Weiber«, murmelte Benjamin, »nichts als Geschwätz im Kopf!«

Als die Frauen die beiden Buben kommen sahen, gab es ein reges Getuschel und Gekicher. Benjamin bekam richtig rote Ohren und sah grimmig um sich. Aber es blieb ihm nichts anderes übrig, als sich auch in die Reihe zu stellen, um seinen Krug zu füllen. Als sie dran waren, schöpfte Julius gleich mit beiden Händen das kühle Wasser und trank gierig. Benjamin nahm sich dafür keine Zeit. Er hatte nur einen Wunsch: Schnell wieder weg; hier hatten sie nichts verloren.

Ein Besuch bei Onkel Aaron

Ein paar Tage später war Julius noch zeitiger als sonst auf den Beinen.

»Morgen früh nehme ich dich mit zu meinem Onkel Aaron«, hatte Benjamin ihm versprochen.

Julius war schon ganz aufgeregt: »Hoffentlich mag Onkel Aaron mich! Und hoffentlich kommt jetzt nichts dazwischen – denn wenn ich zu spät komme, sehe ich nicht, wie die Fischer ihre Boote entladen.«

Julius schlang hastig sein Frühstück hinunter und rannte los, bevor sich seine Mutter irgendeine Aufgabe für ihn ausdenken konnte.

Benjamin stand schon in der Tür: »Los, los, du Schlafmütze – die Fische warten nicht!«

Sie rannten die Gassen hinunter zum Ufer. Gerade kamen die letzten Boote zum Strand. Einige Fischer hatten schon begonnen ihren Fang auszuladen.

Benjamin trieb Julius an: »Komm, dort hinten hat mein Onkel Aaron seinen Stammplatz. Schau, da ist er schon«, jubelte Benjamin und rannte los.

Julius kam etwas zögernd hinterher – er hatte doch ein bisschen Herzklopfen! Aber Onkel Aaron rief ihm zu: »Komm nur, ich habe schon von dir gehört! Benjamins Mutter kann dich ja ganz gut leiden – und selbst mein strenger Schwager Aram spricht freundlich von dir. Dann sollst du mir auch willkommen sein.«

»Schalom und danke«, stotterte Julius verlegen. »Vielleicht kann ich mich ja sogar ein bisschen nützlich machen?«

»So wie neulich beim Worfeln?«, neckte ihn Benjamin und erzählte Onkel Aaron die Geschichte.

Onkel Aaron schüttelte sich vor Lachen und meinte:

»Na, die Fische muss man nicht extra worfeln – da können dir also keine auf den Kopf fallen. Los, kommt, ihr könnt mir tatsächlich ein bisschen helfen.«

Onkel Aaron wuchtete die schweren Körbe voll Fisch aus dem Boot und erklärte: »Die kleinen Fische werden eingesalzen; so halten sie sich lange. Die größeren werden getrocknet. Die besten legt ihr bitte in diese Kiste – sie werden in die große Stadt Magdala gebracht. Von dort transportiert man sie nach Jerusalem oder an die Mittelmeerküste. Vielleicht kommen diese hier sogar bis nach Rom? Fische aus dem See Gennesaret sind dort sehr gefragt!«

»Rom? Oh, toll«, rief Julius. »Vielleicht isst diesen hier meine Großmutter Antonia …, sie mag soooo gern Fisch.« Julius kam richtig ins Träumen.

»Ja, wer weiß«, stimmte ihm Onkel Aaron zu.

»Dürfen wir dir noch beim Aufhängen der Netze helfen?«, bettelte Benjamin.

»Natürlich«, lachte Onkel Aaron, »gemeinsam geht es viel besser als allein.«

Der alte Jakob

»Ich glaube, ich muss meinen alten Freund Jakob mal wieder besuchen – der wird dir bestimmt gefallen, Julius«, meinte Benjamin am nächsten Tag.

»Von dem hast du mir ja noch gar nichts erzählt!«, beschwerte sich Julius.

»Ja, weißt du, meine Eltern sind nicht so begeistert, wenn ich ihn besuche; Jakob ist nämlich Hirte!«

»Ja, und?«

»Na ja, die Hirten gehören wirklich nicht gerade zur feinen Gesellschaft – sie leben die meiste Zeit mit ihren Schafen im Freien. Sie sind oft etwas grobe, ruppige Gesellen und nicht immer sehr ordentlich und sauber. Viele Leute behaupten auch, dass sie unehrlich sind, und stellen sie mit Räubern und Banditen auf eine Stufe.«

Julius sah ein bisschen beunruhigt aus: »Ja, ist es dann nicht gefährlich, ihn zu besuchen?«

»Nein, bestimmt nicht«, beruhigte ihn Benjamin, »die einzige Gefahr ist, dass du hinterher nach Schaf stinkst. Mein Freund Jakob ist der netteste Erwachsene, den ich kenne. Er weiß herrliche Geschichten und kann wunderbare kleine Hirtenflöten machen.«

»Und du meinst, ich kann einfach mitkommen?«, zögerte Julius.

Aber statt einer Antwort packte Benjamin ihn einfach am Handgelenk und zog ihn mit sich.

Sie liefen zum Stadttor hinaus und den schmalen Pfad auf die grasigen Hügel hinauf. Schon von weitem konnte man die Schafe blöken hören; ab und zu kläffte ein Hund.

Heiß war es wieder und die beiden Buben kamen ordentlich ins Schwitzen. Oben von der Kuppe sahen sie dann endlich die Schafe, die eifrig an dem kurzen trockenen Gras rupften. Auch an den niedrigen Büschen knabberten sie herum.

Schon kam einer der Hütehunde auf die beiden Jungen zugerannt und blieb bellend vor ihnen stehen. Aber Benjamin lachte nur: »Was soll denn das, Roba, kennst du mich nicht mehr?« und klopfte ihm herzhaft auf den Rücken. »Ah, da kommt ja auch schon Jakob!«

Julius konnte eine gebeugte Gestalt erkennen, die langsam aus dem Schatten eines Olivenbaums trat. Als sie auf ihn zuliefen, sah Julius, dass Jakob schon ziemlich alt sein musste: Sein Gesicht war faltig und der lange Bart schon recht grau. Aber die Augen blitzten energisch unter den buschigen Augenbrauen hervor.

»Wer ist da?«, rief er und hob seinen langen Stab.

»Ich, Benjamin, und das hier ist mein Freund Julius.«

»Ich freue mich, dass du wieder einmal heraufgekommen bist, mein Junge.« Jakob nahm Benjamin in den Arm. »Aber wen hast du denn da mitgebracht? Ist das nicht ein Römerjunge?« Jakob runzelte die Stirn.

»Ja, ich bin ein römischer Junge«, sagte Julius tapfer.

Und Benjamin fuhr fort: »Außerdem ist er mein Freund – also musst du ihn auch mögen!«

»Dann ist es ja gut«, brummte Jakob. »Deine Freunde sind auch meine Freunde!«

Sie gingen langsam zu dem Olivenbaum zurück und ließen sich im Schatten nieder. Jakob zog seinen Wasserschlauch unter einem großen Stein hervor und reichte ihn den Jungen.

»Trinkt, ihr habt sicher Durst.«

Julius konnte seine Augen nicht von Jakob abwenden. Er sah ganz anders aus als die Männer im Dorf. Sein weiter Mantel war an vielen Stellen geflickt und überall hingen Strohreste daran. Alles an ihm schien mit einer Staubschicht überzogen zu sein. Seine Sachen hatte Jakob zur Seite gelegt. Da gab es einen langen Stab und einen kurzen dicken Stock, eine Schleuder und eine abgewetzte Ledertasche.

Jakob bemerkte die neugierigen Blicke des Jungen.

»Du weißt wohl nicht viel über Hirten? Soll ich dir erklären, wofür ich die Sachen brauche?«

Julius nickte etwas verlegen.

»Den langen Stab hier brauche ich, wenn ich auf Felsen klettern muss. Er ist auch recht nützlich, um Zweige und Äste, die im Weg sind, abzuschlagen. Zwischendurch muss ich auch ein Schaf antreiben, das sehr trödelt.«

»Und der dicke kurze Stock mit den Eisenstücken dran – wofür ist der gut?«

»Das ist kein Stock«, meinte Jakob, »das ist meine Keule. Die brauche ich, wenn ich meine Schafe gegen Raubtiere schützen muss.«

»Erzähl doch die Geschichte vom Wolf!«, mischte Benjamin sich ein.

Nicht ohne einen gewissen Stolz kam Jakob der Bitte nach:

»Ja, neulich hat es ein Wolf geschafft, sich an meinen Hunden vorbeizuschmuggeln – er wollte sich wohl gerade ein Schaf aussuchen –, aber da bemerkte ich die Unruhe in der Herde! Ich sprang auf und ging mit der Keule auf das Untier los. Ich habe ihm einen ordentlichen Schlag versetzt! Da verging ihm wohl der Appetit und er nahm Reißaus! – Du siehst also, die Keule ist für einen Hirten sehr wichtig.«

»Manchmal benutzt du ja aber auch die Schleuder«, rief Benjamin dazwischen.

»Darf ich sie sehen?« Julius sah Jakob bittend an.

»Hier ist sie!« Jakob langte danach und erklärte: »Hier in die Mitte, in die Schleuderpfanne, legt man einen kleinen, glatten Stein. Ich habe immer einige hier in der Ledertasche. Dann schwingt man die Schleuder über dem Kopf. Wenn sie genug Schwung hat, lässt man ein Ende los und der Stein saust davon. Da möchte ich kein Schakal oder Wolf sein.«

»Toll!«, staunte Julius. »Das muss ja ein spannendes Leben sein, das ihr Hirten führt. Das wäre etwas für mich.«

Jakob lachte: »Ach, weißt du, meistens ist es hier ziemlich ruhig – dann kann ich den lieben langen Tag meinen Schafen zuschauen.«

»Und dabei …« Benjamin zwinkerte Julius zu.

»Ja, natürlich, ich weiß schon, was du meinst. Du willst wissen, ob ich wieder eine Flöte geschnitzt habe, du Bengel!«

Während er redete, langte Jakob in seine Ledertasche und zog eine einfache Flöte aus Schilfrohr heraus. Er setzte sie an die Lippen und blies eine kleine Melodie.

Dann reichte er sie Julius: »Die schenke ich dir, damit du den alten Jakob nicht vergisst.«

Julius wurde rot vor Freude und probierte seine Flöte sofort aus.

»Na, da musst du wohl noch ein bisschen üben!«, neckte ihn Jakob.

»Darf ich noch etwas fragen?« Julius wirkte etwas verlegen.

»Nur zu«, ermunterte ihn Jakob. »Willst du noch etwas über Roba und meine anderen Hunde wissen?«

»Nein, das eigentlich nicht – sondern – aber – also: Du bist doch so ein lieber alter Mann. Warum mögen viele Leute euch Hirten nicht?«

Jakob war von dieser Frage etwas überrascht; er war aber kein bisschen beleidigt. »Ach, das sind die feinen Leute aus der Stadt. Für sie ist es leicht, jeden Tag wie aus dem Ei gepellt auszusehen. Aber wir Hirten verdienen sehr wenig und müssen darum oft mit geflicktem Zeug herumlaufen. Nachts schlafen wir bei unseren Schafen – wir wickeln uns in unseren Mantel ein und liegen einfach auf dem Boden. Da bleibt schon mal Stroh oder Lehm am Mantel hängen. Und wenn wir dann aussehen wie die Räuber, dann meinen die in der Stadt gleich, wir sind auch welche!« Jakob war ordentlich in Fahrt gekommen. »Und dabei haben wir Hirten berühmte Vorfahren. Unser großer König David, der vor 1000 Jahren lebte, war ein Hirte! Und Mose auch! Aber daran will sich heute niemand mehr erinnern!«

»Typisch Erwachsene!«, wetterte jetzt Julius, »ich finde, Hirte ist der tollste Beruf, den es gibt. Wenn ich nicht Kommandeur werden kann, werde ich Hirte.«

»Dann kannst du ja bei Jakob in die Lehre gehen«, grinste Benjamin.

Schalom Schabbat!

Als die beiden Buben sich nach dem Besuch bei Jakob voneinander verabschiedeten, sagte Benjamin:

»Morgen kannst du nicht kommen, da ist Schabbat – oder wie ihr sagt: Sabbat.«

»Sabbat? Was ist denn das?«, wunderte sich Julius.

»Das ist für uns ein wichtiger Tag! Immer am letzten Tag der Woche ist für uns ein Ruhetag. So steht es in den Geboten Gottes. An diesem Tag dürfen wir uns von der Plagerei der Woche ausruhen; ja, wir dürfen nicht einmal die kleinste Arbeit verrichten.«

»Was, ihr dürft nicht arbeiten?« Julius war tief beeindruckt.

»Ja, Julius, die Vorschriften muss man ganz genau beachten. Man darf zum Beispiel kein Feuer anzünden, nicht kochen, keine weiten Wege gehen …«

»Ja, was tut ihr denn den ganzen Tag? Ist das nicht schrecklich langweilig?«

»Eigentlich nicht. Der Schabbat fängt schon heute abend an, wenn es dunkel wird. Dann ruft uns die Mutter – sie hat eine besonders leckere Mahlzeit gekocht und das Haus schön hergerichtet. Zuerst gehen wir Männer in die Synagoge zum Gottesdienst. Zu Hause singen wir dann ein Lied und der Vater spricht einen Segensspruch. Wir können uns viel mehr Zeit zum Essen lassen und miteinander reden.«

»Und was macht ihr morgen den ganzen Tag?«

»Da können wir etwas länger schlafen, dann halten wir Schabbat-Gottesdienst in der Synagoge. Daheim sitzen wir gemütlich zusammen, der Großvater erzählt Geschichten, wie es früher in unserem Volk zugegangen ist …«

»Auch über König David?«, fragte Julius.

»Ja, natürlich. Von König David sind übrigens auch viele schöne Lieder, die wir singen.«

»Und sonst tut ihr nichts?«

»Der Schabbat ist für uns ein richtiger Tag zum Ausruhen. Da sollen wir gar nichts arbeiten.«

»Das würde mir auch gefallen. – Sag mal, Benjamin, wie kommt es eigentlich, dass ihr jede Woche so einen schönen Tag für euch habt?«

»Dazu hat mein Großvater auch etwas erzählt. In den heiligen Geschichten unseres Volkes heißt es, dass Gott die Welt in sechs Tagen gemacht hat. Am siebten Tag, erzählt man sich, hat er sich ausgeruht und sich über die schöne Welt gefreut. – Das war der erste Schabbat! Und darum dürfen wir heute noch an jedem siebten Tag Schabbat feiern und uns freuen. Oh – jetzt muss ich aber sausen, die Sonne geht ja bald unter, und der Schabbat fängt an! Schalom Schabbat, Julius, einen schönen, friedlichen Sabbat!«

»Schalom Schabbat, Benjamin«, murmelte Julius und ging nachdenklich heim.

Benjamin muss lernen

Als Julius an einem schönen Morgen zu Benjamin kam, lief der ihm eilig entgegen:

»Ich habe jetzt keine Zeit, Julius, ich muss in die Synagoge.«

»Synagoge? Was tust du denn da? Heute ist doch nicht Schabbat! Und warum hast du keine Zeit? Kann ich nicht wenigstens mitkommen?«

»Ich glaub nicht, Julius. Weißt du, die Synagoge ist unser Bethaus, das dürfen nur wir Juden betreten. Aber ich will unseren Rabbi Maleachi fragen, ob du durch das Fenster schauen darfst, weil du ja mein Freund bist. – Also, komm!«

Die beiden Jungen gingen durch die engen Gassen. Julius hatte viel zu fragen: »Was tust du in der Synagoge, Benjamin?«

»Ich lerne dort lesen und schreiben und alles, was für unsere Religion wichtig ist.«

»Aha«, meinte Julius, »dann ist das eine Schule?«

»Ja, so könnte man sagen, aber die Synagoge ist auch ein Bethaus, in dem wir immer wieder Gottesdienst feiern.«

»Wo sind eigentlich deine Schwestern? Müssen sie nichts lernen?«

»Klar, die müssen auch lernen – aber nicht in der Synagoge. Meine Schwestern lernen alles, was sie brauchen, bei meiner Mutter. Frauen sind bei uns hauptsächlich für die Familie zuständig.«

»Und über die Religion lernen sie nichts?«

»Doch, doch, über Religion auch, aber nur zu Hause und nicht in der Synagoge. Da lernen nur wir Männer.«

»Und der Rabbi, von dem du sprachst, ist das euer Lehrer?«

Benjamin gab geduldig Auskunft: »Ja, so ähnlich. Er ist aber auch für die Erwachsenen da. Er kennt die Heilige Schrift und das Gesetz und kann die Leute beraten.«

Jetzt waren sie auch schon bei der Synagoge angekommen. Tatsächlich durfte Julius durch das Fenster schauen: Der Rabbi und die Jungen hatten sich kleine Kappen auf den Kopf gesetzt, und alle standen vor einem großen Schrank vorn im Raum. Der Rabbi öffnete den Schrank und hob vorsichtig eine große Rolle heraus. Er rollte sie ein Stück weit auf; Julius konnte erkennen, dass die Rolle beschrieben war.

»Das ist sicher Pergament«, dachte er.

Da hörte er den Rabbi sagen: »Komm her, Benjamin, heute bist du mit Lesen dran.«

Benjamin kam nach vorn und stellte sich vor die Rolle.

»Wie soll Benjamin das bloß schaffen«, dachte Julius, »diese merkwürdige Schrift und dann die vielen Zuhörer!«

Aber es ging ganz gut.

Der Rabbi hatte einen kleinen Stab in der Hand und zeigte Benjamin, wo es weiterging. Julius war richtig stolz auf seinen Freund.

Nach dem Lesen bekam jeder Junge Lederriemen in die Hand, an denen kleine Kästchen befestigt waren. Diese Riemen mussten sie sich um den linken Arm wickeln – genau wie der

Rabbi es ihnen vormachte. Bei den kleineren Jungen gab es ein ziemliches Durcheinander!

Julius verstand nicht, worum es bei diesem eigenartigen Gewickel ging. Es wurde ihm bald langweilig und er spazierte etwas um die Synagoge herum.

Aber dann kamen die Jungen auch schon wieder heraus.

»Was ist denn das für eine komische Rolle, aus der du da gelesen hast?« Julius war doch etwas neugierig geworden.

»Das ist keine komische Rolle, sondern unsere Heilige Schrift, die Tora.« Benjamin war fast ein bisschen beleidigt, aber er erzählte dann doch weiter: »In jedem Gottesdienst wird ein Abschnitt daraus vorgelesen. Das dürfen alle jüdischen Männer, immer abwechselnd.«

»Klar! Darum müsst ihr auch gut lesen können!«

»Genau so ist es. Und weil unsere Schrift so schwierig ist, hilft uns der Rabbi mit dem Zeigestab. Sein Ende ist wie eine kleine Hand geformt – so kann man sich nicht in den Zeilen verirren.«

»Und die Riemen, was ist mit denen?« Julius war immer noch nicht zufrieden.

»Das sind die Gebetsriemen, die jeder jüdische Mann täglich daheim beim Gebet anlegt. In den kleinen Kästchen sind winzige Schriftrollen, auf denen heilige Worte stehen. Sie erinnern uns an Gott und die Tora. Man muss sie richtig anlegen können, damit alles seine Ordnung hat.«

Julius war sichtlich beeindruckt: »Ihr habt wirklich viele Dinge, die euch immer wieder an Gott erinnern. Das finde ich prima – sowas gibt es in unserer Religion nicht.«

»Nein?« Benjamin sah Julius überrascht an. »Dann denkt ihr wohl nicht so oft an eure Götter?«

Julius sah etwas verlegen aus und Benjamin fragte nicht weiter.

Nicht allen geht es gut in Kafarnaum

Bei seinem Spaziergang rund um die Synagoge waren Julius Leute aufgefallen, die er bisher noch nicht bemerkt hatte.

»Ist hier in der Nähe ein Lazarett?«, fragte er, »die Leute sehen alle krank und schwach aus.«

»Nein.« Benjamin runzelte die Stirn, »so etwas haben wir nicht. Wer bei uns krank ist und keine Familie hat, die sich um ihn kümmert, ist schlecht dran. Der muss dann irgendwie für sich selbst sorgen. Viele setzen sich an die Straße und betteln. Manche, die eine besonders schlimme Krankheit haben, müssen sogar die Stadt verlassen; sie hausen dann in irgendwelchen Hütten oder Höhlen.«

»Was?« Julius war empört. »Wenn bei uns ein Soldat krank wird, kommt er ins Lazarett und wird gut versorgt. Alle kümmern sich um ihn, damit er schnell wieder gesund wird!«

Benjamin schüttelte energisch den Kopf. »Ja, bei einfachen Krankheiten ist das schon in Ordnung – aber wenn jemand blind ist oder sogar eine schlimme, gefährliche Krankheit hat, muss man sich von ihm fernhalten. Bei den Leuten stimmt doch was nicht. Sie haben doch alle gegen Gottes Gesetze verstoßen! Sonst würden sie doch nicht so von Gott bestraft! Und mit solchen Leuten hat man besser nichts zu tun!«

Julius sah Benjamin entsetzt an: »Du meinst, sie sind selber schuld an ihrem Schicksal?«

»Na klar! Schau sie dir doch an – die sehen alle so komisch aus, so dreckig und stinkend!« Benjamin war seiner Sache ganz sicher.

Julius wurde richtig wütend: »Ist ja kein Wunder, dass sie so aussehen – wenn sie wie Tiere leben müssen; ach was – da haben es eure Tiere ja noch gut: Die dürfen ins Haus und werden versorgt …«

»Aber sie sind ja auch selber schuld«, beharrte Benjamin auf seiner Ansicht.

In diesem Augenblick wurden sie durch eine laute Stimme unterbrochen: »Helft mir doch, Erbarmen!«

Da saß ein alter Mann am Straßenrand.

»Ach, das ist nur der alte Barjona. Den kennt hier jeder.« Benjamin machte eine abfällige Handbewegung.

Barjona hatte eine dreckige Binde vor den Augen und sah ganz jämmerlich aus. Die Haare hingen ihm strähnig ins Gesicht, seine Kleidung war schmutzig und zerrissen. Immer wieder wischte er sich mit seinen schmierigen Händen die Fliegen aus dem Gesicht.

Manche, die vorübergingen, warfen ihm eine Münze hin.

Dann krächzte der alte Mann:

»Dank, Freund. Der Messias wird dich für die gute Tat belohnen.« Halblaut murmelte er vor sich hin: »Ach, wenn er doch bald kommen würde, um uns zu erlösen. Dann werde ich sicher auch wieder gesund! Niemand muss mehr Angst haben, alles wird gut.«

»Warum hilft denn keiner dem alten Mann?«, bohrte Julius schon wieder.

»Dem ist nicht zu helfen. Ich habe es dir doch gerade schon erklärt: Entweder der Mann selber hat gegen Gottes Gesetze verstoßen – oder jemand aus seiner Familie! Und das ist jetzt seine gerechte Strafe!«

»Gibt es denn für ihn keine Rettung?« Julius sah Benjamin erschrocken an.

»Nein, eigentlich nicht. Vielleicht ist das einmal anders, wenn der Messias kommt …!«

Nachdenklich gingen die Jungen zu Benjamins Haus. Dort weichte Tante Mirjam gerade Linsen für das Nachtessen ein; der Vater war auch da. Er besserte zusammen mit dem Großvater den Dreschschlitten aus.

»Darf ich etwas fragen?«

»Ja, gern, Julius.« Benjamins Vater sah ihn freundlich an.

»Wer ist eigentlich dieser Messias, von dem der alte Bettler sprach, der bei der Synagoge sitzt?«

»Weißt du, unserem Volk geht es nicht gut; wir sind arm und unfrei – das ist dir als römischer Junge ja nichts Neues.«

Julius wurde ein bisschen rot, aber Samuel erklärte ganz ruhig:

»Wir hoffen, dass Gott uns einen Retter schickt, der uns befreien und erlösen wird. Er wird ein mächtiger und gerechter König sein – so wie unser großer König David vor langer Zeit.«

»Nein«, schrie Benjamin dazwischen, »der Messias ist noch viel mächtiger als der König David. Er kommt mit einer riesigen Himmelsarmee und wird uns befreien und alle Römer vertreiben und ins Meer jagen …!«

»Und was soll dann aus mir werden?«, jammerte Julius.

»Na, bei dir macht er sicher eine Ausnahme!« Benjamin grinste.

Benjamins Vater fuhr fort: »Wir Juden hoffen, dass der Messias ein neues Reich aufbauen wird: ein Königreich, in dem jeder gut leben kann, in dem es Frieden, Schalom, gibt!«

»Und wann kommt er, euer Messias?«

»Das weiß nur Gott allein«, erklärte der Vater ernst, »wir müssen warten und Geduld haben.«

Nun mischte sich auch Benjamins Mutter ein:

»Viele erzählen sich Geschichten von Jeschua, dem Rabbi aus Nazaret.«

Julius fiel ihr ins Wort: »Jeschua? Das ist aber ein komischer Name!«

»Der Name ist nicht komisch!«, erklärte Rebecca, »Jeschua – oder: Jesus, wie ihr sagt – bedeutet in unserer Sprache: ›Gott hilft‹; das ist doch ein schöner Name, oder?«

Esther sprach weiter: »Und vor allem macht dieser Mann aus Nazaret seinem Namen alle Ehre. Er soll schon Menschen geheilt haben und er spricht von Gott, unserem Vater im Himmel. Aber wie ich gehört habe, redet er ganz anders von Gott als unser Rabbi. Einige sagen sogar: Jeschua ist der Messias!«

»Und warum weiß man das nicht so genau?«, fragte Julius, »gibt es denn kein Zeichen, woran man ihn erkennen kann?«

»Ich bin auch unsicher«, sagte Benjamins Vater, »es wird über diesen Jeschua erzählt, dass er sich mit Bettlern und Kranken trifft und sie seine Freunde nennt; diese Leute haben wieder Hoffnung, weil sich endlich mal wieder jemand um sie kümmert. Und diese Menschen sagen natürlich: Das ist unser Messias!«

»Na, das ist ja klar – wenn ich ein Bettler wäre, dem Jesus geholfen hat, würde ich auch sagen: Er ist der Messias.«

Samuel nickte: »Viele unserer Priester sind aber ganz anderer Meinung. Sie sagen: Dieser Jeschua ist verrückt – er spielt sich auf wie der Retter und beachtet unsere alten Gesetze nicht. Sie halten es für unmöglich, dass sich der richtige, große Messias um Arme, Bettler, Kranke und Krüppel kümmert. Dieser Jeschua ist ein Schwindler, sagen sie.«

Aufregung in Kafarnaum

Als Julius wieder einmal seinen Freund Benjamin besuchen wollte, herrschte ungewöhnlich viel Betrieb in den Gassen. Überall standen Leute und steckten die Köpfe zusammen. Alle redeten durcheinander: »Habt ihr schon gehört?« – »Rabbi Jeschua aus Nazaret kommt in unsere Stadt. – Den muss man gesehen haben! – Ja, es wird so viel über ihn erzählt …!«

»Das muss dieser Jeschua sein, von dem Benjamins Leute neulich gesprochen haben«, dachte Julius. Ganz aufgeregt lief er zu Benjamins Haus. Sein Freund kam ihm schon entgegen.

»Los, das ist aufregend, wir müssen unbedingt dabei sein!« Die beiden Jungen drängten sich durch die Menge nach vorn. Sie kamen gerade zur rechten Zeit. Eben stolzierte der Bürgermeister Manasse mit würdigen Schritten aus dem Rathaus und blieb auf der obersten Treppenstufe stehen. Er setzte eine wichtige Miene auf und erkundigte sich mit dröhnender Stimme: »Was ist denn hier los?«

»Er kommt, er kommt!«, rief der Töpfer Ephraim und fuchtelte wild mit seinen lehmigen Händen vor dem Bürgermeister herum.

»Ja, wir sind gerettet«, jubelte Ephraims Tochter Rut aus vollem Halse.

»Hoffentlich kommt er bald, der Messias – ich will nicht mehr lange warten!«, fiel ihr Ruben, der Tagelöhner, ins Wort.

»Ruhe!«, brüllte der Bürgermeister. »Man versteht ja sein eigenes Wort nicht mehr. – Also: Von wem redet ihr überhaupt?«

»Na, von Rabbi Jeschua aus Nazaret natürlich. Das weiß doch jedes Kind!« Ruben bekam vor Aufregung einen ganz roten Kopf.

»So, so, und der soll der Messias sein?« Manasse zog die Augenbrauen hoch und blickte Ruben von oben herab an. »Woher willst denn du das wissen? – Da fragen wir doch lieber jemanden, der sich in solchen Fragen auskennt!« Manasse zeigte mit seinem dicken Finger auf Rabbi Maleachi. »Hochwürdiger Rabbi, sagt Ihr doch, was von diesem Jeschua zu halten ist!«

Maleachi machte ein paar Schritte nach vorn und baute sich auf der Treppe neben dem Bürgermeister auf. Langsam blickte er von einem zum anderen und wartete, bis alle ganz, ganz still waren. Dann sagte er mit tiefer Stimme: »Ich rate zu größter Vorsicht! Zu wirklich allergrößter Vorsicht! Mit solchen Dingen ist nicht zu spaßen. So mancher wurde schon als Messias gefeiert, doch am Ende entpuppte er sich als Hohlkopf und Schwindler.«

»Selber Hohlkopf«, murmelte Ruben, und Ephraim nickte ihm heimlich zu.

»Man kann also gar nicht vorsichtig genug sein. Bevor der Hohe Rat in Jerusalem nicht alles geprüft hat, unternimmt man am besten nichts!«, schloss Rabbi Maleachi seine Rede.

»Aber Hochwürden, was denkt Ihr, was meint Ihr, was sollen wir tun?«, stotterte der Bürgermeister.

»Wir empfangen ihn mit allen Ehren, wie es zu einem berühmten Rabbi passt!« schlug der Schreiner Jonathan nun vor. Fast alle Leute klatschten Beifall.

»Endlich ist mal was los in unserem verschlafenen Nest«, rief der junge Fischer Simon.

Und der dicke Wirt Habakuk rieb sich die Hände: »Das wird ein Fest!«

»Das sieht dir ähnlich«, maulte Rut. »Auf die Art kannst du deinen schlechten Wein teuer verkaufen und wirst dein altes Rauchfleisch los!«

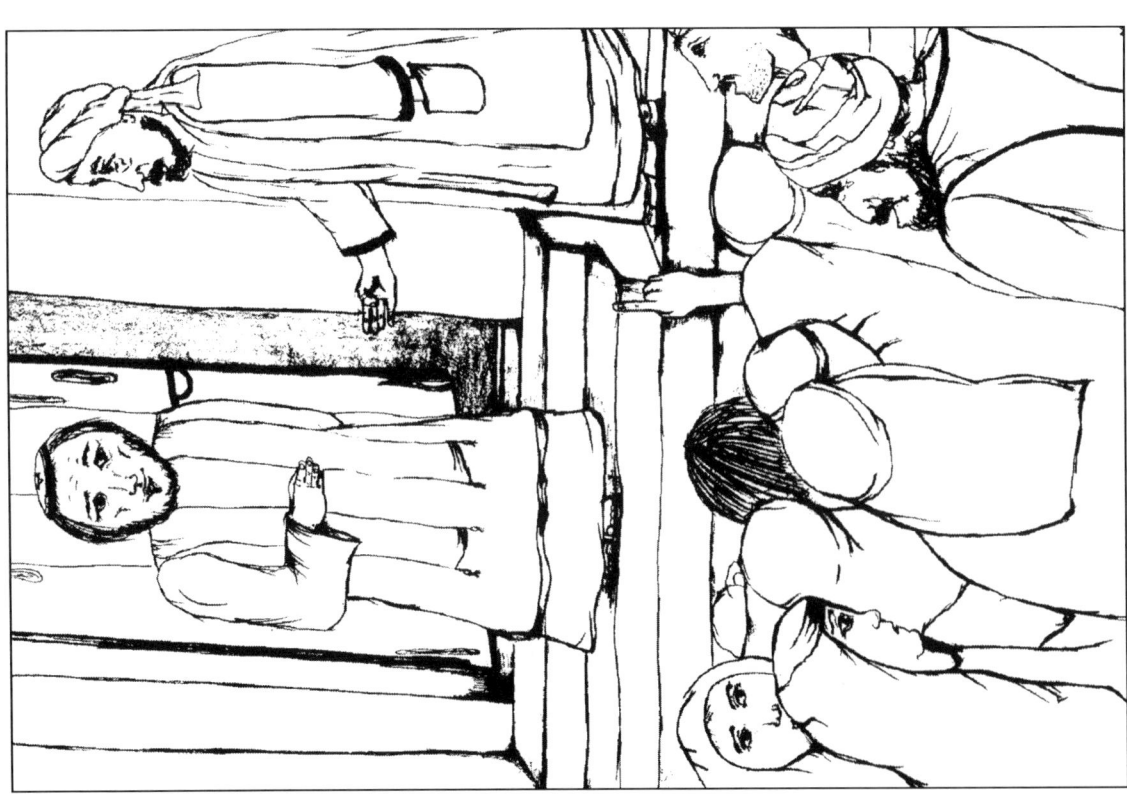

»Ich meine, wir sollten es nicht übertreiben«, mischte sich der Bürgermeister wieder ein. »Schließlich haben wir selber auch einen bedeutenden Rabbi ...«

»... und einen bedeutenden Bürgermeister!«, brummte der Bauer Saul.

Schließlich einigte man sich auf einen herzlichen, aber nicht übertriebenen Empfang des Rabbi Jeschua.

Alle gingen an die Arbeit. Die Frauen sammelten Abfälle ein und trugen sie vor die Stadtmauer. Einige holten ihre Festgewänder hervor und legten sie zum Lüften aus. Ruben wurde vom Bürgermeister angestellt:

»Du gehst und schneidest Zweige, damit wir Jeschua damit zuwinken können!«, befahl Manasse. »Und du, Hosea, übst auf deiner Trompete.«

Selbst der Rabbi Maleachi ließ sich anstecken: Er suchte die wertvollste Torarolle heraus und legte sie zum Gottesdienst bereit.

Aram, Saul und einige andere Bauern schichteten die Misthaufen vor ihren Häusern ordentlich auf und fegten den Hof.

»Toll«, staunte Julius, »geht das bei euch immer so zu, wenn Besuch kommt?«

»Nein, so etwas habe ich selten erlebt. Ich weiß auch nicht, was an diesem Jeschua so Besonderes ist«, meinte Benjamin.

Jeschua kommt!

Am nächsten Morgen waren alle früh auf den Beinen. Auch Julius hatte sich zeitig bei Benjamin eingefunden, und zusammen rannten die beiden so schnell sie konnten zum Stadttor. Überall warteten die Menschen:

»Wann wird er kommen? – Ob sich das Warten lohnt? – Wie sieht er wohl aus?«

Nur der Bürgermeister und der Rabbi, die Würdenträger der Stadt, waren noch nirgends zu sehen.

Benjamin und Julius drängten sich nach vorn, damit ihnen auch ja nichts entging.

Da – hört – ein Signal! Hosea stieß aus Leibeskräften in seine Trompete.

»Er kommt, er kommt!«, riefen alle.

Tatsächlich konnten Benjamin und Julius in der Ferne einige Leute sehen. Als die Gruppe näher kam, sahen sie vorn ein paar Freunde und Freundinnen von Jeschua.

Dann endlich kam der Rabbi selbst.

»Der sieht ja nicht gerade wie ein bedeutender Mann aus«, flüsterte Julius Benjamin zu, »eigentlich ganz normal!«

Die Menschen um sie herum fingen an, ihre Zweige zu schwenken und riefen laut: »Hosianna, hosianna, Jeschua!«

»Was heißt denn das wieder?«, wollte Julius wissen.

»Das heißt so viel wie ›Lasst uns Gott loben‹ oder einfach ›Gott sei Dank‹ in unserer Sprache!«

Der Trompeter Hosea stimmte seine feierlichste Melodie an – kurzum, es war ein Lärm, dass man sein eigenes Wort nicht verstehen konnte. Der Bürgermeister und der Rabbi wollten eigentlich eine kleine Begrüßungsrede halten, aber niemand achtete auf sie.

Rabbi Jeschua lachte und winkte den Leuten zu – ihm schien der ganze Trubel nichts auszumachen.

In dieses bunte Treiben mischte sich auf einmal eine krächzende Stimme: »Jeschua, Messias, hilf mir doch!«

Julius stieß Benjamin an: »Hast du das gehört? Ist das nicht die Stimme vom alten Barjona?«

»Ja – schau mal, dort drüben – da sitzt er. Wenn er nicht weggeht, wird er noch umgerissen! Aber was will er auch hier? Der stört doch nur!«

Und wirklich – der Blinde saß am Straßenrand! Vor lauter Menschen hatte ihn niemand beachtet.

Jetzt drehten sich einige zu ihm um und fuhren ihn an: »Halt's Maul, du Penner, verschwinde!«

Aber Barjona schrie immer lauter: »Jeschua, Messias, hilf mir doch, hab Erbarmen mit mir.«

Da blieb Jeschua stehen: »Was ist denn da los? Wer ist dieser Mann?«

»Ach, das ist bloß ein nichtsnutziger Bettler, der blinde Barjona«, winkte der Bürgermeister ab und befahl: »Schafft den Dreckskerl hier weg!«

Dann baute sich Manasse vor Jeschua auf und holte tief Luft, weil er jetzt endlich seine Rede halten wollte.

»Hochverehrter Herr Rabbi …«, begann er – doch Jeschua hörte gar nicht hin und machte zwei Schritte auf Barjona zu.

»Hochverehrter Herr Rabbi …!« Manasse probierte es noch einmal, aber Jeschua sagte ganz ruhig: »Das hat Zeit – jetzt gibt es Wichtigeres zu tun.«

Julius und Benjamin hielten den Atem an. Was würde Jeschua jetzt machen? Würde er Barjona bestrafen, weil er so vorlaut war?

»Jeschua, Messias, hilf mir doch!«, ertönte es da schon wieder. Jeschua machte noch ein paar Schritte auf Barjona zu und sprach ihn an: »Wer bist du denn? Und woher kennst du mich?«

»Ich bin Barjona – ich bin ganz allein! Und du kannst mir helfen. Das weiß ich ganz sicher.«

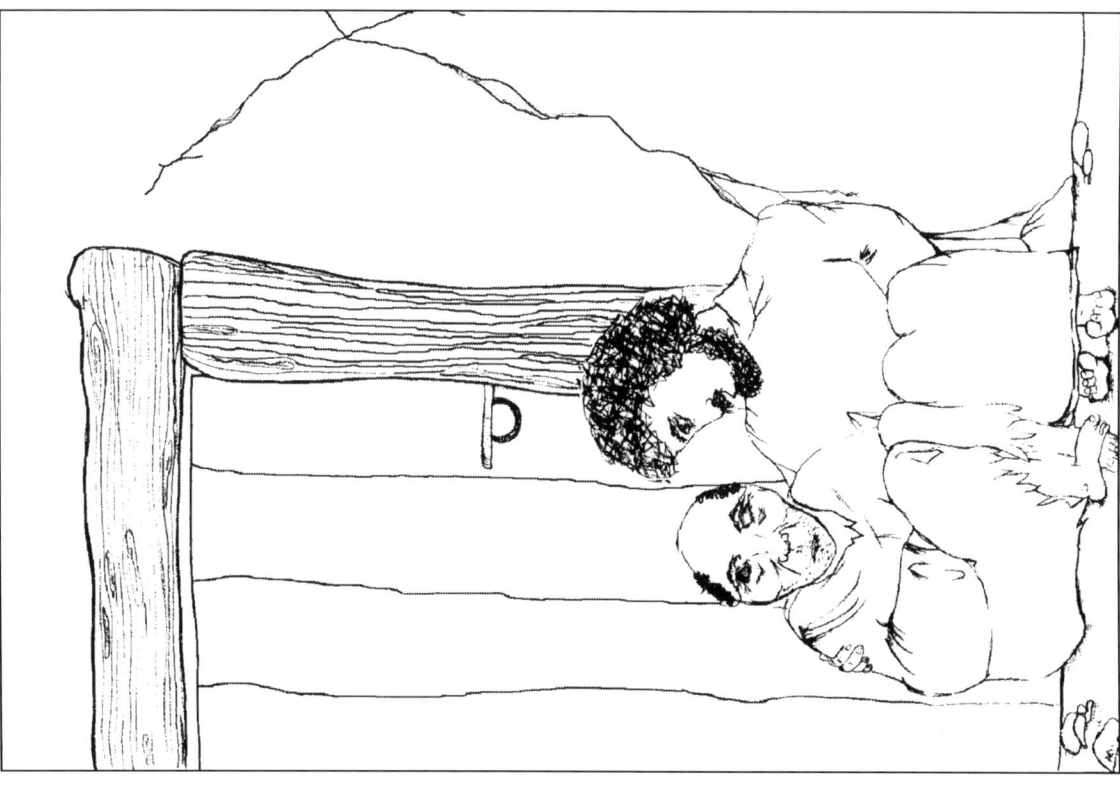

Auf einmal waren alle ganz still.

Jeschua setzte sich dicht neben Barjona an den Straßenrand. Er legte ihm den rechten Arm um die Schulter und sprach sehr leise mit Barjona. Nach einer Weile stand Jeschua auf und reichte Barjona die Hand. Der Blinde stand etwas unbeholfen auf. Jeschua umarmte ihn noch einmal – dann drehte er sich zu den Leuten um: »Dieser Mann hat großes Vertrauen zu mir, vielleicht mehr als ihr alle zusammen!«

Als Jeschua jetzt weiterging, hatte niemand mehr so recht Lust zum Jubeln. Viele blickten verlegen zu Boden, andere redeten aufgebracht miteinander. Der Bauer Saul polterte unüberhörbar: »Eins wissen wir jetzt wenigstens: Der ist garantiert nicht der Messias. So wie der sich benimmt! Umarmt einen stinkenden Bettler! Pfui, pfui! Besonders göttlich!«

Julius sah Benjamin etwas ratlos an: »Hast du das mit dem Vertrauen verstanden? Dieser Rabbi Jeschua redet ja ganz schön in Rätseln.«

Benjamin nickte: »Ja, und sein Verhalten ist auch rätselhaft. Komm, wir gehen zu mir heim und fragen meinen Vater – der kennt sich da besser aus!«

Die große Neuigkeit

Benjamin und Julius waren kaum in den Hof eingebogen, da fingen Sara und Hanna auch schon an, neugierig auf sie einzureden:

»Wie sieht er aus? Wie ein Engel? – Trägt er eine Krone wie ein Himmelskönig? – Ist er auf einem weißen Esel geritten? – Hat er viele Diener und Sklavinnen? – Und seine Soldaten? Wie viele hatte er bei sich? – Was hat er gesagt? ...«

Benjamin hielt sich die Ohren zu und rannte ins Haus; Julius sauste hinter ihm her. Aber die Mädchen ließen nicht locker: »Jetzt erzählt doch endlich.«

Esther mischte sich ein: »Lasst uns doch nicht so zappeln! Was habt ihr gehört und gesehen?«

Nun sprach Aram ein Machtwort: »Also los – wenn ihr schon überall dabei sein müsst, statt euch um eure Arbeit zu kümmern, wollen wir auch von den Neuigkeiten hören. Setzt euch hierher und erzählt!«

»Also – eigentlich gibt es nicht viel zu erzählen! Dieser Jeschua ist doch ein ganz gewöhnlicher Mann. Kein Himmelskönig, kein weißer Esel, keine Engel ...«

»Aber ein paar schöne Dienerinnen mit prächtigen Gewändern und glänzendem Schmuck und starke Soldaten hat er schon, oder?«, wollte Sara wissen, und Hanna rief dazwischen: »Habt ihr Posaunen vom Himmel gehört?«

»So ein Quatsch!« Benjamin macht eine verächtliche Handbewegung. »Julius hat es doch schon gesagt: Jeschua ist ein ganz einfacher Mann. Seine Kleider sind so abgetragen wie unsere und seine Freunde und Freundinnen sind auch nichts Besonderes.«

»Ja, aber viele sagen doch, dass dieser Jeschua der Messias ist

– da muss doch irgendetwas Königliches an ihm sein!«, fragte Rebecca ungläubig.

»Nein, ein König ist der ganz bestimmt nicht!«, sagte Benjamin entschlossen.

»Aber er ist schon … nicht so wie die anderen, schon ein bisschen merkwürdig …«, meinte Julius.

»Was willst du damit sagen? Ich verstehe kein Wort!« Aram wurde langsam ungeduldig. Aber der Großvater nahm ihn in Schutz: »Jetzt lass den Jungen doch mal ausreden!«

»Er ist schon irgendwie ein König – aber eben nicht so ein richtiger – halt anders!«, versuchte Benjamin zu erklären.

»Woran sieht man das denn?«, fragte Esther nach.

»Ja, zum Beispiel daran: Er hat sich kein bisschen um die jubelnden Leute gekümmert, und das Gewedel mit den Zweigen schien ihm eher lästig zu sein. Auch den Rabbi Maleachi und den Bürgermeister hat er kaum beachtet.«

»So ein Flegel!«, rief Sara.

»Nein, nein, so einer ist er nicht!« Julius war schon wieder ganz aufgeregt. »Aber ich glaube, er mag diese ›hohen Tiere‹ einfach nicht so gern. Dafür hat er sich ganz lange mit Barjona unterhalten.«

»Was? Du meinst doch nicht den blinden Bettler, diesen alten Schmarotzer?« Aram war richtig entsetzt.

»Doch, natürlich – einen anderen Barjona gibt es hier ja nicht!«

»Ja, und dann hat er sich zu Barjona an den Straßenrand gesetzt und ihn umarmt …!« Julius kam richtig in Fahrt.

»Igitt, bääääh«, kreischte Hanna, »der stinkt!«

»Rabbi Jeschua hat das wohl nicht gestört?«, fragte Benjamins Mutter. Mirjam und Rebecca schüttelten ungläubig den Kopf. Und Aram wollte wissen: »Und was soll das Ganze? Was will dieser Jeschua damit bezwecken? Und – was hat Barjona davon?«

»Ich weiß auch nicht«, stotterte Benjamin, »aber es war schon was Besonderes – die Leute waren alle ganz still, und es war irgendwie ganz feierlich. Das kann man einfach nicht richtig erklären, das muss man miterlebt haben und …!«

Weiter kam Benjamin mit seinen Erklärungen nicht, denn in diesem Augenblick stürmte Onkel Aaron ins Haus. »Stellt euch vor«, keuchte er und ließ sich auf eine Matte fallen, »stellt euch vor, was passiert ist – alle reden nur noch darüber – so was hat es noch nie gegeben. Kafarnaum steht Kopf!«

»Um Himmels willen, was ist denn los? Ist der Rabbi gestorben oder brennt die Synagoge?«, erkundigte sich Mirjam erschrocken.

Sara und Hanna starrten Aaron entgeistert an – so hatten sie ihren Onkel noch nie erlebt!

»Nein, das wäre ja alles halb so wild! Aber das mit Barjona, das …!«

»Hat er wieder geklaut?«, forschte Aram nach.

»Nein, nein – es ist die Sensation! Barjona kann wieder sehen!!«

»Nein, das gibt es nicht! – Wie soll denn das gehen? – Unmöglich – Du hast wohl zu lange in der Sonne gesessen.«

Alle schrien durcheinander.

»Wenn ich es euch doch sage! Ich habe selber mit Barjona gesprochen – es ist wirklich ein Wunder!«

»Aber wie ist denn das passiert?«, wollte die Großmutter wissen.

»Es war Jeschua! Als er vorhin in die Stadt kam, hat er Barjona geheilt! Jeschua ist bestimmt der Messias!«, verkündete Onkel Aaron.

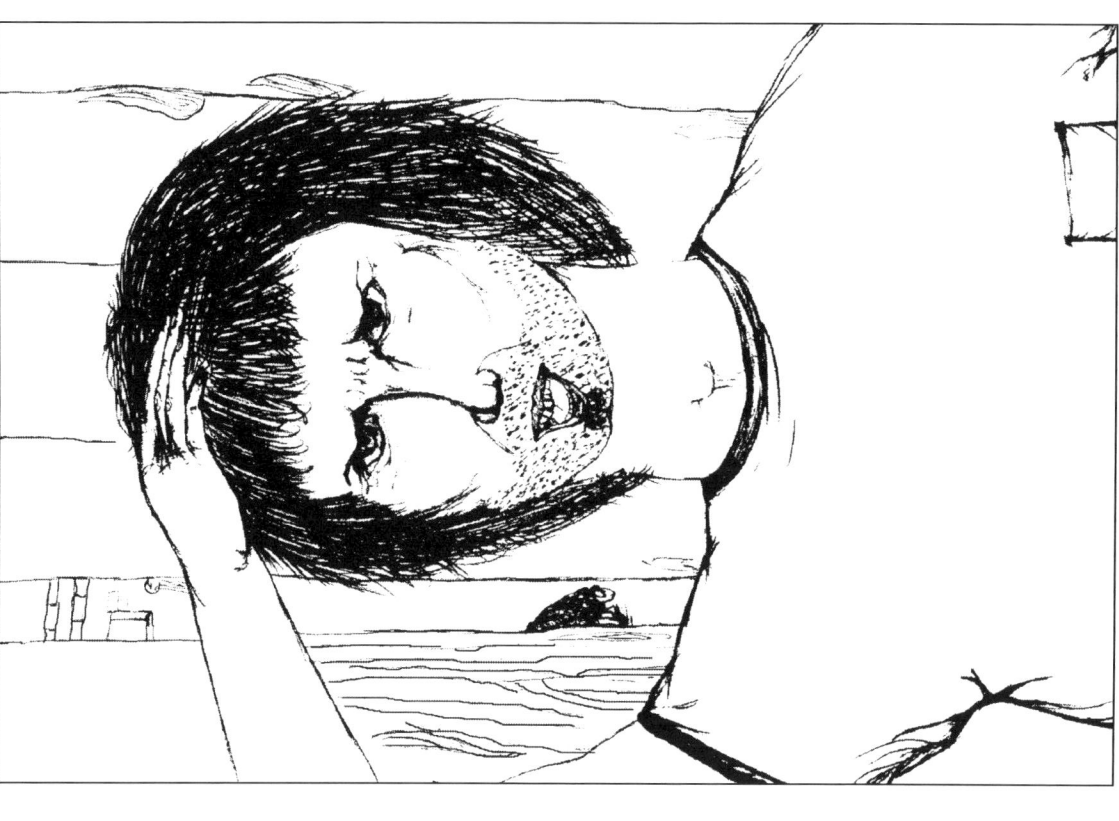

»Das stimmt nicht, dass Jeschua Barjona geheilt hat!«, widersprach Julius, »wir waren ja dabei, als er in die Stadt kam. Er hat keine Zaubersprüche gesagt und er hatte auch keine Heilkräuter dabei.«

»Das ist bei Barjona auch nicht nötig«, wetterte Aram, »denn der ist sowieso nie richtig blind gewesen. Das war doch schon immer ein fauler Trick.«

»Nein, so ist das nicht«, widersprach ihm Esther, »aber er hatte schon immer Probleme, vor allem mit seinem Vater, dem Gerber Jona. Er war ein schlechter Mensch und hat seinen Sohn immer geschlagen, selbst als der schon erwachsen war. Irgendwann hat Barjona dann angefangen zu trinken – und als er einmal sehr betrunken war, ist er mit dem Gesicht in einen dornigen Strauch gefallen. Seitdem ist er blind!«

»Jedenfalls ist er selber schuld an seinem Schicksal!«, polterte Aram weiter.

»Und Rut hat doch erzählt, wie sie Barjona beobachtet hat: Er hat heimlich eine Münze aufgehoben, die am Wegrand lag. Also ist er doch nicht so blind!«, erzählte Sara. »Außerdem ist der so dreckig – wenn er sich mal richtig die Augen wäscht, wird er schon was sehen.«

»Aber warum sollte er betteln und auf der Straße leben, wenn er gar nicht blind ist?«, fragte Julius.

»Er ist eben ein Schwindler!«, brummte Aram.

Onkel Aaron schüttelte den Kopf: »Das glaube ich nicht. Ihr hättet sehen sollen, wie Barjona sich gefreut hat: Er tanzte auf der Straße und schrie immer wieder: ›Ich kann sehen, ich kann sehen – Jeschua hat mich geheilt!‹ Das war garantiert kein Schwindel!«

Mirjam nickte: »Vielleicht stimmt es ja. Es könnte doch sein, dass es für Barjona sehr wichtig war, dass Jeschua mit ihm gesprochen hat und ihn in den Arm genommen hat. Barjona hat doch sonst keinen Menschen, der mit ihm redet. Die Herzlichkeit, die er heute erlebt hat, könnte ihn gesund gemacht haben!«

Benjamin und Julius sahen sich an. Sie wussten wirklich nicht, was sie davon halten sollten.

Jeschua findet Freunde

In den nächsten Tagen waren Benjamin und Julius von morgens bis abends auf den Beinen, denn Jeschua hielt sich immer noch in der Stadt auf. Sie wichen nicht von seiner Seite und wollten unbedingt herausbekommen, was es mit diesem Mann auf sich hatte, den einige den Messias nannten. Immer wieder wurde Jeschua von Leuten aus Kafarnaum angesprochen; einige wollten einen Rat von ihm, andere suchten Hilfe, manche wollten einfach mit ihm sprechen. Und immer wieder fragten sich die Leute: ›Ist er nun der Messias?‹

Gerade stand Jeschua mit einigen jungen Männern zusammen. Unter ihnen waren die Fischer Andreas, Simon und Johannes. Simon sagte eben: »Warum gibst du dich eigentlich mit so einem wie dem Barjona ab? Wenn du wirklich der Messias sein willst, solltest du den Bürgermeister besuchen und den Rabbi. Das macht Eindruck auf die Leute … – und das willst du doch, oder?«

Jeschua sagte: »Was meinst du, wer braucht eher Hilfe, der Bürgermeister oder der blinde Bettler?«

»Natürlich der Bettler«, meinte Andreas, »aber ein Messias kann sich doch nicht um jede Kleinigkeit kümmern. Da gibt es doch Wichtigeres als irgendeinen heruntergekommenen Menschen, der gerade mal wieder Hilfe braucht.«

»Meinst du?«, fragte Jeschua und lächelte Andreas freundlich zu. »Ich finde, es gibt überhaupt nichts Wichtigeres als einen Menschen, der Hilfe braucht.«

Benjamin und Julius hörten gespannt zu: »Dem hat er aber ganz schön die Meinung gesagt«, flüsterte Julius.

Johannes wandte sich wieder an Jeschua: »Ich finde gut, was du sagst. Ich glaube, ich muss etwas Neues lernen. Deshalb möchte ich gern noch mehr von dir hören. Kann ich ein Stück mit dir gehen?«

»Das trifft sich gut«, Jeschua nickte ihm zu, »ich brauche nämlich dringend ein paar Freunde, die bei mir sind. Wisst ihr, es gibt so viele Menschen, die Hilfe und Liebe brauchen – das schaffe ich nicht allein.«

Benjamin und Julius hatten ganz aufmerksam zugehört.

»Meinst du denn, dass Jeschua der Messias ist?«, flüsterte Julius.

»Ich weiß es auch nicht, aber er ist nicht so wie die anderen.«

Ist Jeschua der Messias?

Benjamin und Julius konnten es kaum erwarten, bis Vater und Großvater mittags vom Feld kamen und sie ihnen erzählen konnten, was sie erlebt hatten.

Kaum waren die beiden Männer im Hof, platzte Benjamin heraus:

»Was ist das nur mit Jeschua? Warum kommen so viele Leute zu ihm? Und jetzt vergisst Johannes sogar seine Arbeit am See und will bei Jeschua bleiben. – Sag du uns doch, ob Jeschua der Messias bleibt, Vater!«

»Ich weiß es auch nicht genau. Aber fest steht: Er ist einer, der nicht an sich selbst denkt …! Er hilft allen, die ihn brauchen.«

»Klar«, sprudelte Julius heraus, und er schlug sich mit der flachen Hand an die Stirn, »warum habe ich nicht schon eher daran gedacht? Jetzt weiß ich Bescheid!«

Benjamin schaute verwundert: »Wieso denn das auf einmal?«

»Mensch, Benjamin, denk doch mal an den Namen!«

»Ich weiß, dass er Jeschua heißt – und ich heiße Benjamin. Was soll daran so interessant sein? Gefällt dir der Name nicht?«

»Nein, nein!« Julius wurde immer aufgeregter. »Du verstehst mich nicht! Dein Vater hat es uns doch neulich schon einmal erklärt: ›Jeschua‹ heißt in eurer Sprache ›Gott hilft‹! Alles klar?«

Benjamin schaute noch immer ziemlich ratlos.

Samuel klopfte Julius anerkennend auf die Schulter: »Du bist ein schlaues Kerlchen. Das ist ein guter Gedanke. Wenn Jeschua Menschen hilft, dann hilft ihnen eigentlich Gott.«

»Ist Jeschua dann so eine Art Stellvertreter, der im Auftrag Gottes arbeitet? So wie mein Vater Cassius hier der Stellvertreter des römischen Kaisers ist und in seinem Namen handelt?«

»Ja«, nickte Aram, »so ähnlich kann man sich das wohl vorstellen.«

»Hm«, meinte Benjamin, »dann könnte Jeschua ja vielleicht wirklich der Messias sein!«

Ein Skandal!

Der nächste Tag war drückend heiß in Kafarnaum. Benjamin und Julius halfen auf dem Feld. Jetzt nach der Ernte mussten die Felder für die nächste Aussaat vorbereitet werden – und das hieß vor allem: Steine sammeln! Immer wieder mussten sie sich bücken und die Brocken in die großen geflochtenen Körbe legen. Zu zweit schleppten sie die Steine dann zum Feldrand.

»Gibt es auf diesem blöden Feld denn überhaupt noch was anderes als Steine?« Benjamin stöhnte und wischte sich den Schweiß von der Stirn.

»Ich weiß auch nicht, Benjamin … ein Wunder, dass auf dieser Geröllhalde überhaupt etwas wächst! Bei uns daheim sehen die Felder jedenfalls ganz anders aus.« »Vorsichtig richtete Julius sich auf und verzog das Gesicht: »Ich glaub, mein Kreuz bricht ab! Das ist ja noch anstrengender als die Erntearbeit! Sag mal, Benjamin, das ist doch keine Arbeit für deine Mutter und deine Schwestern … und schon gar nicht mehr für deine Großmutter!«

»Ja, weißt du, Julius, darauf kann man bei uns keine Rücksicht nehmen. Hier müssen alle ran, denn schließlich leben wir von unseren Feldern. Wenn wir jetzt nicht alle mitarbeiten, werden wir später hungern! Und wenn es ganz schlimm kommt, müssen wir unsere Felder verkaufen – und dann geht es immer weiter bergab mit uns!«

Julius nickte bedrückt. Ohne viel zu reden, arbeiteten sie weiter. Auch mittags machten sie nur eine kurze Pause. Alle sehnten sich nach etwas Schatten und sie hatten schrecklichen Durst. Der Tag wollte und wollte nicht zu Ende gehen.

Sie waren todmüde, als sie sich abends auf den Heimweg machten. Doch endlich waren sie im Haus. Hier war es schön kühl; Samuel, Aram, Benjamin und Julius lagen auf den Schlafmatten und dösten. Sara war noch schnell zum Brunnen gelaufen, während Esther und Mirjam Zwiebeln und Lauch für das Abendessen vorbereiteten. Hanna turnte auf Großmutters Schoß herum. Plötzlich kam Sara ganz atemlos hereingestürzt:

»Wisst ihr, was passiert ist?«

Aram sprang erschrocken auf, und Esther ließ vor Schreck den Korb mit den Zwiebeln fallen.

»Mach doch nicht so einen Lärm«, schimpfte Benjamin schläfrig.

»Was ist denn mit dir los? Erzähl schon!«, rief Julius.

»Stellt euch vor ... nein, das ist doch nicht möglich ... ich kann es immer noch nicht glauben ...!«

»Jetzt beruhige dich mal, Sara«, sagte Mirjam und nahm sie in den Arm. »Was ist denn passiert?«

»Ihr wisst doch, dass einige junge Männer aus der Stadt sich überlegt haben, ob sie mit Jeschua gehen sollen. Und Johannes ist ja seit gestern fest entschlossen. Und Simon und Andreas gehen bestimmt auch noch mit.«

»Oh, toll. Wenn ich dürfte, würde ich da auch mitgehen«, seufzte Benjamin sehnsüchtig.

Aber niemand achtete auf ihn, denn Sara erzählte aufgeregt weiter:

»Aber es kommt noch besser. Jeschua hat inzwischen sogar noch jemanden gefragt, ob er mitgehen will. Das ist es ja!«

»Jetzt rück schon raus damit, mach es nicht so spannend. Wer ist es denn?«, drängelte Julius ungeduldig.

»Ja, also, ihr erratet es nie! Es ist ...«, Sara holte tief Luft:

»Er hat Levi gefragt!«

Kaum hatte sie den Namen ›Levi‹ ausgesprochen, als schon alle durcheinander redeten:

»Was, Levi, den Zöllner? – Unmöglich, das kann nicht sein! – Ausgerechnet diesen Gauner und Halunken!«, und Benjamin schrie: »Der spinnt!«

Julius wusste wieder einmal überhaupt nicht, worum es ging: »Was habt ihr denn bloß mit diesem Levi? Das ist doch ein ehrenwerter Mann!«

»Ehrenwerter Mann? Ja, für euch Römer vielleicht«, fauchte Benjamin, »für euch treibt er die Steuern ein und in seinem eigenen Geldbeutel bleibt auch genug hängen! Jeder richtige Jude hasst die Zöllner, weil sie sich bereichern – und vor allem, weil sie mit den Römern gemeinsame Sache machen! Eigentlich sind an allem nur die blöden Römer schuld.«

Julius stand schweigend da und sah zu Boden. Jetzt erst fiel Benjamin auf, was er angerichtet hatte: »Entschuldige, Julius, mit dir ist das natürlich etwas anderes!« Er knuffte seinem Freund kameradschaftlich in die Rippen.

»Na ja, wenn das so ist«, meinte Julius, und Sara fiel ihm ins Wort:

»Für mich steht jedenfalls fest, dass dieser Jeschua auf keinen Fall der Messias sein kann. Der ist kein großer Retter, höchstens ein großer Spinner! Ausgerechnet dieser Levi! Der ist das doch gar nicht wert, der hat sich längst von Gott und auch von unserer Gemeinde abgesetzt.«

Alle redeten wieder wild durcheinander.

Julius sah sehr nachdenklich aus.

»Und wenn Jeschua gerade deswegen der Messias wäre, weil er sich Levi als Freund ausgesucht hat?«, fragte er leise – aber niemand hörte ihm zu.

99 + 1

Am nächsten Morgen waren Benjamin und Julius schon früh auf den Beinen. Sie wollten unbedingt alles mitbekommen, was dieser Jeschua tat.

Auf dem Platz vor der Synagoge war fast die ganze Stadt versammelt. Auch viele Bauern und Hirten, die eigentlich dringend bei der Arbeit sein mussten, waren gekommen.

Alle diskutierten aufgeregt über die Sache mit Levi. Da kam Jeschua; er war in der Synagoge gewesen.

»Was denkst du dir eigentlich dabei?«, fuhr der Bürgermeister Manasse ihn an, »man könnte ja meinen, du bist jetzt für die Römer!«

Und Rabbi Maleachi fügte mit ernster Miene hinzu: »Wer Gott davonläuft, wie dieses Zöllner, der muss wissen, was er damit tut! Wir wollen jedenfalls nichts mit so einem zu schaffen haben!«

Jeschua sagte erst einmal gar nichts. Das machte einige Leute noch wütender.

Schließlich fing Jeschua an zu reden:

»*Wer unter euch, der hundert Schafe hat und eins von ihnen verliert, lässt nicht die 99 in der Steppe zurück und geht dem Verlorenen nach, bis er's findet? Und wenn er es gefunden hat, legt er es voller Freude auf seine Schulter; und wenn er nach Hause kommt, ruft er seine Freunde und seine Nachbarn zusammen und sagt zu ihnen: ›Freut euch mit mir! Denn ich habe mein Schaf gefunden, das verloren gegangen war.‹ So verhält es sich auch mit dem Reich Gottes.*«

»Unerhört!«, rief der Bauer Saul, »Geschichten aus der Landwirtschaft kennen wir selber! Der will uns wohl auf den Arm nehmen!«

Und Jakob, der alte Hirte, brummte:

»So ein Blödsinn! Das macht doch kein Hirte! Der hat sicher noch nie eine Schafherde aus der Nähe gesehen! Wer lässt schon 99 Schafe einfach irgendwo stehen und sucht eins, das verloren gegangen ist?«

Aber Jeschua sagte nichts darauf.

Benjamin und Julius sahen sich an. Sie mussten beide an das Gespräch vom Vorabend denken:

»Ich sage nur ›Levi‹ ...«, murmelte Julius.

»Wie meinst du das?« Benjamin sah ihn von der Seite an.

»Ja, mir ist schon gestern der Gedanke gekommen, ob Levi nicht eigentlich auch so einer ist wie Barjona – Levi gehört doch auch zu denen, die keiner mag, mit denen niemand etwas zu tun haben will.«

»Ja, da hast du eigentlich recht – so habe ich das noch gar nicht gesehen.« Benjamin nickte.

Eifrig fuhr Julius fort: »Genau – und Gott hilft dann auch dem Levi! Eben weil Jeschua ihm hilft! – Und deshalb ist Jeschua doch der Messias!«

»Glaubst du das wirklich?«, staunte Benjamin.

»Ja, ich bin mir ziemlich sicher. Und die Geschichte gerade über die 99 Schafe – die passt haargenau dazu ...!« Julius strahlte.

»Du meinst: Levi oder Barjona sind so ein Schaf, das verloren gegangen ist? Und Jeschua ist der Hirte, der es suchen geht?«

»Genau – wer verloren geht, wird gesucht. Das passt zum Messias!«

Jeschua mag Kinder

Jeden Tag konnte man Jeschua jetzt in Kafarnaum treffen. Seine neuen Freunde Johannes, Andreas, Simon und Levi waren auch immer bei ihm.

»Wir sind jetzt die Schüler von Rabbi Jeschua«, sagten sie stolz. Jeschua redete mit den Menschen und half ihnen. Immer mehr Leute kamen zusammen, weil sie ihm zuhören wollten, wenn er von Gott erzählte.

Heute waren sogar der Rabbi und andere kluge Männer dabei. Es herrschte ein großes Gedränge auf dem Marktplatz! Benjamin und Julius waren mal wieder ganz vorn, weil sie sich so gut durchschlängeln konnten.

Auf einmal wurde es hinter ihnen sehr unruhig. Sie reckten die Hälse. Was war denn nun wieder los?

»Schau mal, Benjamin, da ist ja deine Mutter mit Hanna und Sara. Was wollen die denn hier?«

In diesem Augenblick drängten sich einige Mütter mit ihren Kindern nach vorn. Die ganz kleinen wurden von ihren Geschwistern auf dem Arm getragen, die größeren klammerten sich ängstlich an ihre Mütter. Einige Kinder plapperten, andere weinten, weil sie Angst vor den vielen Leuten hatten … – man konnte sein eigenes Wort nicht mehr verstehen.

»Jetzt gebt doch mal Ruhe«, schrie der Rabbi streng und fuchtelte wild mit den Fäusten, »bringt eure Kinder fort. Die stören nur! Hier geht es um ernste Glaubensfragen – da haben Frauen und Kinder überhaupt nichts zu suchen!«

Julius stieß Benjamin an: »Vorsicht – dem platzt gleich der Schädel! Wie der sich aufregt!«

»So einen roten Kopf habe ich lange nicht gesehen«, kicherte Benjamin.

Auch Johannes und die anderen Freunde von Jeschua wollten die Mütter mit ihren Kindern fortschicken:

»Ihr seht doch, die Leute wollen Jeschua zuhören«, riefen sie unfreundlich. »Ihr habt mit euren kreischenden Bälgern hier nichts verloren!«

Aber die Mütter ließen sich nicht einfach abweisen. Jeschua hatte die Unruhe auch bemerkt und fragte eine Mutter freundlich: »Was wollt ihr denn?«

Zuerst sagte niemand etwas, aber dann fasste sich Susanna, die Tochter des Bürgermeisters Manasse, ein Herz: »Jeschua, wir glauben, dass du von Gott kommst. Darum möchten wir, dass du unsere Kinder segnest.«

Als die Männer das hörten, regten sich viele fürchterlich auf: »Unerhört! Frauen haben hier nichts zu suchen!«

Und der Rabbi brüllte noch einmal: »Euer Platz ist zu Hause. Geht jetzt heim und nehmt eure kleinen Gören mit!«

Aber die Frauen blieben einfach stehen.

Jeschua hob die Hand und lächelte: »Bringt eure Kinder nur her. Und ihr zwei, wollt ihr auch kommen?«

Julius und Benjamin schauten sich erschrocken um: Waren etwa sie gemeint?

»Ja, euch meine ich«, sagte Jeschua, »habt keine Angst! Ihr seid ja sonst auch fast immer bei mir.«

Alle Kinder standen um Jeschua herum. Er sprach mit ihnen, nahm sie in die Arme und sagte ihnen, dass Gott sie lieb hatte.

Auf dem Platz war es ganz still geworden.

Jeschua sagte: »Ihr könnt etwas von euren Kindern lernen. Sie sind nicht misstrauisch, sondern kommen gern zu mir; sie freuen sich, wenn jemand sie lieb hat, und stoßen ihn nicht zurück. Wenn alle Menschen sich so verhalten würden, könnten wir besser miteinander leben. Darum möchte Gott, dass alle so sind wie diese Kinder – auch die Erwachsenen!«

Aber der Schreiner Jonathan wollte sich nicht beruhigen: »Das ist völliger Unsinn!«, rief er, »so kleine Kinder verstehen doch nichts. Die können wir hier nicht brauchen.«

»Ganz richtig«, murmelten einige, aber der Töpfer Ephraim sagte: »Sprich endlich weiter, Rabbi, erzähl uns von Gott!«

»Gut. Hört zu!«, sagte Jeschua und setzte Hanna vorsichtig auf den Boden.

Seht, was ich in der Hand habe – ihr wisst schon, es ist Samen der Senfstaude. Dieses Samenkorn ist zwar kleiner als alle anderen; wenn es aber herangewachsen ist, so ist es größer als die Gartengewächse und wird ein Baum, so dass die Vögel des Himmels kommen und in seinen Zweigen nisten. So ist es auch mit dem Reich Gottes.«

Jetzt hatte der Bauer Saul endgültig genug: »Fängst du schon wieder mit deinen Geschichten von der Landwirtschaft an? Dafür brauche ich keine Predigt!«

Das fanden andere auch und viele drehten sich auf der Stelle um, schüttelten den Kopf und gingen nach Hause.

Die Frauen standen noch zusammen und redeten leise miteinander. Auch ein paar Männer blieben bei Jeschua stehen. Sie wussten nicht so recht, was sie von der Sache halten sollten. Benjamin und Julius sahen sich stumm an. Dann sagte Benjamin halblaut:

»Das ist die beste Geschichte, die ich seit langem von einem Erwachsenen gehört habe! Toll – das mit dem Wachsen.«

Jakob, der alte Hirte, drehte sich zu Benjamin um: »Ja, hat mir auch gut gefallen, die Geschichte! Bei euch Jungen sieht man ja richtig, wie es mit dem Wachsen vorangeht. Eure

Kleider sind immer gleich wieder zu klein und neue Sandalen lohnen sich für euch erst gar nicht.«

»Ja, ja, das stimmt schon. Aber das ist alles nicht so wichtig«, fiel Julius ihm ins Wort. »Wir wachsen nämlich auch im Kopf!«

Jakob nickte bedächtig: »Ich kann mir schon denken, was du meinst.«

»Ja, Jakob, du verstehst uns schon. Aber die anderen Erwachsenen, die denken doch, wir sind klein und dumm und kapieren nie was. Und schon gar nicht, wenn es um ihre ›ernsten Gespräche‹ geht: Um Politik und Glauben und ...!« Benjamin sah bedrückt aus.

Julius sagte nichts. »Eigentlich hat er recht«, dachte er, »wenn ich ehrlich bin, komme ich mir manchmal wie ein unwichtiges Samenkörnchen vor.«

Der alte Jakob schien seine Gedanken zu erraten:

»Niemand denkt daran, dass aus solch einem kleinen Samenkörnchen eine große, prächtige Pflanze werden kann. – Ich freue mich richtig, dass Jeschua von euch Kindern so viel erwartet. Denkt nur immer wieder an diese Geschichte, wenn ihr nicht beachtet werdet. Aber auch, wenn ihr euch selber nichts mehr zutraut, müsst ihr an die große Senfstaude denken!«

Nach einer kleinen Pause fuhr er fort: »Ja, ja, ihr habt es gut. Euer Leben liegt noch vor euch. Für mich ist da nichts mehr zu erwarten.«

»Meinst du?« Jeschua stand auf einmal hinter ihnen. »Erwartest du denn wirklich gar nichts mehr?«

»Hm, also ...«, murmelte Jakob, »was soll ich denn groß erwarten? Du weißt doch, wie die Leute von uns Hirten denken. Und dann in meinem Alter ...«

»Ja, da hast du schon recht, Jakob.« Jeschua nickte. »Und trotzdem kannst du noch wachsen. Aber du musst es auch glauben. Wenn du denkst, es gibt nichts Neues und Interessantes mehr für dich, dann wird dein Leben schnell langweilig und es passiert wirklich nichts mehr. Aber wenn du neugierig bleibst, wie deine beiden Freunde Benjamin und Julius hier, dann entdeckst du immer wieder etwas, das du nicht kennst – und dann kann sich auch bei dir noch vieles verändern. Dafür ist es ganz egal, ob jemand ein König oder ein Bettler ist, ob er gesund ist oder krank, angesehen oder verachtet.«

»Das stimmt!«, dachte Benjamin. »Das Senfkorn war ja auch zuerst ganz unscheinbar – und später ist ein schöner Baum aus ihm geworden.«

Jeschua nickte den dreien zu und ging wieder zu den Frauen hinüber.

Streit im »Schalomgarten«

Viele Erwachsene waren in den »Schalomgarten«, das nahe Gasthaus, gegangen. Der dicke Wirt Habakuk rieb sich die Hände vor Freude und lachte, dass sein Bauch auf und nieder hüpfte – solch ein gutes Geschäft hatte er schon seit Jahren nicht mehr gemacht.

Alle redeten durcheinander! Das einzige Gesprächsthema war Jeschua. Da kam er auch schon zur Tür herein; gleich hinter ihm schlüpften Julius und Benjamin in die Wirtschaft. Sie wollten kein Wort von Jeschuas Reden verpassen. In dem Gedränge fielen sie gar nicht auf. Jeschua bestellte ein großes Fladenbrot und einen Krug vom besten Wein.

»Geht auf meine Rechnung«, grunzte der Wirt.

Da erhob sich der Bürgermeister. In der rechten Hand hielt er einen großen Holzlöffel; damit schlug er gegen seinen Weinkrug. Langsam wurde es ruhig, und Manasse holte tief Luft für seine Rede: »Wir haben ja viel von dir erwartet, Jeschua! Manche sagten, dass du der Messias bist. Aber ich weiß jetzt gar nicht mehr, was ich davon halten soll! Erst gibst du dich mit Barjona, diesem Nichtsnutz, ab. Jeder weiß, dass der nichts taugt. Er kann nichts, er leistet nichts – er lebt nur auf unsere Kosten. – Dann noch dieser Levi! Und auch die Sache mit den Kindern war wohl noch nicht so ganz das Wahre. Immer dies Getue um nutzlose Elemente der Gesellschaft! Du solltest dich wirklich mehr an die wertvollen Leute halten, die etwas für Gott und seine Gebote leisten!«

Aufgebracht fuchtelte der Bürgermeister mit dem Holzlöffel herum.

Der Tagelöhner Ruben murmelte vor sich hin: »Wertvolle Menschen! Dabei denkt der Herr Bürgermeister wohl zuerst an sich selbst!«

Jeschua ließ sich nicht aus der Ruhe bringen.

Nach einer Weile sagte er: »Ich würde euch gerne noch eine Geschichte erzählen!«

»Nicht schon wieder«, stöhnte der Bauer Saul, »von der Landwirtschaft habe ich die Nase voll!«

»Wart's nur ab«, erwiderte Jeschua und begann auch schon mit seiner Erzählung:

Mit dem Reich Gottes verhält es sich wie mit einem Landbesitzer, der früh am Morgen auf den Markt ging, um Arbeiter für seinen Weinberg anzuwerben. Er bot ihnen einen Denar als Tageslohn an; davon konnten sie ihre Familie einen Tag lang ernähren. Um die Mittagszeit ging er wieder auf den Markt und sah, dass noch Arbeiter warteten, weil

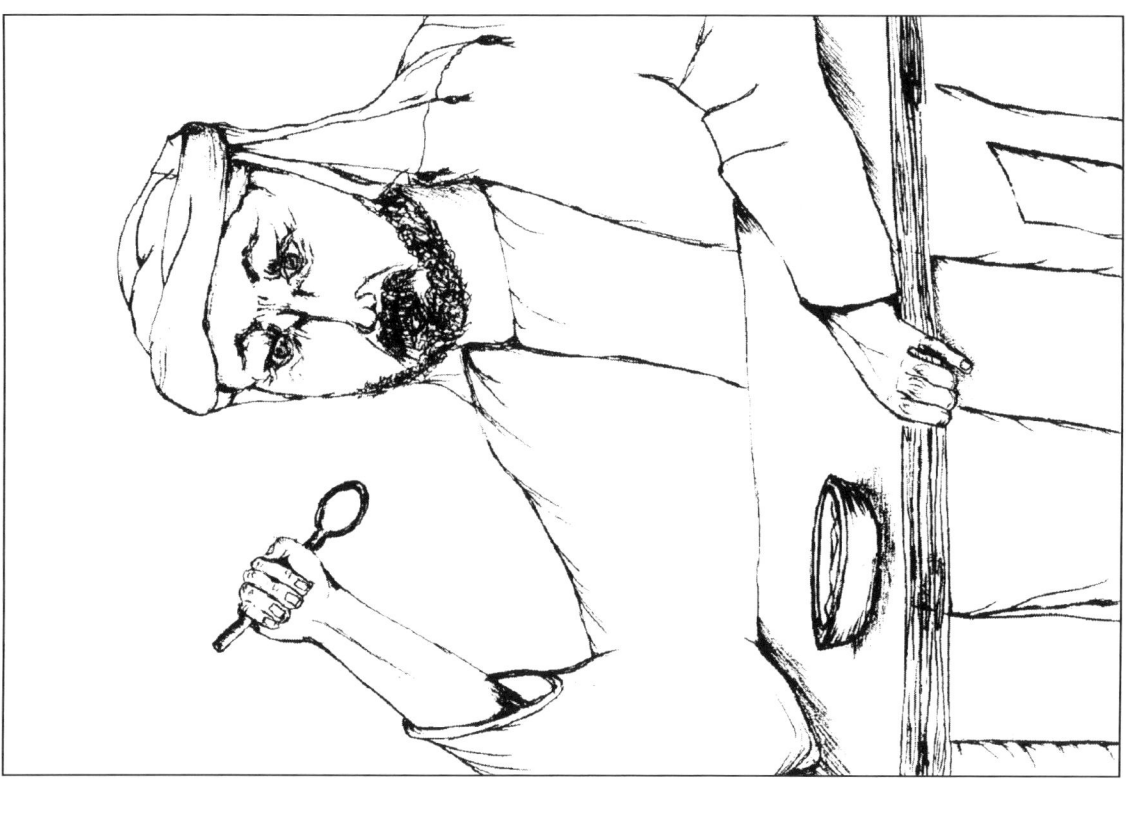

niemand sie angeworben hatte. Auch sie schickte er in seinen Weinberg.

Ebenso machte er es am Nachmittag und sogar noch kurz vor Feierabend, weil immer noch Arbeitslose dasaßen, die bisher niemand gebrauchen konnte.«

»Schön dumm, dieser Weinbergbesitzer! Da sieht man doch wieder ganz deutlich, dass Jeschua keine Ahnung vom wirklichen Leben hat«, brummte Saul.

Aber Jeschua fuhr unbeirrt fort:

»Am Abend beauftragte der Weinbergbesitzer seinen Verwalter, die Arbeiter zu entlohnen.

›Fange bei denen an, die zuletzt gekommen sind, und gib ihnen einen Denar.‹ Als die an der Reihe waren, die schon seit dem frühen Morgen gearbeitet hatten, dachten sie, sie würden mehr bekommen. Aber sie erhielten auch einen Denar. Das gab vielleicht einen Aufstand: ›Das ist total ungerecht!‹, rief einer. Aber der Besitzer sagte ruhig: ›Du hast doch bekommen, was ausgemacht war. Warum ärgerst du dich, weil ich den anderen auch gebe, was sie brauchen?‹

So geht es im Reich Gottes zu«, schloss Jeschua seine Erzählung.

Die Leute im ›Schalomgarten‹ hatten ganz ruhig und aufmerksam zugehört, selbst der Bauer Saul.

Der Bürgermeister bekam sogar ein bisschen rote Ohren – er hatte anscheinend verstanden, was Jeschua mit seiner Geschichte sagen wollte. Trotzdem brummte er: »Ihr könnt sagen, was ihr wollt – für mich passt das alles nicht zu einem richtigen Messias. Wo kommen wir denn da hin, wenn jemand die ganze Ordnung auf den Kopf stellt?«

Ruben, der Tagelöhner, schlug Jeschua freundschaftlich auf den Rücken und grölte: »Du bist auf jeden Fall mein Messias. Mir gefallen alle deine Geschichten – denn es sind Geschichten für uns kleine Leute!«

Onkel Aaron, Aram, Ephraim und Jonathan murmelten: »Finde ich auch! – Ganz meine Meinung. – Gut gesprochen, Ruben!«

Aber niemand beachtete sie weiter.

Julius boxte Benjamin kräftig in die Rippen: »Los, komm, das müssen wir Jakob erzählen. Er denkt doch immer, dass er nichts wert ist.«

Julius war Feuer und Flamme: »Ja, und jetzt hat Jeschua es doch ganz eindeutig gesagt: Bei Gott kommt es nicht darauf an, was ein Mensch leistet oder wie andere über ihn denken, sondern bei Gott ist es wichtig, was ein Mensch braucht.«

»Ja, klar!« Benjamin strahlte. »Denk doch mal an Barjona. Da hat Jeschua auch nicht gefragt, warum er arm ist; sondern er hat ihm einfach geholfen, weil Barjona seine Hilfe dringend brauchte.«

Ein nutzloser Feigenbaum

Immer mehr Menschen in Kafarnaum kamen in den nächsten Tagen zu Jeschua. Sie suchten alle Rat und Hilfe bei ihm. Benjamin und Julius hielten sich meistens auch in der Nähe auf. Heute sahen sie sich schon von weitem, wie der Nachtwächter und Trompeter Hosea schleppend die Gasse hinaufstieg. Er zerrte einen dreckigen Jungen hinter sich her.

»Das ist Tobias, sein Sohn«, erklärte Benjamin. »Der ist in ganz Kafarnaum berüchtigt – er ist frech und streitlustig, er hilft nie bei der Arbeit, und ich glaube, er klaut manchmal auch.«

Hosea nahm sich nicht einmal Zeit, um nach der Anstrengung zu verschnaufen. Mit hochrotem Kopf stand er mit Tobias vor Jeschua und keuchte: »Rabbi, schau dir diesen Nichtsnutz, meinen Sohn, an. Er bringt nur Schande über meine Familie: Den ganzen Tag faulenzt er oder treibt sich mit verrufenen Gesellen herum. Dabei war er einmal mein ganzer Stolz! Aber er hat mich schwer enttäuscht! Er ist ein Taugenichts, ein Nichtsnutz, ein hoffnungsloser Fall. Aus ihm wird nie etwas Rechtes werden! Rabbi – sag du mir, was ich noch tun kann. Wie lange soll ich mich noch um ihn bemühen? Es hat ja doch alles keinen Sinn. Er hört nicht auf mich, sondern lacht mich aus.«

Tobias stand mit hängendem Kopf da, während Jeschua sich Hoseas Klagen geduldig anhörte.

Nun wandte Jeschua sich an Tobias: »Was passt dir denn nicht an deinem Vater?«

Bevor Tobias auch nur ein Wort sagen konnte, tobte Hosea los: »Was soll denn das? Mich sollst du beraten, Rabbi, und nicht diesem Lausebengel noch mehr Dummheiten beibringen. Am Schluss soll ich wohl noch schuld sein, dass aus ihm nichts Anständiges geworden ist?«

Aber Jeschua ließ sich nicht beirren und wiederholte seine Frage.

Benjamin und Julius hielten den Atem an. Was würde Tobias wohl sagen?

»Früher haben mein Vater und ich uns eigentlich gut verstanden«, stotterte Tobias, »aber seit ein paar Jahren lässt er mir keine Ruhe mehr. Ständig nörgelt er an mir herum und lässt kein gutes Haar an mir.«

»Unglaublich«, brüllte Hosea, »dabei will ich ja nur dein Bestes!«

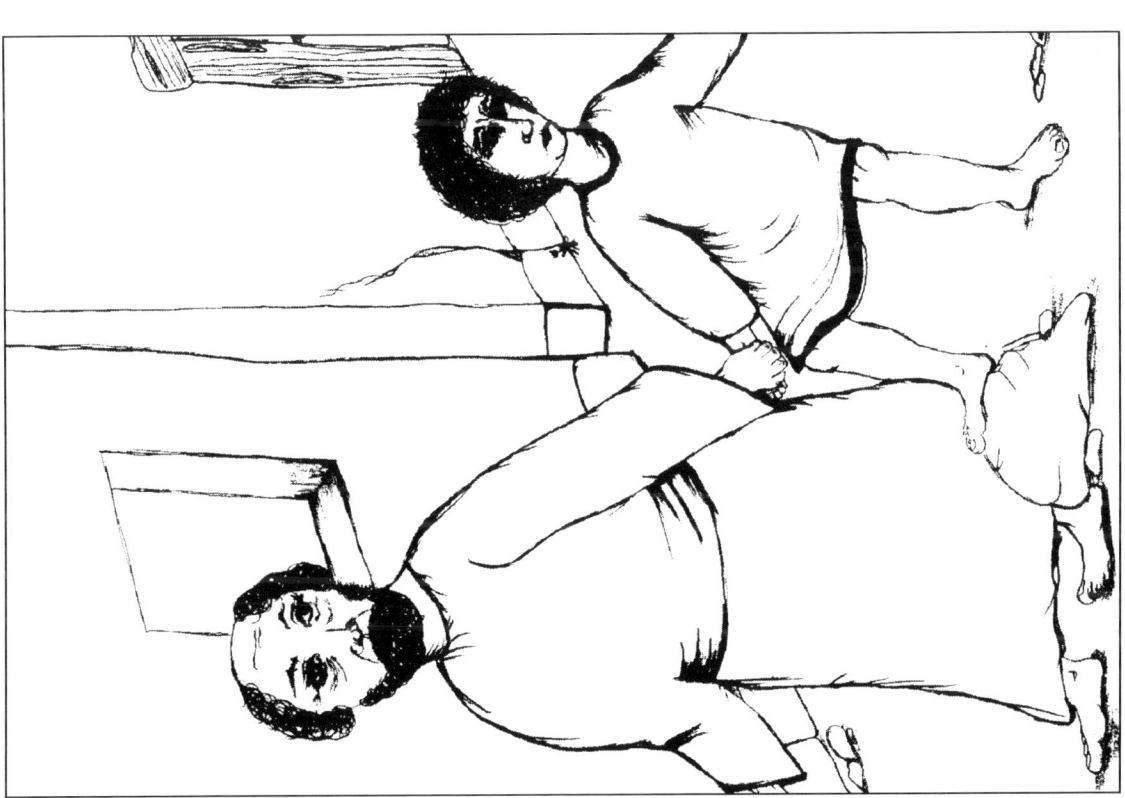

»Wie meinst du das, Hosea?« wollte Jeschua wissen.

»Du hörst ja, wie undankbar der Bengel ist. Da sorgt man sich Tag und Nacht um ihn und versucht alles, damit etwas Gescheites aus ihm wird – und was ist der Dank?«

»Kommt, setzt euch einen Moment zu mir«, sagte Jeschua und machte eine einladende Handbewegung. »Ich möchte euch eine Geschichte erzählen.«

Benjamin und Julius spitzten die Ohren.

Jeschua fing an zu erzählen:

»*Es war einmal ein Mann, der einen Feigenbaum besaß. Immer wieder sah er nach, ob der Baum Früchte trug, aber ohne Erfolg. Eines Tages sagte er zu seinem Gärtner: ›Jetzt komme ich schon drei Jahre und sehe nach, ob der Feigenbaum Früchte trägt. Aber ich finde nichts. Hau ihn ab, damit er dem Boden nicht länger die Kraft nimmt.‹*

Da sagte der Gärtner: ›Bitte, lass ihn dieses Jahr noch stehen, ich will den Boden lockern und düngen. Vielleicht trägt er dann doch noch Früchte. Wenn das auch nichts nützt, will ich ihn umhauen.‹«

»Jetzt habt ihr es alle gehört – umhauen sollte man ihn, denn er ist so unnütz wie der Feigenbaum«, polterte Hosea und zeigte auf Tobias.

»Ich glaube, du hast nicht richtig zugehört, mein Freund«, lächelte Jeschua. »Der Gärtner in der Geschichte hat viel Geduld. Er bemüht sich auch dann noch um den Feigenbaum, als eigentlich schon alles vergebens erscheint. Und er weiß auch: Wachsen braucht seine Zeit.«

»Aber was soll ich tun?«, stöhnte Hosea. »Soll der Bengel denn machen, was er will?«

»Nein, das sicher nicht.« Jeschua schaute Tobias an, »da gehören schon immer zwei dazu, wenn es gelingen soll. Der Gärtner kann zwar viel für den Baum tun – aber wachsen und Früchte tragen muss der Feigenbaum dann aus eigener Kraft. Und das gilt auch für dich, Tobias.«

Nachdenklich machten Hosea und Tobias sich auf den Heimweg.

Wer ist der Größte?

»Benjamin, Julius, habt ihr zwei nicht Lust, Onkel Aaron zu besuchen? Wir könnten frischen Fisch brauchen – dann gibt es heute ein leckeres Abendbrot.« Esther schaute die beiden Buben auffordernd an. »Und bringt auch getrockneten Fisch mit«, erinnerte die Großmutter.

»Onkel Aaron besuchen? Ja, gerne!«, rief Julius und zog Benjamin mit.

Als sie zum Strand hinunter kamen, hörten sie schon von weitem laute Stimmen – da war wohl ein handfester Streit in Gang! Benjamin und Julius rannten das letzte Stück bis zu Simons Haus. Da standen Andreas, Johannes, Levi und Simon und redeten heftig aufeinander ein. Gerade schrie Johannes lauthals:

»Was wollt ihr eigentlich? Ich war schließlich der Erste – ihr wart ja zu feige!«

»Ja, als ob es darauf ankommt? Und wo wohnt er jetzt, hä?«, fauchte Simon und schüttelte drohend die Fäuste.

Levi stellte sich in die Mitte: »Und ich – wer von euch hat so viel aufgegeben für den Rabbi? Ich habe meinen Arbeitsplatz verlassen und mein ganzes Vermögen, um mit ihm zu gehen. Das zählt ja wohl etwas mehr.«

Benjamin sah Julius entgeistert an: »Was ist denn mit denen los? Haben die einen Sonnenstich? Ich verstehe kein Wort! Und du?«

»Ich schon – genau so hört es sich bei uns im Lager an, wenn die Truppenführer streiten, wer der Mutigste und Wichtigste ist.«

In diesem Moment kam Jeschua aus dem Haus von Simon. Er reckte sich und blinzelte in die Sonne, dann sah er sich um und winkte Benjamin und Julius zu. Er schien die Streithähne gar nicht zu bemerken.

»Und ich sage euch: Ich bin der Größte und Wichtigste«, eiferte sich Johannes weiter. »Und ich werde einmal ganz nah bei Rabbi Jeschua sitzen – später, im Himmel, wenn Jeschua dort regiert.«

»Aha.« Jeschua räusperte sich. Die vier Männer zuckten zusammen und sahen sich betreten um.

Andreas ging einen Schritt auf Jeschua zu: »Du hast es ja sicher schon gehört, Rabbi, um was der Streit geht. Jetzt entscheide du bitte: Wer von uns ist der wichtigste Schüler für dich?«

»Tja – das ist eine wichtige und schwierige Frage«, meinte Jeschua mit ernster Miene. Benjamin und Julius kam es allerdings so vor, als ob er sich eigentlich das Lachen kaum verbeißen konnte.

»Wisst ihr – am besten machen wir eine Probe«, schlug Jeschua vor. »Ihr habt den ganzen Tag Zeit. Überlegt euch etwas, womit ihr beweisen könnt, wie wichtig eure Arbeit für das Reich Gottes ist. Heute abend treffen wir uns wieder hier, und dann werde ich entscheiden.«

Alle nickten und machten sich sofort auf den Weg. Auch Benjamin und Julius konnten in Ruhe zu Onkel Aaron gehen

und ihren Auftrag erledigen; bis zum Abend würden sie hier nichts versäumen.

Sofort nach dem Abendessen rannten sie wieder zum Strand hinunter. Vor Simons Haus saßen Jeschua, Simon, Levi und Johannes.

Benjamin und Julius schlichen leise von der Seite ans Haus, aber Jeschua hatte sie längst gesehen: »Kommt nur, ihr zwei, setzt euch mit hierher. Ihr gehört ja auch zu meinen Freunden.« Benjamin und Julius ließen sich auf den verblichenen Strohmatten nieder.

»Wo ist denn Andreas?« fragte Julius neugierig.

»Wo wird der schon sein?«, meinte Simon herablassend. »Der bringt doch nie etwas fertig. Vielleicht ist er doch lieber wieder nach Hause zu seiner Mutter gegangen ...«

Aber da kam Andreas auch schon um die Ecke und setzte sich zu den anderen in den Kreis.

»So, was habt ihr erreicht? Ich bin wirklich gespannt, wie ihr diesen Tag genutzt habt, um etwas für das Reich Gottes zu tun.« Jeschua blickte erwartungsvoll von einem zum anderen.

Simon sprang auf: »Ihr werdet es nicht glauben – aber ich war beim Bürgermeister Manasse. Ihr wisst ja, er ist nicht gerade begeistert von Jeschua und seiner Sache. Aber – ich war sehr erfolgreich! Es ist mir zwar nicht gelungen, ihn als neuen Schüler von Jeschua zu gewinnen – aber ...« Simon hob triumphierend einen großen Tonkrug in die Höhe. »Diesen Krug hat der Bürgermeister für die Sache Gottes gespendet! Der Krug ist mit feinstem, wohlriechendem Öl gefüllt! Merkt ihr, wie lieblich es duftet? Mit solchen Ölen wurde schon damals unser großer Herrscher David zum König gesalbt. Das ist gerade recht für den Messias!«

Jeschua schien sehr beeindruckt zu sein.

»Das ist zwar ganz schön – aber viel hat der Rabbi davon nicht. Der Duft verfliegt und das Öl wird ranzig. Da habe ich mir schon etwas Besseres einfallen lassen!« Johannes winkte zu den Büschen hinüber. Alle blickten erstaunt um sich. Da hörte man auch schon Hoseas Trompete. Er blies ein ganz neues, feierliches Lied. Beim letzten Ton erklärte Johannes: »Es ist der ›Reich-Gottes-Marsch‹; den hat Hosea auf meine Bitte extra für dich komponiert, Rabbi Jeschua. Solange du hier in Kafarnaum bist, wird Hosea dich begleiten. Wenn du predigen willst, spielt Hosea diesen ›Reich-Gottes-Marsch‹. Wetten, dass ganz Kafarnaum zusammenströmen wird?«

Jetzt hatte Levi lange genug gewartet: »Auch ich habe etwas für das Reich Gottes dabei; ich habe schwer dafür arbeiten müssen.«

Langsam zog er einen roten Samtbeutel aus seinem Kleid und hielt ihn in die Höhe. Dann kniete er vor Rabbi Jeschua und zog vorsichtig an der Kordel, die den Beutel zusammenhielt. »Ooooo«, entfuhr es Benjamin, »so etwas habe ich noch nie gesehen.«

Auf dem roten Samt waren Goldmünzen, Armreifen mit kleinen bunten Edelsteinen und Ringe ausgebreitet, die in der Abendsonne funkelten und glänzten. Levi hielt Jeschua einen goldenen Becher hin: »Hier – der Königsbecher für den Messias!«

Und zu Simon, Johannes und Andreas sagte er: »Das habe ich in jahrelanger Arbeit zusammengetragen – und heute gebe ich es für das Reich Gottes!«

Jeschua sah sich den Becher von allen Seiten an und stellte ihn dann neben sich auf den staubigen Boden.

Alle schauten jetzt zu Andreas.

»Und was hast du zu bieten?«, fragte Johannes schnippisch.

»Ja, also ...« Andreas fing ein bisschen an zu stottern. »Es war nämlich so: Ich hatte mir vorgenommen, alles einzukaufen, um für Rabbi Jeschua ein richtiges Festessen zuzubereiten. Aber es sollten besondere Dinge sein. Ich bin den ganzen Tag in Kafarnaum unterwegs gewesen – aber nichts schien mir gut genug für meinen Rabbi!«

»Ja, und?«, warf Levi spöttisch ein, »was hast du nun vorzuweisen?«

»Ja, äh, wisst ihr, schließlich war ich ganz erschöpft und unglücklich. Ich kaufte ein Fladenbrot ...«

»Das ist ja ein toller Beitrag zum Reich Gottes!«, lästerte Simon.

»Nein, ich weiß«, fuhr Andreas kleinlaut fort, »und ich habe nicht einmal mehr dieses Fladenbrot für Jeschua. Am Marktplatz bin ich Ruben begegnet – er hatte heute den ganzen Tag keine Arbeit; und daheim warten fünf Kinder, seine Frau und die alte Schwiegermutter auf ihn ... Da habe ich ihm das Brot gegeben und das Geld, das ich bei mir hatte. Jetzt stehe ich hier mit leeren Händen und du wirst mich sicher rauswerfen, Rabbi Jeschua! Am liebsten wäre ich gar nicht zurückgekommen!«

»Eigentlich hat Andreas es am besten getroffen – obwohl es ganz und gar nicht seine Absicht war! Habt ihr es denn wirklich immer noch nicht verstanden? Das Reich Gottes hat nichts mit Reichtum und Macht zu tun; auch nicht mit Marschmusik und kostbarem Öl, und goldene Becher sind auch überflüssig.

Nein – das Reich Gottes fängt immer dort an, wo einem Menschen geholfen wird, der es nötig hat!«

Simon und die anderen sahen ein bisschen enttäuscht und traurig aus.

Aber Jeschua lachte herzlich und sagte: »Ich bin ganz sicher – ihr werdet jeden Tag ein wenig mehr verstehen, was zum Reich Gottes passt. Aber jetzt kommt – ich war auch nicht untätig! Ich habe einen Krug guten Wein, Schafskäse, Oliven und einige Fladenbrote besorgt. Ich möchte mit euch feiern, weil ihr meine Freunde seid!«

Nur ein paar Ähren?

»... und ich sage euch: Es ist und bleibt ein himmelschreiender Frevel, was ihr getan habt! Gott wird euch bestrafen, weil ihr den Schabbat geschändet habt. Ihr habt Gottes heilige Gebote missachtet – sein heiliger Zorn wird euch treffen; und ganz Kafarnaum wird er nicht verschonen, wenn wir diese Schandtat dulden, die sich gestern hier in der Stadt zugetragen hat ...« Die Stimme des Rabbi Maleachi schallte gellend über den Marktplatz. Er hatte sich auf der obersten Treppe der Synagoge aufgebaut und sah drohend auf die Menschenmenge hinunter, die sich versammelt hatte.

Da kam auch schon der Bürgermeister Manasse über den Platz gehastet: »Was ist denn hier los, ehrwürdiger Rabbi?«, schrie er schon von weitem und bahnte sich einen Weg durch die Menschenmenge. Endlich stand er schnaufend neben dem Rabbi und wiederholte:

»Was ist denn hier los, ehrwürdiger Rabbi – ihr seid ja völlig fassungslos!«

»Da soll man nicht außer Fassung geraten?«, kreischte der Rabbi ...

»Worum geht es denn überhaupt? Und wer ist der Übeltäter? Ich, der Bürgermeister, werde dir helfen, für Recht und Ordnung zu sorgen!«

Rabbi Maleachi holte tief Luft und begann:

»Der Schabbat ist entheiligt worden!! Und zwar von diesem Jeschua und seiner Bande! Gestern haben sie am Rand des Weizenfeldes von Bauer Aram büschelweise Ähren ausgerissen und die Körner mitgenommen.«

Julius stupfte Benjamins Vater an: »Ist denn das wirklich so schlimm? Das Feld ist doch so groß – kommt es auf die paar Büschel Ähren an? Lohnt es sich, dass sich der Rabbi deshalb derartig aufregt?«

»Nein, Julius, darum geht es doch gar nicht«, flüsterte Aram, »jeder der Hunger hat, darf sich bei uns etwas vom Feldrand holen. Aber dass Jeschua und seine Freunde es am Schabbat getan haben, ist gegen Gottes Gesetze. Am Schabbat darf man nicht arbeiten – das weißt du ja schon.«

»Aber das ist doch auch keine richtige Arbeit«, meinte Julius.

»Doch, das Gesetz ist bei diesen Dingen sehr streng: Am Schabbat soll kein unnötiger Handgriff getan werden; man soll sich möglichst nur ausruhen.«

Alle Leute auf dem Platz hatten sich inzwischen umgedreht und starrten zu dem Feigenbaum, unter dem Jeschua schon die ganze Zeit saß. Er schien kaum zuzuhören und malte mit dem Finger Muster in den Sand.

»Kommt her – ich möchte euch etwas fragen«, sagte Jeschua. Alle setzten sich in einem großen Halbkreis um ihn herum. Nur der Rabbi und der Bürgermeister standen noch etwas verloren auf der Synagogentreppe. Schließlich kamen sie auch ein paar Schritte näher.

»Was denkt ihr«, fragte Jeschua, »warum hat Gott uns wohl den Schabbat geschenkt?«

»Blöde Frage!«, grunzte der Bauer Saul. »Das weiß doch jedes Kind! Natürlich, damit wir uns von der Plagerei der Woche erholen können und unsere Tiere auch!«

»Ja, so steht es im Gesetz!«, rief Rabbi Maleachi von hinten dazwischen. »Der Schabbat ist dafür da, dass es Menschen und Tieren gut geht – und darum muss jede kleinste Vorschrift beachtet werden!«

»Ja, da hast du ganz recht«, stimmte Jeschua zu, »der Schabbat ist für alle Lebewesen da. Allen soll es an diesem Tag gut gehen. Aber bei euren tausend Vorschriften müssen die Menschen ja den ganzen Tag darüber nachdenken, dass sie bloß nichts falsch machen! Ist das etwa keine Arbeit?«

Rabbi Maleachi schnappte hörbar nach Luft.

Aber Jeschua war noch nicht fertig:

»Bei euch ist der Schabbat nicht mehr für die Menschen da – sondern es kommt mir vor, als ob die Menschen dafür da sind, dass alle kleinen Schabbatgebote eingehalten werden!«

Ein feiner Feiertag! Meint ihr, dass Gott das so gewollt hat? Einen Augenblick lang herrschte Totenstille – dann redeten alle durcheinander: »Wo kommen wir denn da hin?« – »Nein, Rabbi Jeschua hat Recht!« – »Es ist doch wirklich eine endlose Plage mit all den Schabbatvorschriften!« – »So hat Gott es sicher nicht gemeint …!« – »Aber die Gesetze müssen unter allen Umständen eingehalten werden!«

»Ruhe!!!«

Der Bauer Saul stand auf einmal ganz oben auf der Synagogentreppe und schrie:

»So einen wie Jeschua können wir hier in Kafarnaum nicht gebrauchen. Er stört unsere alten Ordnungen und hält sich

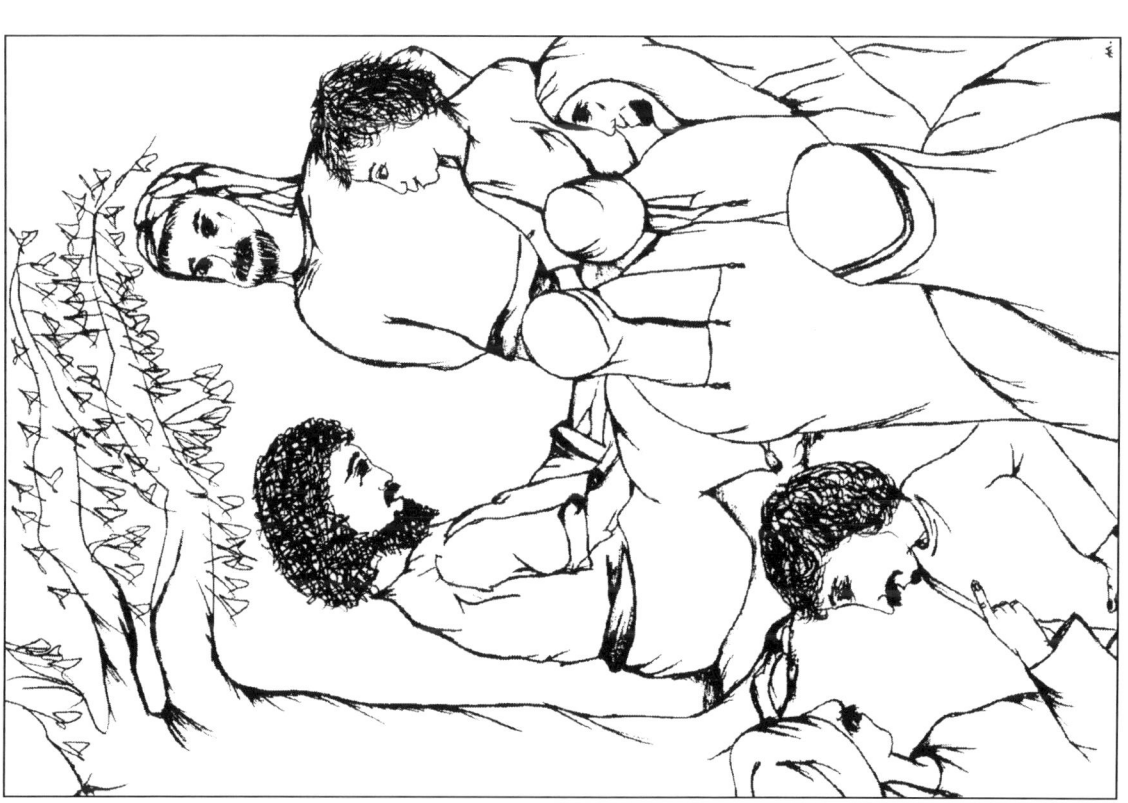

nicht an die Gesetze. Dass der nicht der Messias sein kann, ist mir schon lange klar – aber die Schabbatschändung hat es wohl für jedermann klargemacht! Meine Meinung ist: Jeschua und jedermann, der zu ihm hält, muss die Stadt augenblicklich verlassen. Diese Leute bringen nichts als Unglück über uns.«

»Bravo!«, rief der Rabbi. »Wohl gesprochen. So ist es: Wer die Gesetze nicht hält, macht sich schuldig und muss die Stadt verlassen!«

Benjamin sprang auf: »So! Dann muss Saul aber auch verschwinden!«

Alle starrten ihn an.

Saul hob die Hand und ging drohend auf Benjamin zu. Aber Aram stellte sich schützend hinter seinen Sohn.

»Ja, letzte Woche am Schabbat ist doch die Ziege von Saul in den Brunnen gefallen – das weiß doch ganz Kafarnaum. Das Vieh hat geschrien, dass man es überall hören konnte. Und was hat Saul gemacht? Natürlich hat er die Ziege aus dem Brunnen gezogen; und einige von euch haben ihm geholfen. Mindestens eine Stunde habt ihr geschuftet, dass euch der Schweiß auf der Stirn stand. Und geflucht habt ihr auch! Gut, dass der Rabbi nicht in der Nähe war! – Und wer von euch hätte es nicht genauso gemacht? Da fragt keiner nach irgendwelchen Gesetzen. Da sagt sich jeder vernünftige Mensch: Wo Not ist, muss geholfen werden – ob Schabbat oder nicht. Und ganz bestimmt hat Gott es so gewollt! Der lässt keinen verrecken, nur weil gerade Feiertag ist!«

Alle waren sprachlos.

Jeschua stand auf und nahm Benjamins Hände. Dann schaute er zum Himmel und betete:

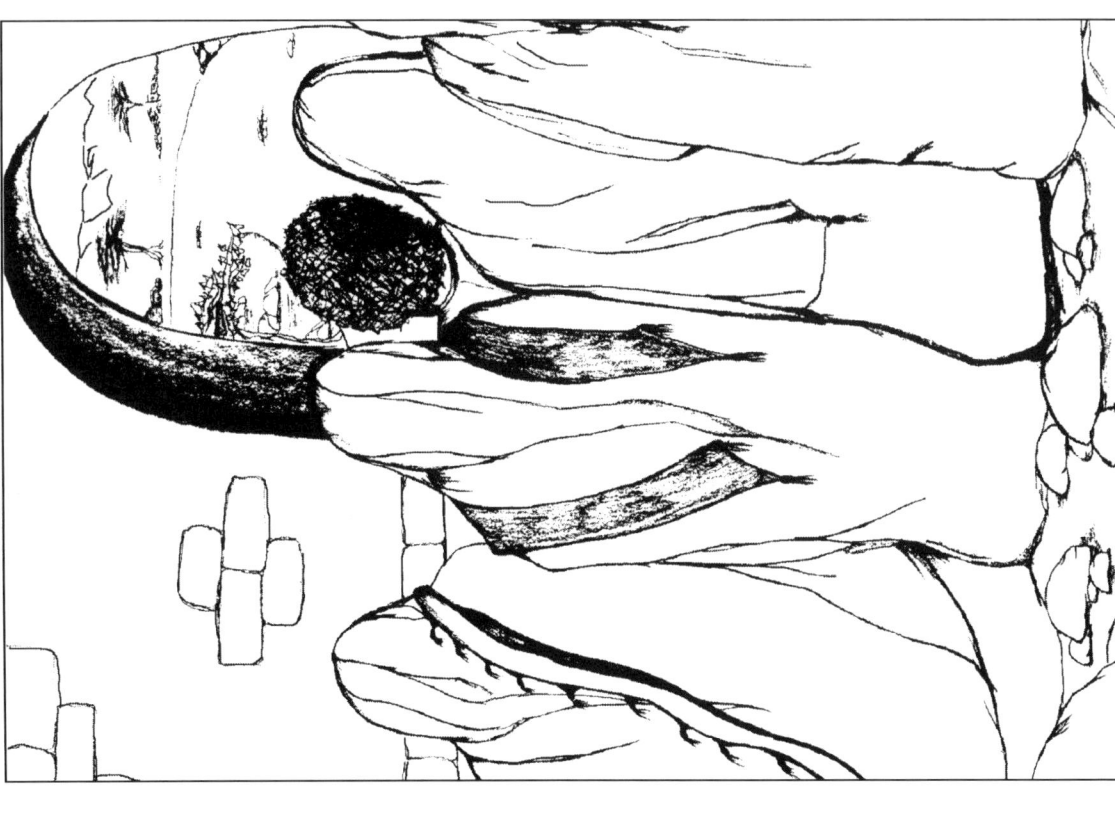

»Vater, Herr über Himmel und Erde, ich preise dich dafür, dass du den Unwissenden zeigst, was du den Klugen und Gelehrten verborgen hast.«

Dann wandte er sich wieder an die Menge:

»Ihr plagt euch mit den Geboten, die die Gesetzeslehrer euch auferlegt haben. Kommt doch zu mir, ich will euch die Last abnehmen! Ich quäle euch nicht und sehe auf keinen herab. Was ich von euch erwarte, ist gut für euch, und was ich euch zu tragen gebe, ist keine Last!«

Die Leute standen da wie versteinert. Wer war dieser Rabbi Jeschua, dass er es wagte, so zu reden?

»Haltet ihn! Legt ihn in Ketten! Der ist gefährlich!« Die Stimme des Rabbi Maleachi überschlug sich – aber niemand rührte sich.

Jeschua sagte ganz ruhig: »Kommt, Freunde, ich glaube, wir müssen diese Stadt für eine Weile verlassen. Vielleicht kommt eine Zeit, in der alle Menschen hier verstehen, was ich ihnen zu sagen habe.«

Er winkte allen noch einmal freundlich zu und ging mit Johannes, Simon, Levi, Andreas und seinen anderen Freunden die Gasse hinunter, die zum Stadttor führte.

»Mensch, Benjamin, unser Freund Jeschua ist einfach der Größte. Er redet ganz anders als der Rabbi Maleachi – ich habe immer das Gefühl, da steckt mehr dahinter – so, als ob er einen richtigen Auftrag hat!«

Benjamin nickte: »Der ist garantiert der Messias! Und ganz bestimmt kommt er wieder – das weiß ich genau!«

Nachwort

Das Buch handelt von Jeschua und davon, was Benjamin und Julius mit ihm erleben.
Jeschua ist der hebräische Name für Jesus.
Von ihm erzählen viele Geschichten in der Bibel. Wir haben in diesem Buch eine Reihe davon nacherzählt:
Die beiden Jungen, Benjamin und Julius, und ihre Familien kommen in der Bibel nicht vor. Wir haben sie erfunden, damit man die Geschichten von Jeschua (Jesus) besser verstehen kann. Auch der Töpfer Ephraim und viele andere Menschen sind in Kafarnaum sind keine Gestalten, die so in der Bibel vorkommen – aber so ähnlich könnte es damals gewesen sein. Wir wollten in diesem Buch zeigen, wie Jeschua auf die Menschen in seiner Zeit zuging – welche Erfahrungen sie mit ihm machten – was das Besondere an ihm war.

In den Geschichten sind einige Reden von Jesus so wiedergegeben, wie sie in der Bibel stehen. Wenn du sie selbst nachlesen möchtest, findest du sie an folgenden Stellen:

- ❏ Die Geschichte vom verlorenen Schaf (S. 80f): Lukas 15,3–6
- ❏ Die Geschichte vom Senfkorn (S. 85): Matthäus 13,31–32
- ❏ Die Geschichte vom Weinbergbesitzer (S. 88–89): Matthäus 20,1–16
- ❏ Die Geschichte vom Feigenbaum (S. 94): Lukas 13,6–9
- ❏ Das Gebet und die Rede von Jesus über die schweren Lasten (S. 106): Matthäus 11,25–30

Bastelbögen: Ein Städtchen zur Zeit von Benjamin und Julius

Auf den nächsten Seiten findest du Vorlagen, mit denen du dir ein Städtchen basteln kannst, wie es wohl zur Zeit von Benjamin und Julius ausgesehen hat.

Du benötigst außerdem eine dicke Pappe (ca. 100 cm lang und 70 cm breit) als Grundfläche. Auf die Pappe zeichnest du einen See, den Platz für das Städtchen mit der Stadtmauer und die Felder. Es könnte etwa so aussehen:

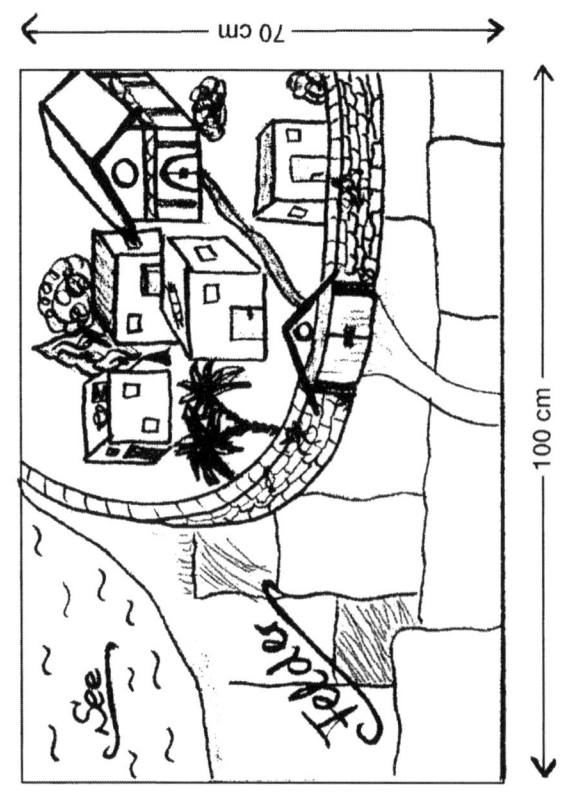

Wenn du die Figuren anmalen möchtest, machst du das am besten, bevor du sie ausschneidest. Klebe sie auf jeden Fall auf Pappe auf, damit sie stabil genug sind.

Die ausgeschnittenen Figuren bekommen einen »Ständer«, damit sie gut aufrecht stehen: Schneide dir dünne Pappstreifen (ca. 0,5cm breit) zurecht und knicke sie so, wie es dir die Skizze zeigt. Die Höhe richtest du nach der Größe der Figur ein.

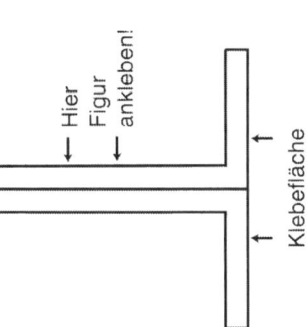

Für die Häuser und die Synagoge überträgst du den »Grundriss« mit den angegebenen Maßen auf Pappe und klebst die Häuser zu »Würfeln« zusammen. Du kannst die »Grundrisse« auch auf dem Kopierer entsprechend vergrößern und dann auf Pappe aufkleben.

Den Vergrößerungsfaktor kannst du sehr einfach ermitteln (Prozentrechnung), wenn du den größeren Wert mit Hundert multiplizierst und durch den kleineren dividierst.

Beispiel: Die Grundfläche des Hauses soll 11 cm sein; Zeichnung = 3,7 cm. Rechnung: 1100 : 3,7 = 297; dies wäre dann (in %) der Vergrößerungsfaktor. Nach diesem Schema kannst du leicht den jeweiligen Faktor ermitteln (damit der

A

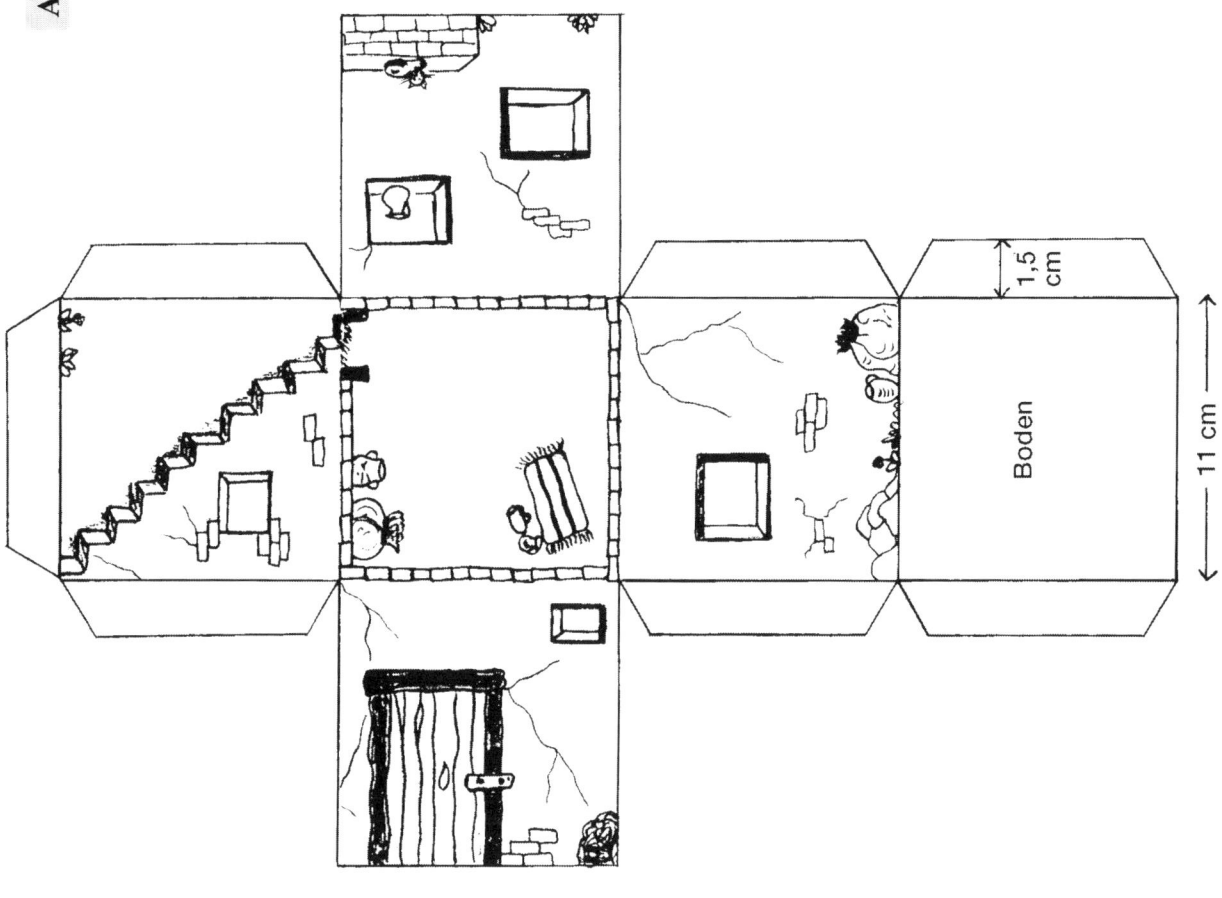

Platz optimal ausgenutzt wird, haben wir die Größen auf den einzelnen Seiten nicht konstant gewählt).
Ebenso kannst du die Stadtmauer herstellen; die Länge richtet sich nach der Größe deines Städtchens.
Die Laschen der »Ständer«, an denen die Figuren angeklebt sind, werden erst angemalt, wenn sie auf dem Untergrund festgeklebt sind. So kannst du die Farben genau abstimmen.
Für die Klebearbeiten verwendest du am besten einen schnell trocknenden Kleber, z.B. Pattex.

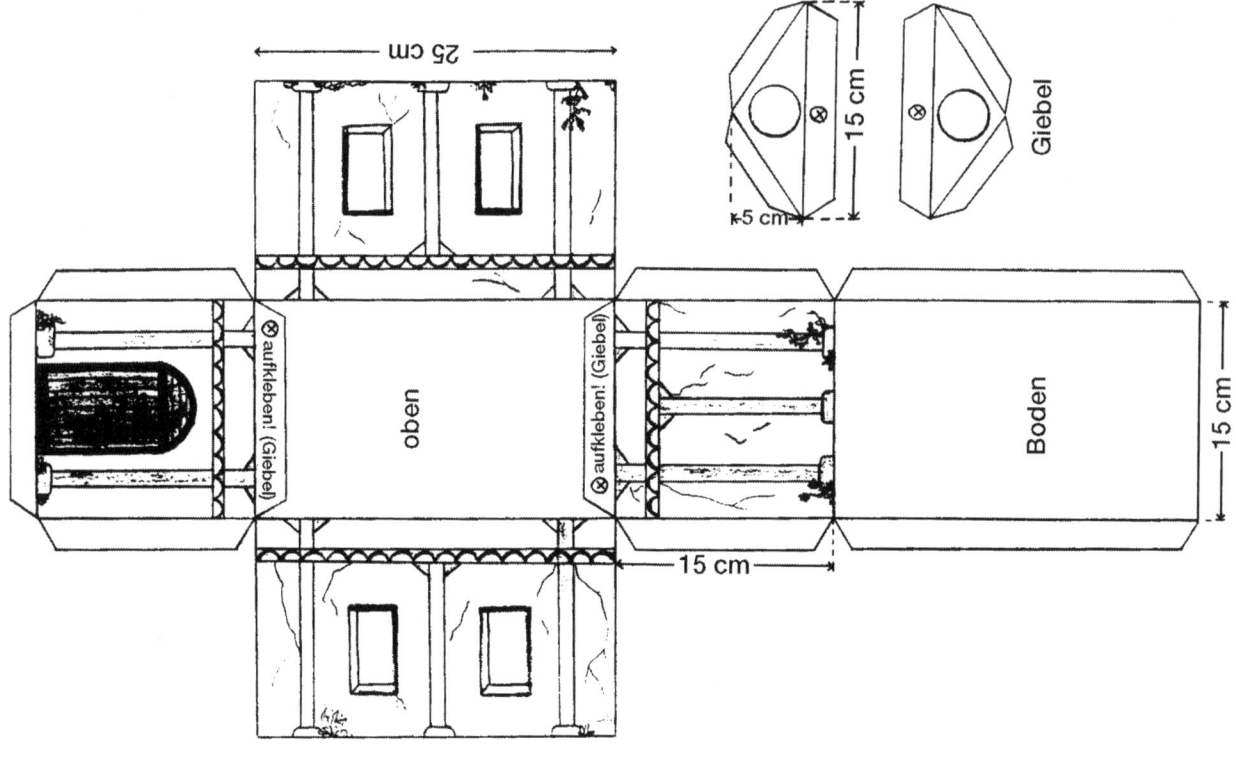

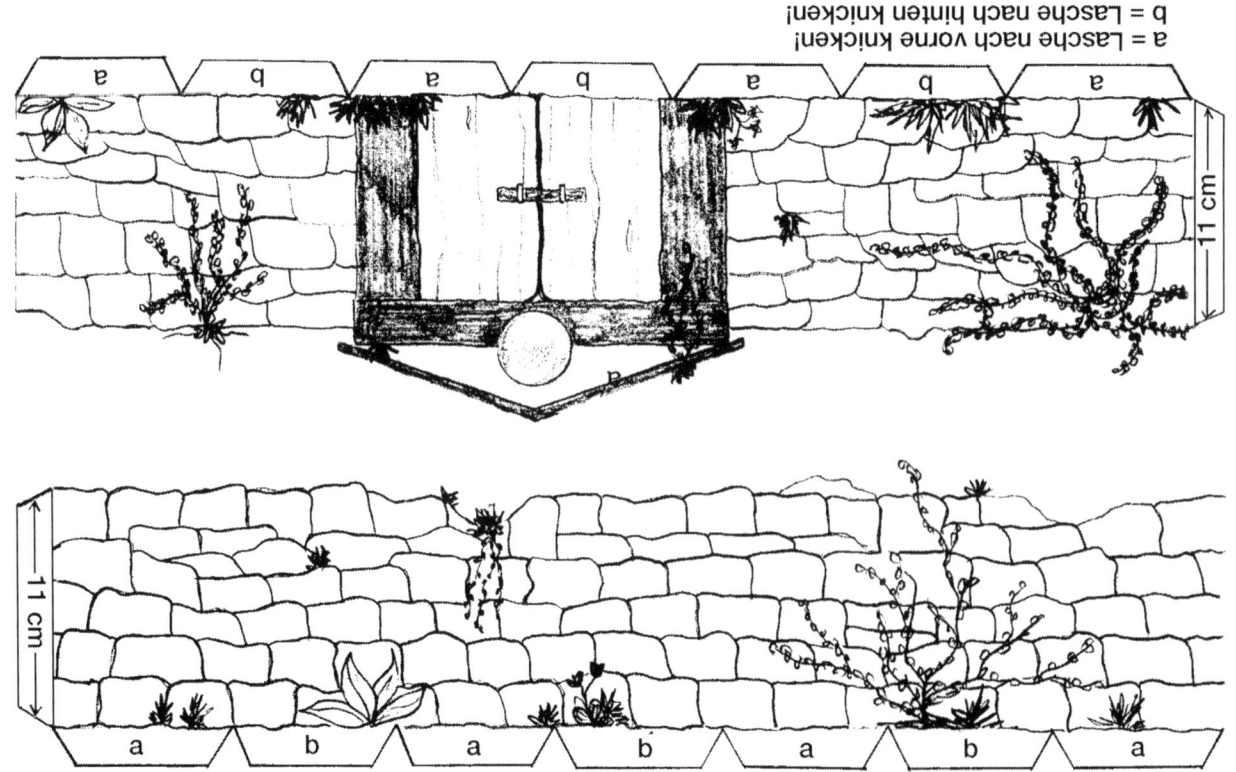

a = Lasche nach vorne knicken!
b = Lasche nach hinten knicken!

B

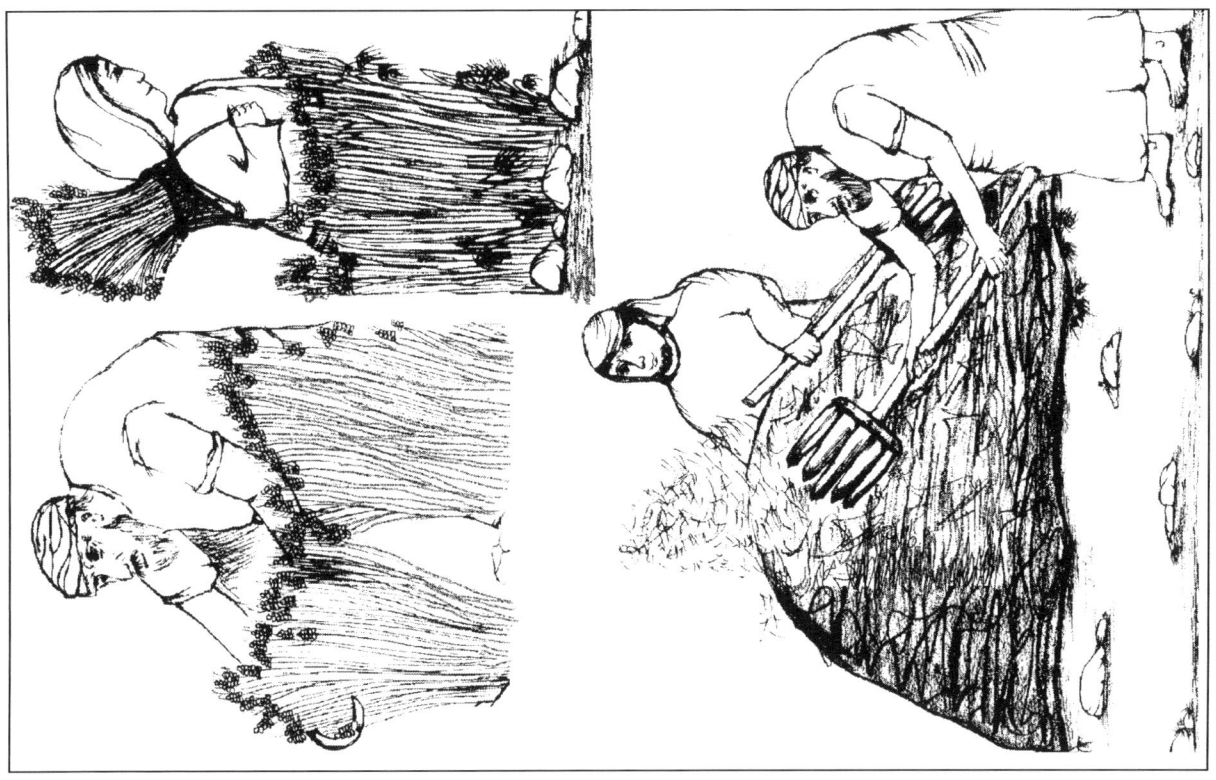

Dach der Synagoge (Halbe Originalgröße)

Knicklinie

28,5 cm

21 cm

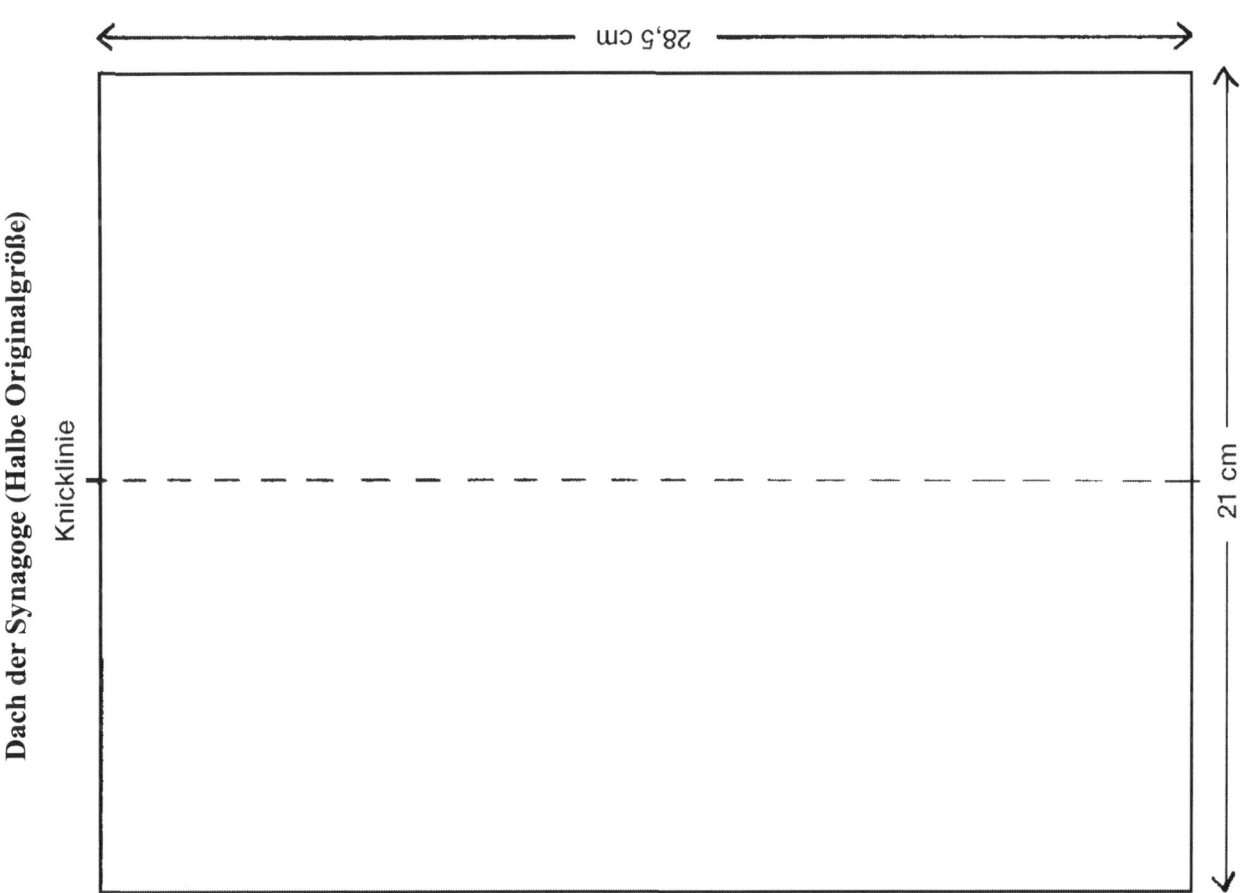

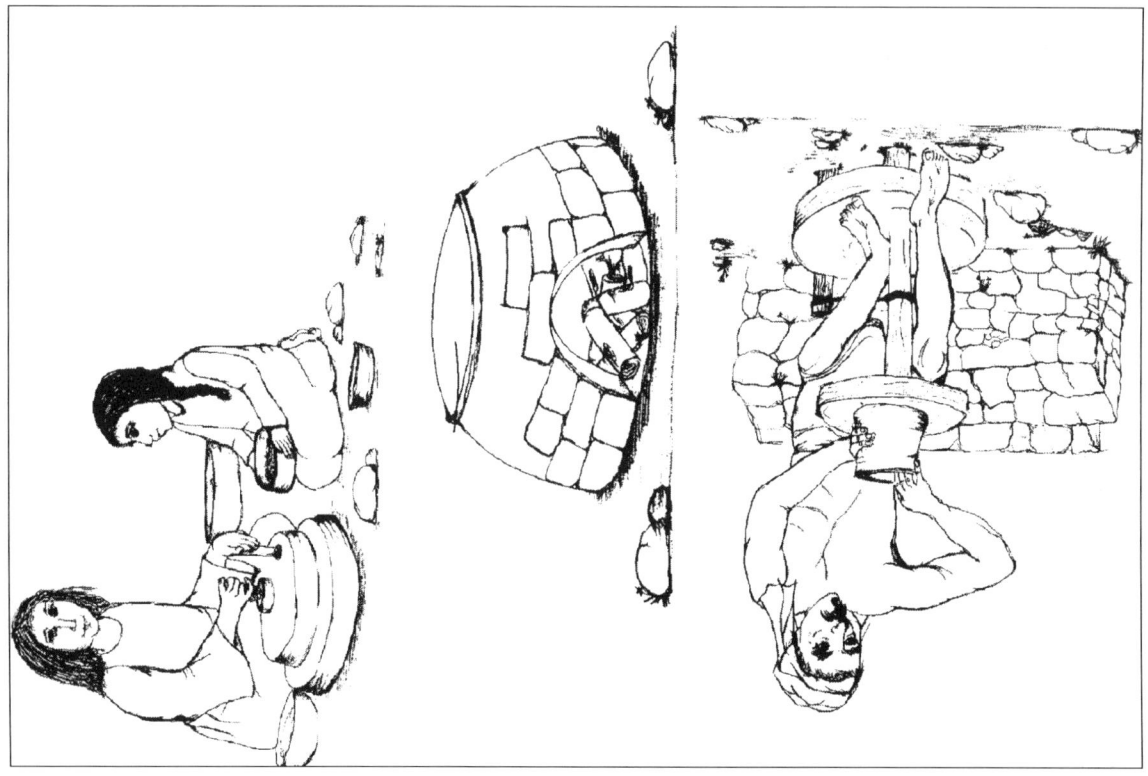

G

F

H

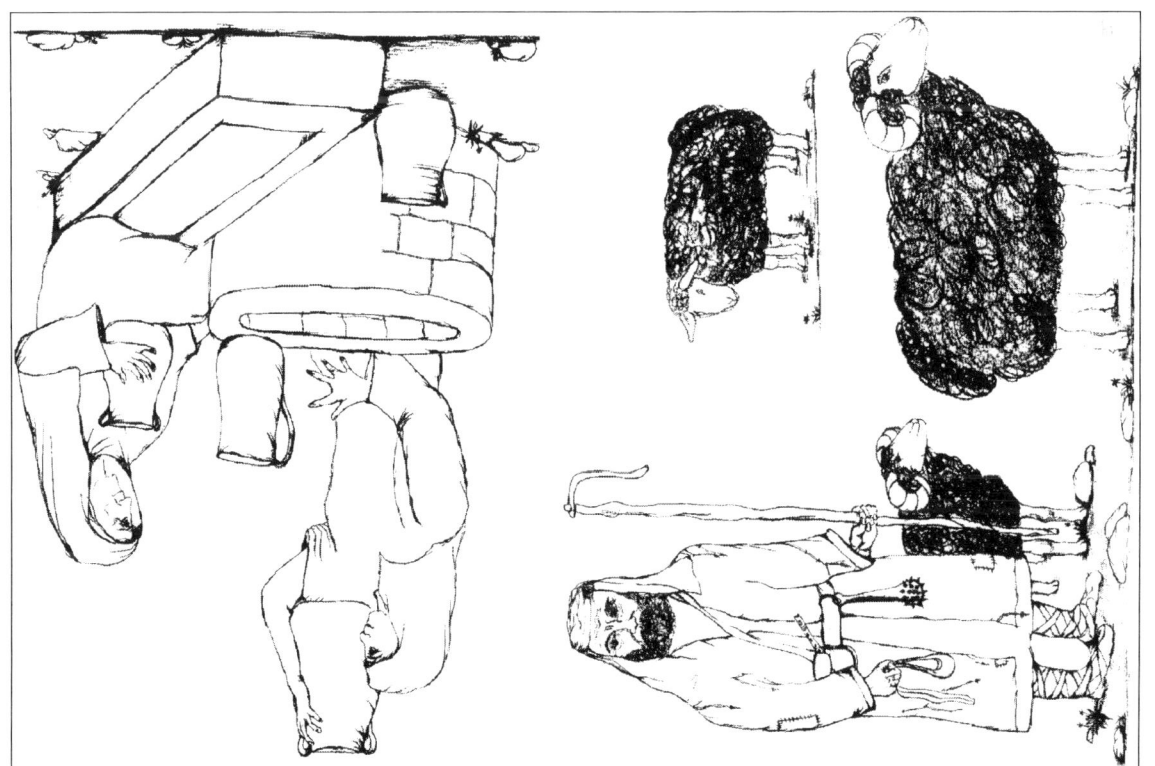

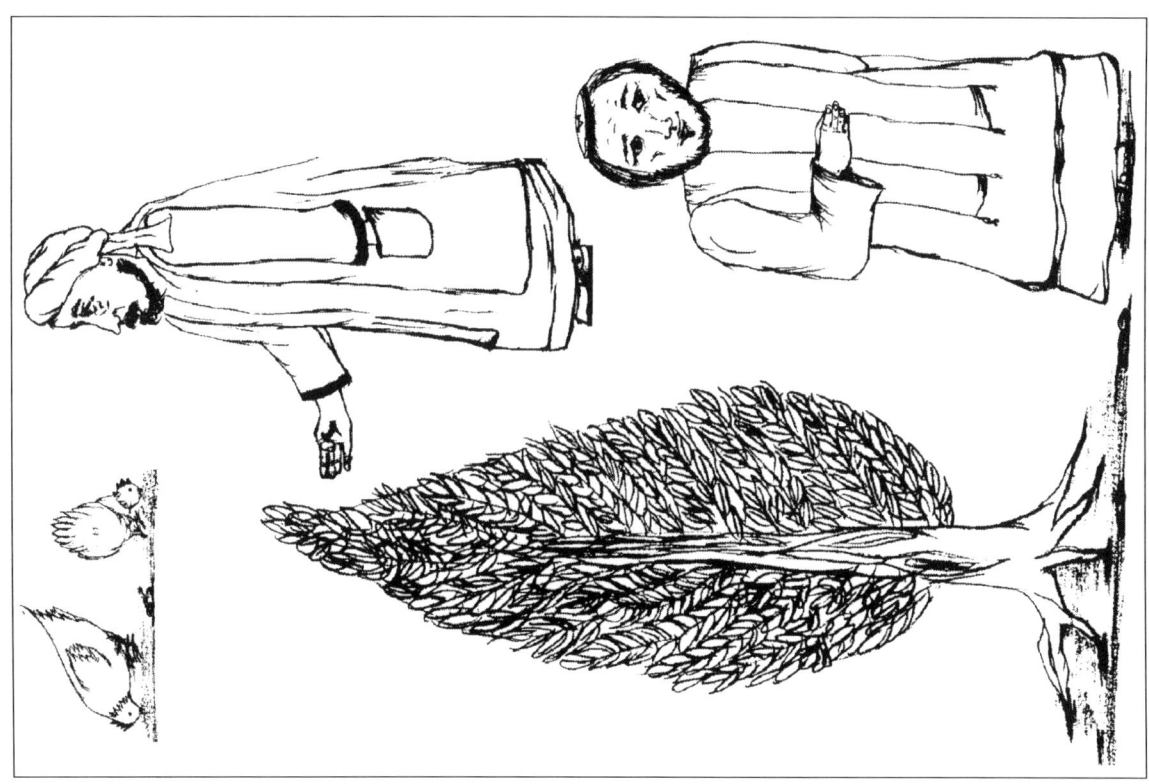

K

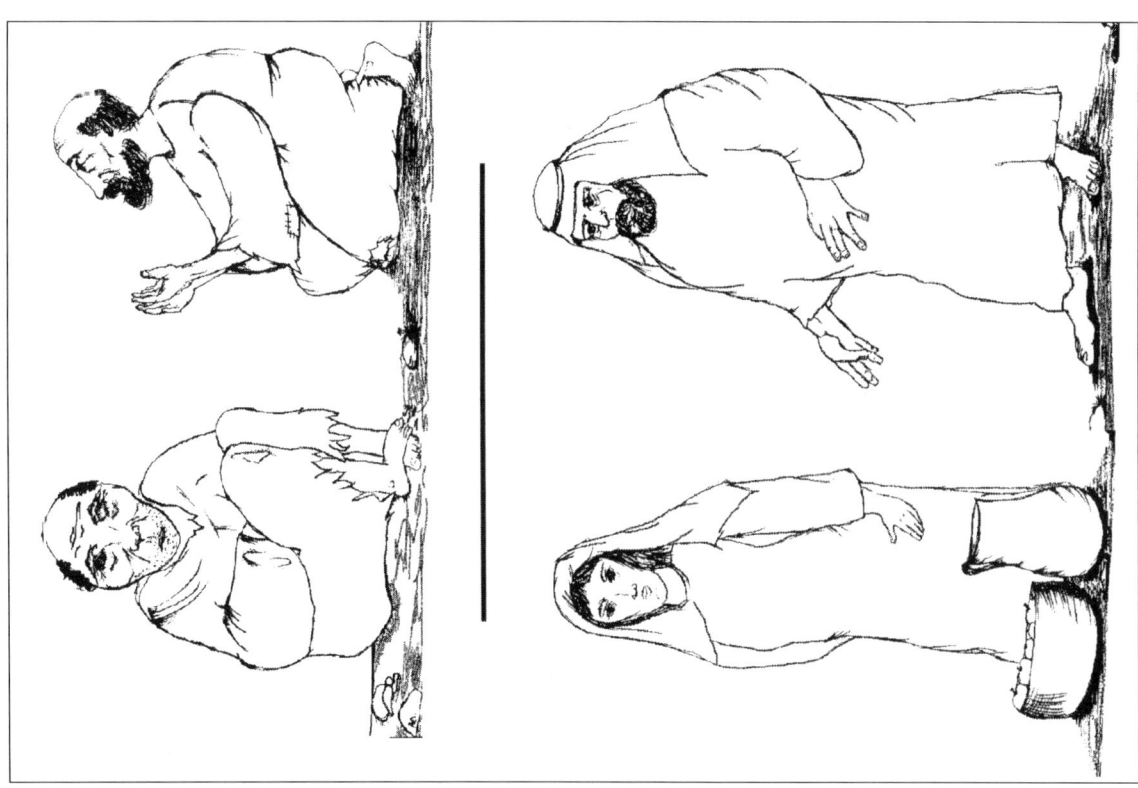

Landwirtschaft: Die Arbeit auf dem Getreidefeld — Karte 1

LANDWIRTSCHAFT
DIE ARBEIT AUF DEM GETREIDEFELD

So lebten die Menschen zur Zeit Jesu

Landwirtschaft: Die Arbeit auf dem Getreidefeld — Karte 2

INFORMATION

In diesem Material findest Du Informationen darüber, wie die Menschen zur Zeit Jesu auf den Getreidefeldern gearbeitet haben.

Die Karten zum Themenkreis **»Die Arbeit auf dem Getreidefeld«** gehören zusammen. Bitte bearbeite sie in der richtigen Reihenfolge.

Übernimm die wichtigsten Informationen in Dein Heft / Deinen Ordner – hierzu kannst Du die entsprechenden Bildkopien aus dem Ordner **»So lebten die Menschen zur Zeit Jesu«** verwenden.

Landwirtschaft: Die Arbeit auf dem Getreidefeld — Karte 3

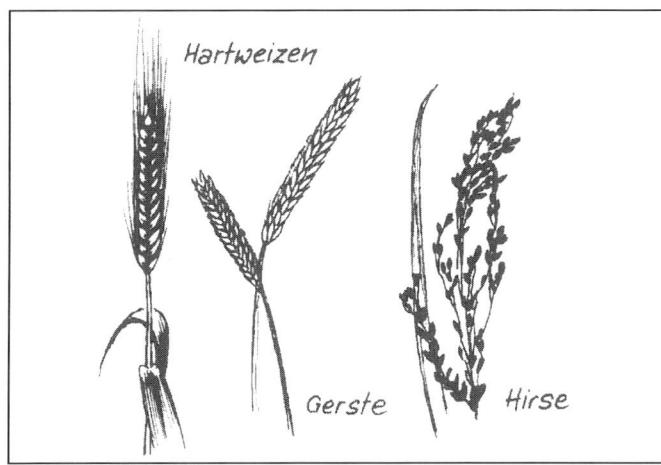

Die meisten Menschen arbeiteten zur Zeit Jesu in der Landwirtschaft. In vielen Landstrichen Palästinas waren die Böden sehr steinig. Dadurch wurde die Arbeit der Bauern gewaltig erschwert.

Im **Sommer** waren die Böden durch die Sonnenhitze so ausgetrocknet und hart, dass keine Feldarbeit möglich war. Erst wenn im **Herbst** der erste Frühregen fiel, konnten die Bauern wieder mit ihrer Arbeit auf den Feldern beginnen.

Zuerst mussten die vielen Steine von den Feldern gesammelt werden; dabei hatte die ganze Familie mitzuhelfen – auch die kleinen Kinder. Dann konnte die Aussaat beginnen. Der Bauer knotete sich ein Tuch um, in das er das Saatgut füllte. Mit der Hand warf er die Körner im Halbkreis vor sich auf den Acker.

Landwirtschaft: Die Arbeit auf dem Getreidefeld — Karte 4

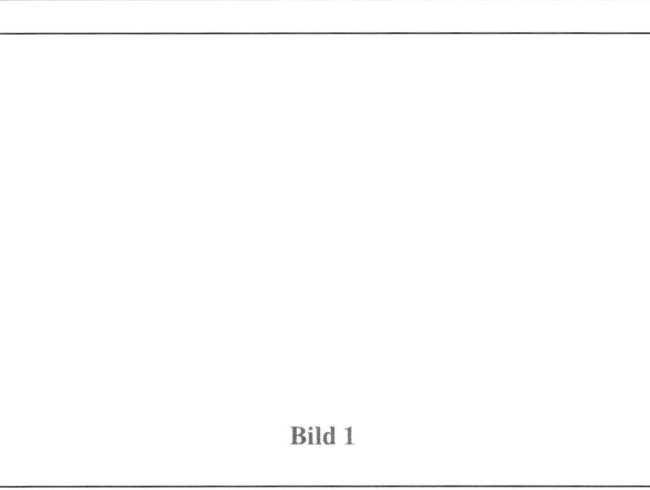

Bild 1

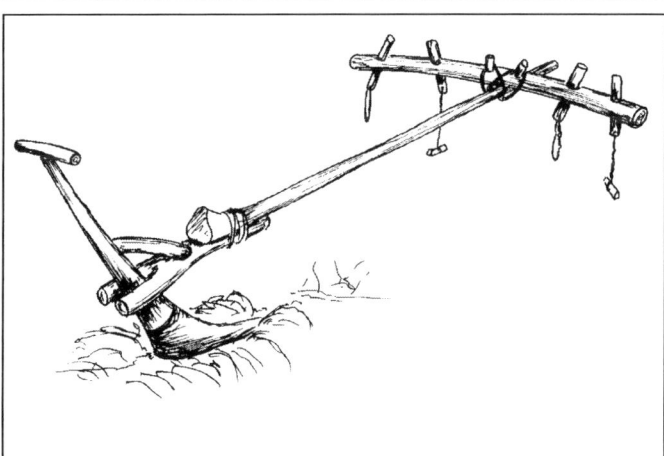

Meistens wurde der Acker erst nach der Aussaat flach umgepflügt. So war das Saatgut mit Erde bedeckt und vor der Sonnenhitze geschützt. Außerdem konnten die Vögel nicht so viele Körner aufpicken.

Manche Bauern hatten bei der Aussaat eine andere Methode: Sie pflügten zuerst ihren Acker – dann säten sie das Getreide aus.

In dieser Zeit waren die Pflüge sehr einfach: Man verwendete einen Hakenpflug aus Holz, in dem ein Eisendorn befestigt war, der den Boden aufriss. Der Pflug wurde von einem oder zwei Ochsen oder von Eseln gezogen; bei Bauern, die sehr arm waren, mussten sogar Menschen den Pflug ziehen.

In den folgenden Monaten war das Getreide von vielen Gefahren bedroht:

Landwirtschaft: Die Arbeit auf dem Getreidefeld — Karte 5

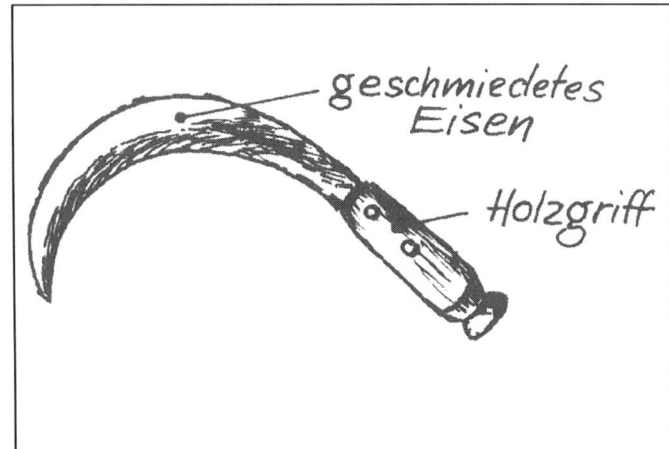

geschmiedetes Eisen
Holzgriff

Unwetter, Schädlinge und Unkraut konnten eine ganze Ernte vernichten. Am schlimmsten war aber die Trockenheit. Ohne genügend Wasser verkümmerte das Getreide, und es gab eine Missernte. Dies bedeutete für viele Familien Not und Hunger.

Darum warteten in den Wintermonaten alle sehnsüchtig auf genügend Regen.

Im April wurde mit der Ernte begonnen. Bei den Bauern, die nur wenig Land besaßen, wurde die Ernte von der Familie eingebracht. Etwas wohlhabendere Bauern konnten Frauen und Tagelöhner als Hilfskräfte einstellen. Ihr Lohn bestand meistens aus Feldfrüchten.

Das Getreide wurde von Hand mit Sicheln geschnitten – dies war die Aufgabe der Schnitter. Andere sammelten die abgeschnittenen Büschel, banden sie

Landwirtschaft: Die Arbeit auf dem Getreidefeld — Karte 6

Bild 2

zusammen und luden sie auf Esel. So konnte das Getreide zum Hof des Bauern gebracht werden.

Die Zeit der Ernte war eine fröhliche Zeit, denn mit einer guten Ernte war die Versorgung einer Familie für ein Jahr sichergestellt.

Dabei dachte man auch an die Menschen, denen es nicht so gut ging: Die Armen, die Witwen und die Waisen durften auf den Feldern die Reste aufsammeln. Oft ließ der Bauer in einer Ecke des Feldes das Getreide stehen, damit die Armen es ernten konnten.

Wenn die Getreidefelder abgeerntet waren, wurde gefeiert. Bei diesem Erntefest dankte man Gott für alles Gute; dazu gehörte oft auch ein Dankopfer, bei dem Feldfrüchte gespendet wurden.

Landwirtschaft: Die Arbeit auf dem Getreidefeld — Karte 7

Bild 3

Das Leben der Bauern zur Zeit Jesu war wirklich nicht einfach.

Von der Saat bis zur Ernte waren schwere Arbeiten zu erledigen. Die Last- und Zugtiere konnten die Bauern dabei zwar unterstützen, aber die körperliche Belastung blieb doch sehr hoch.

Die Geräte waren sehr einfach und nicht besonders wirksam.

Dazu kamen die oft steinigen Böden, die den Anbau erschwerten.

Zwischen Aussaat und Ernte waren die Bauern sehr von der Natur abhängig: Blieb der Regen aus, drohte eine Missernte. Eine künstliche Bewässerung, wie sie heute üblich ist, gab es noch nicht.

Aber auch Unwetter und Schädlinge bedrohten die Ernte – und damit das Überleben der Bauernfamilie!

Landwirtschaft: Die Arbeit auf dem Getreidefeld — Karte 8

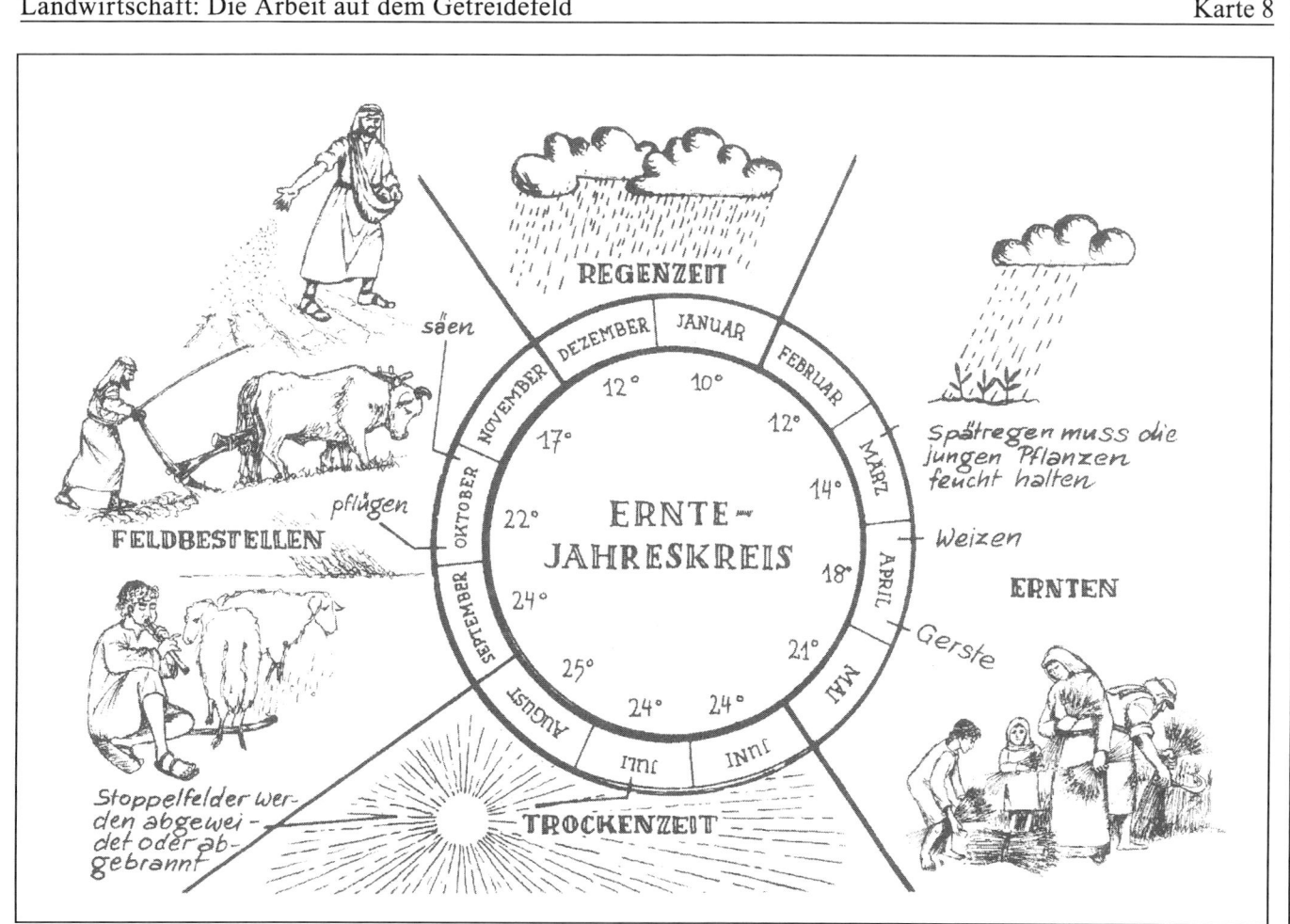

Landwirtschaft: Das Getreide wird verarbeitet — Karte 1

LANDWIRTSCHAFT
DAS GETREIDE WIRD VERARBEITET

So lebten die Menschen zur Zeit Jesu

Landwirtschaft: Das Getreide wird verarbeitet — Karte 2

INFORMATION

In diesem Material findest Du Informationen darüber, wie die Menschen zur Zeit Jesu das geerntete Getreide verarbeitet haben.

Die Karten zum Themenkreis **»Das Getreide wird verarbeitet«** gehören zusammen. Bitte bearbeite sie in der richtigen Reihenfolge.

Übernimm die wichtigsten Informationen in Dein Heft / Deinen Ordner – hierzu kannst Du die entsprechenden Bildkopien aus dem Ordner **»So lebten die Menschen zur Zeit Jesu«** verwenden.

Landwirtschaft: Das Getreide wird verarbeitet — Karte 3

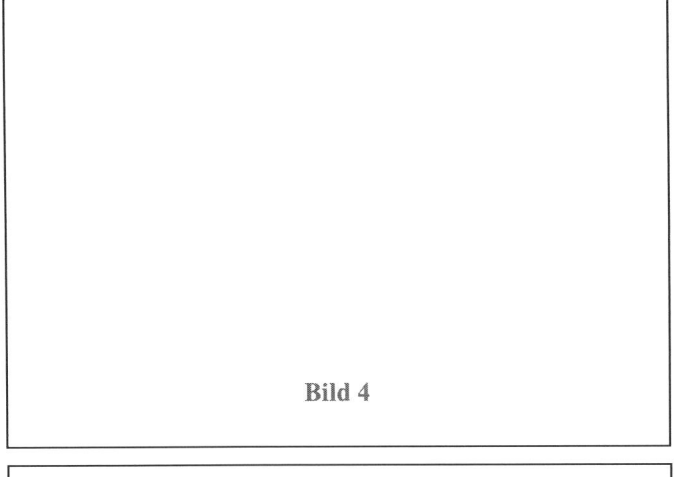
Bild 4

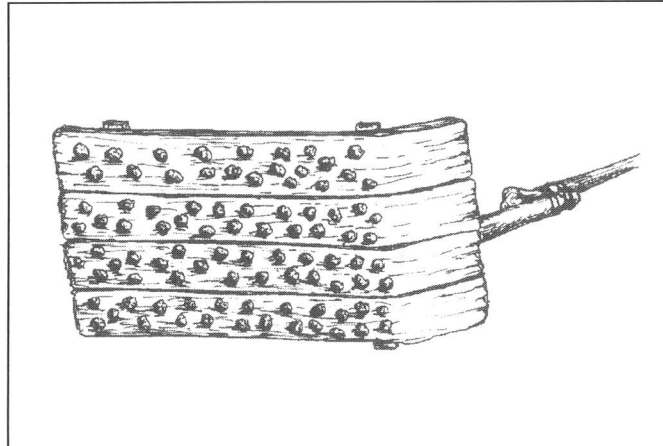

Nach der Ernte wurde das Getreide beim Hof des Bauern weiterverarbeitet. Zuerst mussten die Körner aus den Ähren herausgedrückt werden. Dieser erste Arbeitsgang, das **Dreschen**, fand auf dem Dreschplatz, der Tenne, statt. Natürlich wurde sie zuerst gründlich gesäubert, bevor man die Getreidebüschel ausbreitete.

Zum Dreschen benutzte man meistens einen Dreschschlitten. Er bestand aus mehreren flachen Brettern, die zu einer Tafel verbunden waren. An der Unterseite waren viele kleine, spitze Steine eingesetzt. Der Dreschschlitten wurde von Tieren, meistens von Ochsen, über das Korn hin- und hergezogen – dabei wurden die Körner aus den Ähren gedrückt.

Auf dem Schlitten stand ein Arbeiter,

Landwirtschaft: Das Getreide wird verarbeitet — Karte 4

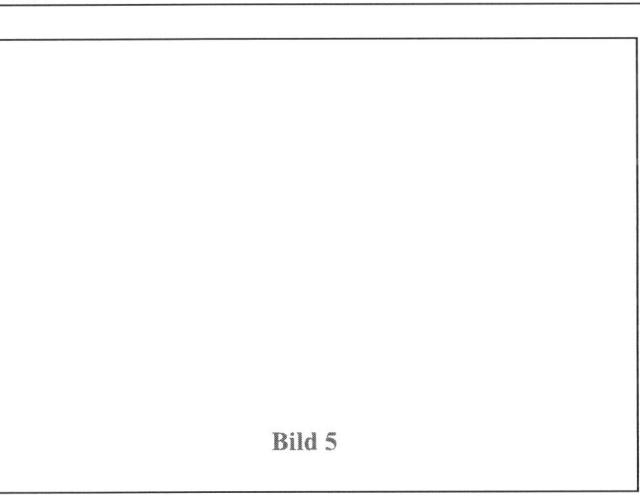
Bild 5

der die Tiere antrieb. Ein anderer wendete das Getreide immer wieder.

Wer keinen Dreschschlitten besaß, trieb seine Tiere über das ausgebreitete Getreide, damit sie mit den Hufen die Körner aus den Ähren drückten.

Der nächste Arbeitsgang war das **Worfeln**: Die Körner mussten von Halmresten, Spelzen und anderen Verunreinigungen befreit werden.

Das Werkzeug war eine große, hölzerne Worfelschaufel. Der Arbeiter warf damit das Gedroschene in die Höhe. Das Korn fiel zurück auf den Boden, die leichteren Spelzen und Halmreste trug der Wind fort. Diese Spreu wurde an die Tiere verfüttert.

Das Stroh verwendete man als Viehstreu, aber auch für die Herstellung von Lehmziegeln.

Landwirtschaft: Das Getreide wird verarbeitet — Karte 5

Auch nach dem Worfeln waren noch viele Verunreinigungen im Getreide. Der nächste Arbeitsgang war daher das **Sieben**; diese Arbeit wurde meistens von Frauen verrichtet.

Am Schluss wurde **gemessen**, wie groß die Ernte ausgefallen war. Hierzu benutzte man ein Messgefäß aus Holz. Ein gebräuchliches Maß war ein Scheffel – dies entspricht etwa 12 Litern.

Das genaue Messen war wichtig, denn jeder Bauer musste ein Zehntel seiner Ernte als eine Art Steuer bei den Priestern abgeben. In der Bibel wird dies oft als »der Zehnte« bezeichnet.

Dieser Zehnte wurde für verschiedene Aufgaben verwendet: Vieles davon schickte man in die Hauptstadt Jerusalem, um den Tempel und die Priester zu versorgen.

Landwirtschaft: Das Getreide wird verarbeitet — Karte 6

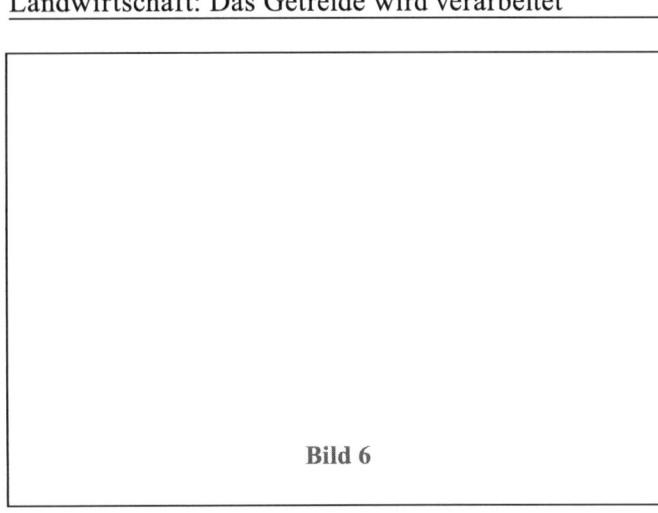

Bild 6

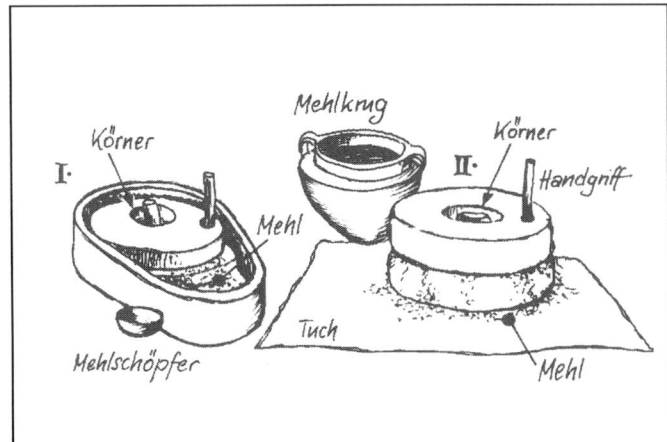

Die Abgaben wurden aber auch dafür verwendet, die Armen in der eigenen Gemeinde zu unterstützen.

Das eigene Getreide wurde in großen Tonkrügen **gelagert**.
Gemahlen wurde das Korn erst, wenn man es benötigte. Fast jeden Tag wurde frisches Fladenbrot gebacken.

Jede Familie besaß eine einfache Handmühle: Sie bestand aus zwei kreisrunden, harten, flachen Steinen. Der Oberstein wurde mit dem hölzernen Handgriff gedreht – der Unterstein war fest. Zwischen diesen beiden Steinen wurden die Körner zu Mehl vermahlen, das an der Seite herausrieselte. Das Mehl fingen die Frauen in einem Tuch oder einer flachen Schale auf und schütteten es in den Mehlkrug.

Landwirtschaft: Das Getreide wird verarbeitet — Karte 7

Obwohl das Mahlen eine schwere Arbeit war, wurde sie ausschließlich von Frauen oder Mädchen verrichtet – für Männer galt sie als Schande!

* * * * * * * * * * *

An der Verarbeitung des Getreides kann man sehen, dass das Leben der Bauern zur Zeit Jesu sehr mühsam war: Es gab wenig Hilfsmittel – die meiste Arbeit musste von Hand verrichtet werden. Nur gelegentlich konnten Last- und Zugtiere die schwere körperliche Tätigkeit erleichtern.

Nicht nur die Männer mussten hart arbeiten, sondern alle in der Familie hatten ihre Pflichten zu erfüllen. Selbst die kleinen Kinder mussten schon mithelfen. Kein einfacher Bauer konnte es sich leisten, Kinder durchzufüttern, die selbst nichts für ihren Lebensunterhalt taten.

So blieb wenig Zeit zum Spielen und Lernen.

Landwirtschaft: Das Getreide wird verarbeitet — Karte 8

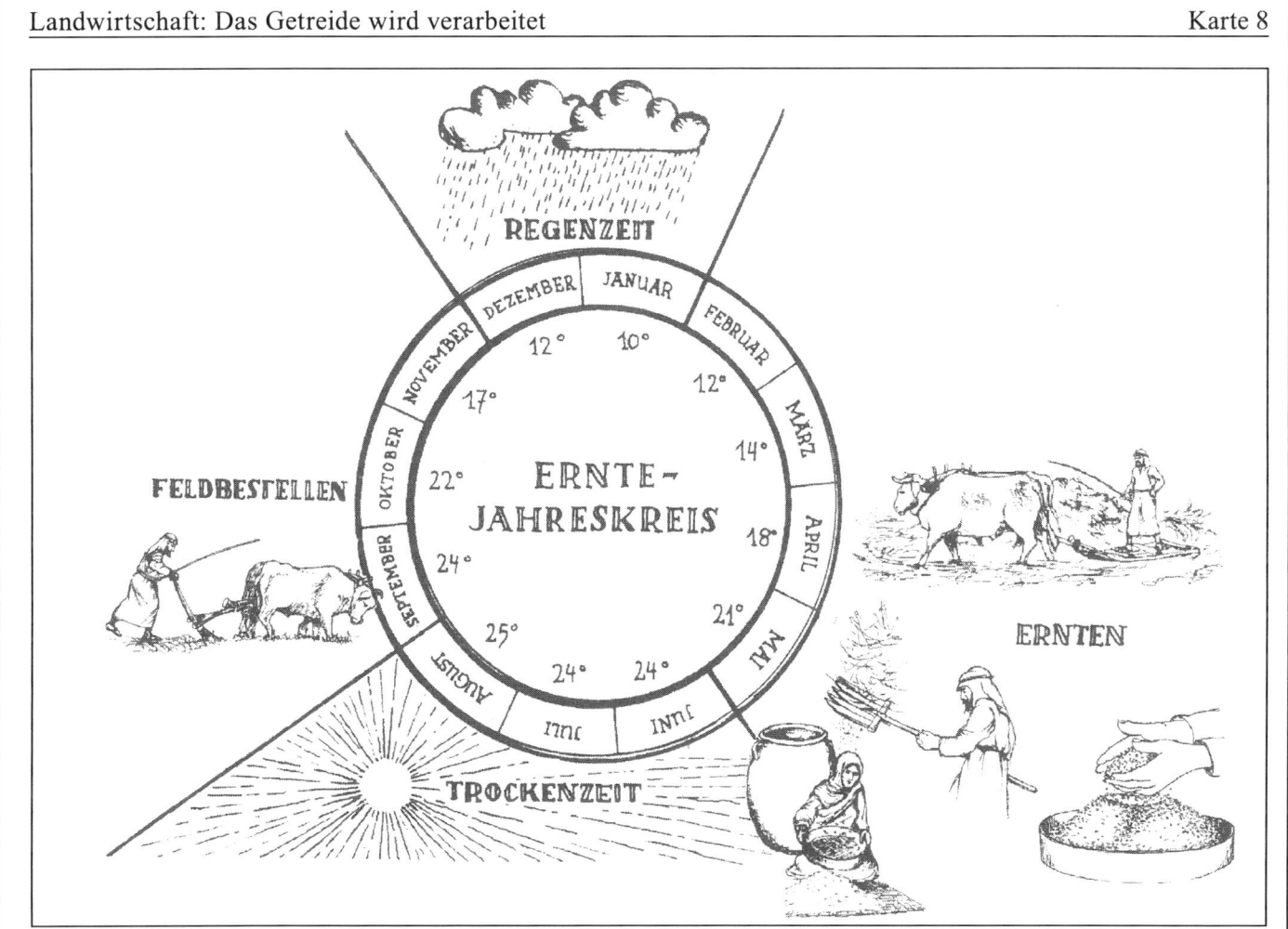

Landwirtschaft: Der Weinbau — Karte 1

LANDWIRTSCHAFT
DER WEINBAU

So lebten die Menschen zur Zeit Jesu

Landwirtschaft: Der Weinbau — Karte 2

INFORMATION

In diesem Material findest Du Informationen darüber, wie die Menschen zur Zeit Jesu den Weinbau betrieben haben.

Die Karten zum Themenkreis »**Der Weinbau**« gehören zusammen. Bitte bearbeite sie in der richtigen Reihenfolge.

Übernimm die wichtigsten Informationen in Dein Heft / Deinen Ordner – hierzu kannst Du die entsprechenden Bildkopien aus dem Ordner »**So lebten die Menschen zur Zeit Jesu**« verwenden.

Landwirtschaft: Der Weinbau — Karte 3

Bild 7

Bild 8

Zur Zeit Jesu wurde in Palästina viel Wein angebaut. Am besten gediehen die Trauben an sonnigen Hängen; dort legte man am liebsten die **Weinberge** an:
Zuerst musste der Boden sorgfältig gepflügt und das Unkraut entfernt werden. Dann konnten die jungen Weinreben gepflanzt werden.
Zum Schutz vor wilden Tieren wurde um den Weinberg eine Mauer aus losen Steinen gebaut.
Es dauerte einige Jahre, bis die Weinstöcke eine volle Ernte trugen.

Die Arbeit im Weinberg begann jedes Jahr im März oder April. Der Boden musste gründlich gehackt und gejätet werden. Danach musste man die Weinreben, die im Winter flach auf dem Boden lagen, mit Pfählen aufrichten.

Landwirtschaft: Der Weinbau — Karte 4

Bild 9

Die starke Sommerhitze ließ die Trauben bis zum September reifen.
Während der **Ernte** wohnte oft die ganze Bauernfamilie im Weinberg – dort wurde auf einer Anhöhe eine Art Laubhütte aus Pfählen und Zweigen aufgebaut.
Hier hielten sich auch die Wächter auf, die den Weinberg vor wilden Tieren und Dieben schützten.
Die reifen Trauben wurden abgeschnitten und in Körben gesammelt. Während der Erntezeit durfte jeder soviel Trauben essen, wie er wollte. So stand es in den alten Gesetzen.
Esel trugen die vollen Erntekörbe zur **Kelter**. Die Kelter bestand meistens aus vier gemauerten Becken, die ein leichtes Gefälle hatten. Die Trauben wurden in die oberste Mulde geschüttet. Arbeiter

Landwirtschaft: Der Weinbau — Karte 5

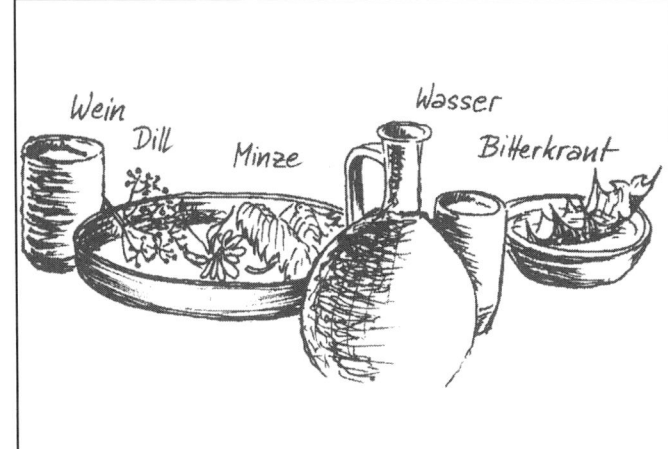

stampften mit bloßen Füßen auf den Trauben herum, um den Saft herauszupressen.

Als Schutz vor der glühenden Sonne errichtete man über der ersten Mulde oft ein Laubdach.

Der Saft floss durch ein Loch in der Mauer in die nächsten Becken. Siebe hielten die Schalen und Stiele zurück. Im letzten Becken sammelte sich der reine Traubensaft.

Der Saft wurde in Krüge gefüllt. Im Laufe der nächsten Wochen begann der Saft zu gären und wurde langsam zu Wein.

Zur Zeit Jesu wurde viel Wein getrunken; oft verdünnte man ihn mit Wasser. Es war auch üblich, den Wein mit verschiedenen Kräutern zu würzen.

Landwirtschaft: Der Weinbau — Karte 6

Wein wurde auch als Medizin verwendet:
Wenn man Wein mit Myrrhen versetzte, wirkte dies betäubend.
Außerdem benutzte man Wein, um Wunden zu säubern.

Die übrigen Trauben, die nicht mehr direkt verzehrt werden konnten, trocknete man zu Rosinen.

Landwirtschaft: Der Olivenanbau — Karte 1

LANDWIRTSCHAFT
DER OLIVENANBAU

So lebten die Menschen zur Zeit Jesu

Landwirtschaft: Der Olivenanbau — Karte 2

INFORMATION

In diesem Material findest Du Informationen darüber, wie die Menschen zur Zeit Jesu den Olivenanbau betrieben haben.

Die Karten zum Themenkreis »**Der Olivenanbau**« gehören zusammen. Bitte bearbeite sie in der richtigen Reihenfolge.

Übernimm die wichtigsten Informationen in Dein Heft / Deinen Ordner – hierzu kannst Du die entsprechenden Bildkopien aus dem Ordner »**So lebten die Menschen zur Zeit Jesu**« verwenden.

Landwirtschaft: Der Olivenanbau — Karte 3

Bild 10

Typisch für Palästina waren die vielen Olivenbäume. Man erkennt sie schon von weitem an ihren graugrünen Blättern, die im Licht silbrig schimmern.

Olivenbäume können uralt werden. Junge Bäume haben noch einen glatten Stamm; bei älteren Olivenbäumen wird die Rinde sehr rissig, sodass die Stämme ganz zerklüftet aussehen. Olivenbäume tragen erst nach fünf bis zehn Jahren eine volle Ernte; allerdings werden sie oft älter als vierzig oder fünfzig Jahre, ohne dass ihr Ertrag nachlässt.

Oliven gehörten zur Zeit Jesu zu den wichtigsten Nahrungsmitteln, da sie das wertvolle Olivenöl lieferten. Daher legte man Plantagen – **Olivenhaine** – an, in denen viele Olivenbäume wuchsen.

Da die Bäume sehr viel Wasser benötigen, wurden sie im Abstand von etwa zehn Metern gepflanzt. Dazwischen wurde oft Getreide angebaut.
Damit es gute Ernten gab, mussten die Bäume jedes Jahr beschnitten werden.
Im Mai konnte man an den Olivenbäumen Tausende von weißen Blüten bewundern; im Laufe des Sommers reiften die Früchte heran.

Landwirtschaft: Der Olivenanbau — Karte 4

Bild 11

Bild 12

Bereits im Juli haben die Oliven ihre Größe erreicht – sie sind aber noch grün und nicht voll ausgereift.

Ab Ende September können die grünen Früchte geerntet werden. Da sie noch nicht so ölhaltig sind, verwendet man sie eher zum Essen.

Bis zum Dezember färben sich die Früchte schwarz; nun haben sie einen sehr hohen Ölgehalt: Das Fruchtfleisch besteht zu drei Vierteln aus Öl!

In der Erntezeit gab es viel zu tun. Wollte man die Oliven als Früchte aufheben oder einlegen, mussten die Bauern sie von Hand pflücken, damit sie unbeschädigt blieben.

Die Oliven, aus denen Öl gewonnen werden sollte, konnten von den Bäumen heruntergeschüttelt werden.

Landwirtschaft: Der Olivenanbau — Karte 5

Bild 13

Bild 14

Oft verwendete man auch Stöcke, um die Oliven herunterzuschlagen.

Unter dem Olivenbaum breiteten die Bauern Tücher aus, um die Früchte aufzufangen. Die Oliven wurden in Körben zur Ölpresse gebracht.

Es gab mehrere Möglichkeiten, um das Öl zu gewinnen:

Das feinste und reinste Öl erhielt man, wenn die Oliven in einem Steinbecken zu Brei zerquetscht wurden – die Arbeiter zertraten die Früchte mit bloßen Füßen, oder sie benutzten einen Holzstampfer.

Der Brei wurde in Körbe gefüllt und etwas beschwert; nach einer Weile tropfte unten reinstes Öl heraus. Da es keinerlei Verunreinigungen enthielt, qualmte es in den Öllämpchen nicht. Auch im Gottesdienst verwendete man dieses

Landwirtschaft: Der Olivenanbau — Karte 6

Olivenpresse

Bild 15

hochwertige Öl für Salbungen, Speiseopfer und Beleuchtung.

Um Öl für den täglichen Gebrauch zu gewinnen, wurden die Oliven in einer Ölmühle zermahlen. Die Ölmühle bestand aus einer großen, runden Steinplatte, in die eine breite Rinne geschlagen war. In dieser Rinne wurde ein senkrecht stehender Mahlstein gedreht. Den Balken bewegte ein Arbeiter oder ein Esel. Der Mahlstein zerquetschte durch sein Gewicht die Oliven; dabei zerbrachen auch die bitteren Kerne. Das Olivenöl lief durch ein Loch am Rand in ein Auffanggefäß. Natürlich enthielt dieses Öl auch Verunreinigungen vom Fruchtfleisch und den Kernen und war daher nicht so hochwertig. Es wurde vor allem zum Kochen, aber auch für einfache Öllämpchen benutzt.

Landwirtschaft: Der Olivenanbau — Karte 7

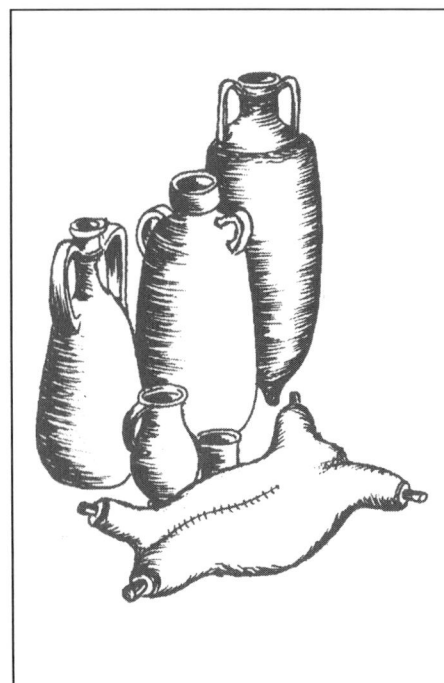

Das Olivenöl wurde in großen Tonkrügen aufbewahrt.

Die Früchte, die man nicht zu Öl verarbeitete, wurden von den Frauen auf verschiedene Arten verwendet:
Zum Teil wurden die frisch geernteten Früchte mit Salz gegessen.
Wollte man die Oliven länger aufheben, mussten sie haltbar gemacht werden. Häufig legten die Frauen sie in Essig, Salzlake oder Öl ein – ein Teil des Vorrats wurde einfach getrocknet.

Musste ein Olivenbaum gefällt werden, diente sein hartes, gemasertes Holz für feine Schnitzarbeiten oder besonders wertvolle Möbel.

So waren die Olivenbäume aus dem täglichen Leben in Palästina nicht wegzudenken.

Landwirtschaft: Obstanbau — Karte 1

LANDWIRTSCHAFT
OBSTANBAU

So lebten die Menschen zur Zeit Jesu

Landwirtschaft: Obstanbau — Karte 2

INFORMATION

In diesem Material findest Du Informationen darüber, wie die Menschen zur Zeit Jesu Obst angebaut haben.

Die Karten zum Themenkreis »**Obstanbau**« gehören zusammen. Bitte bearbeite sie in der richtigen Reihenfolge.

Übernimm die wichtigsten Informationen in Dein Heft / Deinen Ordner – hierzu kannst Du die entsprechenden Bildkopien aus dem Ordner »**So lebten die Menschen zur Zeit Jesu**« verwenden.

Landwirtschaft: Obstanbau — Karte 3

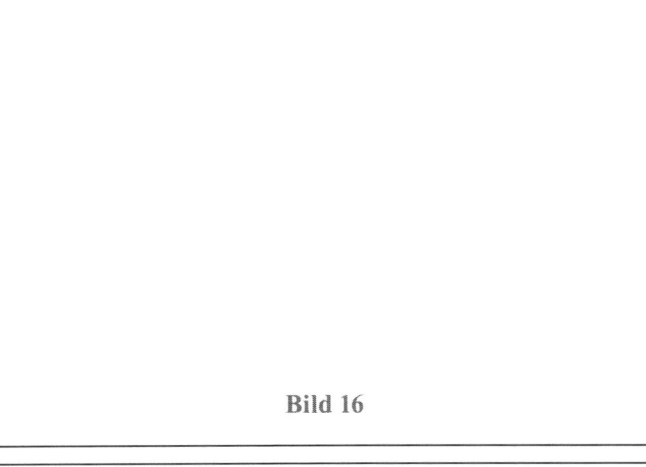

Bild 16

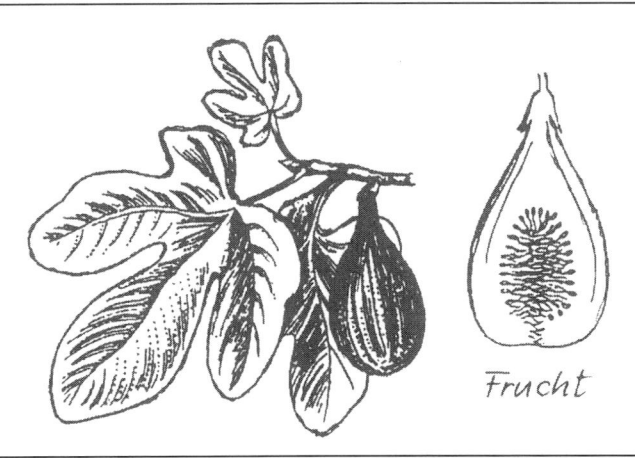

Frucht

In Palästina herrscht ein mildes Mittelmeerklima – daher können dort viele Obstbäume gedeihen, die bei uns nicht wachsen. Eine typische Frucht ist die **Feige**.

Zur Zeit Jesu konnte man überall die stattlichen Bäume sehen – viele Familien hatten einen Feigenbaum im Innenhof ihres Hauses stehen; aber es gab auch richtige Gärten, in denen Feigenbäume angebaut wurden.

Feigenbäume setzen schon im Januar Blattknospen an, die sich bis in den März hinein entwickeln. Gleichzeitig mit den Blättern bilden sich die Frühfeigen aus, die besonders gut schmecken.

Im Mai setzt der Feigenbaum zum zweiten Mal Früchte an: die Sommerfeigen. Diese werden ab August geerntet.

Die Fruchtbildung ist bei den Feigen recht kompliziert. Die winzigen Blüten befinden

Landwirtschaft: Obstanbau — Karte 4

Bild 17

Bild 18

sich im Inneren der fleischigen Frucht. Dies kannst du auf dem Foto erkennen: Was wie Kerne aussieht, sind die Blüten! An der Spitze der Feige ist ein winziges Loch, durch das die Feigengallwespe kriecht und die Blüten bestäubt. Erst dann bilden sich die richtigen Früchte – die Kerne in der Feige. Aus diesen Kernen könnte sich wieder ein neuer Feigenbaum entwickeln. Das, was wir essen, ist also nicht die Frucht, sondern eine so genannte Scheinfrucht!

Zur Zeit Jesu waren Feigen ein beliebtes Obst. Sie wurden frisch oder getrocknet verzehrt.

Feigen wurden oft zu einem Feigenkuchen verarbeitet: Hierzu kneteten die Frauen frische Feigen und pressten sie in eine Kuchenform.

Manchmal benutzte man auch ein Feigenpflaster, um Geschwüre zu heilen.

Landwirtschaft: Obstanbau — Karte 5

Bild 19

Fast ebenso wichtig für die Ernährung waren zur Zeit Jesu die **Datteln**.

Die Dattelpalme ist schon von weitem zu sehen, denn sie wird 10–20 m hoch – manchmal sogar bis zu 50 m. Die Blätter können bis zu 6 m lang werden.

Dattelpalmen sind hervorragend an ihren Lebensraum angepasst: Sie benötigen zwar recht viel Wasser, aber sie sind nicht wählerisch – sie vertragen einen hohen Salzgehalt im Boden und können sogar mit leicht salzigem Wasser bewässert werden.

Wenn am Ende des Sommers die Zeit der Ernte gekommen ist, trägt eine einzige Palme 6–10 traubenartige Fruchtstände, an denen viele hundert Datteln wachsen. Die sehr süßen Früchte waren zur Zeit Jesu überaus beliebt; denn man konnte damals noch keinen Zucker herstellen.

Sie wurden frisch oder getrocknet gegessen oder zu einem sehr süßen Sirup verarbeitet, dem Dattelhonig.

Die Dattelpalme war zur Zeit Jesu jedoch nicht nur wegen ihrer Früchte so geschätzt:

Aus dem Blütenstand machte man einen erfrischenden Saft, die Blätter flocht man

Landwirtschaft: Obstanbau — Karte 6

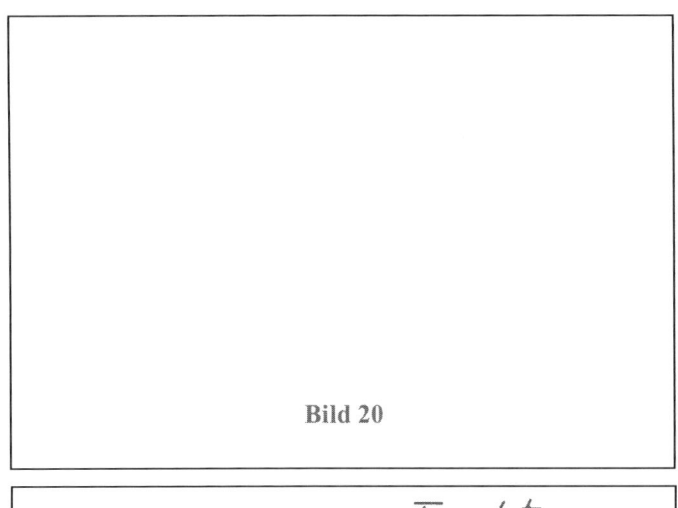
Bild 20

Frucht

zu Matten, Körben und anderen Haushaltsgeräten. Der Stamm konnte als Bauholz verwendet werden.

Eine besonders schöne und beliebte Frucht zur Zeit Jesu war der **Granatapfel**. Er wächst an Sträuchern, die bis zu zwei Metern hoch werden können.

Im späten Frühjahr sind die leuchtend roten Blüten herrlich anzuschauen.

Am Ende des Sommers sind die Granatäpfel reif: Die Früchte sind etwa so groß wie Äpfel und rosa, gelb und purpurrot getönt.

Unter der harten, derben Schale liegt das rote Fruchtfleisch, das eine große Zahl von Kernen enthält – daher galt der Granatapfel auch als ein Zeichen von Fruchtbarkeit.

Der Granatapfel wurde sehr geschätzt,

Landwirtschaft: Obstanbau — Karte 7

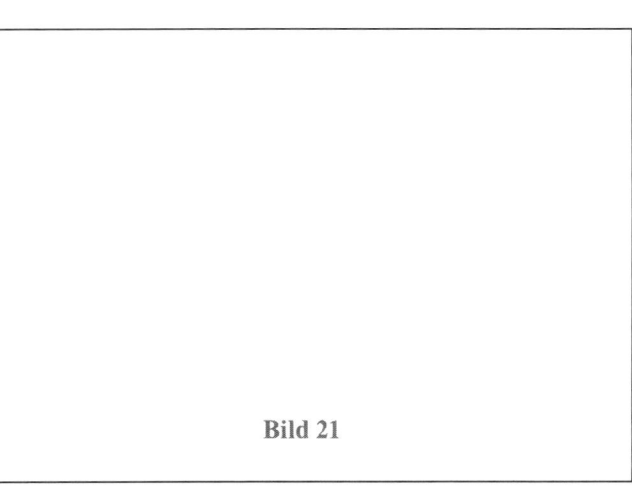
Bild 21

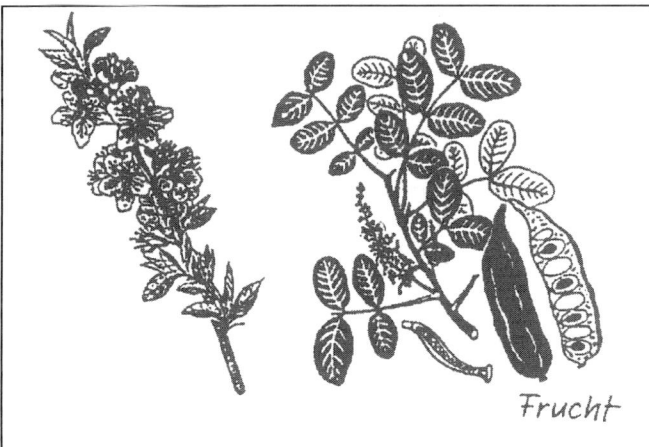
Frucht

weil sein saftiges Fruchtfleisch leicht säuerlich schmeckt und darum sehr erfrischend wirkt. Der Granatapfel wurde oft frisch gegessen, oder man presste ihn aus, um den Granatapfelsaft zu gewinnen.

Manchmal wurde er auch zu Gewürzwein verarbeitet.

Die Schalen der Früchte und die Rinde der Bäume enthalten viel Gerbsäure und einen intensiven roten Farbstoff. Zur Zeit Jesu wurde daraus Tinte hergestellt – noch heute verwendet man den Farbstoff zum Färben von Leder.

Überall in Palästina sah man zur Zeit Jesu große, immergrüne Bäume, die **Johannisbrotbäume**. Eine Besonderheit ist, dass sie erst im Herbst blühen. Die Früchte entwickeln sich dann im

Landwirtschaft: Obstanbau   Karte 8

Bild 22

Frühjahr des folgenden Jahres und reifen bis zum Spätsommer heran.

Die Früchte heißen **Johannisbrot** – es sind lange, braune Schoten. Das Johannisbrot ist trocken, fleischig und enthält viele Samenkerne.

Die sehr süßen Früchte dienten zur Zeit Jesu hauptsächlich als Viehfutter – sie wurden aber auch von den Armen gegessen, die sich sonst keine süßen Früchte leisten konnten. Aus dem Johannisbrot wurde auch ein dicker Sirup gewonnen, den man zum Süßen verwendete. Die Früchte liefern auch einen Samenschleim, der als Geliermittel benutzt wird.

Heute ist das Johannisbrot vor allem in den USA und Großbritannien als Gesundheitskost so beliebt, dass die Menschen viel Geld dafür ausgeben.

Auch **Nüsse** gehörten zur Zeit Jesu zu den täglichen Nahrungsmitteln, vor allem Mandeln, Walnüsse und Pistazien.

Als erster Baum zeigt im Frühjahr der **Mandelbaum** seine rosa Blüten. Da Mandelbäume während der Blütezeit noch keine Blätter haben, sehen sie aus wie rosa Wolken.

Landwirtschaft: Obstanbau   Karte 9

Bild 23

Etwa zehn Wochen nach Beginn der Blütezeit reifen die **Mandeln** heran: Die Nüsse sind von einer grünen, fleischigen Hülle umgeben; diese springt auf, wenn die Frucht reif ist. Unter der harten Schale der Frucht liegt der Kern, die eigentliche »Nuss«.

Mandeln werden roh oder geröstet verzehrt oder zermahlen zum Kochen und Backen benutzt.

Bild 24

Auch die großen Walnussbäume gehörten schon in alter Zeit zum Landschaftsbild in Palästina. Die **Walnüsse** sind sehr fettreich und daher sehr nahrhaft. Schon zur Zeit Jesu wurde aus Walnüssen auch Öl gewonnen. Die Walnussschalen eignen sich zum Einfärben von Stoffen und zum Gerben. Das schön geäderte Holz wird gern zum Schreinern von Möbeln benutzt.

Landwirtschaft: Obstanbau — Karte 6

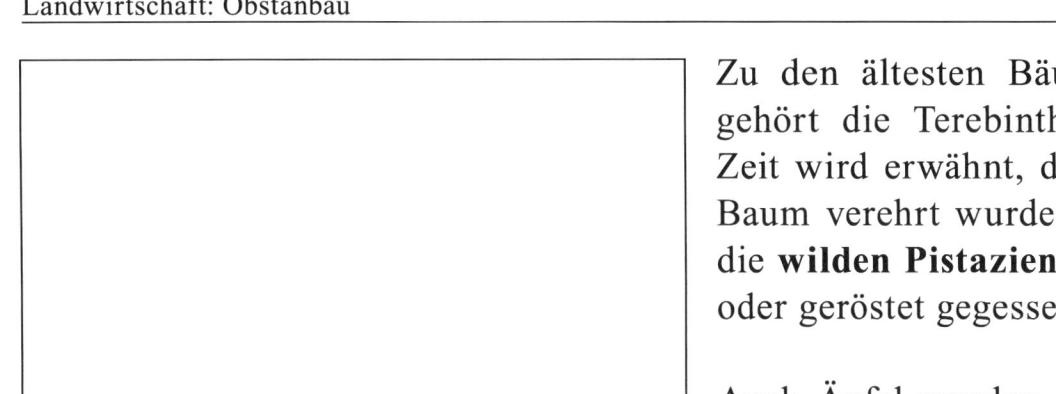
Bild 25

Zu den ältesten Bäumen in Palästina gehört die Terebinthe. Schon in alter Zeit wird erwähnt, dass sie als heiliger Baum verehrt wurde. Ihre Früchte sind die **wilden Pistazien**; sie wurden frisch oder geröstet gegessen.

Auch Äpfel wurden zur Zeit Jesu wohl gegessen – allerdings baute man die Apfelbäume noch nicht in Plantagen an. Man sammelte die Früchte der wild wachsenden Bäume: die **Holzäpfel**. Wahrscheinlich waren auch **Zitronen** und **Aprikosen** zur Zeit Jesu in Palästina bekannt.

* * * * * * * * * * *

Uns erscheinen die exotischen Früchte wie Datteln, Feigen, ... vielleicht sehr verlockend oder sogar wie Luxus – aber für die Menschen zur Zeit Jesu waren die Früchte, die du hier kennen gelernt hast, das einzige Obst. Frisches Obst gab es nur in der Jahreszeit, in der es geerntet wurde – sonst war man auf getrocknete Früchte angewiesen!

Landwirtschaft: Gemüseanbau — Karte 1

LANDWIRTSCHAFT
GEMÜSEANBAU

So lebten die Menschen zur Zeit Jesu

Landwirtschaft: Gemüseanbau — Karte 2

INFORMATION

In diesem Material findest Du Informationen darüber, wie die Menschen zur Zeit Jesu Gemüse angebaut haben.

Die Karten zum Themenkreis »**Gemüseanbau**« gehören zusammen. Bitte bearbeite sie in der richtigen Reihenfolge.

Übernimm die wichtigsten Informationen in Dein Heft / Deinen Ordner – hierzu kannst Du die entsprechenden Bildkopien aus dem Ordner »**So lebten die Menschen zur Zeit Jesu**« verwenden.

Landwirtschaft: Gemüseanbau — Karte 3

Bild 26

Bild 27

Zur Zeit Jesu war das Angebot an Gemüse nicht gerade vielfältig.

Besonders beliebt waren die erfrischenden **Melonen**, vor allem die Wassermelonen. Aber auch Honigmelonen wurden angebaut.
Auf den Melonenfeldern gab es kleine Hütten aus Zweigen und Blättern, in denen Wächter dafür sorgten, dass nichts gestohlen wurde.

Sehr bedeutend für die Ernährung zur Zeit Jesu waren die verschiedenen **Laucharten**:
Die **Zwiebel** brauchte man fast zu jeder Mahlzeit. Da man sie gut aufbewahren kann, standen sie das ganze Jahr zur Verfügung.

Landwirtschaft: Gemüseanbau — Karte 4

Bild 28

Ebenso wichtig war zur Zeit Jesu der **Knoblauch** – er wurde in großen Mengen angebaut. Überall sah man im Hochsommer blühende Knoblauchfelder mit ihren kugeligen Blütenständen.
Die Knoblauchzehen konnten leicht über mehrere Monate aufgehoben werden.
Allerdings wurde Knoblauch nicht nur zum Kochen verwendet. Er galt auch als wichtiges Heilmittel zur Förderung der Verdauung und zur Linderung von Krämpfen.

Gern wurde auch der **Lauch** gegessen: Er ähnelt unserem heutigen Porree.

Alle Laucharten wurden zur Zeit Jesu roh, gekocht oder gebraten verzehrt.

Landwirtschaft: Gemüseanbau — Karte 5

Bild 29

Einen unentbehrlichen Platz in der Landwirtschaft nahmen zur Zeit Jesu die **Hülsenfrüchte** ein.

Besondere Bedeutung kam den Linsen zu: Sie waren ein beliebtes und wichtiges Nahrungsmittel, denn Linsen sind sehr nahrhaft und eiweißreich. Die Frauen verarbeiteten sie vor allem zu Brei und Suppen.
Zusammen mit Weizen und Gerste wurden sie zu Mehl vermahlen und zum Brot- und Kuchenbacken verwendet.

Auch die **Sau-** oder **Puffbohnen** waren im Anbau weit verbreitet; allerdings waren sie viel kleiner als die heute bekannten Saubohnen.
Aus den Saubohnen konnten verschiedene Gerichte hergestellt werden:
Zum Teil wurden sie zu Mehl zerstampft und zu Brot verbacken; aus dem Mehl wurden auch dicke Suppen oder Breie hergestellt. Natürlich kochten die Frauen sie auch als Gemüse.

Erbsen und **Kichererbsen** gehörten ebenfalls zu den Grundnahrungsmitteln.

Landwirtschaft: Gemüseanbau — Karte 6

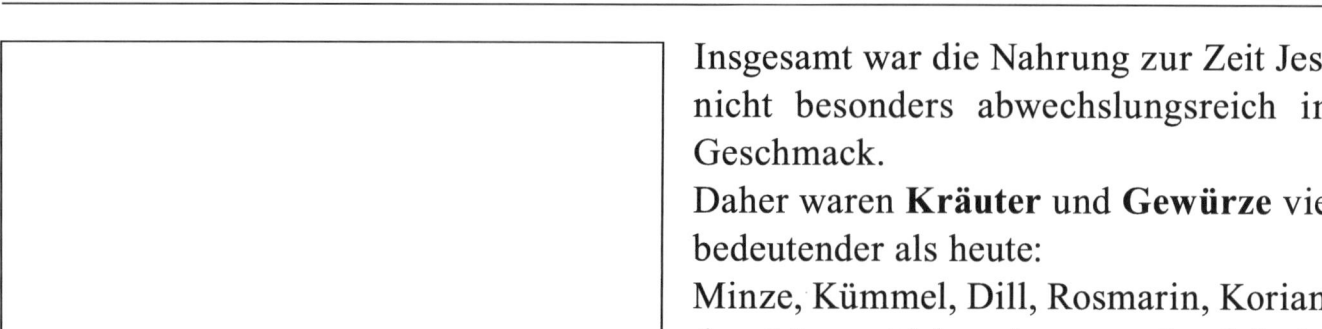
Bild 30

Insgesamt war die Nahrung zur Zeit Jesu nicht besonders abwechslungsreich im Geschmack.
Daher waren **Kräuter** und **Gewürze** viel bedeutender als heute:
Minze, Kümmel, Dill, Rosmarin, Koriander, Meerrettich, schwarzer Senf, Leinsamen, Lorbeer, … verfeinerten die Speisen. Sie spielten auch in der Medizin eine wichtige Rolle.

Viele dieser Kräuter und Gewürze wurden nicht extra angebaut, sondern man sammelte die wild wachsenden Pflanzen.

Bis heute sind Kräuter und Gewürze in Palästina sehr geschätzt. Sie werden oft von Straßenhändlern angeboten, die häufig auch heute noch wild wachsende Pflanzen sammeln.

Landwirtschaft: Viehzucht — Karte 1

LANDWIRTSCHAFT
VIEHZUCHT

So lebten die Menschen zur Zeit Jesu

Landwirtschaft: Viehzucht — Karte 2

INFORMATION

In diesem Material findest Du Informationen darüber, wie die Menschen zur Zeit Jesu Viehzucht betrieben.

Die Karten zum Themenkreis »**Viehzucht**« gehören zusammen. Bitte bearbeite sie in der richtigen Reihenfolge.

Übernimm die wichtigsten Informationen in Dein Heft / Deinen Ordner – hierzu kannst Du die entsprechenden Bildkopien aus dem Ordner »**So lebten die Menschen zur Zeit Jesu**« verwenden.

Landwirtschaft: Viehzucht — Karte 3

Bild 31

Die meisten Menschen in Palästina waren zur Zeit Jesu in der Landwirtschaft tätig. Neben dem Anbau von Getreide und anderen Früchten spielte auch die **Viehzucht** eine Rolle.
Für die Kleinbauern waren Schafe und Ziegen das nützlichste Kleinvieh.
Praktisch jeder Bauer hatte einige dieser Tiere.

Die **Ziegen** waren jahrhundertelang die wichtigsten Nutztiere, denn sie sind ausgesprochen genügsam.
Ihr Fleisch, ihr Fell und ihre Milch waren unentbehrlich. Aus Ziegenhaaren stellte man Decken und Teppiche her, die auch für Zelte verwendet wurden. Die Milch konnte zu Käse verarbeitet werden. Aus der Haut nähte man Schläuche, in denen man Wasser, Wein,

Landwirtschaft: Viehzucht — Karte 4

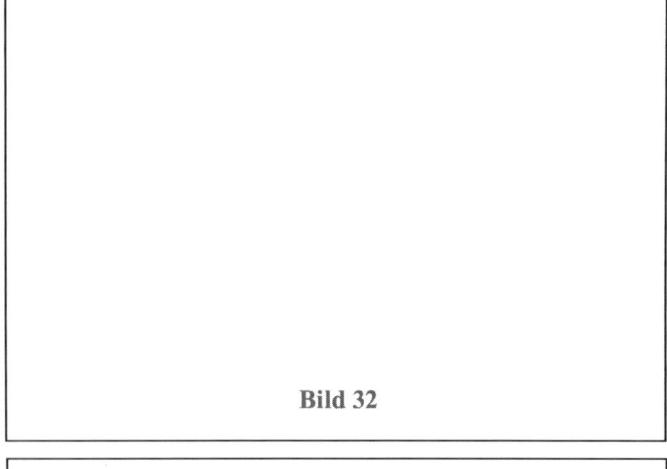
Bild 32

Milch und andere Getränke aufbewahren konnte. Bei besonderen Anlässen wurde auch einmal eine Ziege geschlachtet.
Auch als Opfertiere im Jerusalemer Tempel brauchte man Ziegen.

Fast ebenso wichtig waren die **Schafe**. Zur Zeit Jesu wurden in Palästina vor allem **Fettschwanzschafe** gehalten. Ihr Fettschwanz wurde bis zu 5 kg schwer, galt als Delikatesse und wurde oft als Opfergabe verwendet. Auch das Schaf war für die Menschen sehr nützlich: Seine Milch und das Fleisch dienten als Nahrung, die Wolle wurde gewoben und das Fell als Umhang getragen.
Vor allem beim Passafest, einem hohen jüdischen Feiertag, gehörte der Lammbraten unbedingt zum Festschmaus.

Landwirtschaft: Viehzucht — Karte 5

Bild 33

Rinder wurden zur Zeit Jesu in Palästina weniger gehalten, denn sie sind wesentlich anspruchsvoller. Außerdem war die Rinderrasse, die es damals in Palästina gab, recht primitiv: Das Fleisch und das Euter waren schlecht entwickelt, sodass ihr Nutzen für die Ernährung sehr gering blieb.
Allerdings wurde bei einem Festessen gern ein gemästetes Kalb aufgetragen.
Rinder waren eine nützliche Arbeitshilfe: Beim Pflügen und beim Dreschen war ihre Arbeitskraft als Zugtiere sehr willkommen. Auch Lasten konnte man mit Rindern gut transportieren.
Dass Rinder ein hohes Ansehen genossen, lässt sich daran ablesen, dass es richtige Gesetze gab, in denen die »Grundrechte« der Tiere festgelegt waren: So durfte ein Ochse, der in eine Grube gefallen war,

Landwirtschaft: Viehzucht — Karte 6

auch am Sabbat herausgezogen werden. Rinder durften auch am Sabbat zur Tränke geführt werden. Dies ist sehr bemerkenswert, da am Sabbat strengstes Arbeitsverbot herrschte!
Eine andere Bestimmung lautet:
»Du sollst dem Ochsen beim Dreschen keinen Maulkorb anlegen.« Auch daran sieht man, wie hoch Rinder eingeschätzt wurden: Sie durften beim Arbeiten von den gedroschenen Getreidekörnern fressen.

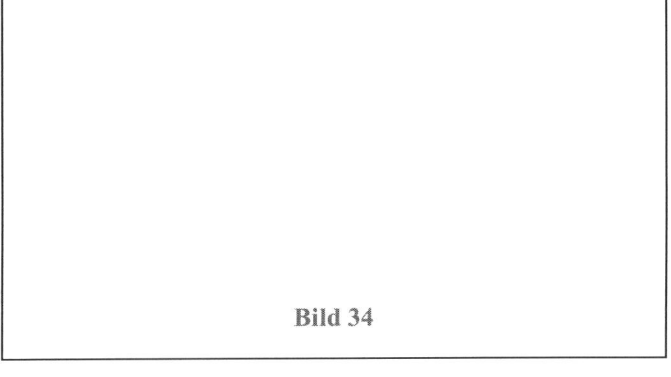
Bild 34

In Palästina wurde der Esel sehr vielseitig eingesetzt: Er diente als Reittier, als Lasttier und als Zugtier. Vor allem schätzte man an ihm seine Ausdauer, seine Genügsamkeit und seine Trittsicherheit im unwegsamen Gelände. Hier war er sogar dem Pferd überlegen.
Von alters her galt das Reiten auf einem Esel als Zeichen von Vornehmheit und Friedfertigkeit. Pferde verband man dagegen mit Krieg und Überheblichkeit.

Landwirtschaft: Viehzucht — Karte 7

Wenn ein neuer König sein Land in Besitz nahm, ritt er darum auf einem Esel mit hellem oder weißem Fell.
Auch der erhoffte Heilskönig, der Messias, sollte auf einem Esel kommen.
Dazu passt, dass Jesus auf einem Esel nach Jerusalem hineingeritten ist.

Auch der Esel hatte eigene Rechte: Zum Beispiel gab es diese Vorschrift:
»Wenn du siehst, wie der Esel deines Feindes unter der Last zusammenbricht, so lass ihn nicht im Stich, sondern leiste Hilfe!«

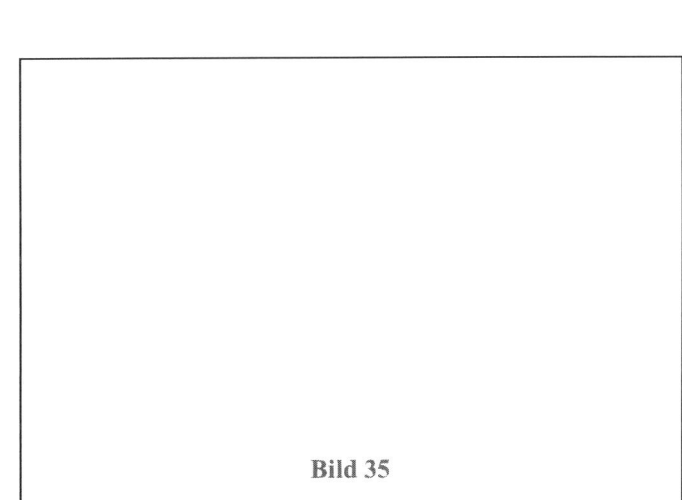
Bild 35

Maultiere und **Maulesel** waren zur Zeit Jesu ebenfalls sehr geschätzt. Diese Kreuzungen zwischen Pferd und Esel vereinigen die guten Eigenschaften beider Rassen: Die Tiere sind kräftig und mutig wie das Pferd und ausdauernd wie ein Esel.
Sie wurden vor allem als Last- und Reittiere verwendet.

Landwirtschaft: Viehzucht — Karte 8

Zur Zeit Jesu gab es nicht viele **Pferde** in Palästina. Sie wurden kaum als Lasttiere benutzt, denn ihr Unterhalt war sehr kostspielig. Nur Reiche konnten sich Pferde zum Reiten leisten.

Pferde wurden vor allem beim Militär gehalten. Sie zogen die kleinen, wendigen Streitwagen oder wurden bei den berittenen Truppen verwendet.

Kamele (zweihöckrig) und **Dromedare** (einhöckrig) hatten zur Zeit Jesu keine besondere Bedeutung mehr als Haustiere. Sie wurden allerdings als Last- und Reittiere für den Fernverkehr in Karawanen eingesetzt, denn sie sind sehr genügsam und können mehrere Tage ohne Flüssigkeitsaufnahme überleben.

Hühner gehörten zu den häufigsten Haustieren. Ihre Eier und das Fleisch bereicherten den Speiseplan der Menschen.

Schweine gelten bei den Juden als unreine Tiere – daher dürfen sie nicht gezüchtet werden. Für einen gläubigen Juden ist es streng verboten, Schweinefleisch zu essen!

Das tägliche Leben: Wohnen — Karte 1

DAS TÄGLICHE LEBEN
WOHNEN

So lebten die Menschen zur Zeit Jesu

INFORMATION

In diesem Material findest Du Informationen darüber, wie die Menschen zur Zeit Jesu gewohnt haben.

Die Karten zum Themenkreis »**Wohnen**« gehören zusammen. Bitte bearbeite sie in der richtigen Reihenfolge.

Übernimm die wichtigsten Informationen in Dein Heft / Deinen Ordner – hierzu kannst Du die entsprechenden Bildkopien aus dem Ordner »**So lebten die Menschen zur Zeit Jesu**« verwenden.

Bild 36

Zur Zeit Jesu lebten die meisten Menschen in Dörfern oder kleinen Städten. Ihre Häuser waren klein und sehr einfach:
Als Baumaterial dienten entweder Natursteine oder Ziegel.
Die **Steine** waren oft nur auf einer Seite grob behauen, sodass die Innenwände einigermaßen gerade waren. Die Steine wurden nur aufeinander gesetzt und mit Lehm und Kies etwas vermauert. Die Wände waren oft 70–100 cm dick, damit sie stabil genug waren, um das Dach zu tragen. Allerdings konnte man kein zweites Stockwerk aufsetzen.
Wo es nicht genügend Natursteine gab, fertigte man **Ziegel** an. Diese Technik kannte man schon seit Hunderten von Jahren – teilweise wird sie sogar noch heute angewendet: Man stellte eine

Das tägliche Leben: Wohnen   Karte 4

Bild 37

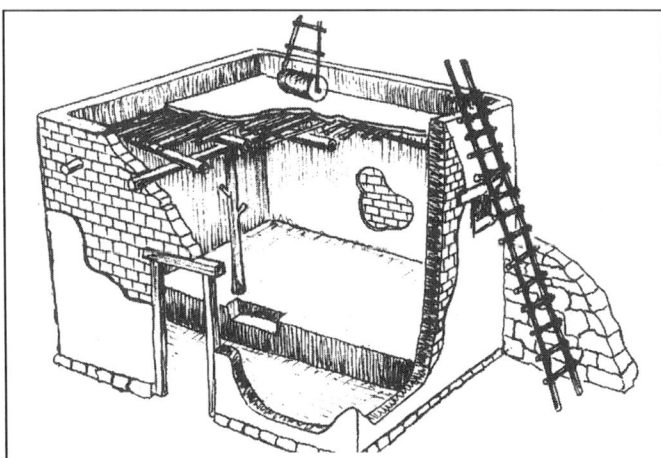

Mischung aus Lehm, gehäckseltem Stroh, Kies, Muschelscherben und Holzkohle her und füllte sie in einfache, rechteckige Formen aus Holz. Die meisten Ziegel wurden einfach an der Sonne getrocknet. Nur die Ziegel, die man für die Fundamente benötigte, wurden gebrannt.

Die fertigen Ziegel wurden beim Bauen aufeinander gesetzt und mit Lehm verputzt.

Es gab nur wenige kleine **Fensteröffnungen**, die sehr hoch oben in den Mauern lagen. Glas kannte man noch nicht. Bei Kälte verstopfte man die Öffnungen mit Lumpen und hängte Decken aus Wolle davor. Die **Türen** waren zuerst aus Zweigen geflochten; später konnte man sie aus Holz und Metall herstellen.

Die Häuser zur Zeit Jesu hatten meistens **Flachdächer**: Man legte lange,

---

Das tägliche Leben: Wohnen   Karte 5

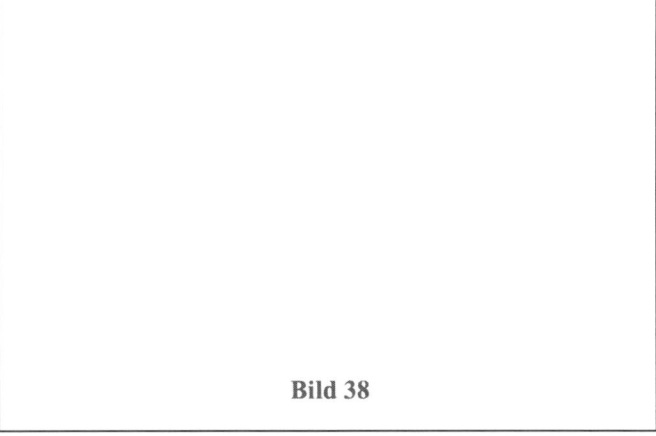
Bild 38

dicke Balken über die Breite des Hauses und quer dazu weitere Lagen aus Hölzern und Reisig. Darauf kam eine dicke Schicht aus Lehm, Wasser, Kalk und Häcksel. Dieser Brei wurde gestampft und mit einer Steinwalze verfestigt.

Wenn es stark regnete, wurden die Dächer natürlich leicht undicht. Dann musste eine neue Lehmschicht aufgetragen werden.

Das Dach erreichte man über eine Leiter oder über eine steinerne Treppe, die an das Haus angebaut war.

Oft hielten sich die Menschen auf den Dächern ihrer Häuser auf: Hier wurden Früchte getrocknet, Vorräte aufbewahrt und manche Arbeiten verrichtet. Von hier oben konnte man das Dorf überblicken und mit seinen Nachbarn ein Schwätzchen halten. Bei schwülem Wetter war das Dach ein beliebter, kühler Schlafplatz. Wenn es geregnet hatte, wuchs oft Gras auf den Dächern, das die Schafe und Ziegen gern abweideten!

Das Dach war für das tägliche Leben so wichtig, dass das Gesetz eine gemauerte Sicherheitsumrandung vorschrieb.

Das tägliche Leben: Wohnen — Karte 6

Die einfachen Häuser zur Zeit Jesu bestanden meistens nur aus einem **einzigen Raum** – eine Darstellung findest du auf der nächsten Karte.

Der Innenraum war sehr klein: Ein durchschnittliches Maß betrug etwa 3,50m x 5,50m – das entspricht ungefähr einem Drittel deines Klassenzimmers!

Diesen kleinen Raum mussten sich viele Bewohner teilen:

In der Nähe der Tür, zu ebener Erde, hatten die **Tiere** ihren Platz. Der hintere Teil des Wohnraums war etwas erhöht – hier lebten die **Menschen**. In manchen Häusern diente der Raum unter dieser erhöhten Plattform als Abstellraum für Vorräte und Krüge.

Der Wohnbereich war sehr, sehr einfach eingerichtet: Es gab keine Möbel, sondern man saß auf Strohmatten, groben Decken oder Teppichen auf dem Boden. Nachts wurden einfache Unterlagen aus Stroh oder Teppiche ausgerollt, auf denen die Familie schlief. Zum Zudecken hatte man Decken aus Ziegenhaar. Arme Leute mussten sich oft mit ihrem Mantel zudecken. Da es im Winter nachts oft recht kalt wird, war für die Armen der Mantel lebensnotwendig. Mussten sie ihren Mantel aus Geldnot verpfänden, schützte sie ein Gesetz vor dem Erfrieren: Für die Nacht musste der Mantel zurückgegeben werden – morgens mussten sie ihn wieder abliefern!

Die kleinen Fenster sorgten dafür, dass wenig Hitze in den Raum eindringen konnte – allerdings hatten sie auch einen großen Nachteil – sie ließen auch nur sehr wenig Licht hinein! Darum musste man den Raum mit Öllämpchen beleuchten: Größere

Das tägliche Leben: Wohnen — Karte 7

Das tägliche Leben: Wohnen — Karte 8

Lampen hingen von der Decke herunter, die kleinen stellte man in Nischen in den Wänden auf. Meistens waren es nur einfache Tonschälchen mit einem Docht aus Flachs oder Lumpen; als Brennstoff diente Olivenöl.

Gekocht wurde auf einer einfachen Feuerstelle aus Lehm – der Rauch zog nur langsam durch ein kleines Loch in der Decke ab.

Der Wohnraum diente aber nicht nur als Unterkunft für Mensch und Tier, sondern musste auch noch viele **Vorräte** aufnehmen: Tönerne Vorratskrüge für Getreide, Öl, Wein und Wasser standen in einfachen Regalen; hier fand auch das Koch- und Essgeschirr seinen Platz. Andere Vorräte wie zum Beispiel getrocknete Bohnen, Erbsen, Linsen, Rosinen ... bewahrte man in Säcken auf. Zum Schutz vor Mäusen wurden diese Säcke an der Decke aufgehängt. Oft hingen hier auch noch Schläuche aus Tierhaut, in denen man Wasser oder Wein aufbewahrte.

Fast alle Häuser hatten vor der Haustür einen **ummauerten** Hof, in dem sich ein Großteil des Lebens abspielte. Manchmal teilten sich mehrere Familien mit ihren

Das tägliche Leben: Wohnen — Karte 9

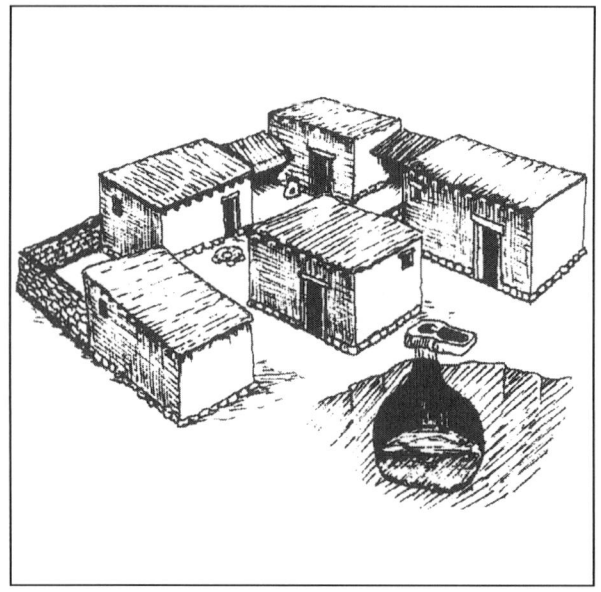

Häusern einen gemeinsamen Hof, in dem auch die Tiere lebten.

Es kam auch vor, dass die Häuser und Höfe so eng ineinander verschachtelt waren, dass sie wie ein einziges Gebäude aussahen. Eine solche »Wohninsel« ist hier abgebildet.

In den Innenhöfen der Häuser hatten wichtige Haushaltsgeräte ihren Platz: Die Getreidemühle, mit der jeden Tag frisches Mehl gemahlen wurde, und ein kleiner Backofen, in dem die Hausfrauen Fladenbrote backen konnten.

Oft backten auch mehrere Familien gemeinsam in einem größeren Ofen, denn Brennmaterial war knapp.

Im Innenhof gab es auch eine kleine Zisterne – dies ist ein unterirdisches gemauertes Becken, in dem das Regenwasser aufgefangen wird. In der Hitze verdirbt das Wasser aber schnell und es hat immer einen leicht fauligen Geschmack. Außerdem kann es manche Krankheiten verursachen.

Trotzdem war diese Zisterne im heißen, wasserarmen Palästina unentbehrlich.

Das tägliche Leben: Ernährung Karte 1

DAS TÄGLICHE LEBEN
ERNÄHRUNG

So lebten die Menschen zur Zeit Jesu

Das tägliche Leben: Ernährung Karte 2

INFORMATION

In diesem Material findest Du Informationen darüber, wie sich die Menschen zur Zeit Jesu ernährt haben.

Die Karten zum Themenkreis **»Ernährung«** gehören zusammen. Bitte bearbeite sie in der richtigen Reihenfolge.

Übernimm die wichtigsten Informationen in Dein Heft / Deinen Ordner – hierzu kannst Du die entsprechenden Bildkopien aus dem Ordner **»So lebten die Menschen zur Zeit Jesu«** verwenden.

Das tägliche Leben: Ernährung   Karte 3

Zur Zeit Jesu war die Ernährung der einfachen Leute sehr anspruchslos: Ein Frühstück kannte man kaum – meist nahm man nur etwas Fladenbrot und einige Oliven zu sich. Auch das **Mittagessen** fiel sehr sparsam aus. Die **Hauptmahlzeit** wurde dann am **Abend** eingenommen; dann versammelte sich die ganze Familie im Haus.

Alle saßen auf Strohmatten oder Teppichen auf dem Boden. In der Mitte stand eine große Schüssel, daneben lagen die Fladenbrote auf einer Strohmatte.

Vor Beginn der Mahlzeit sprach der Hausvater ein **Dankgebet**; er brach die Fladenbrote in Stücke und verteilte sie. Auch wenn es einmal Fleisch gab, war es die Aufgabe des Vaters, die Fleischstücke auszuteilen.

Alle aßen gemeinsam aus der großen

Das tägliche Leben: Ernährung   Karte 4

Segensspruch beim Essen

Gelobt seist du,

Ewiger, König der Welt,

dass du Brot

aus der Erde hervorbringst.

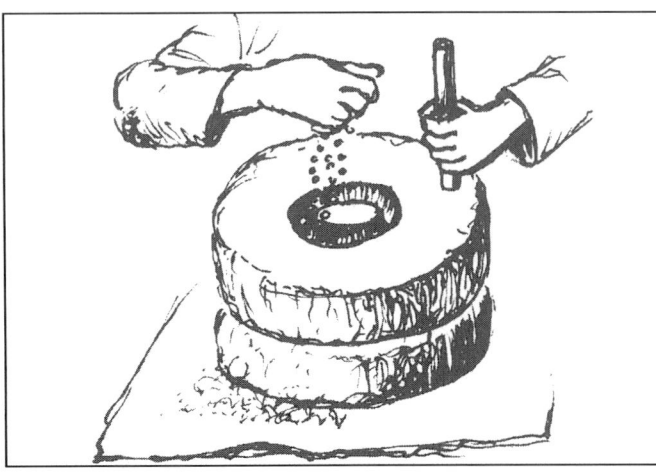

Schüssel. Löffel verwendete man nur für Suppen, sonst benutzte man ein Stück Fladenbrot als »Besteck«.

Fladenbrot war das wichtigste Grundnahrungsmittel der Menschen zur Zeit Jesu. Jeden Tag wurde das Mehl dafür frisch gemahlen: Diese harte Arbeit war morgens die erste Aufgabe der Frauen und Mädchen.

Wohl in jedem Haushalt hatte man eine steinerne Handmühle: Sie bestand aus zwei flachen, runden Steinen. Der untere stand fest, der obere konnte mit einem Holzgriff gedreht werden. Zwischen den beiden Mahlsteinen wurden die Getreidekörner zermahlen, und man erhielt ein grobes Mehl. Dieses Mehl wurde gesiebt, um Verunreinigungen zu beseitigen. Dann mischte die Hausfrau es mit Was-

Das tägliche Leben: Ernährung   Karte 5

ser und Salz und knetete den Teig kräftig durch. Kleine Teigbatzen wurden auf einer Strohmatte oder einem Stein flachgedrückt und dann über den nackten Unterarmen zu großen, ganz dünnen Fladen geformt. Die einfachste Art, diese Fladen zu backen,

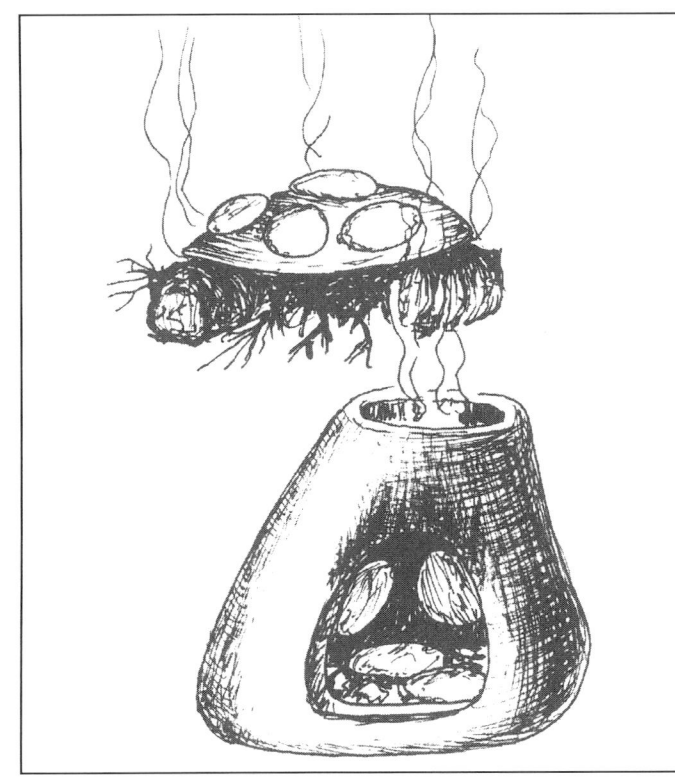

war eine Mulde, in der die Fladen auf die heiße Asche gelegt wurden. Sie waren im Nu durchgebacken.

Kleine Fladen wurden oft auf Steinen gebacken, die man im Feuer erhitzt hatte. Der einfachste »**Backofen**« bestand aus einem gewölbten Blech, das auf Steine gelegt wurde. Darunter brannte das Feuer.

Gemauerte Backöfen oder Öfen aus gebranntem Lehm wurden oft von mehreren Familien gemeinsam benutzt, um Brennmaterial zu sparen. Das Feuer wurde mit Unkraut, dürren Ästen und getrocknetem Viehmist in Gang gehalten. Im oberen Teil der Öfen klatschte man die Fladen an die Wand, die in der Hitze schnell fertig waren.

Das tägliche Leben: Ernährung   Karte 6

Für den täglichen Bedarf backte man Fladen aus ungesäuertem Teig. Aber man kannte auch Sauerteig. In dem heißen Klima reicht es aus, den fertigen Teig einige Stunden in der Sonne stehen zu lassen – er säuert dann von selbst. Aber eigentlich hob jede Hausfrau ein Stück Sauerteig in einem Krug auf. Bei Bedarf mischte sie ihn wieder unter den neuen Teig, um ihn zu säuern.

Das Fladenbrot schmeckt frisch am besten, denn es trocknet schnell aus. Daher war es Ehrensache, dass für Gäste frisches Brot gebacken wurde, auch wenn noch genug Vorrat vorhanden war!

Zur Zeit Jesu ernährten die einfachen Leute sich fast nur vegetarisch. **Fleisch** gab es nur zu besonderen Anlässen. Und selbst dann musste man sich meist mit Hammel- und Ziegenfleisch oder einem Huhn zufrieden geben. Hochwertiges Lamm-, Kalb- oder Rindfleisch konnten sich nur die Wohlhabenden leisten.

Es wurde viel **Gemüse** gegessen, vor allem Bohnen, Erbsen, Linsen, Lauch, Zwiebeln und Gurken. Daraus stellte man meistens dicke Suppen oder Brei

Das tägliche Leben: Ernährung — Karte 7

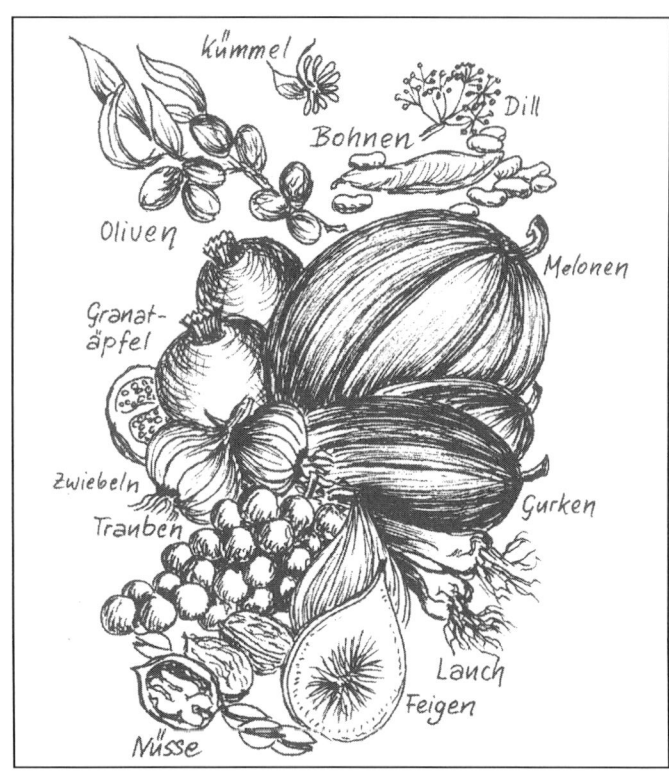

her. Gurken und Oliven wurden auch roh gegessen. Manche Nahrungsmittel röstete man in Olivenöl. Wenn man frische Getreideähren auf das heiße Backblech streute, erhielt man eine Art Popcorn. Um das Essen etwas abwechslungsreicher zu machen, verwendete man Kümmel, Minze, Dill und andere **Kräuter** und **Gewürze**, die wild wuchsen.

Zu den beliebten Nahrungsmitteln gehörte frisches Obst wie Trauben, Datteln, Feigen und Granatäpfel. Allerdings gab es frisches Obst immer nur in der Erntezeit. Das Jahr über musste man mit Rosinen, getrockneten Feigen und Datteln zufrieden sein.

Auch **Nüsse** ließen sich gut aufheben.

Im heißen Klima Palästinas verlieren die Menschen mit dem Schweiß viel **Salz** – darum ist es wichtig, dass mit der Nahrung genügend Salz aufgenommen wird. Auch dem Viehfutter setzte man Salz zu. Viel Salz wurde auch für die Haltbarmachung

Das tägliche Leben: Ernährung — Karte 8

von Lebensmitteln benötigt – z.B. Oliven legte man in Salzwasser ein, Fisch wurde getrocknet und gesalzen.

Weil das Salz so wichtig war, galt es als Zeichen von Freundschaft und Wertschätzung, einem Gast zur Begrüßung Brot und Salz anzubieten.

Zur Zeit Jesu wurde das Salz ausschließlich aus dem salzhaltigen Wasser des Toten Meers gewonnen.

Zucker kannte man damals noch nicht. Honig von wilden Bienen war der wichtigste Süßstoff – außerdem stellte man einen süßen Sirup aus gekochten Datteln her.

Das wichtigste Getränk zur Zeit Jesu war das Wasser. Zum Trinken eignete sich allerdings nur **Wasser** aus Brunnen oder Quellen – man nannte es daher auch »lebendiges Wasser«! Die Frauen mussten es vom Dorfbrunnen in Krügen zum Haus tragen, wo es in Tongefäßen aufbewahrt wurde.

Regenwasser wurde in unterirdischen gemauerten Becken, den Zisternen, gesammelt. Solch eine Zisterne siehst du auf dem Bild.

Das tägliche Leben: Ernährung — Karte 9

Dieses Wasser eignete sich nur für das Vieh und zum Kochen, denn es war immer verunreinigt und meistens auch leicht faulig.

Um das Wasser aus der Zisterne heraufzuholen, benutzte man einen einfachen Eimer aus Leder. Meistens gab es neben der Zisterne einen Trog als Viehtränke.

Neben Wasser wurde zur Zeit Jesu auch viel **Wein** getrunken. In dem heißen Klima gedeihen die Weinstöcke sehr gut und geben reichen Ertrag. Bei der Ernte trank man zuerst den frischen Traubensaft. Den meisten Saft ließ man zu Wein vergären. Er wurde in großen Tonkrügen oder auch in Lederschläuchen aufbewahrt.

Ein weiteres wichtiges Nahrungsmittel war die **Milch** von Schafen und Ziegen – Kuhmilch war seltener. Die Milch wurde frisch zu den Mahlzeiten getrunken oder zu **Joghurt** und **Käse** verarbeitet. Die Herstellung von **Butter** war eine langwierige Tätigkeit: Die Frauen füllten Sauermilch in einen Ledersack, den sie zwischen drei Stöcken aufhängten. Sie bearbeiteten den Sack immer wieder mit Faustschlägen – so entstand nach längerer Zeit Butter. In dem heißen Klima hielt sie sich aber nicht lange.

Das tägliche Leben: Ernährung — Karte 10

Rezepte 1

Fladenbrot

2 Tassen Mehl
1 Tl Salz
50g Öl
½ Tasse lauwarmes Wasser

Zutaten zu einem festen Teig verrühren und kräftig kneten, bis er Blasen wirft.
10 kleine Kugeln formen und zu dünnen Fladen zurechtdrücken.
In einer sehr heißen, ungefetteten Pfanne (Gusseisen) von beiden Seiten backen, bis sie braunfleckig werden.
Sofort servieren.

Nusscreme

1 Tasse fein zerstoßene
Nüsse / Pinienkerne
Wasser, Öl
Salz
Knoblauch, Zwiebeln
einige Tropfen Zitronensaft
Würzkräuter (Petersilie, Minze, ...)

Nüsse in einem Mörser mit soviel Öl und Wasser zerreiben, dass eine Creme entsteht. Mit Salz, Knoblauch, fein gehackten Zwiebeln, Zitronensaft und Kräutern abschmecken. Zum Fladenbrot servieren.

Das tägliche Leben: Ernährung — Karte 11

Rezepte 2

Linsengericht

500g Linsen
2 Zwiebeln
2 Knoblauchzehen
schwarze Senfkörner
2 Tl Kümmel (ganz)
Öl, Salz und ½ Tasse Milch

Linsen 12 Stunden in kaltem Wasser einweichen. Zwiebeln und Knoblauch fein schneiden und in Öl bräunen. Restliche Zutaten außer Salz und Milch zugeben und garen.
Milch und Salz zugeben, 10 min. ziehen lassen.

Kichererbsen

300g Kichererbsen
2 Stangen Lauch
1 Zwiebel
Öl
Salz
Petersilie

Kichererbsen 12 Stunden einweichen, mit knapp ½ l Wasser weichkochen. Lauch und Zwiebeln in Öl andünsten, Kichererbsen zugeben und ziehen lassen. Petersilie fein hacken und über das Gericht streuen.

Das tägliche Leben: Auf dem Markt — Karte 1

DAS TÄGLICHE LEBEN
AUF DEM MARKT

So lebten die Menschen zur Zeit Jesu

Das tägliche Leben: Auf dem Markt — Karte 2

INFORMATION

In diesem Material findest Du Informationen darüber, wie es zur Zeit Jesu auf einem Markt zuging.

Die Karten zum Themenkreis **»Auf dem Markt«** gehören zusammen. Bitte bearbeite sie in der richtigen Reihenfolge.

Übernimm die wichtigsten Informationen in Dein Heft / Deinen Ordner – hierzu kannst Du die entsprechenden Bildkopien aus dem Ordner **»So lebten die Menschen zur Zeit Jesu«** verwenden.

Das tägliche Leben: Auf dem Markt — Karte 3

Das tägliche Leben: Auf dem Markt — Karte 4

Zur Zeit Jesu waren die Bauern in Palästina weitgehend **Selbstversorger**. Sie produzierten die meisten Dinge, die sie zum Leben benötigten, selber. Was man selber nicht hatte, tauschte man mit seinen Nachbarn oder kaufte es ein. In den kleinen Dörfern gab es wohl nur einzelne Handwerker, die auf einen Beruf spezialisiert waren. Der **Töpfer** stellte Koch- und Vorratsgeschirr her; auch Lämpchen konnte man bei ihm erwerben. Der **Schmied** verstand sich auf die Metallbearbeitung und war für die Bauern unentbehrlich: Bei ihm kaufte man einfache Geräte für die Landwirtschaft und Gegenstände für den täglichen Gebrauch.

In den Städten gab es einen lebhaften Handel, der sich in den kleineren Städten vor allem auf dem **Marktplatz** abspielte. Meist lag dieser Markt in der Nähe des Stadttors, wo die Händler sich trafen. Auch die Bauern aus den umliegenden Dörfern kamen hierher, um einen kleinen Teil ihrer Ernte zu verkaufen. Mit dem eingenommenen Geld konnten sie auch gleich ein paar einfache Dinge einkaufen, die sie dringend benötigten.

Die Händler, die gleiche Waren hatten, schlossen sich meistens in Gruppen zusammen und boten ihre Produkte gemeinsam an. Alle Waren wurden auf Matten oder Körben am Boden ausgelegt. Feste Preise gab es nur für wenige Grundnahrungsmittel – alle anderen Preise wurden durch Feilschen ausgehandelt.

Auf dem Markt gab es nicht nur Nahrungsmittel zu kaufen – auch Tiere, Stoffe, Sandalen, Schmuck, Tongeschirr, Metallgegenstände, … waren hier zu haben.

Das tägliche Leben: Auf dem Markt — Karte 5

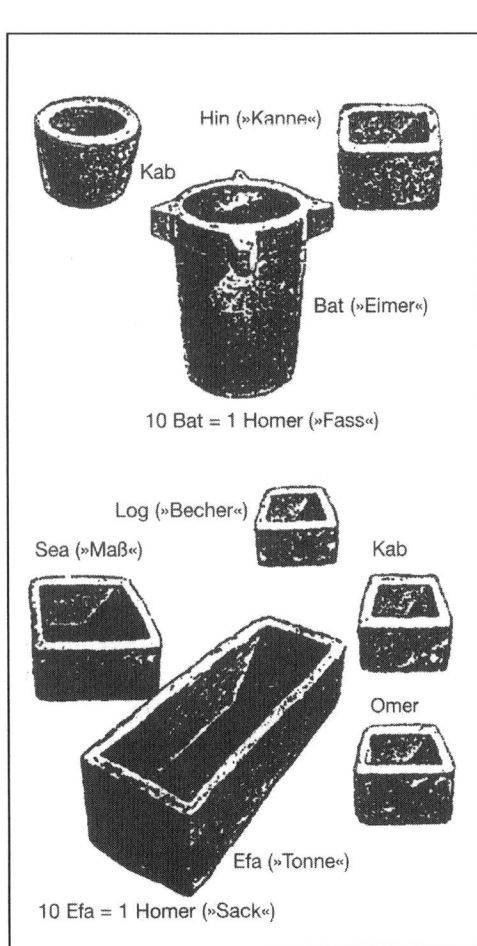

Die meisten landwirtschaftlichen Erzeugnisse wurden nicht nach ihrem Gewicht verkauft, sondern man maß sie in Krügen oder Säcken ab. Im Laufe der Zeit hatte man sich auf einheitliche **Gefäße** geeinigt, die als Maße galten. Allerdings weiß man heute nicht mehr genau, wie viel Liter mit den alten Maßen gemeint waren.

Bei **Flüssigkeiten** war das Grundmaß **1 Bat**, etwa 40 Liter. 10 Bat waren **1 Homer** oder **1 Kor**. Kleinere Mengen wurden so gemessen: **1 Hin** waren etwa 6 Liter, **1 Kab** enthielt ungefähr 2 Liter.

Das Grundmaß für **Trockenes** war **1 Efa**; es entsprach auch etwa 40 Litern. 10 Efa ergaben **1 Homer** – so viel konnte ein Esel tragen. **1 Sea** bedeutete etwa 13 Liter, **1 Omer** waren 4 Liter, **1 Kab** ungefähr 2 Liter und **1 Log** etwa 0,5 Liter.

Da die Maße nicht geeicht waren, konnten sie leicht gefälscht werden – schon ein dickerer Boden im Gefäß war für den Händler ein Vorteil!

Wertvollere Waren wurden nach **Gewicht** verkauft. Die Gewichte waren aus Stein, Marmor, Basalt oder Metall.

Das tägliche Leben: Auf dem Markt   Karte 6

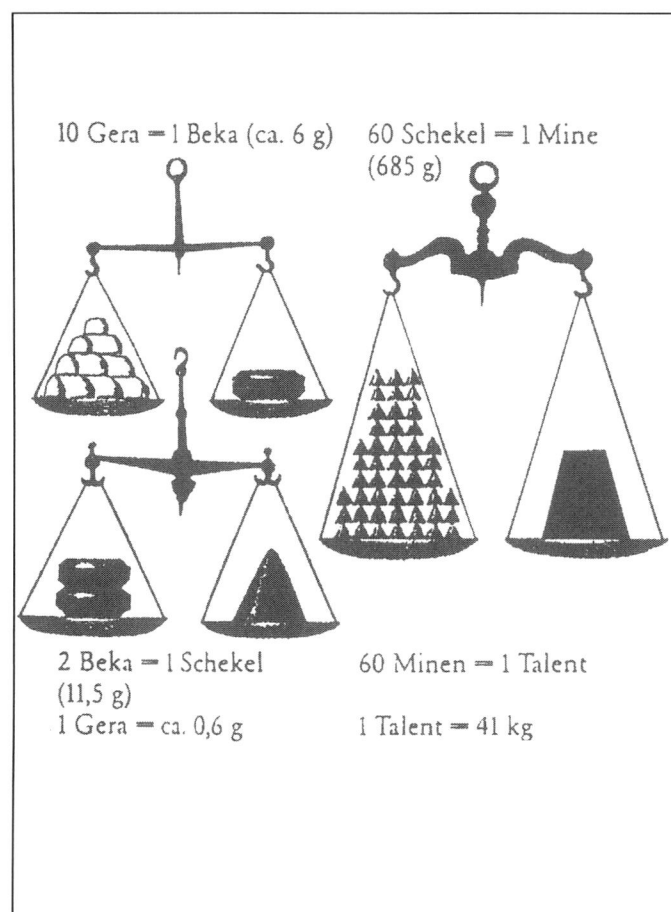

Das kleinste Gewicht war **1 Gera** – es entsprach etwa 0,6 Gramm. 10 Gera ergaben **1 Beka**, also 6 Gramm. Das Gewicht von 2 Beka nannte man **1 Schekel** – dies entsprach ca. 12 Gramm. 60 Schekel ergaben **1 Mine**, etwa 685 Gramm. Die größte Einheit, **1 Talent**, setzte sich aus 60 Minen zusammen – es entsprach etwa 40 Kilo.

Bezahlt wurde aber auch mit **Münzen**. Die jüdischen Münzen waren nach den Gewichten benannt: **1 jüdischer Schekel** entsprach **4 römischen Denaren** oder **4 griechischen Drachmen**.
300 jüdische Schekel ergaben **1 jüdisches Talent**.
Wenn man diese Münzen in ihrem Wert einschätzen will, geht man am besten von einem römischen Denar oder einer

---

Das tägliche Leben: Auf dem Markt   Karte 7

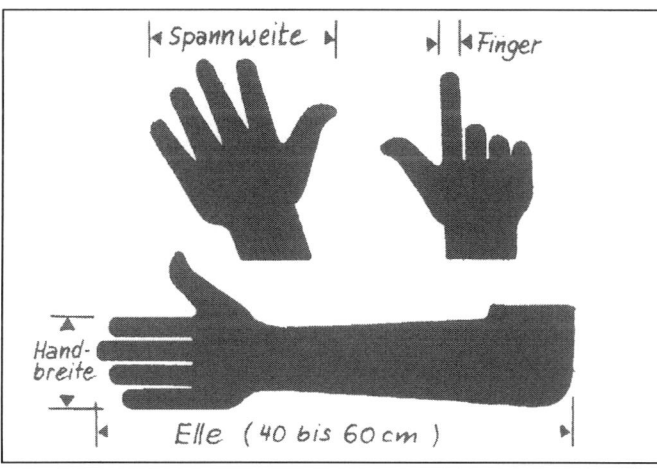

griechischen Drachme aus: sie entsprachen ungefähr dem Tageslohn eines Arbeiters!
Die **Längenmaße** wurden nach den Maßen des menschlichen Körpers festgelegt: **1 Finger** betrug etwa 2 Zentimeter, **1 Handbreite** entsprach 7,6 Zentimetern, **1 Spanne** (= Breite der gespreizten Hand) war etwa 23 Zentimeter. **1 Elle** wurde vom Ellbogen bis zur Fingerspitze gemessen und betrug etwa 45 Zentimeter.
Für größere Entfernungen benutzte man folgende Wegmaße: Die griechische Maßeinheit war **1 Stadion** (nach der Länge des Stadions in Olympia) – dies entsprach 185 Metern. **1 römische Meile** betrug 1478 Meter. Bei den Juden galt als Maß der Sabbatweg: So viel durfte man nach dem Gesetz am Sabbat gehen – etwa 1 Kilometer.

Das tägliche Leben: Kleidung — Karte 1

DAS TÄGLICHE LEBEN
KLEIDUNG

So lebten die Menschen zur Zeit Jesu

Das tägliche Leben: Kleidung — Karte 2

INFORMATION

In diesem Material findest Du Informationen darüber, wie sich die Menschen zur Zeit Jesu kleideten.

Die Karten zum Themenkreis »**Kleidung**« gehören zusammen. Bitte bearbeite sie in der richtigen Reihenfolge.

Übernimm die wichtigsten Informationen in Dein Heft / Deinen Ordner – hierzu kannst Du die entsprechenden Bildkopien aus dem Ordner »**So lebten die Menschen zur Zeit Jesu**« verwenden.

Das tägliche Leben: Kleidung   Karte 3

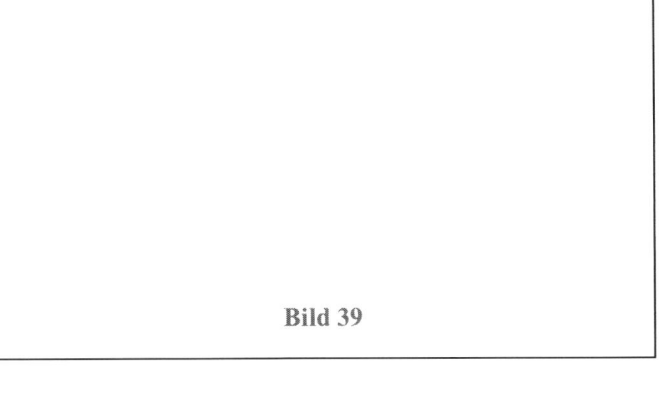
Bild 39

Wie sich die Menschen zur Zeit Jesu in Palästina kleideten, wissen wir nicht mehr in allen Einzelheiten. Das hängt damit zusammen, dass es bei den Juden lange Zeit nicht erlaubt war, Bilder zu malen. Allerdings kann man aus den Darstellungen anderer Völker und aus Ausgrabungen Schlussfolgerungen ziehen, wie sich die Menschen damals kleideten.
Außerdem war die Kleidung viel weniger der Mode unterworfen als heute – über Jahrtausende kleideten sich die Menschen im Vorderen Orient fast gleich.
Wie du auf dem Bild sehen kannst, tragen die Beduinen auch heute noch die traditionelle Kleidung!

Die Kleidung der wohlhabenden Leute unterschied sich deutlich von der Kleidung der einfachen Menschen: Die **Reichen** besaßen **mehrere Kleidungsstücke**: für den Sommer und für den Winter, für die Arbeit, für Freizeit und Erholung. Ihre Kleidung wurde auch aus **unterschiedlichen Stoffen** hergestellt: aus Wolle, Leinen und sogar aus Seide.

Das tägliche Leben: Kleidung   Karte 4

Die **einfachen Leute** besaßen oft nur eine **Art von Kleidung**, die sie das ganze Jahr über trugen. Sie war meistens aus **Schafwolle** oder **Ziegenhaar** hergestellt – die ganz Armen trugen Gewänder aus Ziegenfell oder Leder, das sich unangenehm trug, da es recht hart war.

Das Grundkleidungsstück für **Männer** war ein kurzer Rock oder **Lendenschurz**. Schwere Arbeiten wurden nur in diesem Lendenschurz verrichtet – so war man nicht durch den vielen Stoff der Kleidung behindert. Über dem Lendenschurz trugen sie ein weites **Hemd** aus Wolle oder Leinen, das meistens bis über die Knie reichte: Es war wie ein Sack gearbeitet – ein langes Stück Stoff, das in der Mitte gefaltet und an den Seiten zugenäht wurde. Für den Kopf wurde ein Loch ausgespart. Über dem Hemd wurde ein **Mantel** getragen – er schützte nicht nur vor Kälte, sondern auch vor Hitze.

Das tägliche Leben: Kleidung — Karte 5

Für die **Hirten** und die **Armen** war der Mantel oft das einzige Kleidungsstück, das sie vor Wind und Wetter schützte: tagsüber diente er zusammengerollt als Sitzplatz, nachts deckten sie sich damit zu. Besonders Mäntel aus Ziegenhaar waren hierfür sehr geeignet, da sie wasserdicht sind. Weil der Mantel für diese Menschen lebensnotwendig war, gab es seit alter Zeit ein Gesetz: Wenn ein armer Mann seinen Mantel aus Geldnot verpfänden musste, hatte der Geldgeber sich so zu verhalten:

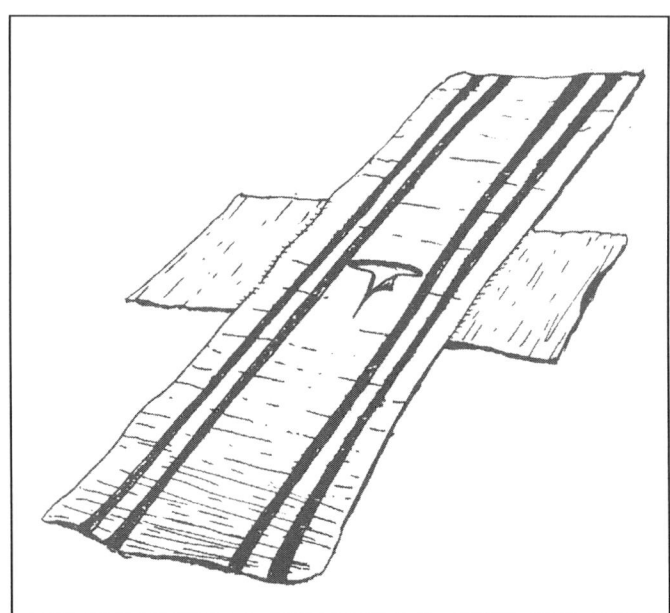

»Ist es ein armer Mann, so sollst du dich mit seinem Pfand nicht schlafen legen, sondern sollst ihm bei Sonnenuntergang sein Pfand zurückgeben, damit er unter seinem Mantel schlafen kann.« (5. Mose 24,12.13)

Da die Webstühle in Palästina meistens recht schmal waren, konnten die Kleidungsstücke nicht in einem Stück hergestellt werden, sondern man wob zwei Stücke, die später aneinander genäht wurden. Die Abbildung zeigt den Grundschnitt eines Mantels.

Das tägliche Leben: Kleidung — Karte 6

Damit das Hemd beim Arbeiten nicht hinderte, wurde es mit einem **Gürtel** zusammengehalten. Es gab verschiedene Arten von Gürteln: Die einfachste Form bestand aus einer gedrehten **Kordel**, die vorne geknotet wurde. Die einfachen Leute trugen oft einen **Gürtel aus Stoff**; der Stoffstreifen wurde so gefaltet, dass man Münzen oder andere kleine Dinge darin aufbewahren konnte. Reichere trugen einen **Ledergürtel**, der oft mit Metall beschlagen war. Daran befestigte man einen kleinen Lederbeutel, in dem man sein Geld mit sich trug. Um bei der Arbeit mehr Bewegungsfreiheit zu haben, konnte man das Hemd leicht verkürzen, indem man den Saum in den Gürtel steckte.

Die Kleidung der **Frauen** war ganz ähnlich wie die der Männer: Ihre **Hemden** gingen bis zu den Knöcheln und waren meist farbiger und mit Bordüren verziert. Bei der Arbeit schlugen auch die Frauen den Saum nach oben und benutzten den Rock z.B. als Tragebeutel für Getreide.

Das tägliche Leben: Kleidung   Karte 7

Im heißen Klima Palästinas braucht jeder Mensch unbedingt einen Schutz vor der Sonne für den Kopf, den Nacken und die Augen. Die übliche Kopfbedeckung war ein großes, viereckiges Tuch, das über Eck gefaltet wurde. Die Faltstelle legte man vorn über den Kopf. Eine Wollkordel hielt das Tuch auf dem Kopf. Manchmal wurde das Tuch auch zu einem Turban gewickelt.

Die Kleidung zur Zeit Jesu war nicht so farbig wie wir es heute gewohnt sind. Die einfachen Leute trugen die Stoffe meistens in den **Farben** wie sie in der Natur vorkamen: weiß, beige, ocker und braun waren die häufigsten Farbtöne.

Für Abwechslung sorgten Streifen oder einfache Bordüren, die eingewebt wurden. **Gefärbte Stoffe** waren teurer. Die Männer trugen rot, schwarz oder gelb, die Frauen überwiegend blau. Als Färbemittel verwendete man Pflanzen oder Farbstoffe, die man aus Tieren gewann.

Schuhe waren zur Zeit Jesu in Palästina nicht üblich. Die einfachen Leute gingen meist **barfuß** oder trugen einfache **Sandalen**. Sie wurden aus einem Stück Ziegen-

---

Das tägliche Leben: Kleidung   Karte 8

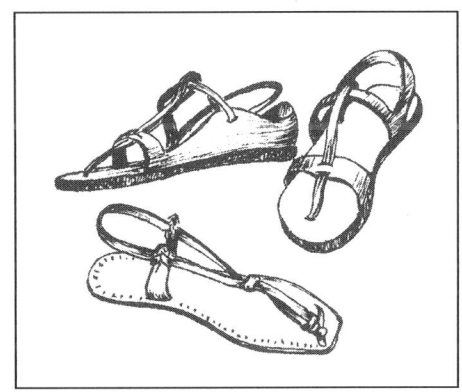

fell oder Leder zurechtgeschnitten und mit einem Lederband geschnürt. Diese Sandalen waren zwar angenehm zu tragen, schützten die Füße aber nicht vor Staub und Schmutz.

Daher war es üblich, die Sandalen auszuziehen und sich die Füße zu waschen, wenn man ein anderes Haus zu einem Besuch betrat. Auch an heiligen Orten zieht man bis heute im Vorderen Orient die Schuhe aus.

Die **Haartracht** war zur Zeit Jesu wohl von der Mode abhängig. Frauen trugen die Haare wahrscheinlich eher lang – sie flochten sie in Zöpfe oder hielten sie mit Kämmen aus Holz oder Elfenbein zusammen.

Aber auch Männer trugen die Haare lang, und auch Zöpfe waren üblich. Es gibt sogar ein altes Gesetz, das verbietet, die Haare vor den Ohren abzuschneiden. Damit grenzten sich die Israeliten gegen »nicht gläubige« Nomadenvölker ab. Daran halten sich strenggläubige Juden heute noch!

Das tägliche Leben: Kleidung — Karte 9

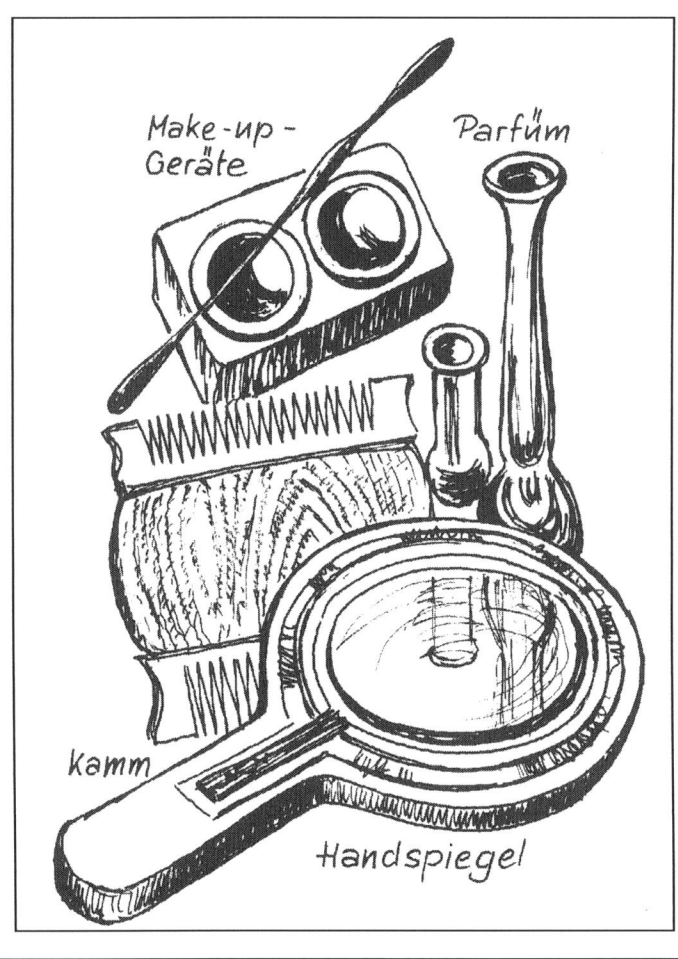

Auch zur Zeit Jesu legten die Frauen schon Wert auf **Make-up**! Wohlhabendere Frauen dürften über eine Reihe von Schminkutensilien verfügt haben, wie du sie in der Abbildung siehst. Üblich waren dunkle Lidschatten über den Augen – hierfür verwendete man pulverisierte Mineralien und Öl; diese Mischung trug man mit den Fingern oder mit Lidschattenstäbchen auf. Mit Kupfersalz konnte der Lidschatten grünlich eingefärbt werden. Mit dem Saft der Hennapflanze färbte man Fuß- und Fingernägel rot ein.

Auch Spiegel kannte man schon: Sie bestanden aus Metall, das auf Hochglanz poliert war.

In der starken Hitze war es üblich, den Körper zur Kühlung mit Öl einzureiben. Bald kam es in Mode, das Öl mit Duft-

Das tägliche Leben: Kleidung — Karte 10

stoffen anzureichern. Dieses **Parfüm** sollte auch den Körpergeruch überdecken, wo es nicht genug Wasser zum Waschen gab. Das meiste Parfüm wurde aus fernen Ländern nach Palästina eingeführt – daher konnten es sich nur wenige Wohlhabende leisten.

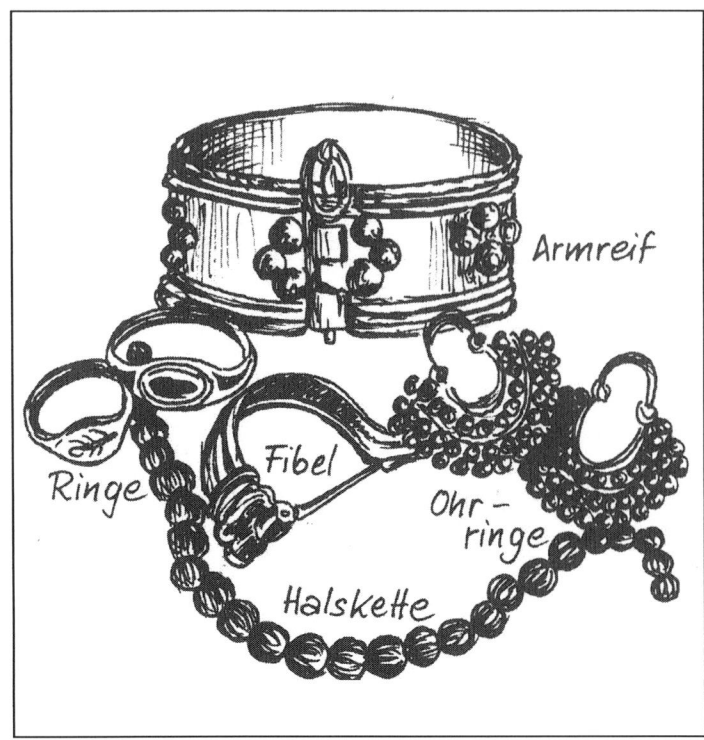

Obwohl die Menschen in Palästina zur Zeit Jesu nicht so bewandert in der Schmuckherstellung waren wie die Nachbarvölker, gab es doch die verschiedensten **Schmuckstücke** – sie dienten gleichzeitig als Geldanlage! Die Frauen trugen Armreife und Ketten aus buntem Glas oder Halbedelsteinen; auch kleine Nasenringe waren Mode. Fingerringe aus Metall oder Ton dienten meistens als Siegelringe. Aus Knochen und Elfenbein stellte man Schmuckkämme für die Haare und andere Gegenstände her. Auch Ohrringe aus Gold waren sehr beliebt, wenn man sie sich leisten konnte.

Das tägliche Leben: Zusammenleben in der Familie — Karte 1

DAS TÄGLICHE LEBEN
ZUSAMMENLEBEN IN DER FAMILIE

So lebten die Menschen zur Zeit Jesu

Das tägliche Leben: Zusammenleben in der Familie — Karte 2

INFORMATION

In diesem Material findest Du Informationen darüber, wie die Menschen zur Zeit Jesu in der Familie zusammenlebten.

Die Karten zum Themenkreis **»Zusammenleben in der Familie«** gehören zusammen. Bitte bearbeite sie in der richtigen Reihenfolge.

Übernimm die wichtigsten Informationen in Dein Heft / Deinen Ordner – hierzu kannst Du die entsprechenden Bildkopien aus dem Ordner **»So lebten die Menschen zur Zeit Jesu«** verwenden.

Das tägliche Leben: Zusammenleben in der Familie   Karte 3

Zur Zeit Jesu hatte die Familie eine viel größere Bedeutung als heute. Oft lebten mehrere Generationen eng zusammen in einer Großfamilie: Es war selbstverständlich, die alten Eltern zu achten und zu versorgen. Auch der Kontakt zu Verwandten im Dorf war sehr eng.

Innerhalb der Familie war der **Vater** die wichtigste Person. Er allein hatte zu bestimmen; alle anderen mussten ihm gehorchen. Der Mann hatte das Recht, sich von seiner Frau zu trennen: Er konnte sie ohne Angabe von Gründen zu ihren Eltern zurückschicken.

Die **Frau** wurde als Eigentum ihres Mannes betrachtet. Sie leistete zwar wichtige Arbeiten im Haus und auf dem Feld, aber sie hatte sehr wenig Rechte.

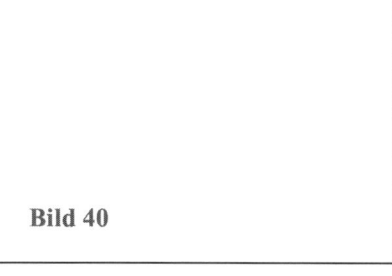
Bild 40

Die **Kinder** waren zu absolutem Gehorsam gegenüber ihrem Vater verpflichtet. Kinder galten als Reichtum der Familie. Sie waren wichtige Arbeitskräfte und mussten ihre Eltern im Alter versorgen. Trotzdem genossen Kinder nur ein geringes Ansehen. Da Männer zur Zeit Jesu in Palästina sowieso angesehener waren als Frauen, galten auch die Jungen viel mehr als die Mädchen. Schon sehr früh

---

Das tägliche Leben: Zusammenleben in der Familie   Karte 4

mussten die Kinder bei der Arbeit mithelfen: Vieh hüten, Arbeiten auf dem Feld und im Haus gehörten zu ihren Aufgaben.

Die **Jungen** lernten von ihrem Vater den Umgang mit Werkzeugen und Geräten – meistens übten sie später den gleichen Beruf aus.

Die **Mädchen** erlernten alle nötigen Dinge von ihrer Mutter, denn sie mussten

schon früh im Haushalt und bei der Versorgung der Geschwister mithelfen.

Eine **Schule** gab es zur Zeit Jesu nicht. Die Kinder erfuhren von ihren Eltern alles Wichtige über die **Religion**: Der Vater erzählte Geschichten von Gott und brachte ihnen die Gebote und Lehren bei. Auch am Sabbat (dem Ruhetag in der Woche) und bei Festen erfuhren sie viel über die Religion. Die Jungen hatten außerdem eine Art »**Religionsunterricht**« in der **Synagoge**, dem Gotteshaus der Juden. Hier unterrichtete sie der **Rabbi**, der Vorsteher der Synagoge. Von ihm lernten sie das Lesen, damit sie im Gottesdienst aus der Heiligen Schrift vorlesen konnten.

Das tägliche Leben: Zusammenleben in der Familie — Karte 5

Der **Tagesablauf** in einer Familie zur Zeit Jesu bot wenig Abwechslung. Die Tage waren ausgefüllt mit der Arbeit im Haus und auf dem Feld: Die erste Arbeit der Frauen am Morgen war die Bedienung der schweren steinernen Handmühle, um das Getreide zum Brotbacken zu mahlen. Dann wurde der Teig geknetet und Fladenbrot gebacken. Nach einem knappen Frühstück gingen die Männer aufs Feld – die Frauen verrichteten die Hausarbeit. Da es wenig wirksame Geräte gab, war die Arbeit sehr anstrengend und mühsam. Erst zum gemeinsamen Abendessen versammelte sich die ganze Familie wieder. – So verging Tag um Tag. Doch die viele Arbeit und Mühe brachte gerade soviel ein, dass es für das Nötigste zum Leben ausreichte.

Die einzige Abwechslung in der Woche war der **Sabbat**, der Ruhetag der Juden. An diesem Tag wurde nicht gearbeitet – nur die notwendigsten Tätigkeiten waren erlaubt. So gab es Zeit zum Ausruhen und für Gespräche. Damit der Sabbat auch wirklich eingehalten wurde, gab es Gesetze, die regelten, welche Arbeiten am Sabbat erlaubt waren. Diese Vorschriften hatten den Sinn, dem Menschen die nötige Ruhe und Entspannung zu sichern.

> *Beispiel für ein Sabbatgebot:*
>
> *Am Sabbat gehen wir nicht wie an einem Wochentag. Wir vermeiden lange Schritte. Hetze, übermäßige Hast, unnötige Eile und alles, was unseren Gang in der Woche kennzeichnet.*

Das tägliche Leben: Zusammenleben in der Familie — Karte 6

Bild 41

Zu den allerwichtigsten Ereignissen in einer Familie gehörte die **Geburt** eines Kindes, vor allem die eines Sohnes. Kinderreichtum galt als **Segen Gottes**!

Das Neugeborene wurde gewaschen und mit Salz abgerieben, um die Haut abzuhärten. Das Baby wurde fest in ein viereckiges Tuch eingewickelt, sodass es sich kaum bewegen konnte.

Die Mutter trug es so in einem Wolltuch auf dem Rücken mit sich herum. Manchmal hängte man diese »Wiege« auch als eine Art Hängematte auf. Die Kleinkinder wurden zwei bis drei Jahre gestillt.

Viele Kinder starben schon sehr jung, weil das Leben sehr hart war; es gab keine Ärzte, die bei Krankheiten helfen konnten, und die hygienischen Bedingungen waren oft sehr schlecht.

Wenn ein Junge 13 Jahre alt geworden war, galt er als erwachsener Mann! Darum feierte man diesen Geburtstag mit einem großen Fest, der **Bar Mizwa** – dies bedeutet »**Sohn der Pflicht**«, denn ab diesem Tag war er für sein Handeln selbst verantwortlich.

Das tägliche Leben: Zusammenleben in der Familie — Karte 7

Bild 42

Bild 43

Am Tag der Bar Mizwa durfte der Junge zum ersten Mal im Gottesdienst einen Abschnitt aus der Heiligen Schrift vorlesen, wie es die Aufgabe aller erwachsenen Männer war.
Zur Zeit Jesu gab es dieses Fest nur für Jungen. Heute feiern auch die Mädchen mit 12 Jahren die **Bat Mizwa**.

In der damaligen Zeit war es üblich, dass die Kinder früh verheiratet wurden: Für die **Hochzeit** mussten die Jungen mindestens 13 Jahre alt sein, die Mädchen 12. Die Eheschließung wurde meistens von den Eltern ausgehandelt und bestimmt. Der Vater, dessen Sohn heiratete, musste für die Braut einen **Brautpreis** an die Eltern bezahlen – dies war der Ausgleich für die Arbeitskraft der Tochter, die der Familie verloren ging.

Das tägliche Leben: Zusammenleben in der Familie — Karte 8

Am Hochzeitstag wurde die Braut mit dem Schmuck, den sie von ihrem Bräutigam bekommen hatte, festlich geschmückt und verschleiert. Der Bräutigam kam mit seinen Freunden zum Haus der Braut. Hier gab es eine kleine Feier. Danach wurde ein großes, fröhliches Fest im Haus der Eltern gefeiert. Spät abends geleiteten die Freunde das junge Paar mit Fackeln in ihr neues Haus.

Ein tiefer Einschnitt im Leben einer Familie war der **Tod** eines Angehörigen. Im heißen Klima Palästinas musste man die Toten sehr schnell bestatten – wenn es irgendwie möglich war, sollte dies innerhalb von acht Stunden geschehen. Der Tote wurde von seinen Familienangehörigen gewaschen, mit duftendem Öl eingerieben und in Leinentücher gewickelt.

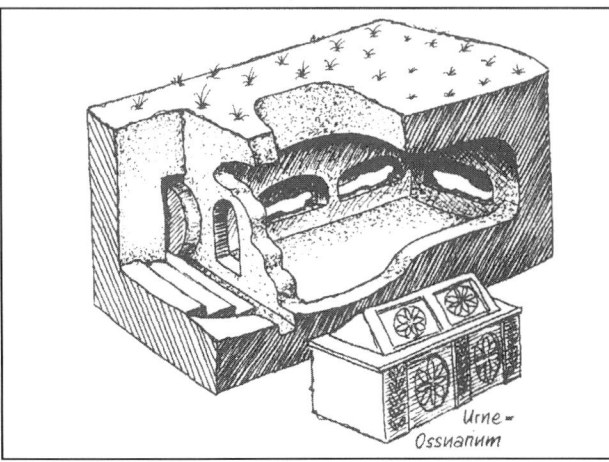

Auf einer einfachen Bahre trug man den Leichnam zum Grab: Die Frauen führten den **Leichenzug** an, die Männer trugen die Bahre. Alle klagten laut, zerrissen zum Zeichen der Trauer ihre Kleider, streuten Asche auf ihren Kopf. Oft bestellte man auch berufsmäßige Klagefrauen und Trauersänger. Die Toten wurden zur Zeit Jesu meistens in Höh-

Das tägliche Leben: Zusammenleben in der Familie — Karte 9

len begraben. Ohne Sarg legte man den Leichnam auf einfache Steinbänke. Der Höhleneingang wurde mit einem Rollstein verschlossen. In den folgenden 7–30 Tagen wurde getrauert – in dieser Zeit fastete man auch.

Das frische Grab wurde weiß getüncht, um andere Menschen zu warnen, denn es war verboten, eine Leiche zu berühren. Ein Kontakt mit einem Toten machte im religiösen Sinn »unrein«.
Da die Grabhöhlen knapp waren, sammelte man die Knochen der Toten nach einiger Zeit ein und legte sie in Urnen aus Holz oder Stein.
Arme Menschen wurden einfach in der Erde beigesetzt.

Lange Zeit hatte die Großfamilie allen Mitgliedern **Schutz und Hilfe** geboten, auch wenn sie krank wurden oder in Not gerieten. Auch Witwen und Waisen wurden nicht im Stich gelassen.
Zur Zeit Jesu verarmten viele Familien aber so sehr, dass sie Arbeitslosen, Kranken und Alten keine Unterstützung mehr gewähren konnten – auf den Straßen

Das tägliche Leben: Zusammenleben in der Familie — Karte 10

tauchten immer mehr **Bettler** auf, die auf Almosen von fremden Menschen angewiesen waren. Sie lebten in großer Not und kämpften jeden Tag um ihr Überleben. Eine Sozialversicherung wie heute gab es nicht!

Zur Zeit Jesu gehörte es auch zur Pflicht jeder Familie, einem **Fremden** Schutz und Beistand zu gewähren. Die **Gastfreundschaft** wurde nicht nur als Pflicht, sondern auch als Geschenk Gottes verstanden; man sagte:
»Sieben Gnadengaben hat Gott den Menschen gegeben, darunter dem Abraham die Gastfreundschaft.«
Daher wurde jeder Fremde freundlich aufgenommen und er erhielt Unterkunft und Verpflegung. Ein Gast stand auch unter dem Schutz der Familie und war vor Verfolgung sicher – es wurde ihm also **Asyl** gewährt.

Berufe: Fischer, Hirten, Bauern — Karte 1

BERUFE
FISCHER, HIRTEN, BAUERN

So lebten die Menschen zur Zeit Jesu

Berufe: Fischer, Hirten, Bauern — Karte 2

INFORMATION

In diesem Material findest Du Informationen darüber, wie die Berufe des Fischers, des Hirten und des Bauern zur Zeit Jesu ausgeübt wurden.

Die Karten zum Themenkreis **»Berufe: Fischer, Hirten, Bauern«** gehören zusammen. Bitte bearbeite sie in der richtigen Reihenfolge.

Übernimm die wichtigsten Informationen in Dein Heft / Deinen Ordner – hierzu kannst Du die entsprechenden Bildkopien aus dem Ordner **»So lebten die Menschen zur Zeit Jesu«** verwenden.

Berufe: Fischer, Hirten, Bauern — Karte 3

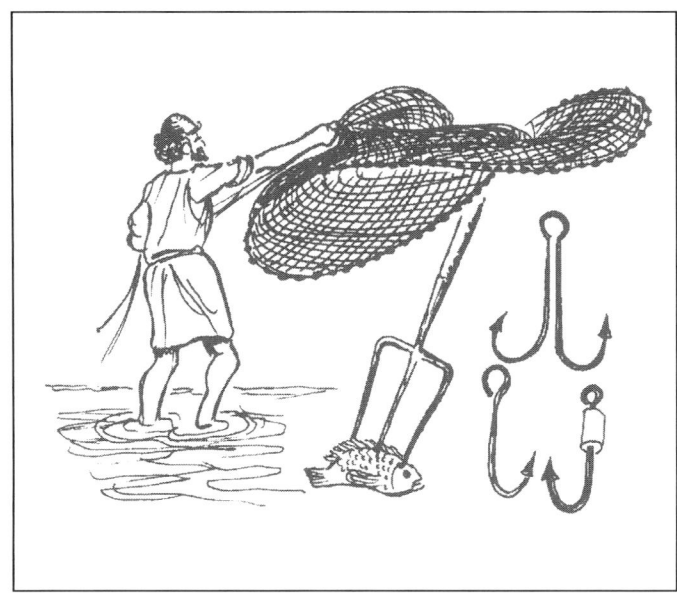

Schon immer war der See Gennesaret sehr reich an Fischen – auch heute noch leben dort viele Menschen vom Fischfang.

Zur Zeit Jesu arbeiteten viele **Fischer** in den Orten am See Gennesaret. Besonders wichtig war die kleine Stadt Kafarnaum. Hier lebten zahlreiche Berufsfischer mit ihren Familien.

Es gab verschiedene **Arten des Fischfangs**: Die einfachste Methode war das **Angeln** mit einer Schnur, an der ein Angelhaken befestigt war; eine Angelrute verwendete man seltener. Geangelt wurde vom Ufer oder vom Boot aus.

Geübte Fischer benutzten auch gern eine scharfe dreizinkige **Gabel**, mit der sie vom Uferbereich aus versuchten, einen Fisch aufzuspießen.

Die Berufsfischer arbeiteten mit Netzen. Die einfachste Form war das **Wurfnetz**, ein rundes Netz, das an den Rändern mit Blei beschwert ist. Der Fischer stand im flachen Wasser – wenn er einen Fischschwarm sah, warf er das Netz so aus, dass es

Berufe: Fischer, Hirten, Bauern — Karte 4

sich auf der Wasseroberfläche ausbreitete und beim Heruntersinken die Fische einschloss. Er zog das Netz zusammen und holte es ans Ufer.

Die aufwändigste Methode war die Arbeit mit dem **Schleppnetz**: Es war etwa 200m lang und etwa 5m breit. Am oberen Netzrand waren Korkstücke befestigt, am unteren Blei.

Man benötigte immer zwei Boote, um das große Netz auf dem See auszulegen. Im einen Boot lag das sauber zusammengelegte Netz. Die Männer im anderen Boot nahmen ein Ende und fuhren so weit weg, bis das Netz wie eine Wand im Wasser stand.

Nun fuhren beide Boote zum Ufer und zogen das Netz hinter sich her. Alle verfügbaren Arbeitskräfte mussten mithelfen, das Netz an Land zu ziehen.

Das **Auslegenetz** benutzte man für den Fang im tiefen Wasser. Das Auslegenetz war sehr aufwändig gearbeitet: Es bestand aus drei Netzen mit unterschiedlich großen Maschen und war etwa 15m

Berufe: Fischer, Hirten, Bauern — Karte 5

lang. Die Fischer fuhren auf den See hinaus, ließen das Netz hinunter und scheuchten die Fische mit Ruderschlägen in das Netz hinein. Alle Männer mussten mithelfen, das volle Netz ins Boot zu ziehen. Hier wurde der Fang sofort sortiert – Muscheln, Krebse, Schnecken und Fische ohne Schuppen und Flossen (zum Beispiel Aale) wurden ins Wasser zurückgeworfen; diese Tiere wurden von den Juden aus religiösen Gründen nicht gegessen! Am Ufer warteten schon die Käufer, um ganz frischen Fisch zu bekommen – Fisch war zur Zeit Jesu eines der billigsten Lebensmittel und wurde daher viel gegessen.

In der Hitze konnte man die frischen Fische nicht lange aufheben. Darum mussten sie haltbar gemacht werden: Entweder man nahm sie aus und trocknete sie an der Sonne oder man legte sie in Salz ein. So war es möglich, Teile des Fangs in anderen Städten zu verkaufen.

* * * * * * * * * * *

Die Arbeit der Fischer war mühsam. Da sich die Fische tagsüber im tieferen, sauerstoffreicheren Wasser aufhalten, mussten die Fischer nachts hinausfahren. Tagsüber mussten sie die Netze reparieren oder neue knüpfen. Der Fischfang auf dem See Gennesaret war auch gefährlich, denn dort gibt es oft heftige Stürme, die sehr plötzlich auftreten. Die kleinen Fischerboote schlugen dann schnell voll Wasser und sanken.

Berufe: Fischer, Hirten, Bauern — Karte 6

Zur Zeit Jesu war der Beruf des **Hirten** weit verbreitet. Es gab Schafzüchter, die ihre eigenen Herden besaßen. Andere Hirten betreuten die Schaf- und Ziegenherden im Auftrag von Bauern und Züchtern.

Das Leben der Hirten war sehr **kärglich** und **unstet**: Sie hatten kein richtiges Zuhause, sondern blieben das ganze Jahr über bei ihrer Herde. Sie lebten von der Milch ihrer Tiere, wilden Früchten, Brot und Wasser. Tag für Tag wanderten sie mit den Tieren, um geeignete Weideplätze zu finden. Meistens hielten sie sich im Bergland auf, wo keine Landwirtschaft betrieben wurde. Nur nach der Erntezeit trieben sie ihre Herden in die Nähe der Dörfer und Städte, wo die Tiere auf den abgeernteten Feldern weiden durften.

Der Hirte war nicht nur dafür verantwortlich, dass die Tiere jeden Tag zu guten Weideplätzen geführt wurden, sondern er **haftete** auch für das Leben der Tiere. Daher war es nötig, dass er jedes Tier ganz genau kannte, damit es ihm sofort auffiel, wenn eines fehlte. Jeden Abend trieb er die Herde in einen einfachen **Pferch** aus Steinen oder Dornen – dabei zählte er die Tiere. Fehlte eines, musste er es suchen, denn ein fehlendes Tier musste er aus eigener Tasche bezahlen.

Berufe: Fischer, Hirten, Bauern — Karte 7

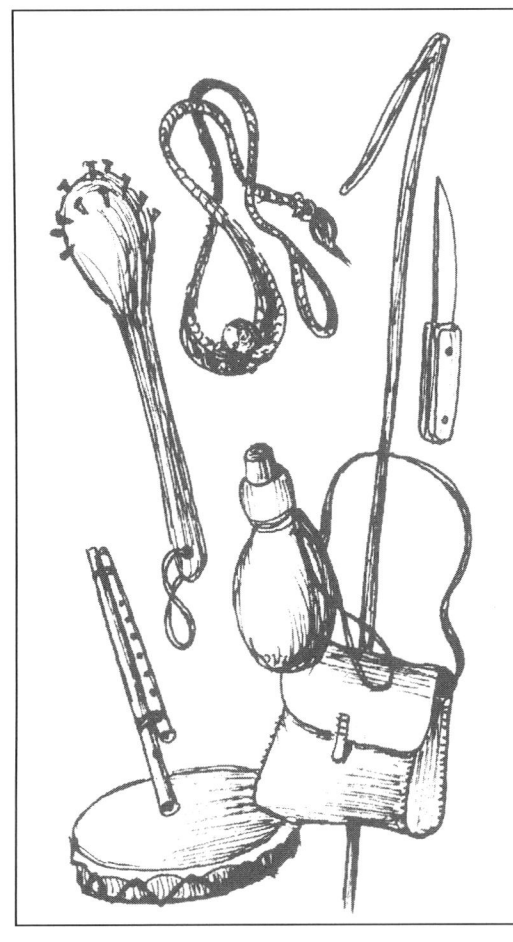

Die Hirten waren in der Einsamkeit vielen **Gefahren** ausgesetzt: Wilde Tiere wie Bären, Wölfe, Schakale, Hyänen, Löwen, Schlangen und Skorpione bedrohten die Herden. Aber auch Räuber machten sich gern an die Herden heran.

Zur **Verteidigung** trug der Hirte einen langen Stab und eine Keule bei sich. Auch eine Steinschleuder gehörte zu seiner Grundausrüstung. Die Zeichnung zeigt den **Hirtenstab** und die **Keule**, **Hirtentasche** und **Wasserkrug** und die **Schleuder**. Diese Schleuder bestand aus Wolle oder Leder. In der Mitte war ein breiterer Teil, die Schleuderpfanne. Hier wurde der Stein hineingelegt. Dann schwang man die Schleuder über dem Kopf und ließ im richtigen Moment ein Band los, sodass der Stein mit großer Wucht davonflog.

Wurde ein Schaf **krank**, musste der Hirte wissen, mit welchen Kräutern und Wurzeln er es behandeln konnte.

Musik und Gesang boten im eintönigen Leben

Berufe: Fischer, Hirten, Bauern — Karte 8

der Hirten eine Abwechslung. Sie benutzten schlichte Musikinstrumente wie Einfach- und Doppelflöte, Tamburin und Zither. Der Beruf des Hirten war für das ganze Volk wichtig, denn die Tiere lieferten Wolle, Milch, Fleisch, Felle und Leder.
Der Beruf erforderte gute Kenntnisse, Mut und Verantwortungsbewusstsein.

Dennoch war das **Ansehen** der Hirten sehr gering. Sie fielen schon durch ihr Äußeres auf: Statt Sandalen trugen sie eine Art Stiefel, und selbst an heißen Tagen trennten sie sich nicht von ihrem Mantel, unter dem sie nachts schliefen. Da sie oft tagelang in kein Dorf kamen, sahen sie meistens ziemlich **ungepflegt** aus.
Oft wurde auch behauptet, dass sie **unehrlich** waren und unter der Hand Tiere verkauften. Daher mussten sie von allen Schafen oder Ziegen, die von einem wilden Tier gerissen wurden oder verunglückten, ein Ohr als Beweisstück für den Besitzer mitbringen.
Häufig warf man ihnen auch vor, ihre Herden auf Felder zu treiben, die noch nicht zu Ende abgeerntet waren.
Noch schwerwiegender war jedoch, dass sich die Hirten immer wieder »**verunreinigten**«, wenn sie tote Tiere anfassen mussten; oft hatten sie auch kein Wasser, um sich vor dem Gebet zu waschen. Man verdächtigte sie auch, die Sabbatgebote nicht einzuhalten, denn in der Einsamkeit, in der sie lebten, konnte sie niemand kontrollieren! So verstießen sie wohl immer wieder gegen religiöse Vorschriften. Daher gehörten die Hirten zur Zeit Jesu zu den **verachteten** und **ausgestoßenen** Menschen.

Berufe: Fischer, Hirten, Bauern — Karte 9

Zur Zeit Jesu waren die meisten Menschen **Bauern**. Vor allem der **Getreideanbau** war für die Versorgung der Bevölkerung lebensnotwendig. Aber auch der **Olivenanbau** und der **Weinbau** waren wichtige Bereiche der Landwirtschaft.

Über die Arbeiten der Bauern kannst du dich gründlicher in den Materialien zur Landwirtschaft informieren.

Die Bauern führten zur Zeit Jesu ein sehr **kärgliches Leben**! Der Boden war überwiegend steinig und trocken, sodass die Arbeit sehr hart war. Hitze, Dürre und Schädlinge gefährdeten die Ernte – und damit das Überleben der Familie.

Die vielfältigen Arbeiten auf dem Feld und bei der Ernte mussten ohne Maschinen bewältigt werden. Es gab nur einfache Geräte, die nicht besonders

Berufe: Fischer, Hirten, Bauern — Karte 10

wirksam waren. Esel und Rinder konnten die schwere körperliche Arbeit etwas erleichtern.

Nicht nur die Männer mussten hart arbeiten, sondern alle Familienmitglieder, auch die kleinen Kinder, hatten ihren Beitrag zu leisten.

Bei aller Mühe und Plage reichte der Ertrag aus der landwirtschaftlichen Arbeit meistens nur für ein sehr einfaches, ärmliches Leben.

BERUFE
TÖPFER, WEBER, FÄRBER, HÄNDLER

So lebten die Menschen zur Zeit Jesu

INFORMATION

In diesem Material findest Du Informationen darüber, wie die Berufe des Töpfers, Webers, Färbers und Händlers zur Zeit Jesu ausgeübt wurden.

Die Karten zum Themenkreis **»Berufe: Töpfer, Weber, Färber, Händler«** gehören zusammen. Bitte bearbeite sie in der richtigen Reihenfolge.

Übernimm die wichtigsten Informationen in Dein Heft / Deinen Ordner – hierzu kannst Du die entsprechenden Bildkopien aus dem Ordner **»So lebten die Menschen zur Zeit Jesu«** verwenden.

Berufe: Töpfer, Weber, Färber, Händler — Karte 3

Zu den ältesten Berufen in Palästina gehört das **Töpferhandwerk**. Als Werkstoff diente der rote Ton, der überall vorkam. Meistens verwendete der Töpfer den Ton so, wie er ihn fand – selten wurde Kalkstein zugesetzt, um die Gefäße feuerfest zu machen. Gelegentlich mischte man auch zerstampfte Tonscherben bei, um das Geschirr zu härten.

Ebenso wichtig wie der Ton war das Wasser – jeder Töpfer hatte daher eine eigene Zisterne (= Wasserauffangbecken) oder lebte an einem Bach oder Fluss.

Der Ton wurde mit Wasser vermischt und gestampft. Um den Ton zu formen, gab es drei verschiedene Möglichkeiten:

Der Töpfer presste den Ton in eine Form – auf diese Weise entstanden vor allem einfache Öllämpchen und Schmuckanhänger.

Berufe: Töpfer, Weber, Färber, Händler — Karte 4

Eine zweite Möglichkeit war, den Ton von Hand zu formen. Da die Formen aber sehr unregelmäßig wurden, stellte der Töpfer auf diese Weise nur Spielzeug und Öfen her.

Die wichtigste Methode war das Formen auf der Töpferscheibe: Der Töpfer legte einen Klumpen Ton auf die obere Scheibe. Mit den Füßen setzte er die Töpferscheibe in Schwung, sodass sich der Tonklumpen mit der Scheibe drehte. Mit den Händen formte er nun das Material zu der gewünschten Form.

Die Töpfer stellten vor allen Dingen Gegenstände für den täglichen Gebrauch her: Teller, große und kleine Schüsseln, Krüge für Wasser, Öl und Wein, Öllämpchen, große Vorratskrüge, Spielzeug für die Kinder, …

Berufe: Töpfer, Weber, Färber, Händler — Karte 5

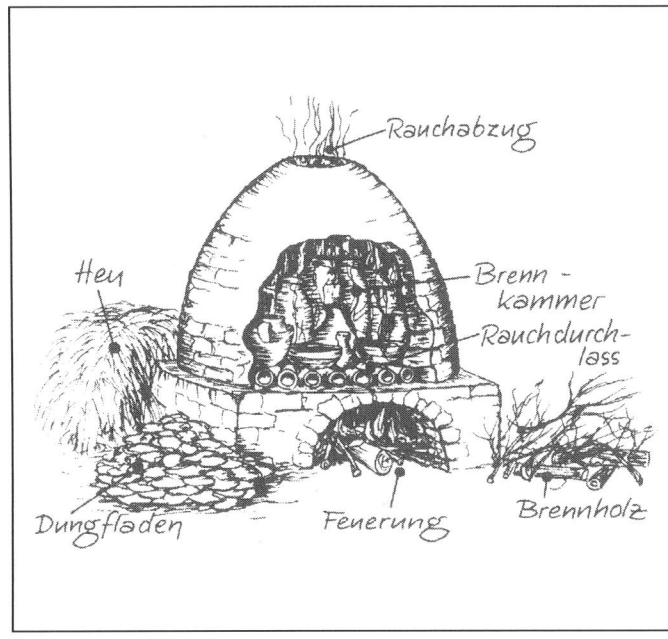

Die fertig geformten Töpferwaren wurden zunächst in der Sonne getrocknet. Um sie haltbar zu machen, brannte der Töpfer sie im Brennofen.

Reichhaltige Verzierungen waren zur Zeit Jesu in Palästina nicht so üblich – man legte mehr Wert auf solide und praktische Arbeit.

Die Gegenstände wurden selten glasiert; man schmückte sie allerdings oft mit einer roten oder schwarzen Linie oder behandelte sie vor dem Brennen mit Holz oder Knochen – diese Stellen glänzten nach dem Brennen!

Die Töpfereien in den Dörfern und Kleinstädten waren meistens Familienbetriebe; hier arbeitete der Töpfer an einem Werkstück vom rohen Ton bis zum gebrannten Gegenstand.

In größeren Töpferwerkstätten gab es Handlanger, die für einfache Arbeiten zuständig waren: Sie mischten den Ton, formten ihn grob vor und hielten die Töpferscheiben in Gang.

Berufe: Töpfer, Weber, Färber, Händler — Karte 6

In den Dörfern und kleinen Städten stellten die Menschen zur Zeit Jesu die meisten Dinge im eigenen Haushalt her. Auch die **Stoffe**, die sie für die Kleidung benötigten, fertigten die Frauen selbst an. Im trockenheißen Klima Palästinas wurde schon zur Zeit Jesu Flachs angebaut, den man zu Leinen weiterverarbeitete.

Die wichtigste Rohstoffquelle waren allerdings die Schafe und Ziegen. Die Schafwolle und die Ziegenhaare wurden mit einfachen Handspindeln zu Garnen gesponnen, wie du auf dem Bild sehen kannst.

Dieses Verfahren ist noch heute im Vorderen Orient weit verbreitet.

Praktisch in jedem Haushalt gab es einen schlichten Webstuhl. Die Kettfäden wurden einfach der Länge nach

Berufe: Töpfer, Weber, Färber, Händler — Karte 7

aufgespannt; in diese »Kette« wurde die Wolle von Hand eingezogen und festgeschlagen. So konnten lange Bahnen gewebt werden.
Aber man kannte auch stehende Webstühle, bei denen der fertig gewobene Stoff unten aufgewickelt werden konnte.
In den größeren Städten gab es auch den Beruf der **Weber** – sie boten ihre Ware auf den Märkten an.
Viele Stoffe wurden in ihren natürlichen Farben weiß, beige, braun und schwarz verwendet.
Es gab auch Möglichkeiten, helle Garne zu färben. Zum Teil geschah dies im eigenen Haushalt, aber es gab auch den Beruf des **Färbers**. In großen Färbebottichen werden die Färbemittel angesetzt. Man verwendete vor allem Pflanzen – blau wurde zum Beispiel aus den

Berufe: Töpfer, Weber, Färber, Händler — Karte 8

Bild 44

Blättern der Indigopflanze gewonnen; für die rote Farbe benutzte man die Wurzeln des Krappkrautes. Wollte man ein sehr intensives Rot erhalten, verwendete man Purpurschnecken: Um ein Gramm Purpurfarbstoff zu gewinnen, mussten 10.000 Purpurschnecken getötet werden. Man entfernte die Purpurdrüsen, bestreute sie mit Salz und kochte sie mit Wasser und fauligem Harn zehn Tage lang!

Natürlich konnten sich diesen kostbaren Farbstoff nur die ganz Reichen leisten – Purpur galt daher auch als Zeichen königlicher Würde.
Ein hübsches Gelb erhielt man aus der Rinde des Granatapfelbaumes.

Wie kamen nun die Waren vom Hersteller zum Verbraucher?
In den Dörfern und kleinen Städtchen trafen sich die Menschen einfach auf dem Marktplatz – jeder legte die Waren, die er anzubieten hatte, aus und wartete auf Käufer.

Berufe: Töpfer, Weber, Färber, Händler — Karte 9

Manchmal wurden die Waren einfach **getauscht**: Wer genug Getreide hatte, tauschte es vielleicht gegen Oliven, Wein, eine Ziege oder einen Pflug …

Wer aber zum Beispiel in die nächste größere Stadt gehen wollte, um dort Waren einzukaufen, brauchte **Geld**.

Die Preise waren für die wenigsten Waren festgelegt. Die wichtigste Tätigkeit auf dem Markt war daher **das Feilschen**: Der Verkäufer lobte seine Waren nach Leibeskräften – der Käufer versuchte, Fehler zu entdecken und so den Preis herunterzudrücken. So war jeder Bauer und Handwerker zugleich auch **Händler**!

Berufe: Töpfer, Weber, Färber, Händler — Karte 10

In den größeren Städten gab es aber auch den **Beruf des Händlers**. Sie kauften Waren auf und versuchten, sie mit Gewinn wieder zu verkaufen.

Die **kleinen Händler** zogen mit ihren Waren von einem Markt zum nächsten und boten vor allem einheimische Produkte an – ihre Gewinne waren sehr gering.

Zur Zeit Jesu gab es aber auch einen blühenden **Handel mit dem Ausland**! Aus Palästina wurden vor allem landwirtschaftliche Produkte ausgeführt: Olivenöl, Getreide, Früchte, Nüsse, Wolle und auch Stoffe. Eingeführt wurden Metalle (Eisen, Kupfer, Zinn, Blei, Silber), Holz, Gewürze, aber auch Luxusartikel wie Schmuck, Edelsteine, Parfum, Seidenstoffe, …

Für den Fernhandel hatte man große Handelsstraßen angelegt, auf denen die Kamelkarawanen entlangzogen. Händler, die an solchen Geschäften beteiligt waren, konnten meistens gute Gewinne einstreichen!

BERUFE
SCHMIED, BAUMEISTER, ZÖLLNER

So lebten die Menschen zur Zeit Jesu

INFORMATION

In diesem Material findest Du Informationen darüber, wie die Berufe des Schmieds, Baumeisters und Zöllner zur Zeit Jesu ausgeübt wurden.

Die Karten zum Themenkreis »**Berufe: Schmied, Baumeister, Zöllner**« gehören zusammen. Bitte bearbeite sie in der richtigen Reihenfolge.

Übernimm die wichtigsten Informationen in Dein Heft / Deinen Ordner – hierzu kannst Du die entsprechenden Bildkopien aus dem Ordner »**So lebten die Menschen zur Zeit Jesu**« verwenden.

Berufe: Schmied, Baumeister, Zöllner — Karte 3

Zu den ältesten Berufen in Palästina gehört auch das **Schmiedehandwerk**. Da die Tätigkeiten des **Schmieds** viel Geschick und Übung erforderten, gab es schon früh Leute, die sich auf diese Arbeiten spezialisierten. Außerdem waren spezielle Geräte erforderlich, um das Metall zu schmelzen und zu bearbeiten.

Für die Menschen in den Dörfern war der Schmied unentbehrlich, denn er lieferte ihnen alle metallenen Teile, die sie für ihre einfachen landwirtschaftlichen Geräte benötigten.

Zu ihren Aufgaben gehörte auch die Herstellung von Werkzeugen für andere Berufe, wie zum Beispiel für die Baumeister, und die Anfertigung von Waffen.

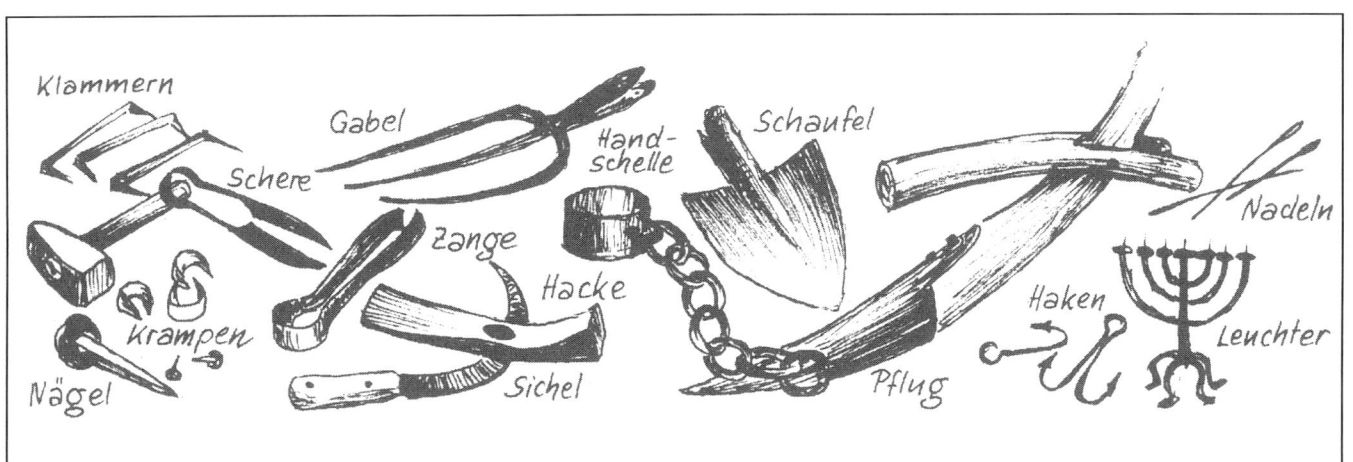

Berufe: Schmied, Baumeister, Zöllner — Karte 4

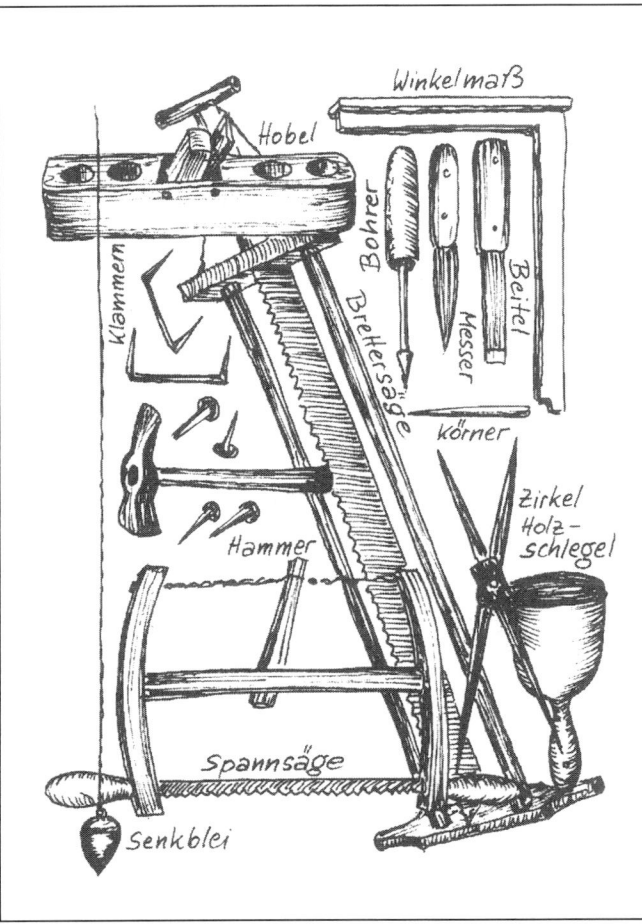

Wenn man zur Zeit Jesu in Palästina ein einfaches Haus bauen wollte, erledigte man die meisten Arbeiten selbst und bat die Familie und die Nachbarn um Hilfe.
Oft benötigte man aber doch den Rat und die Unterstützung eines Spezialisten!
Von Josef, dem Vater von Jesus, wird in der Bibel erzählt, dass er Zimmermann war. Diese Bezeichnung ist eigentlich irreführend – denn den Beruf des Zimmermanns gab es zur Zeit Jesu nicht! Josef übte wohl den Beruf des **Baumeisters** aus: Er war gleichzeitig Steinhauer, Maurer, Schreiner und Zimmermann. So war der Baumeister für alle Arbeiten zuständig, die mit dem Hausbau zusammenhingen.
Viele seiner Werkzeuge sahen ähnlich aus wie die, die man heute noch ge-

Berufe: Schmied, Baumeister, Zöllner — Karte 5

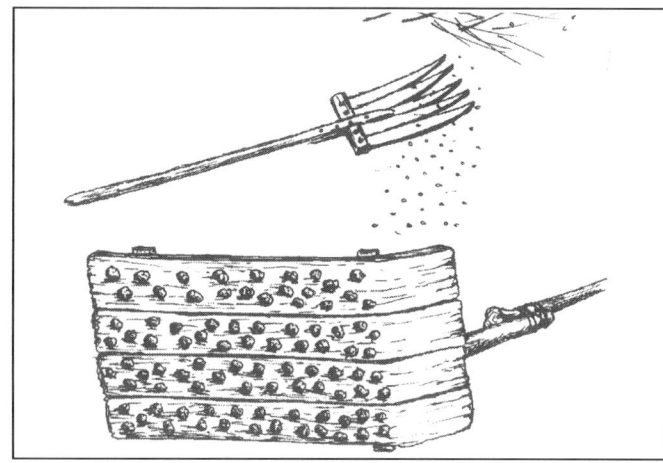

braucht – einige davon sind auf dem Bild auf Karte 4 zu sehen.

Wenn jemand sich auf die Bearbeitung von Holz spezialisiert hatte, stellte er Möbel und hölzerne Geräte für die Feldarbeit her, zum Beispiel Holzkarren, Schaufeln zum Worfeln und Dreschschlitten.

Vor allem während der Zeit der Ernte hatte er viel zu tun, um zerbrochene Geräte schnell zu reparieren oder neue bereitzustellen.

Da das Werkzeug noch ziemlich einfach war, musste der Baumeister schwere Arbeit leisten. Allerdings gab es auch zur Zeit Jesu schon eine »Bohrmaschine«: den Sehnenbohrer. Auf dem Bild kannst du erkennen, dass die Sehne eines Bogens um den Griff des Bohrers gewunden wurde – zog der Baumeister den Bogen hin und her, drehte sich der Bohrer!

Berufe: Schmied, Baumeister, Zöllner — Karte 6

Ein wenig geachteter Berufsstand zur Zeit Jesu war der **Zöllner**. In dieser Zeit saß an jedem Stadttor oder auch an vielen großen Brücken oder Wegkreuzungen ein Zöllner. Auf dem Bild siehst du, wie man sich eine solche Zollstation vorstellen kann.

Die Zöllner verlangten von den Leuten Abgaben für ihre Waren, die sie in die Stadt bringen wollten – manchmal kostete es schon etwas, wenn man über eine bestimmte Brücke oder Wegekreuzung gehen wollte!

Wie kann man sich dies erklären?

Zur Zeit Jesu war Palästina fest in römischer Hand. Die **Römer** hatten das Land erobert – die Juden, denen es eigentlich gehörte, hatten nicht mehr viel zu sagen. Die Römer wollten aus dem eroberten Land möglichst viel Geld

Berufe: Schmied, Baumeister, Zöllner — Karte 7

herausholen, denn der römische Kaiser brauchte große Summen für seine teure Hofhaltung, seine riesigen Heere und für die Verwaltung des mächtigen römischen Reiches.

Natürlich hatte kein Römer Lust, sich an die Zollstation zu setzen und mit den Leuten über die Höhe der Abgaben zu streiten. Daher verpachteten die Römer die Zollstationen an Juden. Diese mussten den Römern einen hohen Betrag als Pacht bezahlen.

Die Zöllner wollten nun ihrerseits natürlich nicht nur die Pachtsumme wieder hereinholen, sondern noch möglichst hohe Gewinne für sich einstreichen. Darum verlangten sie von ihren Landsleuten oft viel zu hohe Abgaben.

Die Zöllner wurden von den Juden gehasst und verachtet, denn sie galten als **Betrüger** und **Diebe**. Man sah auch auf sie herab, weil sie mit den Erzfeinden der Juden, den Römern, zusammenarbeiteten – sie galten daher als **Verräter**! Außerdem kamen sie tagtäglich mit Nichtjuden zusammen – deshalb galten sie nach damaliger Anschauung als »**unrein**«. Den meisten Zöllnern ging es finanziell wohl recht gut; dennoch waren sie verachtet und ausgestoßen.

Die Gesellschaft — Karte 1

DIE GESELLSCHAFT

So lebten die Menschen zur Zeit Jesu

Die Gesellschaft — Karte 2

INFORMATION

In diesem Material findest Du Informationen darüber, wie die Menschen zur Zeit Jesu in der Gesellschaft zusammenlebten.

Die Karten zum Themenkreis »**Die Gesellschaft**« gehören zusammen. Bitte bearbeite sie in der richtigen Reihenfolge.

Übernimm die wichtigsten Informationen in Dein Heft / Deinen Ordner – hierzu kannst Du die entsprechenden Bildkopien aus dem Ordner »**So lebten die Menschen zur Zeit Jesu**« verwenden.

Die Gesellschaft — Karte 3

Zur Zeit Jesu waren nicht alle Menschen gleich angesehen. Es gab sehr **hoch geachtete** und einflussreiche Leute wie den König und die Beamten; andere waren weniger geachtet oder sogar ausgestoßen.

Man könnte die Gesellschaft zur Zeit Jesu in »**Schichten**« einteilen und in Form einer Pyramide darstellen: Die Leute, die sehr großes Ansehen genossen, stehen an der Spitze der Pyramide – ihre Zahl war nicht sehr groß. Dagegen gab es sehr viele, die weder Ansehen noch Einfluss genossen.

So wurden die Menschen zur Zeit Jesu in der Gesellschaft eingeschätzt

So wurden die Menschen zur Zeit Jesu in der Religion eingeschätzt

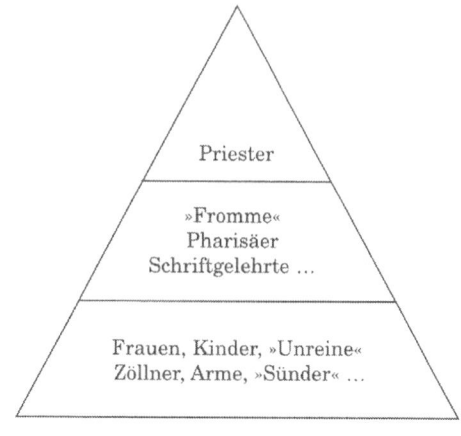

Die Gesellschaft — Karte 4

Die folgenden Karten geben dir Informationen über das Leben der Menschen in den einzelnen **Schichten der Gesellschaft**. – Es sind nicht alle Gruppen von Menschen genannt, sondern typische Beispiele. (Die »Pyramide« der religiösen Schichten wird im Material »Die jüdische Religion: Grundlagen« näher erklärt.)

* * * * * * * * * * *

An der **Spitze** der gesellschaftlichen Pyramide stand eine kleine Gruppe von Menschen. Sie hatten jedoch großen Einfluss und bestimmten das Leben in der Gesellschaft:

Der **König** war zwar zur Zeit Jesu kein selbstständiger Herrscher, sondern er war von der römischen Besatzungsmacht – und damit eigentlich vom römischen Kaiser – abhängig. Dennoch hatte er eine gewisse **Macht**: Er konnte zum Beispiel Steuern einziehen, ein Heer unterhalten, prächtige Paläste errichten, Recht sprechen …! Todesurteile durften allerdings nur die Römer fällen. Der König hatte in dieser Zeit auch das Recht, eine eigene Währung einzuführen. Hier siehst du einige Münzen, die unter dem König Herodes ausgegeben wurden.

Die Gesellschaft — Karte 5

Die **Adligen** und die **hohen Beamten** genossen ebenfalls hohes Ansehen, denn sie lebten in engem Kontakt mit dem König. Er übertrug ihnen einen Teil seiner Macht.

Der König, der Adel und die hohen Beamten verfügten über sehr viel Geld – daher konnten sie großen Einfluss ausüben!

Die **Priester** gehörten auch zu der kleinen Gruppe von Einflussreichen und Angesehenen: Sie waren am großen **Tempel** in der **Hauptstadt Jerusalem** tätig. Der Tempel war der wichtigste Ort für den Glauben – daher waren auch die Priester bedeutende Personen: Sie waren verantwortlich für die richtige Gestaltung der Opfer im Tempel und sie leiteten die Tempelgottesdienste. Bei manchen Krankheiten (zum Beispiel bei »Aussatz«) musste ein Priester darüber entscheiden, ob ein Mensch »rein« oder »unrein« war.

Die Gesellschaft Karte 6

In der **mittleren Schicht** der gesellschaftlichen Pyramide siehst du die **Bauern**, die **Handwerker** und **Händler**, aber auch die **kleinen Beamten**.

Der allergrößte Teil der Bevölkerung Palästinas arbeitete zur Zeit Jesu in der Landwirtschaft – hierzu zählen alle Tätigkeiten auf dem Feld, im Weinberg, im Olivenhain, …, aber auch die Fischerei und die Kleintierhaltung.

Das Leben der **Bauern** war sehr hart: Sie mussten schwere körperliche Arbeit leisten, denn es gab kaum Geräte, die ihnen die Arbeit wirklich erleichterten. Meistens konnten sie nur gerade so viel ernten, wie sie zum Leben benötigten; blieb einmal der Regen aus, konnten sie ihre Familie kaum noch ernähren. Viele Bauern verschuldeten sich daher – konnten sie ihre Schulden dann

Die Gesellschaft Karte 7

nicht mehr bezahlen, drohte ihnen der Abstieg in die unterste Schicht der Gesellschaft!

Auch die **Handwerker**, wie zum Beispiel die Töpfer, die Schmiede, die Baumeister und Schreiner, die Weber und Färber, gehörten zu den Berufen, die nur wenig verdienten. Sie mussten daher ebenfalls ein ziemlich einfaches Leben führen.

Bei den **Händlern** gab es recht wohlhabende Leute, nämlich diejenigen, die ihren Handel mit fernen Ländern betrieben: Gewürze, feine Stoffe, Schmuck, Parfum, Edelsteine, … wurden zur Zeit Jesu oft in Gold aufgewogen! Auch die **Großhändler** waren meistens reich und hatten viel Einfluss. Sie konnten zum Beispiel ihre riesigen Getreidevorräte dann verkaufen, wenn eine Hungersnot drohte – so nahmen sie viel Geld ein.

Die **kleinen Händler** dagegen verkauften meistens nur einheimische Wa-

Die Gesellschaft — Karte 8

ren in geringen Mengen. Sie boten sie auf den Märkten in den Dörfern und den kleinen Städten an. Ihr Einkommen war meistens sehr bescheiden.

Die **kleinen Beamten** waren vor allem in den riesigen Verwaltungen des Tempels und des Königshofes in der Hauptstadt Jerusalem beschäftigt.

Der größte Teil der Bevölkerung gehörte zur **untersten Schicht** der Gesellschaft.

Wenig Ansehen genossen die **Frauen** zur Zeit Jesu: Sie litten zwar meistens keine äußere Not, aber sie waren völlig von ihren Männern abhängig und eigentlich nicht als eigenständige Personen anerkannt. Im öffentlichen Leben hatten sie nichts zu sagen – ihr Arbeitsbereich war das Haus, das Feld und die Erziehung der Kinder. Die Frauen erlernten keinen Beruf und hatten daher auch kein eigenes Einkommen – sie waren auf Gedeih und Verderb auf die Versorgung durch ihren Mann angewiesen! Sie wurden sogar als Besitz ihres Mannes angesehen.

Die Gesellschaft — Karte 9

In einem Gebet aus der Zeit Jesu heißt es »Gepriesen sei Gott, dass er mich nicht als Frau erschaffen hat.«

Auch die **Kinder** galten zur Zeit Jesu sehr wenig und hatten kaum Rechte – sie mussten schon als kleine Kinder bei der Arbeit helfen und so zu ihrem Lebensunterhalt beitragen.

Geriet der Vater in große Not, durfte er seine Kinder als Sklaven verkaufen!

Die Mädchen halfen ihren Müttern im Haushalt und lernten so alle nötigen Dinge für später. Die Jungen hatten es etwas besser – sie übernahmen meistens das Handwerk von ihrem Vater; außerdem lernten sie in der Synagoge (dem Gotteshaus) lesen und erfuhren alles Wichtige über die Religion. Die Kinder wurden sehr streng erzogen und mussten die Anordnungen ihrer Eltern ohne Widerspruch befolgen. Allerdings war es verboten, sie so hart zu bestrafen, dass sie ernsthafte Verletzungen erlitten.

Ganz allgemein galten Kinder als dumm und wertlos!

Die Gesellschaft — Karte 10

Wenn schon die Frauen und Kinder wenig Rechte hatten und nur sehr geringes Ansehen genossen, so ist es klar, dass die **Witwen** und **Waisen** zu den schwächsten Mitgliedern der Gesellschaft gehörten! Sie waren völlig von der Unterstützung durch ihre Verwandten abhängig.

Auch den **Tagelöhnern** und den **Arbeitslosen** ging es zur Zeit Jesu sehr schlecht.

Die Tagelöhner hatten keine feste Arbeit, sondern waren darauf angewiesen, dass sie jeden Tag jemanden fanden, der sie zum Arbeiten benötigte. – Um ihre Familien zu ernähren, brauchten sie pro Tag etwa 1 Denar. Man weiß jedoch, dass sie meistens nicht mehr als 200 Denare im Jahr verdienten! Fanden sie an einem Tag keine Arbeit, musste die Familie hungern.

Als Arbeitslose galten die Menschen, die nicht einmal mehr als Tagelöhner arbeiten konnten, weil sie zu alt oder zu schwach waren.

Solche Menschen konnten auch schnell auf die Stufe der Bettler absteigen! Diese Armen hatten meistens keine Familie, die sie unterstützen konnte – sie waren ganz auf die Almosen anderer angewiesen.

Die Gesellschaft — Karte 11

Zu der großen Zahl der Bettler gehörten auch die Menschen, die dauernd **krank** waren und keine Hoffnung auf Heilung mehr hatten. Vor allem **Blinde** und **Gelähmte** fanden oft keinerlei Unterstützung und mussten sich durch Bettelei kümmerlich über Wasser halten.

Überhaupt war das Ansehen der Kranken in der Gesellschaft zur Zeit Jesu sehr gering, denn jede Krankheit wurde als **Strafe Gottes** für begangene Sünden betrachtet. So hatte auch niemand großes Mitleid mit ihnen, denn sie hatten ja offensichtlich ihr Schicksal selbst verschuldet, indem sie Gott nicht gehorcht hatten!

Manche Kranke wurden auch ganz aus der Gesellschaft **ausgestoßen** – dies galt vor allem für Menschen mit »**Aussatz**«,

Die Gesellschaft — Karte 12

einer schweren Hautkrankheit. Sie galten als »**unrein**« und durften daher nicht mit anderen zusammen sein.

Auch **psychisch Kranke** mussten außerhalb der Ortschaft leben; man dachte nämlich, dass »**böse Geister**« von ihnen Besitz ergriffen hätten. Vor diesen »bösen Geistern« fürchtete man sich und ging ihnen lieber aus dem Weg!

Besonders gehasst und verachtet waren die **Zöllner**. Sie zogen im Auftrag der Römer von allen Leuten hohe Abgaben ein; dabei steckten sie sich auch viel in die eigene Tasche. Sie galten darum als Betrüger. Außerdem verabscheute man sie als Verräter, weil sie mit den Römern zusammenarbeiteten. Da sie auch immer wieder mit Nichtjuden zusammenkamen, hielt man sie auch für »unrein« und wollte nichts mit ihnen zu tun haben!

Die Politik — Karte 1

DIE POLITIK

So lebten die Menschen zur Zeit Jesu

Die Politik — Karte 2

INFORMATION

In diesem Material findest Du Informationen darüber, wie die politischen Verhältnisse zur Zeit Jesu in Palästina waren.

Die Karten zum Themenkreis »**Die Politik**« gehören zusammen. Bitte bearbeite sie in der richtigen Reihenfolge.

Übernimm die wichtigsten Informationen in Dein Heft / Deinen Ordner – hierzu kannst Du die entsprechenden Bildkopien aus dem Ordner »**So lebten die Menschen zur Zeit Jesu**« verwenden.

Die Politik — Karte 3

Zur Zeit Jesu war Palästina von den **Römern** besetzt.

Die Römer beherrschten ein großes Reich, das von England bis nach Ägypten und von Spanien bis Persien reichte. Die genaue Ausdehnung des **Römischen Weltreichs** siehst du in der Abbildung auf der folgenden Karte.

Natürlich konnte der römische Kaiser all die eroberten Gebiete nicht direkt regieren. Daher unterteilte er sein Weltreich in »**Provinzen**«. Überall setzte er Verwalter ein, die in seinem Sinne regierten.

In allen Provinzen waren römische Soldaten stationiert – sie sollten die Bevölkerung einschüchtern und so für Ruhe und Ordnung sorgen.

Oft war der Verwalter in einer Provinz ein hoher militärischer Befehlshaber (= »**Legat**«).

In anderen Provinzen regierten nichtmilitärische Verwalter (= »**Prokurator**«).

In einigen besetzten Gebieten erlaubte es der römische Kaiser aber auch, dass die bisherigen Könige oder Fürsten an der Macht blieben – selbstverständlich mussten sie ihm treu ergeben sein und alle Regierungsgeschäfte so führen, dass der Kaiser zufrieden war.

Alle Gebiete, die unter römischer Macht standen, mussten **hohe Steuern** an den römischen Kaiser bezahlen.

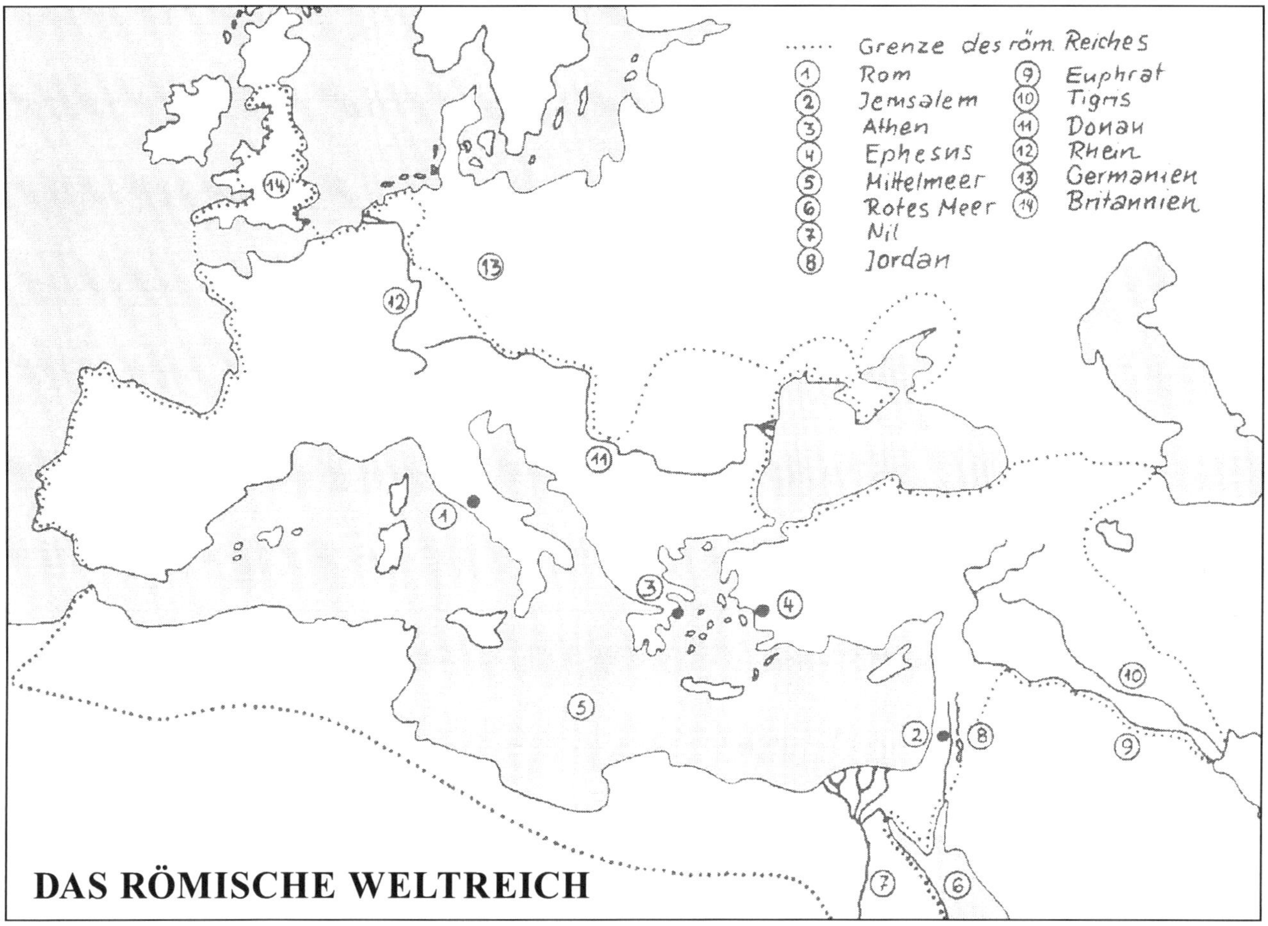

Die Politik   Karte 4

DAS RÖMISCHE WELTREICH

..... Grenze des röm. Reiches
① Rom   ⑨ Euphrat
② Jerusalem   ⑩ Tigris
③ Athen   ⑪ Donau
④ Ephesus   ⑫ Rhein
⑤ Mittelmeer   ⑬ Germanien
⑥ Rotes Meer   ⑭ Britannien
⑦ Nil
⑧ Jordan

Die Politik   Karte 5

Zur Zeit der Geburt Jesu herrschte in Palästina ein solcher König, der dem römischen Kaiser unterstand. Sein Name war **Herodes**. Er konnte recht unabhängig regieren, aber das letzte Wort hatte immer der Kaiser in Rom.

Dieser Kaiser hieß eigentlich Oktavian. In seiner Regierungszeit konnten die Menschen einigermaßen in Frieden und Sicherheit leben. Darum verehrten die Römer ihn sehr – sie bezeichneten ihn sogar als »**Retter**« und »**Befreier**« der Menschen! Das bringt die Statue von ihm sehr gut zum Ausdruck. Oktavian selbst ließ sich später **Augustus** nennen – das bedeutet »**der Erhabene**«. Diese Bezeichnung war bis dahin den Göttern oder heiligen Orten vorbehalten gewesen.

Nach seinem Tod gaben die Menschen ihm einen Platz unter den Göttern und es entstand der **Kaiserkult**: Der Kaiser musste wie ein Gott angebetet werden und man brachte ihm Opfer dar.

Die Politik — Karte 6

Der **König Herodes** regierte recht erfolgreich in Palästina: Es ging den Menschen verhältnismäßig gut und es herrschte weitgehend Frieden im Land. Während seiner Regierungszeit errichtete Herodes zahlreiche prächtige Bauwerke – am bedeutendsten war wohl, dass er den Tempel in Jerusalem erweitern und großartig ausbauen ließ.

Aber Herodes war auch ein grausamer Tyrann. Erbarmungslos ließ er jeden Gegner ermorden, der ihm und seinem Thron gefährlich werden konnte.

Nach dem Tod des Herodes teilte der römische Kaiser Palästina unter den Söhnen des Königs auf.

Nach einigen Wirren setzte er den Herodes-Sohn, der im südlichen Teil des Landes regierte, ab. Statt dessen ernannte er einen römischen Verwalter: **Pontius Pilatus**. Sein Name ist heute noch bekannt, weil er Jesus zum Tod verurteilte.

Was hatte nun die einfache Bevölkerung mit der hohen Politik zu tun?

Am meisten litten die einfachen Bauern und Handwerker wohl unter den enormen Steuern, die sie an die römische Besatzungsmacht bezahlen mussten. Ihre Lebensbedingungen waren sowieso schon sehr hart; die Steuern verschärften ihre Lage noch

Die Politik — Karte 7

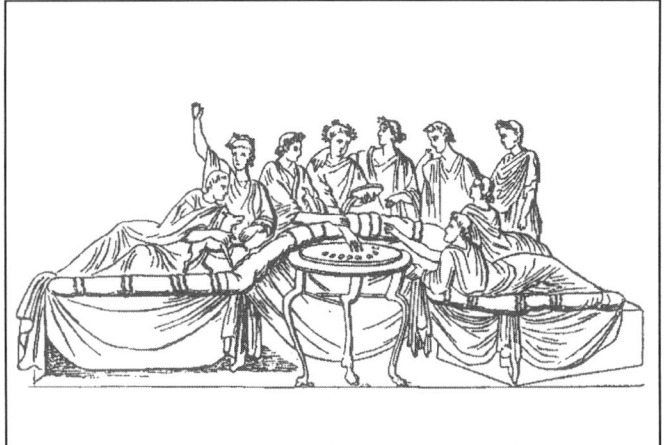

zusätzlich, und viele Familien bangten um ihr Überleben.

Gleichzeitig mussten sie mit ansehen, wie der Kaiser und auch ihre eigenen Könige sich prächtige Bauwerke errichten ließen und in Saus und Braus lebten.

Viele jüdische Bürger waren auch erbittert, weil die **fremden Sitten** der Römer sich immer mehr ausbreiteten. Sie befürchteten, dass ihre eigene Kultur nach und nach zerstört würde.

Auch die **fremde Religion** der Römer fasste immer mehr Fuß in Palästina. Für viele fromme Juden war es ein Gräuel, dass die Römer viele verschiedene Götter anbeteten, darunter sogar den Kaiser.

Das Bild zeigt, wie der römische Kaiser sich in einen Gott verwandelt – Adler und Krone sind Symbole dafür.

Die Politik — Karte 8

Für die frommen Juden zählte nur ihr Gott Jahwe, den sie schon immer als einzigen angebetet hatten.

Kein Wunder, dass die Römer und auch ihre Stellvertreter bei den Juden verhasst waren!
Sie sehnten sich nach Freiheit – aber gegen die Übermacht des römischen Weltreichs hatten sie keine Chance.
Daher hofften viele auf den **Messias, den Retter**, der von Gott kommen sollte. Er würde sein Volk befreien und die Römer davonjagen.
Aber es gab auch Leute, die darauf nicht warten wollten: Sie hatten sich vorgenommen, den Römern **Widerstand** zu leisten. Sie schlossen sich zu Widerstandsgruppen zusammen und nannten sich »**Zeloten**«, das bedeutet »Eiferer«. Die Zeloten versuchten mehrere Aufstände, die jedoch alle von den Römern blutig niedergeschlagen wurden!

Das Land der Bibel — Karte 1

DAS LAND DER BIBEL

So lebten die Menschen zur Zeit Jesu

Das Land der Bibel — Karte 2

INFORMATION

In diesem Material findest Du Informationen darüber, wie das Land Palästina zur Zeit Jesu aussah.

Die Karten zum Themenkreis »**Das Land der Bibel**« gehören zusammen. Bitte bearbeite sie in der richtigen Reihenfolge.

Übernimm die wichtigsten Informationen in Dein Heft / Deinen Ordner – hierzu kannst Du die entsprechenden Bildkopien aus dem Ordner »**So lebten die Menschen zur Zeit Jesu**« verwenden.

Das Land der Bibel — Karte 3

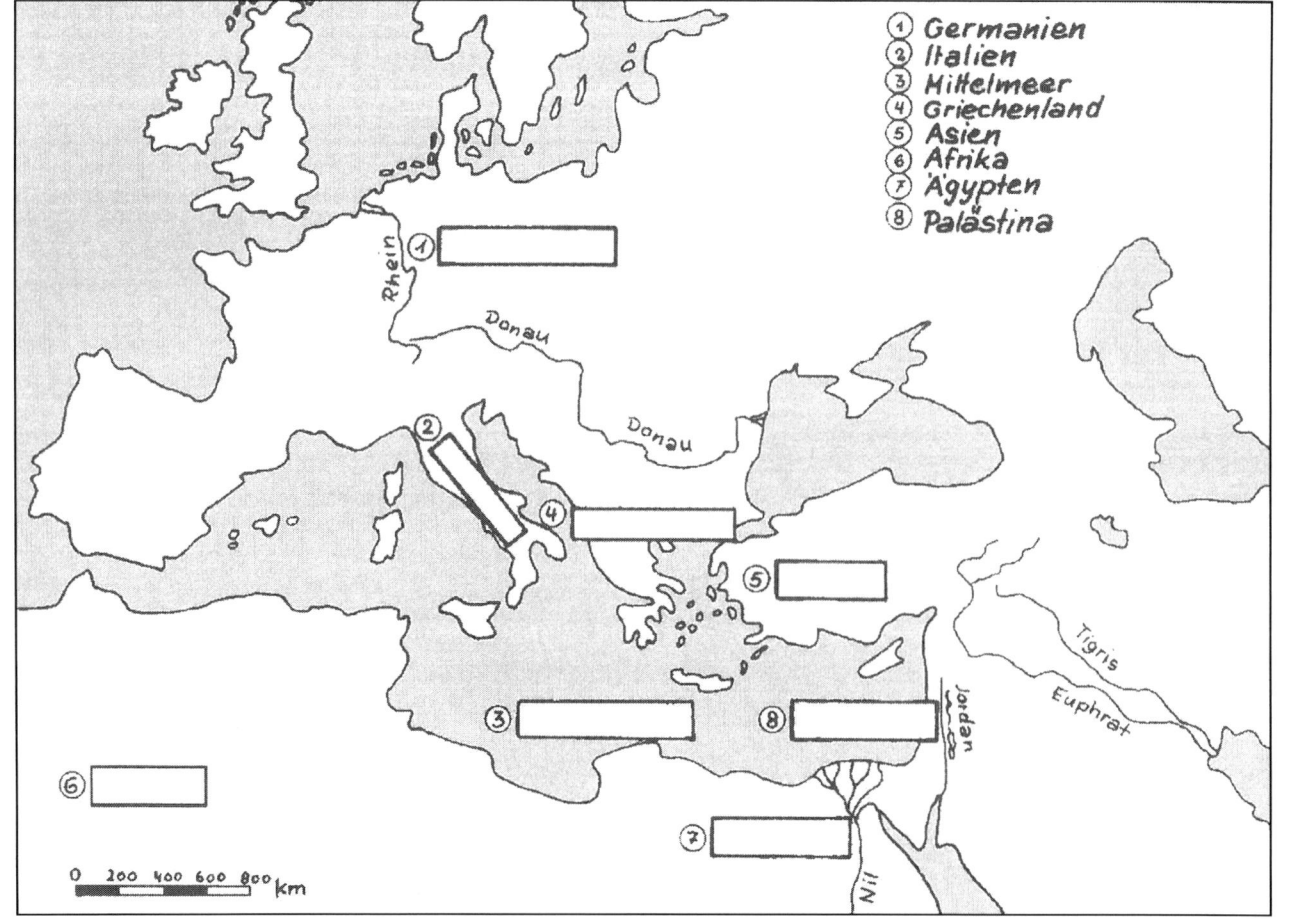

① Germanien
② Italien
③ Mittelmeer
④ Griechenland
⑤ Asien
⑥ Afrika
⑦ Ägypten
⑧ Palästina

Das Land der Bibel — Karte 4

Palästina war **kein großes Land**: Vom Norden bis zum Süden waren es gerade 230 km, also eine Strecke, die man heute mit dem Auto in 2–3 Stunden zurücklegen kann. Von Westen nach Osten maß es an seiner breitesten Stelle etwa 100 km, an der schmalsten Stelle nur etwa 40 km!

Es ist ein Land voller **Gegensätze**: Hohe Gebirge und tiefe Ebenen wechseln sich ab, ebenso Wüstenlandschaften und fruchtbares Ackerland. Außerdem gibt es große Temperatur- und Klimaunterschiede.

Von der Mittelmeerküste aus gesehen gleicht das Land der Form eines Hausdaches: Es steigt allmählich bis zu einer Höhe von 1000m an und fällt dann sehr steil zum Jordangraben hin ab.

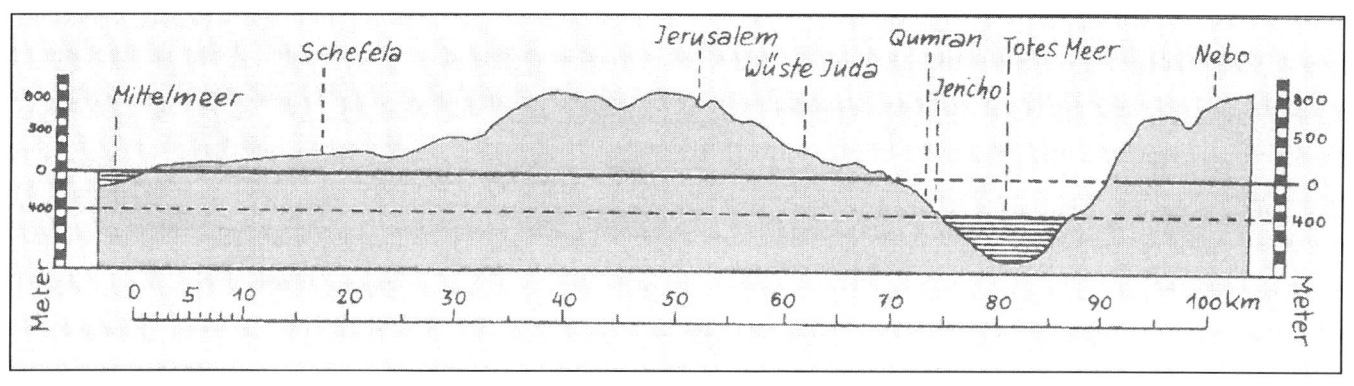

Das Land der Bibel — Karte 5

Die Abbildung auf der folgenden Karte zeigt Palästina aus der Vogelperspektive.
Von Norden nach Süden durchzieht ein tiefer Graben das Land; hier fließt der Fluss **Jordan**. Er entspringt hoch im Norden im Hermongebirge, durchquert den **See Gennesaret** und mündet ins **Tote Meer**.

Große Teile Palästinas sind sehr **gebirgig**. Im Norden steigen die Berge bis auf 3000m an, im Süden bis auf 2000m!

Die Gebirge bestehen überwiegend aus **Kalk** und **Kreide**. Diese Gesteinsarten sind sehr gut durchlässig für Wasser. Wenn Regen fällt, versickert das Oberflächenwasser schnell und wäscht dabei viele **Höhlen** aus.

An das versickerte Wasser gelangt man nur durch tiefe Brunnen!

An der Oberfläche bildet sich ein harter Belag, der sich nicht für den Ackerbau eignet.

Der **Jordangraben** ist sehr tief in das Land eingeschnitten: Der See Gennesaret liegt 200m unter dem Meeresspiegel, und das Tote Meer sogar 400m! Kein anderes Gebiet der Erde liegt tiefer als der Jordangraben!

Das Land der Bibel — Karte 6

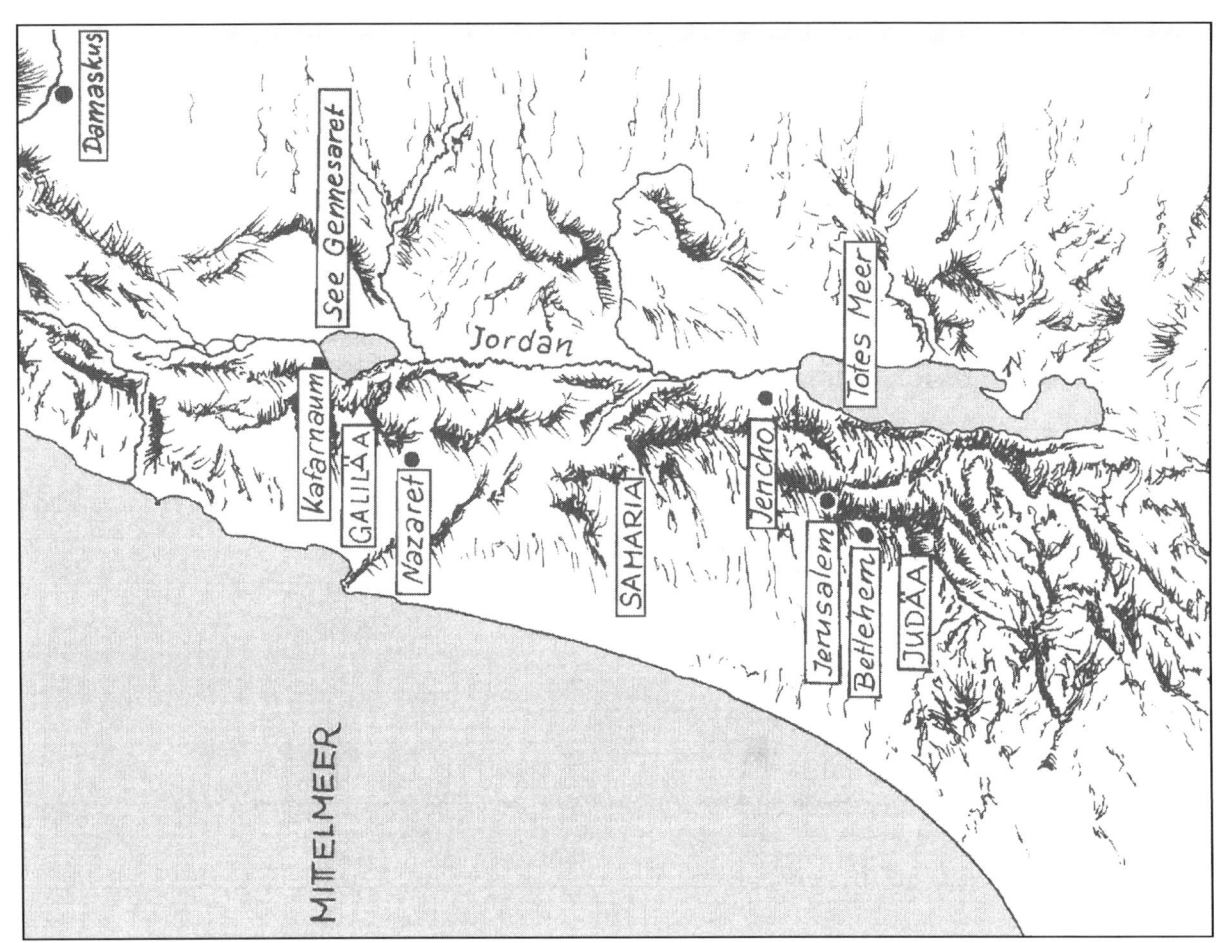

Palästina aus der Vogelperspektive

Das Land der Bibel — Karte 7

Palästina ist ein **Mittelmeerland**: Es liegt zwischen der gemäßigten und tropischen Klimazone. Im Sommer ist es heiß und trocken, im Winter feucht und kühler.
Im **Winter** fällt der meiste Regen – die **Regenzeit** beginnt normalerweise Mitte September und dauert etwa bis Ende März.
Zur Zeit Jesu warteten die Bauern nach dem **langen, trockenen Sommer** sehnsüchtig auf den ersten Regen – nur dann konnten sie ihre Äcker pflügen und die Saat ausbringen.
Im Frühjahr beginnen die Pflanzen dann zu wachsen; wieder waren die Bauern darauf angewiesen, dass es jetzt regnete, damit die kleinen Pflanzen nicht vertrockneten. Für eine gute Ernte war auch der Spätregen im April sehr wichtig.

Durch das Klima und die großen Höhenunterschiede in Palästina sah die **Pflanzenwelt** in den einzelnen Gebieten sehr verschieden aus: Zur Zeit Jesu waren noch große Teile Palästinas **bewaldet**, aber es gab auch **Steppengebiete** und **Wüsten**. Die Menschen rodeten die Wälder, um diese Gebiete für den **Ackerbau** zu nutzen. Allerdings ist der Boden sehr steinig, sodass die Feldarbeit zur Zeit Jesu sehr mühsam und anstrengend war. Die Erträge waren oft recht dürftig.
Blieb der Regen einmal aus oder kam er zu spät, konnte die ganze Ernte vernichtet werden und es drohte eine Hungersnot.
Die Abbildung auf der nächsten Karte gibt dir einen Überblick, wie die einzelnen Vegetationszonen in Palästina zur Zeit Jesu verteilt waren.

Das Land der Bibel

Karte 8

Die Vegetation in Palästina

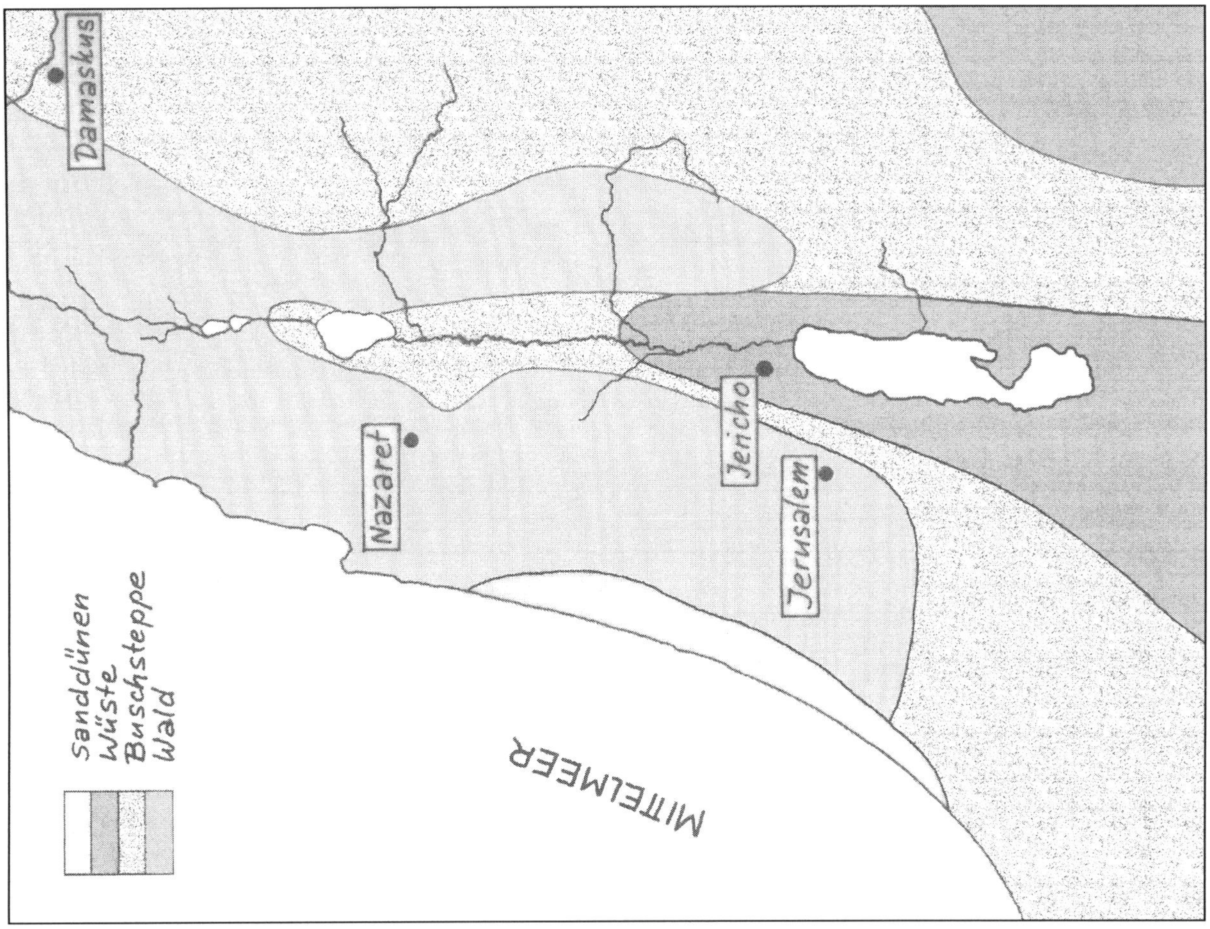

Karte 9

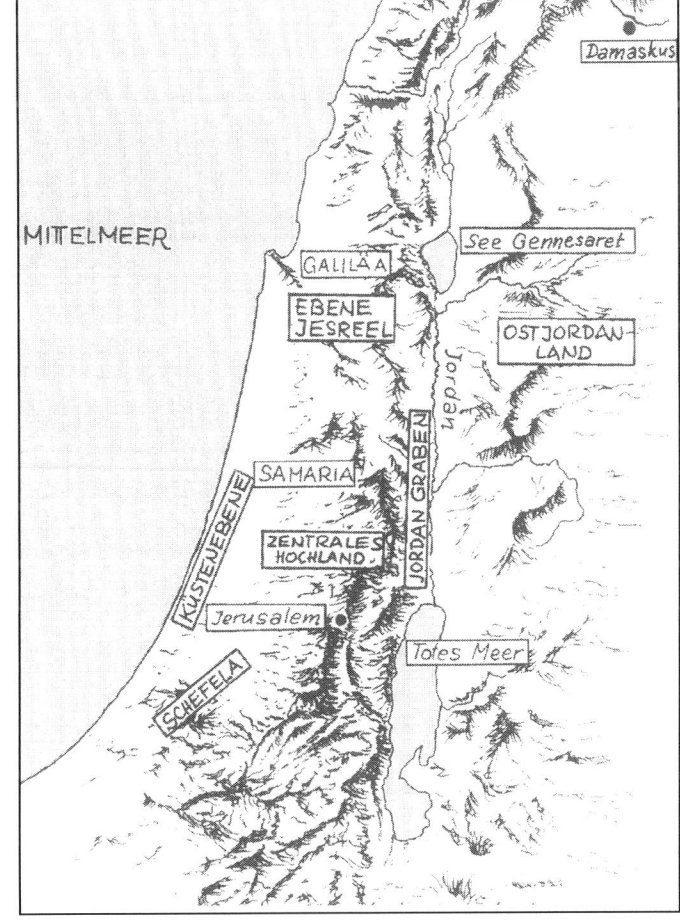

Palästina kann man in **sieben Gebiete** einteilen:

– Das zentrale Hochland;
– Die Ebene Jesreel;
– Galiläa;
– Die Küstenebene;
– Das Gebirgsvorland (Schefela);
– Das Jordantal;
– Das Ostjordanland.

Das **zentrale Hochland** erstreckte sich von der Stadt Megiddo im Norden bis etwa zur Stadt Beerseba im Süden. Es war zur Zeit der Bibel das wichtigste Gebiet, denn hier lag die Hauptstadt **Jerusalem**. Das Hochland ist bis zu 1000m hoch; nach Osten fällt es steil ab, nach Westen hin sanfter. Früher war dieses Gebiet von Wäldern bedeckt,

Das Land der Bibel Karte 10

Bild 45

Bild 46

die heute aber längst verschwunden sind.

Im zentralen Hochland lagen außer Jerusalem noch andere sehr berühmte Orte, z.B. Bethlehem; Hebron, wo sich Abraham oft aufhielt; Samaria, die frühere Hauptstadt des Nordreichs; Megiddo, eine alte Festungsstadt ...

Die **Ebene Jesreel** beginnt im Jordantal südlich des See Gennesaret und reicht bis zum Mittelmeer. Sie hat die Form eines Dreiecks. Es ist ein grünes, fruchtbares Land, in dem schon immer viel Ackerbau möglich war. Die Jesreelebene war zur Zeit der Bibel nicht nur als »Kornkammer« Palästinas wichtig, sondern es führten auch wichtige Straßen hindurch. Darum fanden um dieses Gebiet viele Kämpfe statt.

Das Land der Bibel Karte 11

Bild 47

Bild 48

Galiläa

Dieses große Gebiet im Norden war die Heimat Jesu. Es ist der fruchtbarste Landstrich Palästinas. Ein Schriftsteller aus der Zeit Jesu schrieb, dass in diesem Land alles gedeihen würde. Überall sah man Dattelpalmen, Feigen- und Olivenbäume, üppige Weizenfelder und Weinberge.

Jesus wuchs in der Stadt **Nazaret** auf. Später verbrachte er viel Zeit in **Kafarnaum**, einer Stadt am Nordufer des See Gennesaret.

Die Stadt Kafarnaum existiert heute nicht mehr – das Foto zeigt Reste, die man ausgegraben hat.

Der **See Gennesaret** war sehr fischreich und gab vielen Menschen Arbeit und Nahrung. Der Fisch aus dem See Gennesaret wurde sogar in andere Länder ausgeführt.

Das Land der Bibel — Karte 12

Bild 49

Bild 50

Die **Küstenebene** liegt im Süden des Landes am Mittelmeer. Sie reicht vom Berg Karmel im Norden bis zum Wüstenbergland Negev. Zur Zeit Jesu war das Küstenland nicht sehr begehrt, denn durch Sanddünen und Sümpfe war es schwer zu bewirtschaften. Auch gab es keine natürlichen Häfen.
Ganz im Norden der Küstenebene ließ der jüdische König Herodes zur Zeit Jesu einen künstlichen Hafen und eine Stadt bauen. Zu Ehren des römischen Kaisers nannte er die Stadt **Caesarea**.

Das **Gebirgsvorland** zwischen Küstenebene und dem zentralen Hochland nannte man **Schefela**. Sie ist von niedrigen Hügeln durchzogen und äußerst trocken. Hier lag in alter Zeit die wichtige Festungsstadt Lachisch.

Das Land der Bibel — Karte 13

Bild 51

Der **Jordangraben** durchzieht das ganze Land Palästina von Norden nach Süden. Vor vielen Millionen Jahren brach hier die Erdkruste ein und bildete so die tiefste natürliche Landsenke der Erde.
Die Quelle des **Jordan** liegt hoch im Hermongebirge, nördlich von Palästina. Er durchfließt den **See Gennesaret**.
Die Luftlinie zwischen dem See Gennesaret und dem Toten Meer beträgt 105 km – der Jordan schlängelt sich aber in so vielen Windungen durch den Jordangraben, dass er 322km lang ist! Der Jordan ist nicht besonders breit und tief. An den breitesten Stellen misst er etwas über 30m, und seine Tiefe beträgt kaum mehr als 3m!
Wie du auf dem Bild sehen kannst, gibt der Jordan recht wenig Wasser an das umliegende Land ab: In der Trockenzeit

Das Land der Bibel   Karte 14

Bild 52

Bild 53

ist nur ein schmaler Streifen rechts und links des Flusses begrünt.

Eine der berühmtesten Städte aus biblischer Zeit im Jordangraben ist **Jericho**. Viele Geschichten aus der Bibel spielen in dieser Stadt, z.B. die Erzählung von der Eroberung (Josua 6) oder auch die Geschichte von der Heilung des blinden Bartimäus durch Jesus (Markus 10,46–52).

Die Stadt wurde immer wieder zerstört und neu aufgebaut. Das Foto zeigt einen Blick auf die Reste der Stadt, wie sie heute ausgegraben werden.

Der Jordan mündet in das **Tote Meer**. Es trägt diesen Namen, weil der Salzgehalt des Wassers so hoch ist, dass sich kein pflanzliches oder tierisches Leben darin entwickeln kann.

Das Foto zeigt Salzablagerungen – hieraus wurde schon im Altertum Salz gewonnen.

Das Land der Bibel   Karte 15

Bild 54

Bild 55

Ein weiterer wichtiger Ort im Jordangraben ist **Qumran** am Nordwestufer des Toten Meers. Qumran ist besonders in letzter Zeit sehr berühmt geworden. Hier fand man nämlich sehr alte Handschriften der Bibel. Diese Handschriften haben Mönche zur Zeit Jesu angefertigt. Als ihre Klostersiedlung angegriffen wurde, legten sie die Schriftrollen in große Tonkrüge, die sie sorgfältig verschlossen. Diese Krüge versteckten sie in den Höhlen, die du auf dem Foto erkennen kannst.

Das **Ostjordanland** ist ein Hochland. Dort fällt mehr Regen; daher ist das Land recht fruchtbar. Es gibt gute Weiden für die Viehherden, und auch zur Zeit Jesu wurde hier viel Ackerbau betrieben.

Das Land der Bibel — Karte 16

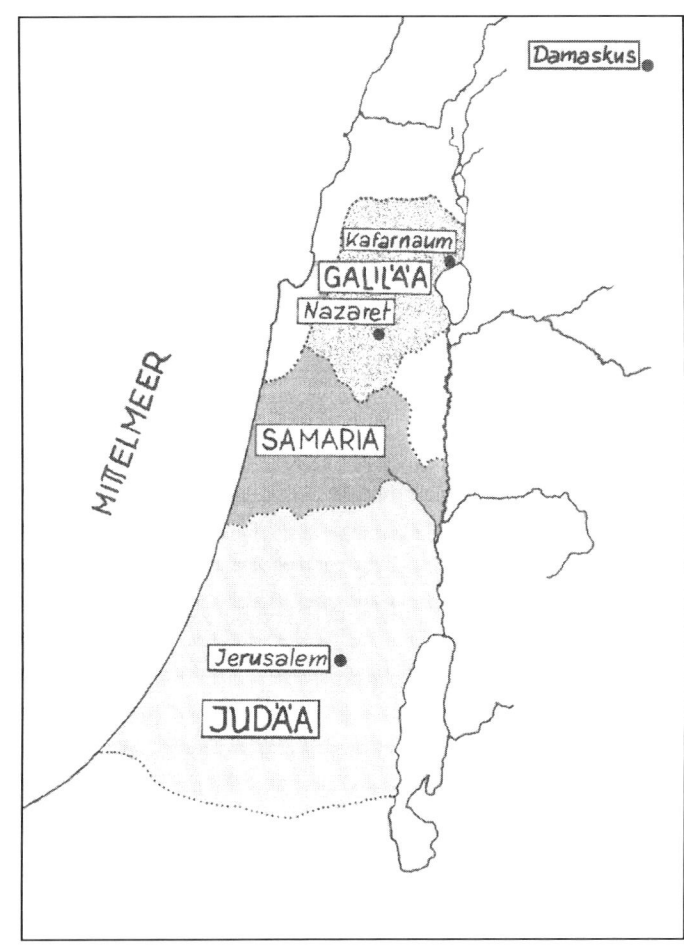

Zur Zeit Jesu teilten die Juden das Land in **drei Gebiete** ein: Im Norden lag **Galiläa**, im Süden **Judäa** und dazwischen **Samaria**.

Die Heimat Jesu war Galiläa. Hier verbrachte er seine Kindheit in Nazaret.

Im Alter von etwa 30 Jahren ging er nach Kafarnaum, der Stadt am See Gennesaret; hier wurde er bekannt und fand viele Freunde, weil er ganz anders über Gott sprach und weil er sich Armen, Kranken und Ausgestoßenen zuwendete.

Er zog mit seinen Freunden in Galiläa umher, um vielen Menschen von Gott zu erzählen.

Nach einigen Jahren gingen er und seine Freunde nach Jerusalem, der Hauptstadt.

Das Land der Bibel — Karte 17

Auf seinem Weg nach Jerusalem zog Jesus durch Samaria. Für einen frommen Juden war dies damals ein unmögliches Handeln!

Denn die Samaritaner galten als Menschen, die einen falschen Glauben und eine schlechte Lebensart hatten. Wenn ein Galiläer also nach Jerusalem reisen wollte, nahm er nicht den Weg durch Samaria, sondern zog durch das Ostjordanland.

Jesus wanderte wohl absichtlich durch Samaria, weil er zeigen wollte, dass vor Gott alle Menschen gleich sind!

In Jerusalem sorgten die Gegner von Jesus dafür, dass er verhaftet und von den Römern gekreuzigt wurde.

Die jüdische Religion: Grundlagen — Karte 1

DIE JÜDISCHE RELIGION
GRUNDLAGEN

So lebten die Menschen zur Zeit Jesu

Die jüdische Religion: Grundlagen — Karte 2

INFORMATION

In diesem Material findest Du grundlegende Informationen über die jüdische Religion zur Zeit Jesu. Viele Themen werden hier nur sehr knapp dargestellt. Ausführlichere Informationen dazu findest Du in den anderen Karten zur »**Jüdischen Religion**«!

Die Karten zum Themenkreis »**Die jüdische Religion: Grundlagen**« gehören zusammen. Bitte bearbeite sie in der richtigen Reihenfolge.

Übernimm die wichtigsten Informationen in Dein Heft / Deinen Ordner – hierzu kannst Du die entsprechenden Bildkopien aus dem Ordner »**So lebten die Menschen zur Zeit Jesu**« verwenden.

Die jüdische Religion: Grundlagen — Karte 3

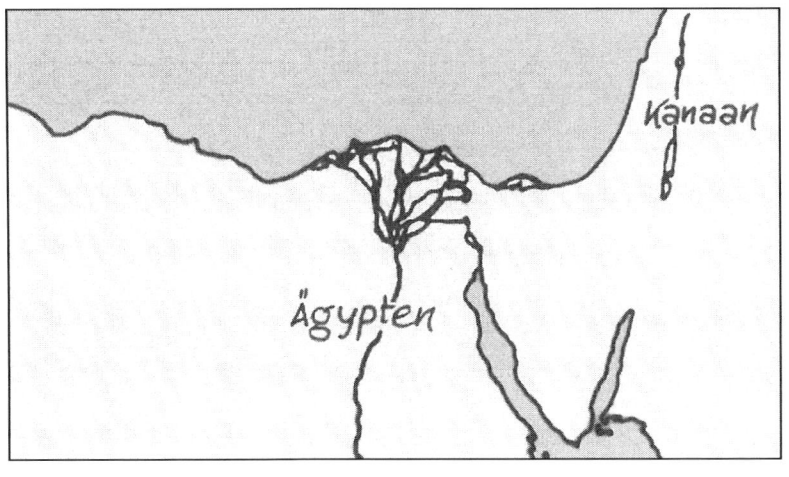

Der **jüdische Glaube** ist eine sehr alte Religion.
Seine Wurzeln reichen bis in die Zeit zurück, als das Volk Israel noch nicht sesshaft war: Die einzelnen Familien und Stämme zogen als **Nomaden** mit ihren Herden von Weidegrund zu Weidegrund. Wo sie Nahrung für ihre Herden und für sich selber fanden, schlugen sie für eine kurze Zeit ihre Zelte auf.

Als es einmal lange nicht regnete, waren die Nomaden vom Hungertod bedroht. In dieser ausweglosen Situation zogen viele nach **Ägypten**, denn im fruchtbaren Gebiet des Nil gab es genug Nahrung für alle. Aber bald wurden sie von den Ägyptern unterdrückt und zu Sklaven gemacht. Es glückte ihnen aber zu fliehen.
Lange Zeit lebten die Stämme in der Wüste und Steppe. Hier erlebten sie immer wieder Zeiten, in denen sie nicht wussten, wie es weitergehen sollte.
Schließlich kamen sie nach **Kanaan**, dem Land, das später Palästina genannt wurde. Hier wurden die Nomaden zu sesshaften Bauern.
Die Israeliten waren überzeugt: Ihre Rettung aus Ägypten, ihr Überleben in der

Die jüdische Religion: Grundlagen — Karte 4

Wüste und das gute Leben in Kanaan verdanken wir **allein** unserem **Gott Jahwe**!
In ihren Geschichten und Liedern erzählten sie daher von den wunderbaren Taten ihres Gottes Jahwe. Darum gab es bei den Israeliten immer nur einen einzigen Gott, nicht viele Gottheiten wie in anderen Religionen.
Jahwe wollten sie für immer dankbar sein und ihn nie vergessen.
Trotzdem war es verboten, von Jahwe Statuen oder Bilder anzufertigen, denn den Israeliten war klar, dass sie Jahwe nicht in einem Bild »einfangen« konnten!
Damit sie Jahwe aber gewiss nicht vergaßen, wurden die alten Erzählungen alle aufgeschrieben. Auch in Gebeten, Liedern und Bräuchen blieb die Erinnerung lebendig.

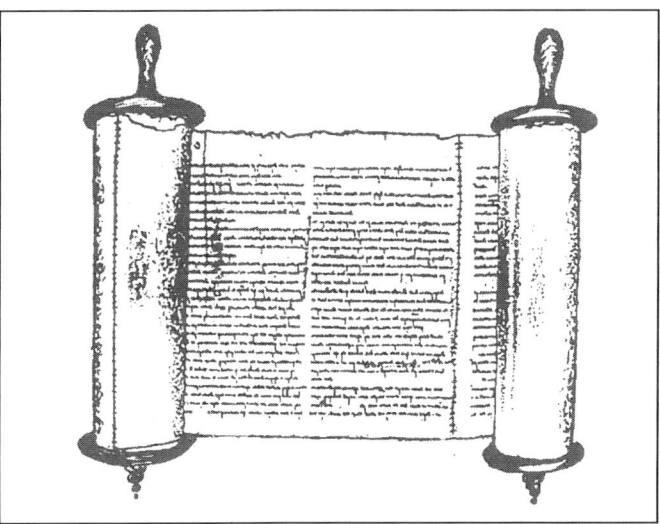

Zur Zeit Jesu wurden die Israeliten **Juden** genannt. Ihre Religion hatte sich jedoch kaum verändert. Die wichtigsten Grundlagen waren für die Juden immer die alten Geschichten und Gebote, die in der **Thora** zusammengefasst sind. Eine alte Schriftrolle siehst du auf der Abbildung!

Die jüdische Religion: Grundlagen Karte 5

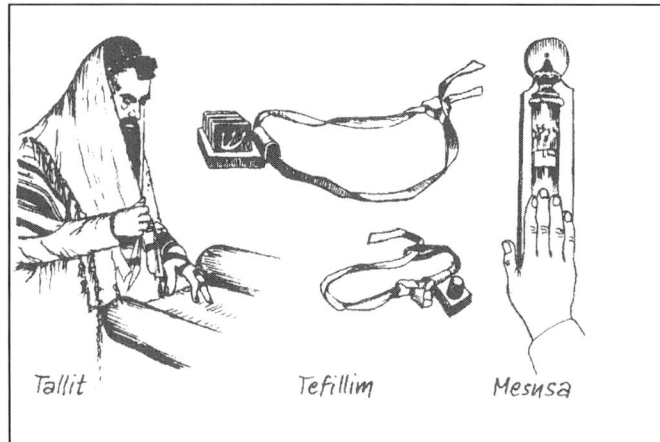

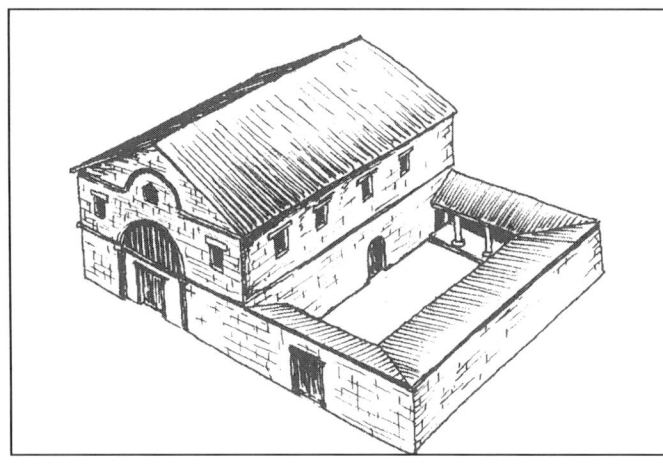

Aber nicht nur durch die Geschichten und Gebote erinnerte man sich an Jahwe. Auch im **Alltag** sollte man ihn nicht vergessen! Daher gab es viele **Erinnerungshilfen**, zum Beispiel feste Zeiten zum Gebet, eine bestimmte Gebetskleidung, den Sabbat ... (Nähere Informationen findest du in: Die jüdische Religion: Der Glaube im Alltag).

In vielen Orten gab es ein Versammlungshaus, die **Synagoge**. Hier trafen sich vor allem die Männer zum Gebet und zum Gottesdienst. Die Synagoge war gleichzeitig auch die Schule, in der die Jungen das Lesen lernten, damit sie im Gottesdienst aus der Thora vorlesen konnten.

Das Judentum kennt auch viele **religiöse Feste**. Eins der wichtigsten ist das Pessach-Fest, an dem die Juden sich an die Befreiung aus Ägypten erinnern.

Die jüdische Religion: Grundlagen Karte 6

Das Zentrum des jüdischen Glaubens zur Zeit Jesu war der **Tempel** in der Hauptstadt Jerusalem. In dem großartigen, gewaltigen Bauwerk fanden jeden Tag viele Opfergottesdienste statt. Unzählige Menschen strömten in den Tempel, um an den Festlichkeiten teilzunehmen.

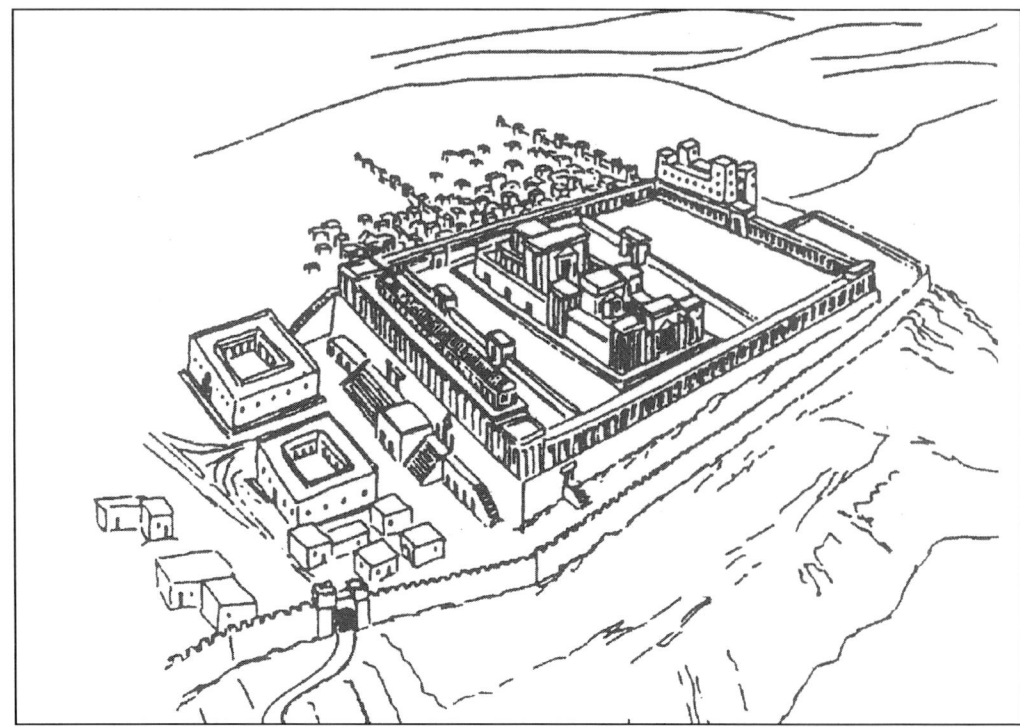

Die jüdische Religion: Grundlagen — Karte 7

Die wichtigste Art des **Opfers** war das Brandopfer: Die Priester verbrannten ein geschlachtetes Tier auf dem Altar.

Es wurden aber auch andere Opfer dargebracht, zum Beispiel Speiseopfer.

Alle Opfer waren als Symbol der Gemeinschaft gedacht: der Gemeinschaft mit Gott und der Gemeinschaft der Menschen untereinander. Dabei konnte das Opfer eine Bitte an Gott um Vergebung bedeuten, aber auch Dank zum Ausdruck bringen.

Viele Priester leiteten die Gottesdienste. An ihrer Spitze stand der **Hohepriester**.

Die einfachen Priester waren in Weiß gekleidet, der Hohepriester trug ein farbenprächtiges, kostbar besticktes Gewand. Nur er durfte den innersten Bezirk des Tempels betreten: das **Allerheiligste**. Dies geschah nur ein einziges Mal im Jahr, am »Großen Versöhnungstag«! An diesem Festtag brachte der Hohepriester ein besonderes Opfer dar; es galt als Zeichen dafür, dass nichts mehr zwischen Gott und dem Volk stand.

Die jüdische Religion: Grundlagen — Karte 8

Zur Zeit Jesu waren in der Religion nicht alle Menschen gleich angesehen. Es gab sehr **hoch geachtete** und einflussreiche Leute wie die Priester und die Frommen; andere waren weniger geachtet oder sogar **ausgestoßen**.

Man könnte die Gesellschaft zur Zeit Jesu in »**Schichten**« einteilen und in Form einer Pyramide darstellen: Die Leute, die sehr großes Ansehen genossen, stehen an der Spitze der Pyramide – ihre Zahl war nicht sehr groß. Dagegen gab es sehr viele, die weder Ansehen noch Einfluss genossen.

So wurden die Menschen zur Zeit Jesu in der Religion eingeschätzt

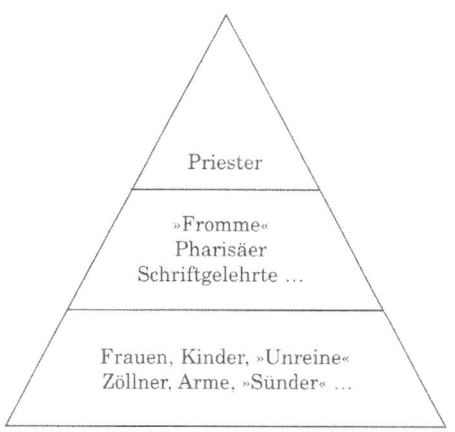

So wurden die Menschen zur Zeit Jesu in der Gesellschaft eingeschätzt

Die jüdische Religion: Grundlagen   Karte 9

Die folgenden Hinweise geben dir nur Informationen über die Menschen in der »religiösen Pyramide«. – Es sind nicht alle Gruppen von Menschen genannt, sondern typische Beispiele. (Die »Pyramide« der gesellschaftlichen Schichten wird im Material »Die Gesellschaft« näher erklärt.)

* * * * * * * * * * *

An der Spitze der religiösen Pyramide stand eine kleine Gruppe von Menschen. Sie hatten jedoch großen Einfluss und bestimmten das religiöse Leben. Es waren die **Priester** am Tempel in Jerusalem, an ihrer Spitze der **Hohepriester**.
Eine größere Nähe zu Gott sprach man auch den »**Frommen**« zu: Darunter verstand man Menschen, die sich besonders bemühten, auch das kleinste der Gebote zu halten und jede Vorschrift zu erfüllen. Zu diesen Frommen gehörten die **Pharisäer**, denen das Gesetz Gottes über alles ging. Die **Schriftgelehrten** waren Leute, die die Thora genau studiert hatten und über alle Fragen der Religion Bescheid wussten.
Die **Frauen** und **Kinder** galten in der Religion sehr wenig, denn man glaubte, dass nur Männer fähig waren, die Religion richtig auszuüben! Als »**unrein**« galten Menschen, die irgendwelche religiösen Vorschriften nicht beachtet hatten oder krank waren. Zum Beispiel hielt man alle Nichtjuden für unrein, und logischerweise »verunreinigten« sich auch alle Juden, die mit Nichtjuden in Kontakt kamen. Dies war unter anderem ein Grund, warum die **Zöllner** im religiösen Bereich nichts galten.

Die jüdische Religion: Grundlagen   Karte 10

Die **Grenzen** zwischen den einzelnen Schichten der Pyramide waren sehr starr; die Menschen glaubten, dass diese Grenzen von **Gott selbst gegeben** waren. Ein Aufstieg in eine angesehenere Schicht war fast unmöglich; die Menschen aus einer höheren Schicht vermieden es auch, mit den »Niedrigen« Kontakt zu haben.

Viele Menschen lebten zur Zeit Jesu also in Not und Bedrängnis: Armut, Unterdrückung, Verachtung, … machten ihnen das Leben schwer.
Daher sehnten sich viele nach einem **Retter** und **Erlöser** – sie nannten ihn den **Messias**.
Das Wort »Messias« kommt aus der hebräischen Sprache und bedeutet »Gesalbter« oder »Geweihter«. Dies war in alten Zeiten der **Titel**, mit dem die Könige Israels angesprochen wurden. Im Laufe der Zeit dachte man bei dem Wort »Messias« nicht mehr an einen irdischen König, sondern an einen Retter und Erlöser, den Gott schicken würde.
Später verwendete man statt des hebräischen Titels »Messias« meistens die griechische Übersetzung: »**der Christus**«.
Die Menschen hatten ganz bestimmte Vorstellungen, wie der Messias sein würde: Sie erwarteten einen kriegerischen Erlöser, der sie von den Römern befreien konnte. Viele hofften auch, dass der Messias ihnen ein besseres Leben und Wohlstand schenken würde. Manche dachten sogar, dass es dann drei Ernten im Jahr geben wird.

Die jüdische Religion: Grundlagen   Karte 11

Wieder andere ersehnten ein **Friedensreich** für alle Menschen! Sie träumten davon, dass es im Reich des Messias keinen Hass und keinen Krieg mehr geben würde, auch keinen Neid, keine Unterdrückung und keine Rache.

Diesen Traum fassten sie mit einem alten Prophetenspruch zusammen: »Dann wird der Wolf beim Lamm zu Gast sein, der Panther neben dem Ziegenböcklein liegen; gemeinsam wachsen Kalb und Löwenjunges auf und ein kleiner Junge kann sie hüten. Die Kuh wird neben dem Bären weiden und ihre Jungen werden beieinander liegen.

Der Säugling spielt beim Schlupfloch der Schlange ...« (Jesaja 11).

Bild 56

Der Maler Edward Hicks stellt sich viel später (etwa 1834) diesen Friedenstraum so vor.

Die jüdische Religion: Der Glaube im Alltag   Karte 1

DIE JÜDISCHE RELIGION
DER GLAUBE IM ALLTAG

So lebten die Menschen zur Zeit Jesu

Die jüdische Religion: Der Glaube im Alltag — Karte 2

INFORMATION

In diesem Material findest Du Informationen darüber, wie die Juden ihren Glauben im Alltag gestalten.

Die Karten zum Themenkreis **»Der Glaube im Alltag«** gehören zusammen. Bitte bearbeite sie in der richtigen Reihenfolge.

Übernimm die wichtigsten Informationen in Dein Heft / Deinen Ordner – hierzu kannst Du die entsprechenden Bildkopien aus dem Ordner **»So lebten die Menschen zur Zeit Jesu«** verwenden.

Die jüdische Religion: Der Glaube im Alltag — Karte 3

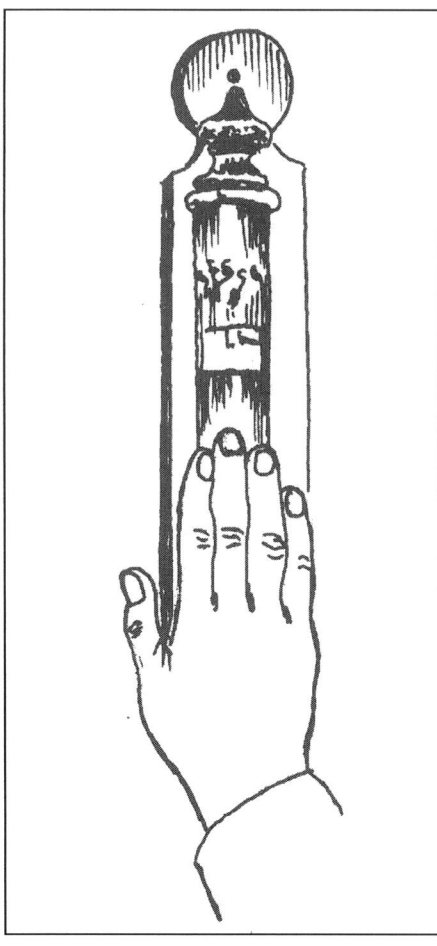

Für einen frommen Juden ist es sehr wichtig, sich oft am Tag an Jahwe, seinen Gott, zu erinnern. Damit Jahwe im täglichen Trubel auf keinen Fall vergessen wird, gibt es eine Fülle von **Merkzeichen**, die Jahwe ins Gedächtnis rufen.

Wenn man in ein jüdisches Haus kommt, sieht man als erstes am Türpfosten die **Mesusa**. Dies ist ein kleines Kästchen aus Holz oder Metall – die Form kann ganz verschieden sein. Auf jeden Fall muss aber der hebräische Buchstabe ש sichtbar sein. Dies ש ist der Anfangsbuchstabe des hebräischen Wortes **»Schaddaj«**, das heißt »Allmächtiger«. In der Mesusa befindet sich ein Pergamentröllchen, auf dem heilige Texte stehen, vor allem das **»Schema Jisrael«**. (Den Text findest Du auf den letzten Karten.) Jeder fromme Jude, der das Haus betritt oder verlässt, berührt die Mesusa mit der Hand oder küsst sie. So wird man immer wieder an die Verbundenheit mit Jahwe und seinem Wort erinnert!

Die jüdische Religion: Der Glaube im Alltag — Karte 4

Auch der Tagesablauf lässt die Juden immer wieder an Jahwe denken: Die Abbildung zeigt, dass der jüdische Tag am Abend beginnt – dies erinnert an die Schöpfungsgeschichte, in der es heißt: »Und es ward Abend, es ward Morgen: ein Tag.«

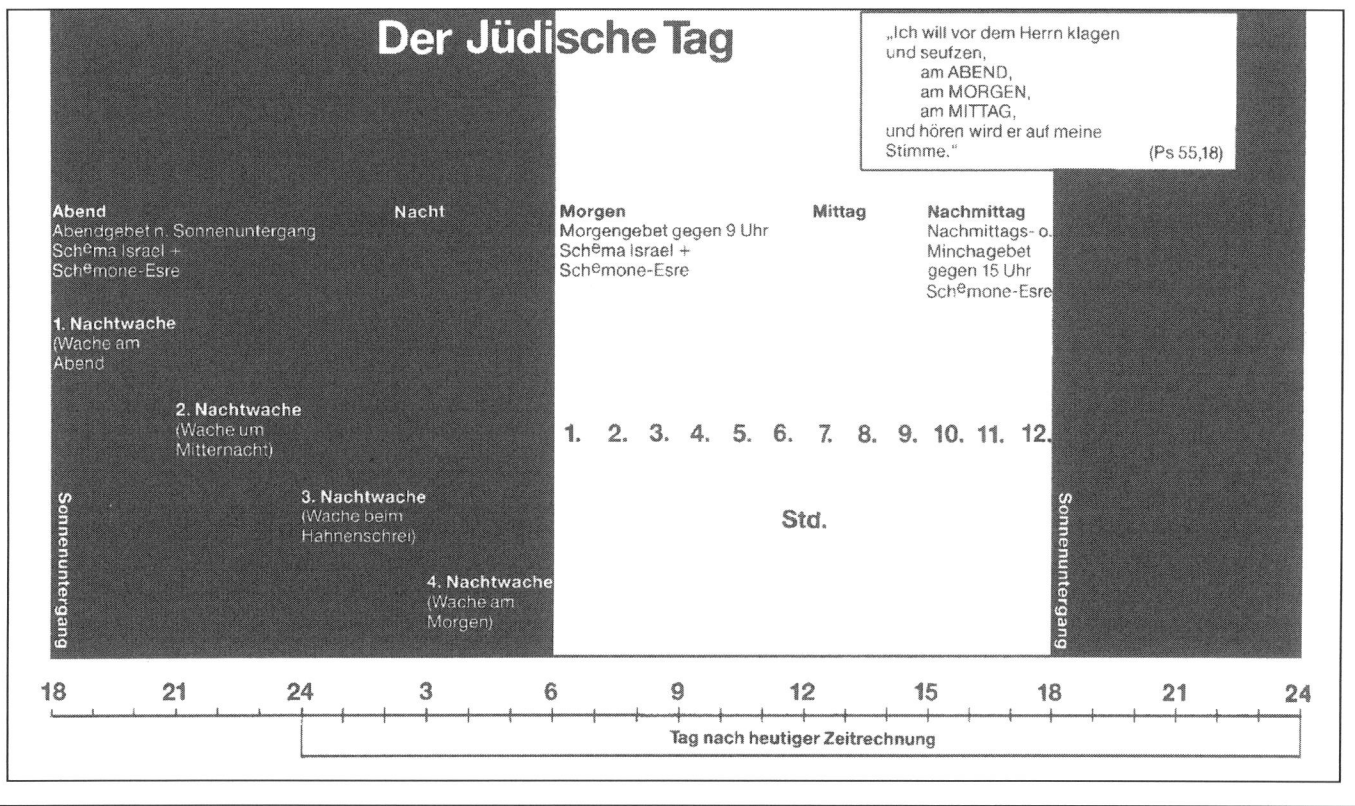

Die jüdische Religion: Der Glaube im Alltag — Karte 5

Die 4 »Nachtwachen« gehen auf die Zeit Jesu zurück. Jede Nachtwache dauerte 3 Stunden – entsprechend hatte der Tag 12 Stunden. Nach Sonnenuntergang sprach man das **Abendgebet**. Das **Morgen-** und **Nachmittagsgebet** legte man möglichst in die Zeit, in der auch im Tempel von Jerusalem geopfert und gebetet wurde.
Bis heute sind immer wieder die gleichen Gebete ein fester Bestandteil des Tages. Die bekanntesten sind das »**Schema Jisrael**« und das »**Schemone Esre**«.

Im »Schema Jisrael« geht es vor allem um das Bekenntnis zu Jahwe und um den Aufruf, ihn von ganzem Herzen zu lieben.
Das »**Schemone Esre**« ist ein großes Bittgebet – es wird auch das 18-Bitten-Gebet genannt. (Den Text findest du auf den letzten Karten.)
Auch die **Gebetskleidung** ist ein Merkzeichen. Sie wird nur von Männern und religionsmündigen Jungen getragen. Teilweise ist sie aus dem »**Schema Jisrael**« abgeleitet. Dort steht: »Du sollst sie (die Worte des Herrn) zum Denkzeichen auf deine Hand binden und sie als Merkzeichen auf deiner Stirn tragen.« Daher bindet der Beter nach einer genauen Vorschrift **Gebetsriemen** um seinen linken Arm und um die Stirn.

Bild 57

Die jüdische Religion: Der Glaube im Alltag — Karte 6

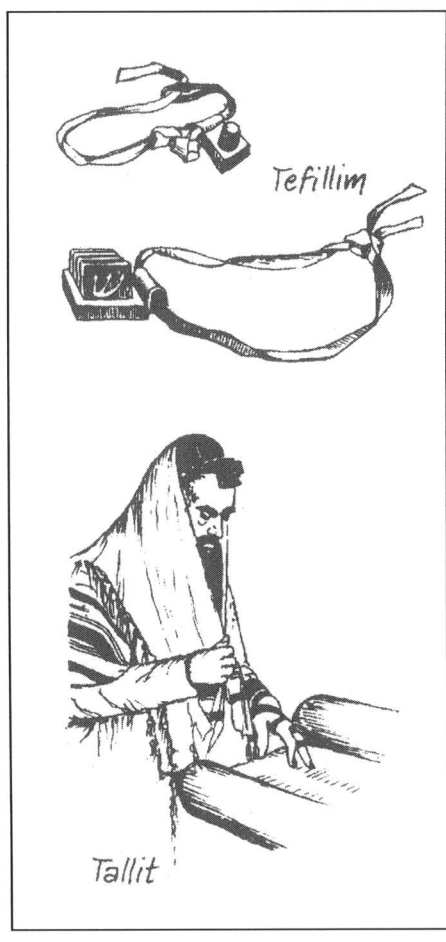

An diesen Gebetsriemen ist jeweils eine kleine Kapsel aus der Haut eines »reinen Tieres« befestigt. Die Kapsel am Arm muss zum Herzen zeigen, denn im **Schema Jisrael** heißt es: »... diese Worte sollen dir ins Herz geschrieben sein ...« In den Kapseln befinden sich kleine Pergamentröllchen, auf denen wichtige Worte der Thora stehen.

Die Gebetsriemen mit den Kapseln nennt man **Tefillim**. Außerdem kleidet sich der fromme Jude in einen **Gebetsmantel, den Tallit**. Der Tallit ist ein großes, quadratisches, weißes Tuch mit schwarzen Randstreifen. Der Beter legt sich den Tallit um und hüllt sich darin ein – dies soll ihn daran erinnern, dass das ganze Leben von Gottes Wort »umhüllt« ist. An den vier Ecken des Tuches sind Quasten oder Fäden angeknüpft, die **Zizijot oder Schaufäden**. Sie sind ein Merkzeichen für alle guten Gaben Gottes und seine Gebote.

Die jüdische Religion: Der Glaube im Alltag — Karte 7

Gebot: (2. Mose 23,17)
»Du sollst eine kleine Ziege nicht in der Milch seiner Mutter kochen.«
(Das bedeutet: Man darf Fleisch und Milch nicht zusammen kochen und essen!)

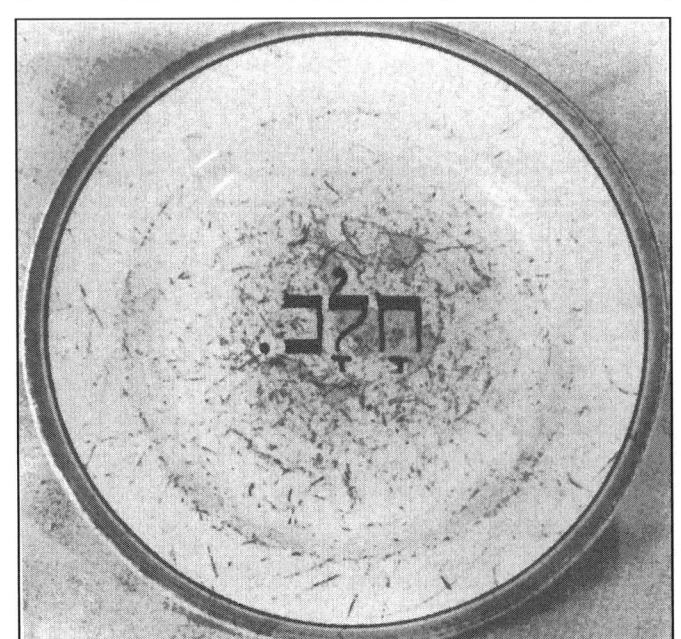

Im Laufe des Tages, vor allem bei den Mahlzeiten, werden immer wieder Segenssprüche gesagt. (Beispiele findest du auf den letzten Karten.)

Auch die vielen **Speisevorschriften** rufen im Alltag immer wieder **Jahwe** und sein **Wort** ins Gedächtnis.
Eine davon siehst du hier.
Zu diesem Gebot gibt es eine Unzahl von Bestimmungen, zum Beispiel:
– In jedem Haushalt muss das Koch- und Essgeschirr doppelt vorhanden sein, denn Fleisch und Milchprodukte dürfen niemals miteinander in Berührung kommen. Auf dem abgebildeten Teller steht deshalb das hebräische Wort »milchig«.
– Hat man eine Fleischmahlzeit gegessen, muss man mindestens 6 Stunden warten, bis man eine »Milchmahlzeit«

Die jüdische Religion: Der Glaube im Alltag — Karte 8

(Käse …) zu sich nehmen darf, damit sich Fleisch und Milch auch im Magen nicht vermischen. Bevor man den Käse dann isst, muss man sich den Mund ausspülen! Selbstverständlich ist es auch nicht erlaubt, während **einer** Mahlzeit Butter und Wurst zu verspeisen.

Zu den Speisevorschriften gehört auch das strenge **Verbot, Blut** zu sich zu nehmen. Daher gibt es auch für das Schlachten von Tieren bei den Juden besondere Vorschriften: Dem Tier wird mit einem scharfen Messer die Halsschlagader geöffnet, sodass es sofort das Bewusstsein verliert und vollständig ausblutet. Diese Art des Schlachtens nennt man »**Schächten**«. Vor der Zubereitung wird das Fleisch in Salzwasser eingelegt, um ihm die letzten Blutreste zu entziehen.

Bestimmte Tiere dürfen bei den Juden überhaupt nicht verzehrt werden. Das trifft vor allem für **Schweine** zu, denn sie gelten als besonders unreine Tiere – daher dürfen sie auch nicht gezüchtet werden. **Schalentiere** und Fische ohne Schuppen und Flossen (zum Beispiel **Aale**) werden von den Juden aus religiösen Gründen ebenfalls nicht gegessen!

Die jüdische Religion: Der Glaube im Alltag — Karte 9

Speisen, die nach den religiösen Vorschriften »geeignet« oder »passend« sind, nennt man »**koscher**«.

Auch Menschen können als »**unrein**« gelten, zum Beispiel, wenn sie bestimmte Krankheiten haben; zur Zeit Jesu galt dies besonders für Menschen mit Geschwüren und Aussatz. Ein gläubiger Jude betrachtet auch alle Nichtjuden als religiös unrein – und wer mit Nichtjuden in Verbindung kommt, verunreinigt sich ebenfalls. Zur Zeit Jesu betraf dies vor allem die Zöllner, denn sie verkehrten ständig mit den heidnischen Römern, ihren Dienstherren.

Uns erscheinen diese vielen Vorschriften heute vielleicht übertrieben und seltsam, aber man sollte nicht vergessen, dass sie alle als hilfreiche **Erinnerungszeichen** an Jahwe und sein Wort gedacht sind!

Zu den allerwichtigsten Merkzeichen gehört der **Sabbat** oder **Schabbat**, wie ihn die Juden nennen. Es ist der 7. Tag der Woche, also unser Samstag. Allerdings beginnen die Feierlichkeiten bereits am Freitagabend, weil ja der jüdische Tag anfängt, wenn die ersten drei Sterne am Himmel zu sehen sind.

Der Schabbat ist als **Ruhetag** für Menschen und Tiere gedacht. Nach einer anstrengenden Arbeitswoche sollen alle die Möglichkeit haben, sich zu erholen. Im Alten Testament wird der Schabbat immer wieder als schönes und kostbares

Die jüdische Religion: Der Glaube im Alltag — Karte 10

Geschenk für die Menschen bezeichnet. In der Schöpfungsgeschichte heißt es, dass Gott sich am 7. Tag ausruhe – dieses Recht sollen auch die Menschen haben!
Am Schabbat denkt man aber auch an die **Befreiung** der Israeliten aus der ägyptischen Gefangenschaft: Die Israeliten sollten nicht länger Sklaven der Ägypter sein – so sollen sie jetzt nicht zu Sklaven der Arbeit werden!

Damit diese »**Freiheit von der Arbeit**« auf keinen Fall eingeschränkt wird, gibt es eine Fülle von Hinweisen, welche Arbeiten am Schabbat nicht ausgeführt werden dürfen. 39 Hauptarbeiten sind festgesetzt worden, die am Schabbat nicht erlaubt sind: Dazu gehören alle Arbeiten in der Landwirtschaft, Arbeiten im Haus, der Umgang mit Feuer, die Jagd, handwerkliche Arbeiten, …

> *Schabbat-Vorschriften*
>
> *Hauptarbeit 11: Backen, Kochen, Braten, Dazu gehören: Jedes Backen, Kochen, Braten auf offenem Feuer oder in erhitztem Ofen (z.B. Bratäpfel); … Das Hineingießen kalter Milch in heißen Kaffee; … Das Verflüssigen fester Stoffe (Butter, Fett, Wachs) durch Hitzeeinwirkung; … Das Trocknen von feuchtem Holz im Ofen; … Das Umrühren kochender Speisen mit dem Rührlöffel; …*

Mit solchen Vorschriften wollte man sicherstellen, dass der Schabbat ganz und gar eingehalten wurde – zum Wohl der Menschen und der Tiere!

Die jüdische Religion: Der Glaube im Alltag — Karte 11

> *Ausnahmen von den Schabbat-Vorschriften:*
>
> *»Man sei am Schabbat um Lebensrettung besorgt und je eifriger desto lobenswerter ist es. Es ist nicht nötig, erst vom Gerichtshof Erlaubnis einzuholen. Hat einer gesehen, dass ein Kind ins Meer gefallen ist, so wirft er ein Netz aus, damit er es heraufschaffe, und zwar je eifriger desto lobenswerter. Und es ist nicht nötig, erst vom Gerichtshof Erlaubnis einzuholen, obwohl er dabei Fische mitfängt …«*
>
> *»Es ist besser, jemanden, der sich in Not befindet, durch die Entweihung des Schabbats zu retten, als es zu unterlassen; dadurch erreicht man, dass dieser Mensch noch viele Schabbattage halten kann.«*

Es gibt aber auch **Ausnahmefälle**, in denen die Vorschriften nicht beachtet werden müssen, etwa wenn jemand krank ist oder wenn es darum geht, Menschenleben zu retten!
Allerdings gab es schon zur Zeit Jesu so viele Schabbatvorschriften, dass es für die einfachen Bauern und Handwerker unmöglich war, alle diese Vorschriften zu kennen und sie einzuhalten. Dadurch kamen sie immer wieder in die Gefahr, am Schabbat etwas »Verbotenes« zu tun – so war für viele Menschen der Schabbat nicht mehr nur ein Tag der **Ruhe, Freude** und **Erholung**, sondern auch ein Tag der **Ängstlichkeit** und **Bedrückung**! Damit war aber der eigentliche Sinn des Schabbats verfehlt!

Jesus sagte daher einmal zu den »Frommen«:
»**Der Schabbat ist für den Menschen da und nicht der Mensch für den Schabbat!**« (Mk 2,27).

Die jüdische Religion: Der Glaube im Alltag — Karte 12

Dies war übrigens kein neuer Gedanke von Jesus – er griff damit nur eine ganz alte Lehre der Rabbiner auf, in der es heißt:
»Der Schabbat ist euren Händen übergeben und nicht ihr seid seinen Händen übergeben!«

»Lecha Dodi«
(Textauszug)

Auf, mein Freund, der Braut entgegen,
wir wollen den Schabbat empfangen!
Der Ruhe entgegen, auf, lasst uns gehn!
Denn sie ist uns des Segens Quell.
Von Anfang, von Vorzeit dazu ersehn,
Schöpfungsanfang, von Anfang umfangen.
Auf, mein Freund, der Braut entgegen,
wir wollen den Schabbat empfangen!
Ermuntre dich, ermuntre dich, auf, leuchte!
Denn es kommt dein Licht.
Erwach, erwach! Lieder sprich!
Gottes Glanz ist dir aufgegangen.

Dass der Schabbat ein **fröhlicher Festtag** ist, merkt man auch an der Art, wie er gefeiert wird.

Am **Vorabend** (also am Freitagabend) findet der erste **Gottesdienst** statt. Im ersten Teil geht es um die **Begrüßung** des Schabbats – es werden Lobpsalmen gebetet und vor allem das berühmte Begrüßungslied für den Schabbat gesungen, das »**Lecha Dodi**«.

Bei diesem Lied drehen sich die Gottesdienstbesucher zur Eingangstür, um die »Braut Schabbat« zu empfangen! Oft wird Schabbat auch als »Königin« bezeichnet.

Nach der Schabbatbegrüßung wird das »**Schema Jisrael**« gebetet. Weitere Psalmen

Die jüdische Religion: Der Glaube im Alltag — Karte 13

und Gebete folgen. Mit Segenssprüchen endet dann der Gottesdienst und man wünscht sich »**Schabbat Schalom**«, also einen glücklichen, friedvollen Festtag.

In einigen Gemeinden ist es üblich, dass ein »**Kiddusch**« gefeiert wird – dies ist ein Segenswunsch des Vorbeters über einem Becher Wein. Hierbei dürfen auch die Kinder nach vorn kommen. Sie bekommen einen Segensspruch und dürfen einen Schluck Wein trinken.

Bild 58

Zur Begrüßung der »Braut Schabbat« drehen sich alle zur Tür.

Auch **zu Hause** wird fröhlich gefeiert. Das ganze Haus ist geputzt und alle tragen festliche Kleidung. Alle Mahlzeiten sind zubereitet, damit niemand am Schabbat arbeiten muss. Die Hausfrau entzündet die zwei **Schabbatkerzen** und spricht einen Segenswunsch. Da-

Bild 59

Die jüdische Religion: Der Glaube im Alltag   Karte 14

nach segnet der Vater die Kinder. Jedes Familienmitglied wäscht sich über einem besonderen Gefäß (großer Becher auf dem Foto) **symbolisch** die **Hände**, um sich für den Schabbat zu reinigen. Nun setzen sich alle an den Tisch, und der Vater spricht einen »**Kiddusch**« über Brot und Wein. Die beiden geflochtenen Schabbatbrote (»**Challa**«) liegen auf einem Tablett; sie sind zuerst mit einem verzierten Tuch abgedeckt. Die Brote erinnern an eine alte Geschichte des Volkes Israel: Nach ihrer Flucht aus Ägypten fanden die Israeliten in der Wüste »Manna«, das sie vor dem Verhungern rettete.

Nach dem Segen bekommen alle einen Schluck Wein aus dem Kiddusch-Becher und ein Stück vom Schabbatbrot.

Damit ist der häusliche Gottesdienst beendet und die Familie setzt sich zu einer festlichen Mahlzeit zusammen.

Am Schabbat-Tag (also am Samstag) finden morgens und abends Gottesdienste statt. Der ganze Tag dient der Ruhe und Entspannung!

Lassen sich die ersten drei Sterne am Himmel sehen, so ist der Schabbat vollendet. Die Familie feiert **Abschied** von der »Königin Schabbat«: Nach einem Segensspruch atmen alle den Duft aus der **Bessamim-Büchse** ein, die mit duftenden Kräutern gefüllt ist – dies soll den Abschied vom Schabbat erleichtern. Danach wird die geflochtene Hawdala-Kerze angezündet. Ganz zum Schluss wird die **Hawdala-Kerze** mit etwas Wein aus dem Kiddusch-Becher gelöscht.

Die jüdische Religion: Der Glaube im Alltag   Karte 15

Gebetstexte und Segenssprüche

Sch*e*ma Jisrael – Höre Israel

(Textauszug)

Höre Israel! Jahwe, unser Gott, Jahwe ist einzig. Darum sollst du den Herrn, deinen Gott, lieben mit ganzem Herzen, mit ganzer Seele und mit ganzer Kraft. Diese Worte, auf die ich dich heute verpflichte, sollen auf deinem Herzen geschrieben stehen. Du sollst sie deinen Söhnen wiederholen, du sollst von ihnen reden, wenn du zu Hause sitzt und wenn du auf der Straße gehst, wenn du dich schlafen legst und wenn du aufstehst. Du sollst sie als Zeichen um das Handgelenk binden. Sie sollen zum Schmuck auf deiner Stirn werden. Du sollst sie auf die Türpfosten deines Hauses und in deine Stadttore schreiben.

(5.Mose 6,4–9)

Die jüdische Religion: Der Glaube im Alltag — Karte 16

Sch^emone Esre

(Textauszug)

»1. Gepriesen seist du, Herr, unser Gott und Gott unserer Väter, Gott Abrahams, Gott Isaaks und Gott Jakobs, großer, mächtiger und furchtbarer Gott, höchster Gott, Schöpfer Himmels und der Erde, unser Schild und Schild unserer Väter, unsere Zuversicht von Geschlecht zu Geschlecht. Gepriesen seist du, Herr, Schild Abrahams ...
3. Heilig bist du, und furchtbar ist dein Name, und kein Gott ist außer dir. Gepriesen seist du, Herr, heiliger Gott ...
6. Vergib uns, unser Vater, denn wir haben gegen dich gesündigt. Tilge und entferne unser Verfehlen vor deinen Augen, denn groß ist dein Erbarmen. Gepriesen seist du, Herr, der viel vergibt.
7. Schaue auf unser Elend und streite unseren Streit und erlöse uns um deines Namens willen. Gepriesen seist du, Herr, Erlöser Israels.
18. Lege deinen Frieden auf Israel, dein Volk, auf deine Stadt und auf dein Eigentum, und segne uns allesamt. Gelobt seist du, Herr, der Frieden macht.«

* * * * * * * * * * *

Die jüdische Religion: Der Glaube im Alltag — Karte 17

Gelobt seist du, Herr, unser Gott, König der Welt, der viele Seelen erschaffen hat und das, was sie brauchen; für alles, was du erschaffen hast, um damit die Seele aller Lebenden zu erhalten. Gelobt sei der ewig Lebende.

Gelobt seist du, Herr, unser Gott, König der Welt, in dessen Welt nichts fehlt, der in ihr gute Lebewesen erschaffen hat und gute Bäume, damit die Menschen sich daran erfreuen.

Gelobt seist du, Herr, unser Gott, König der Welt, der des Bundes gedenkt, treu an seinem Bund festhält und sein Wort erfüllt.

Gelobt seist du, Herr, unser Gott, König der Welt, der du die Früchte der Erde erschaffen hast.

Gelobt seist du, Herr, unser Gott, König der Welt, der du uns geheiligt hast durch deine Gebote und uns befohlen, uns mit den Worten der Thora zu beschäftigen. Und so lass lieblich sein, Ewiger, unser Gott, die Worte deiner Thora in unserem Mund und dem Mund deines Volkes, des Hauses Israel, auf dass wir und unsere Sprösslinge ..., wir alle deinen Namen erkennen und deine Thora lernen in reiner Absicht. Gelobt seist du, Ewiger, der sein Volk Israel die Thora lehrt.

DIE JÜDISCHE RELIGION
RELIGIÖSE GRUPPEN

So lebten die Menschen zur Zeit Jesu

INFORMATION

In diesem Material findest Du Informationen darüber, welche religiösen Gruppen es zur Zeit Jesu in Palästina gab.

Die Karten zum Themenkreis **»Religiöse Gruppen«** gehören zusammen. Bitte bearbeite sie in der richtigen Reihenfolge.

Übernimm die wichtigsten Informationen in Dein Heft / Deinen Ordner – hierzu kannst Du die entsprechenden Bildkopien aus dem Ordner **»So lebten die Menschen zur Zeit Jesu«** verwenden.

Die jüdische Religion: Religiöse Gruppen — Karte 3

Zur Zeit Jesu gab es bei den Juden mehrere **Gruppen**, die unterschiedliche Ansichten über die Religion vertraten.

Eine große Gruppe bildeten die **Pharisäer**. Zur Zeit Jesu gab es wohl etwa 6000 Pharisäer in Palästina. Sie kamen aus allen Berufsgruppen und Schichten der Gesellschaft. Den Namen »Pharisäer« kann man nicht genau erklären – vielleicht kann man ihn am ehesten mit »die Abgesonderten« deuten. Ihre »abgesonderte« Stellung kam daher, dass sie sich sehr bemühten, ein **frommes Leben** zu führen. Dabei war für sie besonders wichtig, alle Gebote Gottes genau zu beachten. Natürlich achteten sie vor allem darauf, sich im religiösen Sinn nicht zu »verunreinigen«; daher vermieden sie den Kontakt mit Menschen, die sie für religiös »unrein« hielten, z.B. Zöllnern, Frauen, Kranken. Manche Pharisäer hielten sich sogar von den Bauern und Handwerkern fern, weil sie sich nicht sicher waren, ob diese Leute wirklich immer nach Gottes Geboten lebten.
Warum war es den Pharisäern so wichtig, sich an die Gebote zu halten?
Die Pharisäer waren der Ansicht, dass man seine **Liebe zu Gott** am besten zum Ausdruck bringen kann, wenn man sich genau und ernsthaft an die Weisungen Gottes hält. Viele einfache Menschen zur Zeit Jesu kannten zwar die Gebote Gottes, aber sie hatten nicht die Zeit und die Möglichkeiten, darüber so gründlich nachzudenken. So konnte es leicht passieren, dass sie aus Nachlässigkeit ein Gebot verletzten.
Daher gab es zu **jedem Gebot viele Regeln**, damit die Gebote nicht mehr verletzt werden konnten.

Die jüdische Religion: Religiöse Gruppen — Karte 4

Gebote: (3.Mose 19,9–10 / 5.Mose, 24,20+22)

Wenn ihr die Ernte eures Landes einbringt, sollt ihr das Feld nicht bis zum äußersten Rand abernten. Du sollst keine Nachlese von deiner Ernte halten. In deinem Weinberg sollst du keine Nachlese halten und die abgefallenen Beeren nicht einsammeln. Du sollst sie dem Armen und dem Flüchtling überlassen. Ich bin der Herr, euer Gott.

Wenn du bei einem Ölbaum die Früchte heruntergeschlagen hast, sollst du nicht auch noch die Zweige absuchen; was noch hängt, soll den Fremden, Waisen und Witwen gehören. Denke daran: Du bist in Ägypten Sklave gewesen. Darum mache ich es dir zur Pflicht, diese Bestimmung einzuhalten.

Hier sind einige Beispiele:

Allein über dieses Gebot »Gabe für die Armen« gibt es eine Auslegung, die mehr als 200 Seiten umfasst – also ein ganzes Buch nur zu diesem Gebot!
Darin ist zum Beispiel ausgeführt:
- Beim Ernten darf der Bauer eine Ecke seines Ackers nicht abernten – dieser »Winkel« ist den Armen vorbehalten und dient ihrem Überleben!
- Wenn dem Schnitter beim Schneiden des Getreides Halme aus der Hand fallen, muss er sie für die Armen liegen lassen.
- Die Oliven, die am Baum bleiben müssen, damit die Armen sie ernten können, brauchen nicht mehr als ein Sechzigstel der ganzen Ernte zu betragen.

Die jüdische Religion: Religiöse Gruppen   Karte 5

> *Gebot:* (2. Mose 23,17)
>
> *»Du sollst eine kleine Ziege nicht in der Milch seiner Mutter kochen.«*
>
> *(Das bedeutet: Man darf Fleisch und Milch nicht zusammen kochen und essen!)*

Bei den Juden galten und gelten viele **Speisevorschriften**! Eine davon siehst du hier.
Auch zu diesem Gebot gibt es eine Unzahl von Bestimmungen, zum Beispiel:
– In jedem Haushalt muss das Koch- und Essgeschirr doppelt vorhanden sein, denn Fleisch und Milchprodukte dürfen niemals miteinander in Berührung kommen.

– Hat man eine Fleischmahlzeit gegessen, muss man mindestens 6 Stunden warten, bis man eine »Milchmahlzeit« (Käse …) zu sich nehmen darf, damit sich Fleisch und Milch auch im Magen nicht vermischen. Bevor man den Käse dann isst, muss man sich den Mund ausspülen!

* * * * * * * * * * *

Manche dieser Vorschriften erscheinen uns heute sicherlich als übertrieben und kleinlich. Man sollte aber nicht vergessen, dass die Pharisäer alle diese Bestimmungen aufschrieben, um die Gebote Gottes zu schützen! Sie wollten so »einen Zaun um die Gebote errichten«. Mit ihrem ganzen Leben wollten sie ihre **Liebe zu Gott** zum Ausdruck bringen!

Die jüdische Religion: Religiöse Gruppen   Karte 6

Das Neue Testament erwähnt sehr häufig zusammen mit den Pharisäern die **»Schriftgelehrten«**.
Sie waren allerdings keine religiöse Gruppierung wie die Pharisäer, sondern eine **Berufsgruppe**. Die Schriftgelehrten arbeiteten als Lehrer (= **Rabbi**) oder als Rechtskundige. Viele von ihnen gehörten auch dem **Hohen Rat** an – diese Versammlung hatte das letzte Wort, wenn es um Streitfragen ging.

Die Schriftgelehrten brauchten eine sehr lange Ausbildung, denn sie lernten jahrelang die hebräische Bibel auswendig, damit sie auch ohne Schriftrollen Auskunft geben konnten. Außerdem mussten sie sehr gut über alle verschiedenen Auslegungsmöglichkeiten und religiösen Vorschriften Bescheid wissen.

Mit 40 Jahren wurden sie in ihr Amt eingesetzt und durften sich dann als **Gesetzesgelehrter, Weiser und Rabbi** anreden lassen.

Ihr Ansehen war sehr hoch. Dennoch lebten sie meistens in sehr einfachen Verhältnissen, da sie für ihre Tätigkeit als Schriftgelehrte kein Geld bekamen – viele mussten daher noch einen anderen Beruf ausüben, um ihren Lebensunterhalt zu verdienen.

Die jüdische Religion: Religiöse Gruppen — Karte 7

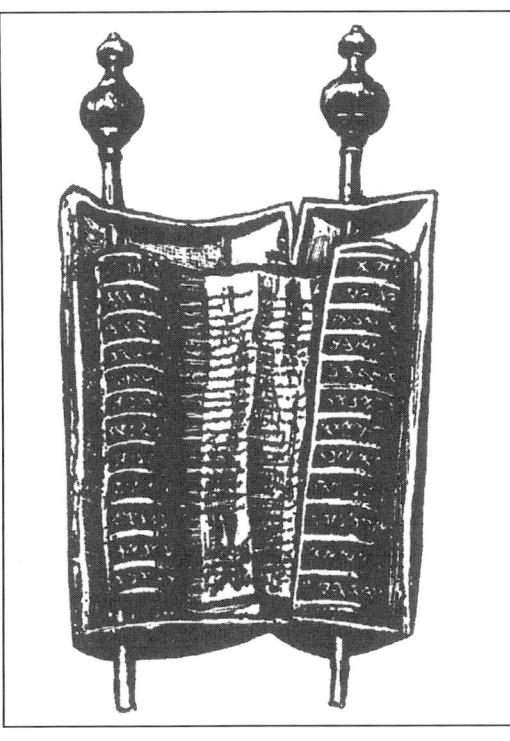

Eine andere religiöse Gruppe im Judentum zur Zeit Jesu waren die **Sadduzäer**.

Die Sadduzäer waren eine kleine Gruppe; ihre Mitglieder stammten meistens aus den Kreisen vornehmer, adeliger Priester. Ihre Ansichten über die Religion waren recht eng: Sie erkannten nur die **schriftliche Überlieferung** an, also nur das, was wortwörtlich in der hebräischen Bibel aufgeschrieben war. Alle mündlichen Auslegungen und neueren Ideen lehnten sie ab.

Daher hatten die Sadduzäer oft Streit mit den Pharisäern.

Den Sadduzäern wurde auch nachgesagt, dass sie zwar strenge religiöse Ansichten hatten, sich jedoch im täglichen Leben nicht immer daran hielten.

Sie waren vor allem daran interessiert, ihre **Macht** zu erhalten. Darum arbeiteten sie mit den Römern zusammen. Aus diesen Gründen waren sie in der Bevölkerung nicht besonders beliebt.

Die jüdische Religion: Religiöse Gruppen — Karte 8

Die Bewegung der **Essener** entstand ungefähr 150 Jahre vor der Zeit, in der Jesus lebte. Die Gründer der Essenerbewegung waren Priester. Sie protestierten gegen die anderen Priester am Tempel in Jerusalem, da diese ihrer Meinung nach die Religion nicht ernst genug nahmen.

Die Essener waren sehr »**gesetzestreu**«, das heißt, sie hielten sich ganz genau an die religiösen Gesetze. Sie lehnten sich aber nicht nur gegen die oberflächlichen Priester auf, sondern auch gegen die jüdischen Könige, die oft ein ausschweifendes Leben führten und außerdem zuließen, dass fremde Ideen und Bräuche in die jüdische Religion und Kultur einflossen.

Weil sie der Meinung waren, dass sie im normalen Alltag nicht streng genug nach ihren religiösen Ideen leben konnten, schlossen sie sich zu **Gemeinschaften** zusammen, die sich von den anderen Juden abgrenzten.

Eine besonders **strenge Gemeinschaft** der Essener lebte abgeschieden in einer Art Kloster in der Nähe des Toten Meeres, in **Qumran**. Das Foto zeigt eine Luftaufnahme der Klosteranlage, die erst nach 1950 wieder ausgegraben wurde.

Bild 60

Die jüdische Religion: Religiöse Gruppen — Karte 9

In Qumran fand man Schriften, aus denen man viel über die Lebensweise der Essener erfuhr:
Besonders wichtig war für sie die religiöse Reinheit. Darum musste jeder Qumran-Essener mit einem rituellen Bad beginnen, um sich symbolisch von allen Sünden zu reinigen. Daher gab es viele gemauerte Bäder in Qumran – eines davon zeigt das Foto.
Alle Mitglieder mussten sich **strengen Regeln** unterwerfen. Wer ungehorsam war, wurde bestraft.
Der Tagesablauf war genau festgelegt. Außer den Reinigungsbädern waren gemeinsame Mahlzeiten wichtig, die von Priestern geleitet wurden. Auch die **Gebetszeiten** mussten genau eingehalten werden.
Zu den wichtigsten Aufgaben der Mönche von Qumran gehörte es, die überlieferten heiligen Schriften abzuschreiben und eigene zu verfassen. So entstand im Laufe der Zeit eine ganze Bibliothek von **Schriftrollen**.
Als sich die Essener von Qumran in einem Krieg der Juden gegen die Römer bedroht fühlten, brachten sie die wertvollen Schriftrollen in Sicherheit: Sie steckten sie in große Tonkrüge, die sie in Felshöhlen versteckten.

Bild 61

Die jüdische Religion: Religiöse Gruppen — Karte 10

Diese Krüge sorgten im Jahr 1947 für große Aufregung:
Durch Zufall fanden Beduinen eine Schriftrolle. Bald erkannte man ihren Wert und ihre Bedeutung und begann, die Höhlen genau zu untersuchen. Neben vielen Schriften über das Leben der Qumran-Essener fand man auch viele **Handschriften** aus dem Alten Testament, darunter eine vollständige Rolle des Prophetenbuchs **Jesaja**. (Foto)
Durch diese Funde konnte man nachweisen, dass die Schriften des Alten Testaments über Jahrhunderte sehr genau abgeschrieben und überliefert worden waren!
In Qumran wurden auch viele religiöse Lieder gedichtet – sie sind genau so aufgebaut wie die **Psalmen** im Alten Testament. Auch die Gedanken und Symbole darin sind ganz ähnlich.

Bild 62

Aus einem Qumran-Psalm:

Ich preise dich, Herr,
denn du hast mich
weise gemacht
durch deine Wahrheit!
Tiefe Geheimnisse
hast du mir eröffnet
in deiner wunderbaren Liebe.

Die jüdische Religion: Religiöse Gruppen — Karte 11

Außer den besonders strengen Essenern aus Qumran gab es Gemeinschaften, die wohl innerhalb der Städte und Dörfer lebten; doch sie achteten darauf, sich von der Bevölkerung abzusondern, um sich nicht zu »verunreinigen«.

Alle Essener hatten eine sehr hohe Meinung von sich selbst: Sie nannten sich die »**Söhne des Lichts**« – alle anderen Menschen waren in ihren Augen »**Söhne der Finsternis**«. Sie erwarteten, dass am Ende der Weltzeit ein Kampf zwischen diesen beiden Gruppen stattfinden würde, bei dem die »Söhne des Lichts« gewinnen.

»Kein König außer Gott!« war der Wahlspruch einer anderen religiösen Gruppe zur Zeit Jesu in Palästina. Sie wurden **Zeloten** genannt, was so viel wie »**Eiferer**« bedeutet. Auch sie hatten eine sehr strenge Auffassung der religiösen Gesetze. Vor allem nahmen sie daran Anstoß, dass der römische Kaiser als »Herr« und »König« bezeichnet wurde – ihrer Meinung nach durfte nur Gott so genannt werden. Daher kämpften die Zeloten erbittert gegen die Römer.

Die Zeloten hofften leidenschaftlich, dass bald ihr Befreier, der **Messias**, kommen würde, um alle Feinde zu vertreiben und um das Volk Gottes zu befreien. Unter der Herrschaft des Messias sollten dann alle Juden frei und gerecht leben.

Allerdings wollten die Zeloten nicht nur untätig auf die Ankunft des Messias warten, sondern mit ihrem bewaffneten Kampf wollten sie die »Gottesherrschaft« herbeizwingen.

Die jüdische Religion: Feste 1 — Karte 1

DIE JÜDISCHE RELIGION
FESTE 1: DIE DREI WALLFAHRTSFESTE

So lebten die Menschen zur Zeit Jesu

Die jüdische Religion: Feste 1 — Karte 2

INFORMATION

In diesem Material findest Du Informationen über die drei jüdischen Wallfahrtsfeste.

Die Karten zum Themenkreis »**Feste 1: Die drei Wallfahrtsfeste**« gehören zusammen. Bitte bearbeite sie in der richtigen Reihenfolge.

Übernimm die wichtigsten Informationen in Dein Heft / Deinen Ordner – hierzu kannst Du die entsprechenden Bildkopien aus dem Ordner »**So lebten die Menschen zur Zeit Jesu**« verwenden.

Die jüdische Religion: Feste 1 — Karte 3

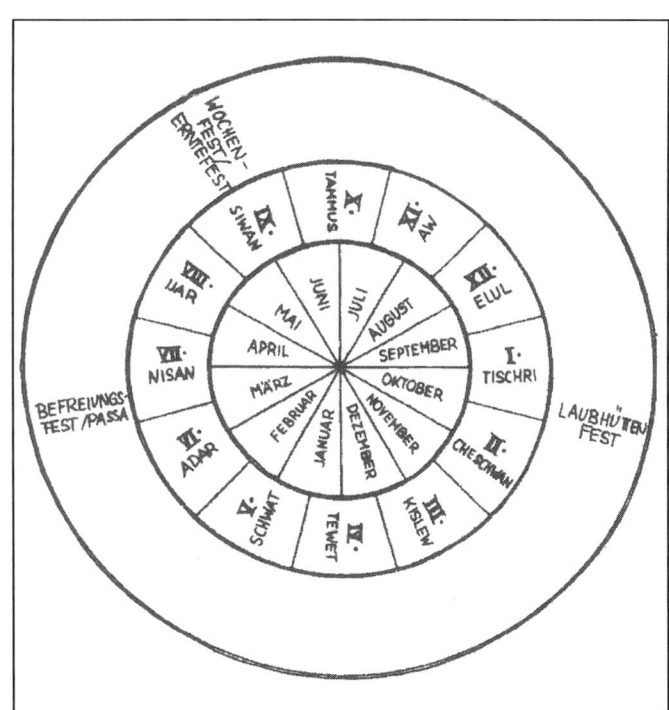

Seit alter Zeit wurden im Volk Israel religiöse Feste gefeiert.

Die meisten Feste richteten sich ursprünglich nach dem Jahresablauf in der Landwirtschaft: Es waren **Erntefeste**. Sie wurden dann mit **Erinnerungen** an wichtige Ereignisse aus der **Geschichte** des Volkes Israel verknüpft.

In der Abbildung siehst du im inneren Kreis unsere Monatseinteilung. Darum herum sind die jüdischen Monatsnamen eingetragen. Der äußere Kreis zeigt, wann die drei Wallfahrtsfeste gefeiert wurden. Andere wichtige Feste sind im Material »Die jüdische Religion: Feste 2« beschrieben.

Auch heute noch unterscheidet sich der **jüdische Kalender** vom christlichen! Die jüdische Zeitrechnung beginnt schon 3760 Jahre vor unserer Zeitrechnung – die Juden lebten also zum Beispiel im Jahr 2016 bereits im Jahr 5776! Das jüdische Jahr beginnt auch nicht am 1. Januar, sondern am 9. September.

Die jüdische Religion: Feste 1 — Karte 4

Die drei Feste **Pessach, Schawuot und Sukkoth** wurden zur Zeit Jesu als **Wallfahrtsfeste** gefeiert: Alle frommen Juden sollten zu diesen Festen nach Jerusalem zum Tempel pilgern, um dort gemeinsam zu feiern.

Das wichtigste dieser Feste ist **Pessach** (auch: Passa). Ursprünglich war Pessach ein **Erntefest** im Frühjahr, bei dem Gott für die erste Gerste gedankt und ein Opfer gebracht wurde. Zur Zeit Jesu war das Pessach so wichtig, dass unzählige Menschen in die Hauptstadt strömten: Jerusalem hatte damals etwa 4000 Einwohner – zum Pessach kamen wohl bis zu 150000 Pilger! Da sie nicht alle gleichzeitig im Tempel Platz hatten, wurde das Fest über eine Woche ausgedehnt und teilweise in den Familien in Jerusalem gefeiert.

Im Laufe der Zeit wurde das alte Erntefest immer mehr zu einem **Erinnerungsfest** an die Befreiung des Volkes Israel aus der Knechtschaft in Ägypten!

Der wichtigste Teil des Festes ist der **Sederabend**. Er wird in der Familie gefeiert. Der Ablauf ist in einem Buch, der Pessach-Haggadah, genau festgelegt.

Bild 63

Die jüdische Religion: Feste 1 — Karte 5

Der Tisch wird festlich gedeckt – alle Gegenstände, Speisen und Handlungen haben bei diesem Fest eine **symbolische Bedeutung**! Die ganze Familie und ihre Gäste versammeln sich um eine große Tafel. Die Männer tragen die **Kippa**, ein Käppchen, das jeder jüdische Mann bei religiösen Anlässen tragen muss. Am oberen Ende der Festtafel nimmt der **Hausherr** Platz – er leitet die Feier.

Bild 64

Der jüngste Sohn sitzt beim Vater, denn er hat während des Festes wichtige Aufgaben zu erfüllen. Alle haben eine Pessach-Haggadah in der Hand, die die Lieder, Gebete und den Festablauf enthält.

Am Anfang spricht der Vater den **Segen** über dem **Wein** und alle trinken den ersten Becher.

Die jüdische Religion: Feste 1 — Karte 6

Bild 65

Dabei lehnen sich alle etwas nach links – damit zeigt man, dass man nicht mehr **Sklave** ist, wie einst in Ägypten, sondern sich frei und ungezwungen bewegen kann. Danach werden **bittere Kräuter** (Nr. 1 und 2) in eine Schale mit **Salzwasser** (Nr. 3) getaucht und gegessen – das »Bitterkraut« (z.B. Meerrettich) erinnert an die bitteren Zeiten in Ägypten, das Salzwasser an die Tränen, die in der Knechtschaft vergossen wurden.

Nun nimmt der Hausherr eine der drei **Mazzen** (Nr. 4) in die Hand – dies sind Fladenbrote aus ungesäuertem Teig. Sie sollen an die Zeit der **Armut** in Ägypten erinnern, aber auch daran, dass die Israeliten in aller Eile aus Ägypten aufbrechen mussten; so blieb keine Zeit, den Teig zu säuern. Der Vater bricht die Mazzen und

Die jüdische Religion: Feste 1 — Karte 7

Spruch beim Austeilen der Mazzen:

Dies ist das Brot der Armut, das unsere Väter im Land Ägypten aßen. Jeder, der hungrig ist, komme und esse. Wer in Not ist, komme und feiere mit uns das Pessach-Fest. In diesem Jahr sind wir Sklaven, im kommenden Söhne der Freiheit.

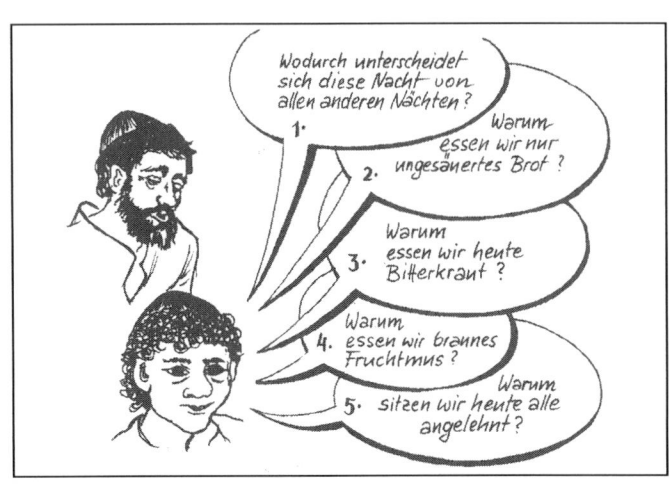

verteilt sie an die Familie. Dazu sagt er einen besonderen **Spruch**, der ebenfalls an die Zeit in Ägypten erinnert.

Der Spruch deutet auch auf die Hoffnung hin, dass irgendwann einmal alle Juden in Freiheit leben können; dies ist für sie nur in Israel vorstellbar!

Im Laufe des Festes stellt der jüngste Sohn einige **Fragen**, die dem Vater Gelegenheit geben, aus der Geschichte des Volkes Israel zu erzählen und dabei die Gegenstände des **Sedertellers** zu erklären.

Was ist außer dem Salzwasser und den Bitterkräutern noch auf dem Sederteller zu sehen? In einem Schälchen ist braunes **Fruchtmus (Charoset**, Nr. 5) – es soll an die Lehmziegel erinnern, die die Israeliten in Ägypten herstellen mussten.

Die jüdische Religion: Feste 1 — Karte 8

Ein **Lammknochen** (Nr. 6) mit wenig Fleisch ist Symbol für das karge Leben in der Knechtschaft. Er weist aber auch auf das Lamm hin, das die Israeliten vor der Flucht schlachteten und dessen Blut sie an die Pfosten ihrer Zelte strichen – dies war ein Schutzzeichen.

Das **hart gekochte Ei** (Nr. 7) steht für das Festopfer im Tempel zu Jerusalem.

Ein anderes Schälchen enthält **grüne Kräuter** (z.B. Petersilie, Nr. 8), die an die guten Ernten im Gelobten Land Kanaan erinnern.

Diese symbolischen Speisen werden im Verlauf des Fests verzehrt. Insgesamt werden vier Becher **Wein** getrunken. Oft steht ein besonders schöner Becher bereit, der für den **Propheten Elia** bestimmt ist, denn mit ihm sollte die Erlösung Israels beginnen.

Nachdem der festgelegte Teil der Feier abgeschlossen ist, sitzt man noch beisammen, unterhält sich und singt Lieder.

Über dem ganzen Abend steht der Spruch:

Zu allen Zeiten ist es Pflicht jedes Einzelnen, sich alles so vorzustellen, als sei er selbst aus Ägypten gezogen.

Die jüdische Religion: Feste 1 — Karte 9

50 Tage nach dem Pessach wird das Fest **Schawuot** gefeiert. Es heißt auch das **Wochenfest**, da es 7 Wochen (+ 1 Tag) nach dem Pessach stattfindet. Früher war es ein ausgesprochenes Erntedankfest: Aus dem ersten Weizen der neuen Ernte wurden Opferbrote gebacken. Diese brachte man in einer Wallfahrt nach Jerusalem zum Tempel. Die Getreideernte war jetzt vorbei.

Später wurde Schawuot nicht mehr so sehr als Erntefest gefeiert. Es bekam eine stärker **religiöse** Bedeutung: In den alten Geschichten des Volkes Israel wird erzählt, dass Mose an diesem Tag die **Zehn Gebote**, die er von Gott auf dem Sinai erhalten hatte, an das Volk weitergab.

Bild 66

Auf einer alten Darstellung wird gezeigt, wie Mose dem Volk die Gebote vorliest.

Es ist überliefert, dass die Israeliten sich an diesem Tag feierlich verpflichteten, alles einzuhalten, »was Jahwe gesagt hat« (2.Mose 24). Seitdem besteht ein **Bund** zwischen Jahwe und dem Volk Israel.

Schawuot wurde mehr und mehr zu einem Fest, bei dem man diese »Offenbarung Jahwes am Sinai« feierte!

Heute erinnert nur noch der reiche Blumenschmuck an das frühere Erntefest.

Das dritte Fest, das früher mit einer

Die jüdische Religion: Feste 1   Karte 10

Bild 67

»Sieben Tage sollt ihr in Laubhütten wohnen. Wer einheimisch ist in Israel, soll in Laubhütten wohnen, damit eure Nachkommen wissen, wie ich die Israeliten in Hütten wohnen ließ, als ich sie aus Ägypten führte. Ich bin Jahwe, euer Gott.« (3.Mose 23,42+43)

Wallfahrt nach Jerusalem verbunden war, wird im Herbst gefeiert: **Sukkoth** ist das fröhlichste der drei Wallfahrtsfeste. Dieses Erntedankfest wurde gefeiert, wenn die Wein- und Obstlese beendet war und die wichtige Regenzeit begann. Später bekam auch Sukkoth eine **religiöse** Bedeutung: Die Israeliten erinnerten sich daran, wie sie nach der Befreiung aus der Sklaverei in Ägypten durch die Wüste zogen und dort in Zelten oder Hütten wohnten. Diese Erinnerung ist bis heute lebendig geblieben, denn Sukkoth heißt nichts anderes als »Hütten« – daher nennt man das Fest auch »**Laubhüttenfest**«.

Jede Familie baut im Garten oder auf dem Balkon eine »Laubhütte«. Sie wird aus Brettern oder Latten gezimmert und mit Zweigen abgedeckt, sodass man nachts den Sternenhimmel sehen kann. Auch innen wird die Hütte mit Zweigen geschmückt.

Die jüdische Religion: Feste 1   Karte 11

Bild 68

Man richtet sich so ein, dass man möglichst 7 Tage in dieser Laubhütte wohnen und schlafen kann. Die ganze Zeit über steht in der Laubhütte ein schöner Feststrauß aus Palmen, Myrthen und Weidenzweigen. Dieser Strauß heißt **Lulaw**. Er hat eine symbolische Bedeutung: Kostbare Palmen und einfache Weidenzweige werden zusammengebunden – dies zeigt, dass vor Gott alle Menschen gleich sind. Auf dem Foto siehst du noch ein anderes wichtiges Symbol des Laubhüttenfestes; es ist der **Etrog**, eine schöne Zitrusfrucht. Auch sie zeigt, dass Sukkoth früher ein Erntefest war.

Die Laubhütten sollen aber nicht nur an die alten Geschichten des Volkes erinnern. Sie sind auch ein Zeichen dafür, dass alles vergänglich ist: So wie die

Die jüdische Religion: Feste 1   Karte 12

Israeliten damals in der Wüste immer wieder ihre Zelte abbrechen mussten, sollen sie auch heute daran denken, dass man sich nicht allein auf Besitz und Wohlstand verlassen kann. – Alle Menschen sind immer auf **Gottes Schutz** angewiesen!

Am 8. oder 9. Tag des Laubhüttenfestes wird »**Das Fest der Thorafreude**« (**Simchat Thora**) gefeiert. Es ist ein sehr fröhliches Fest, bei dem die Juden ihre Freude über die Thora, die Weisungen Jahwes, zum Ausdruck bringen und dafür danken. An diesem Tag wird nicht nur eine Thorarolle herausgeholt, sondern **alle** Rollen werden mit Freudentänzen durch die Synagoge und durch die Straßen getragen. Selbst Kinder, die noch nicht religionsmündig sind, dürfen an diesem Freudentag aus der Thora lesen!

Am Simchat Thora wird der letzte Abschnitt aus der Thora gelesen und zugleich wieder mit dem 1. Buch Mose von vorne begonnen. Dies soll deutlich machen, dass Gott die Thora für immer gegeben hat und dass die Thoralesung nie ein Ende hat. Dies ist Anlass zu großer Freude!

DIE JÜDISCHE RELIGION
FESTE 2: ANDERE FESTE

So lebten die Menschen zur Zeit Jesu

INFORMATION

In diesem Material findest Du Informationen über andere wichtige Feste im Judentum.

Die Karten zum Themenkreis »**Feste 2: Andere Feste**« gehören zusammen. Bitte bearbeite sie in der richtigen Reihenfolge.

Übernimm die wichtigsten Informationen in Dein Heft / Deinen Ordner – hierzu kannst Du die entsprechenden Bildkopien aus dem Ordner »**So lebten die Menschen zur Zeit Jesu**« verwenden.

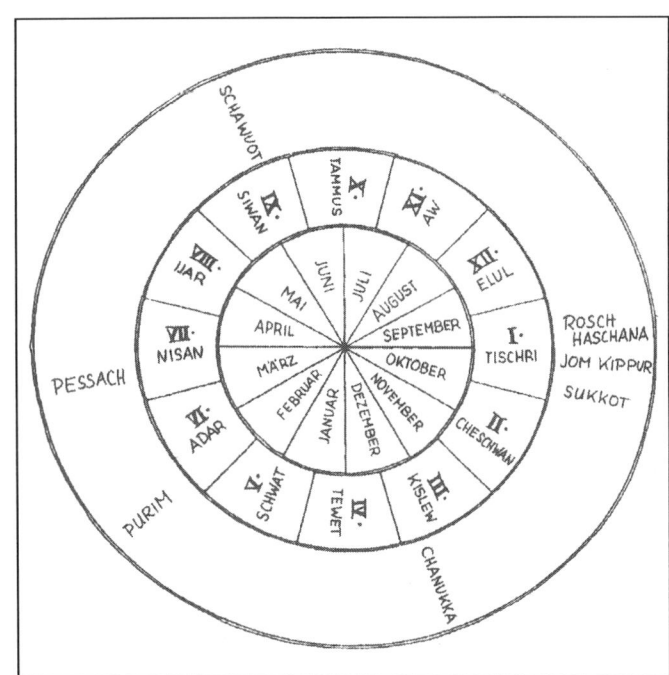

Seit alter Zeit wurden im Volk Israel religiöse Feste gefeiert.

Die drei großen Wallfahrtsfeste **Pessach**, **Schawuot** und **Sukkoth** waren ursprünglich Erntefeste. Sie wurden dann mit Erinnerungen an wichtige Ereignisse aus der Geschichte des Volkes Israel verknüpft. Diese Feste sind im Material »Die jüdische Religion: Feste 1« beschrieben.

In der Abbildung siehst du im inneren Kreis unsere Monatseinteilung. Drumherum sind die jüdischen Monatsnamen eingetragen. Der äußere Kreis zeigt, wann die Feste gefeiert wurden.

Auch heute noch unterscheidet sich der **jüdische Kalender** vom christlichen! Die jüdische Zeitrechnung beginnt schon 3760 Jahre vor unserer Zeitrechnung – die Juden lebten also zum Beispiel im Jahr 2016 bereits im Jahr 5776! Das jüdische Jahr beginnt auch nicht am 1. Januar, sondern am 9. September!

Die jüdische Religion: Feste 2 — Karte 4

Auch in der christlichen Religion stellt man sich solche Engel des Gerichts vor. – Dieses Bild ist aus dem 13. Jh. n.Chr.

Das erste wichtige Fest des Jahres ist das Neujahrsfest, **Rosch Haschana**. Dieses hebräische Wort bedeutet »Haupt / Anfang des Jahres«.

Im Gegensatz zu unseren fröhlichen, ausgelassenen Neujahrsfeiern ist Rosch Haschana ein **ernstes, besinnliches** Fest: An den zwei Tagen, die das Fest dauert, denken die Menschen viel darüber nach, was sie im vergangenen Jahr erlebt haben. Besonders wichtig sind dabei die Dinge, bei denen man sich falsch verhalten hat und andere Menschen verletzte. Rosch Haschana ist also vor allem ein **Bußfest** – ein Anlass zur Reue und zur Umkehr.

Immer wieder wird an diesen Tagen an das **»Gericht Gottes«** gedacht, das er einmal über die Welt halten wird. Deshalb kommen in vielen Liedern und Gebeten die »Engel des Gerichts« vor. Sie blasen die Posaunen, um das Ereignis anzukündigen.

Die jüdische Religion: Feste 2 — Karte 5

Bild 69

Auch im Festgottesdienst an Rosch Haschana spielt dieses »Posaunenblasen« eine ganz wichtige Rolle: Das Instrument, das **Schofar**, besteht aus dem Horn eines Widders. Dies Horn wird ausgehöhlt und die Spitze abgeschnitten. Dadurch entsteht ein Mundstück, in das man hineinblasen kann. Der Ton ist überaus durchdringend.

Das Schofar ist ein sehr altes Instrument – in der Bibel wird erzählt, dass es bei wichtigen Anlässen geblasen wurde, zum Beispiel bei Kriegsgefahr, Volksversammlungen …

Beim Rosch Haschana soll der Klang des Schofar im Gottesdienst zur **Umkehr** rufen; gleichzeitig soll er bis in den Himmel steigen und Gott um Erhörung der Gebete bitten.

Bei den Feiern zum Rosch Haschana weisen viele Symbole auf die Bedeutung der Tage hin: Man vermeidet alle fröhlichen, bunten Farben, sondern kleidet sich in **Weiß**.

Die jüdische Religion: Feste 2 — Karte 6

> *Gebete zum Rosch Haschana*
>
> *»Gib Ehrfurcht vor dir, Gott, unser Gott, auf all deine Geschöpfe – und Schrecken vor dir, auf alles, was du geschaffen hast, damit alles Werk dich fürchte und alles Erschaffene sich vor deinem Angesicht beuge, damit sie alle ein Bund werden, deinen Willen zu tun von ganzem Herzen ...«*
>
> *»Unser Vater, unser König,
> wir haben vor dir gesündigt.
> Unser Vater, unser König,
> wir haben keinen König außer dir.
> Unser Vater, unser König,
> erneuere uns ein gutes Jahr.
> Unser Vater, unser König,
> schreib uns ein in das Buch eines guten Lebens ...«*

Der Schofarbläser trägt ein weißes Gewand, das später einmal sein Sterbehemd sein wird. Damit sollen die Menschen daran erinnert werden, dass ihr Leben vergänglich ist.

Im Gottesdienst werden besondere **Gebete** gesprochen. Zwei Beispiele findest du auf dieser Karte.

Im ersten ist von »Ehrfurcht« und »Schrecken« die Rede – die ganze Welt soll sich respektvoll auf Gott besinnen, damit das Leben (im neuen Jahr) gelingt.

Das zweite Gebet endet mit dem Wunsch, dass Gott die Menschen in das »**Buch eines guten Lebens**« einschreibt, so dass das kommende Jahr ein gutes Jahr wird.

Den gleichen Gedanken bringt auch folgender Brauch zum Ausdruck: Bei der Feier im Haus werden viele **Lichter** angezündet – der Vater spricht einen besonderen Segen, den **Kiddusch**, über Wein und Brot; dabei wird das Brot in **Honig** eingetaucht. Jeder bekommt Apfelstücke, die mit Zucker

---

Die jüdische Religion: Feste 2 — Karte 7

oder Honig gesüßt sind. Dies sind anschauliche Symbole der Hoffnung auf ein gutes Jahr! Außerdem wünscht man sich mit einem Spruch gegenseitig Glück zum neuen Jahr: »Mögest du eingeschrieben werden zu einem guten Jahr.«

In manchen Gegenden ist es auch Brauch, seine Jackentaschen an einem Fluss umzukrempeln und sie auszuwaschen – zusammen mit den Krümeln und dem Staub soll alles Unrecht weggeschwemmt werden. Dieser Brauch heißt **Taschlich**.

8 Tage nach dem Rosch Haschana findet das wichtigste Fest für die Juden statt, **Jom Kippur**, der **große Versöhnungstag**. Der Grundgedanke bei diesem Fest ist, dass jeder Mensch im Laufe des Jahres viele Versprechen nicht hält, anderen Schaden zufügt, Hassgefühle in sich trägt und Schuld auf sich lädt. Am Jom Kippur geht es um die **Befreiung** davon.

In alten Zeiten gab es dafür eine eindrucksvolle feierliche Handlung: Der Priester legte einem Ziegenbock die Hände auf den Kopf und übertrug damit nach der Vorstellung der Menschen alle Sünden auf diesen Bock. Dann wurde das Tier in die Wüste geführt – dieser »**Sündenbock**« war ein Symbol dafür, dass nun alles Böse entfernt war und keine Macht mehr über die Menschen hatte.

Später opferte stattdessen der Hohepriester am Tempel in Jerusalem mehrere Ziegenböcke als Opfertiere – das Blut wurde in das Allerheiligste des Tempels gebracht. Durch diese Opfer sollte die **Versöhnung mit Gott** dargestellt werden.

Die jüdische Religion: Feste 2 — Karte 8

Seit der Tempel in Jerusalem im Jahr 70 n.Chr. zerstört wurde, kann am Jom Kippur kein Opfer mehr dargebracht werden. Aber er wird bis heute als Versöhnungstag gefeiert. Alle gläubigen Juden **fasten** an diesem Tag – damit wollen sie ihre **Reue** zum Ausdruck bringen. Man versucht auch, sich mit den Menschen zu versöhnen, mit denen man Streit hat oder denen man im Laufe des Jahres Unrecht zugefügt hat.

Das Fest beginnt schon am Vorabend mit einem Gottesdienst, dem **Kol Nidre**. »Kol Nidre« bedeutet, dass alle Versprechungen, die man im Laufe des Jahres nicht einhalten konnte, aufgehoben und erlassen sein sollen – man kann noch einmal ganz neu beginnen.

Am nächsten Tag dauert der Gottesdienst vom frühen Morgen bis zum späten Abend. Die Bibeltexte, Gebete und Lieder sind alle auf den Gedanken der Reue und der Umkehr ausgerichtet. Man kleidet sich überwiegend in **Weiß** und auch die

Die jüdische Religion: Feste 2 — Karte 9

Bild 70

»Nun gegen Abend klopfen wir seufzend an die Tore des Königs. Mögen die Tore des Erbarmens nicht verschlossen sein.«

Synagoge wird in Weiß geschmückt. Damit soll der Wunsch nach **Reinheit** zum Ausdruck kommen.

Den Schluss des Gottesdienstes nennt man **Ne'ila**, das bedeutet »schließen«. Dabei denkt man nicht nur an den Schluss des großen Versöhnungstages, sondern verbindet damit den Wunsch, dass Gott die »Tore des Erbarmens« nicht vor den Menschen verschließt.

Ganz am Ende des Gottesdienstes ertönt das Schofar – es wird nur ein einziger, lang gezogener Ton gespielt. Damit ist das Fasten beendet. Viele Familien beginnen noch am gleichen Abend mit dem Bau der Laubhütte für das Sukkothfest.

Die jüdische Religion: Feste 2 — Karte 10

Ein kleineres, dafür aber umso fröhlicheres Fest ist das **Lichterfest Chanukka** im November / Dezember. Es hat einen nachweisbaren geschichtlichen Hintergrund, nämlich die Neueinweihung des Tempels, der von heidnischen Eroberern besetzt und entweiht worden war. Durch heldenhaften Widerstand konnten die Juden ihre Freiheit wieder erkämpfen.

In einer **Legende** wird berichtet, dass das ganze geweihte Öl für die Tempelleuchter vernichtet war, das man für die Einweihung brauchte. Ganz versteckt fand man noch einen kleinen versiegelten Krug mit geweihtem Öl; allerdings war nur so viel darin, dass es höchstens für einen Tag reichte. Wunderbarerweise brannte der Leuchter jedoch 8 Tage!

Bild 71

Daher wird das Lichterfest bis heute 8 Tage lang gefeiert.

Das wichtigste ist dabei das Anzünden des **Chanukka-Leuchters**. Er wird nur für dieses Fest benutzt und hat im Gegensatz zur Menora, dem siebenarmigen Leuchter, acht Arme – für jeden Tag des Festes einen. Am Abend jeden Tages wird ein Licht mehr angezündet. Dazu spricht man einen besonderen Segen. In ihm heißt es: »Gelobt seist du, Ewiger Gott, König der Welt, der für unsere Väter Wunder getan

Die jüdische Religion: Feste 2 — Karte 11

Segen beim Anzünden der Lichter:
»Gelobt seist Du, Ewiger, unser Gott, König der Welt, der uns durch seine Gebote geheiligt und uns befohlen hat, das Chanukkalicht anzuzünden. Gelobt seist Du, Ewiger Gott, König der Welt, der für unsere Väter Wunder getan in jenen Tagen, um diese Zeit.«

Nes Gadol Hajah Scham: Ein großes Wunder geschah da!

hat in jenen Tagen um diese Zeit.« Die Lichter sollen an das Wunder erinnern, von dem in der Legende die Rede ist. Sie dürfen daher auch für keinen anderen Zweck benutzt werden – deshalb haben viele Chanukka-Leuchter noch einen zusätzlichen Arm, den »**Diener**« – dort steht die Kerze, die zum Anzünden der anderen Kerzen benutzt wird.

Heute ist es üblich, sich an Chanukka kleine **Geschenke** zu überreichen. Es gibt auch besonders beliebte **Speisen** für das Fest: Kartoffelpfannkuchen oder Krapfen, die in Öl gebacken werden. Das Öl erinnert wiederum an das Lichtwunder.

Ein traditionelles Spiel während dieser Festtage ist das **Dreidel-Spiel**. Der Dreidel ist ein vierseitiger Kreisel; auf jeder Seite trägt er einen hebräischen Buchstaben. Der Kreisel wird gedreht und bleibt so liegen, dass ein Buchstabe sichtbar ist. Er zeigt an, ob ein Spieler gewonnen oder verloren hat.

Die jüdische Religion: Feste 2 — Karte 12

Bild 72

Das fröhlichste und ausgelassenste Fest im jüdischen Jahr ist das **Purim-Fest**. Es wird im Frühjahr gefeiert. Auch dieses Fest beruht auf einer geschichtlichen Erinnerung, und zwar an die Zeit, in der viele Juden im Persischen Reich leben mussten: Die Erinnerungen an diese Zeit sind sehr stark ausgeschmückt worden – man kann sie im biblischen Buch Esther nachlesen. Dort wird erzählt, dass der persische König die **Esther** zur Frau nahm – allerdings wusste er nicht, dass sie Jüdin war. Der Anführer der Juden in Persien war Mordochai. Ein persischer Minister, Haman, bekam Streit mit Mordochai und brachte es so weit, dass alle Juden getötet werden sollten. Durch ein Los – persisch: pur – wurde der Tag der Hinrichtung bestimmt. Aber Esther setzte sich für ihr Volk ein und schaffte es, dass es nicht umkam!

Diese Legende und die **Freude** über die Errettung bestimmen die Gestaltung des Festes **Purim**: In den Straßen finden Umzüge mit Masken und Kostümen statt, ähnlich wie bei unserer Fasnet (Fastnacht, Karneval). Im Gottesdienst wird die Esther-Geschichte vorgelesen.

Die jüdische Religion: Feste 2 — Karte 13

Bild 73

Kostbar verzierte Esther-Rolle

Nur zu diesem Fest wird die **Esther-Rolle** aus dem Thora-Schrein herausgeholt. Sie ist kostbar verziert. Beim Vorlesen gibt es einen interessanten Brauch: das **Haman-Klopfen**.

Immer wenn der Name des Verfolgers Haman im Text vorkommt, klopfen die Männer und Jungen mit speziellen Hämmerchen, Stöckchen oder Rasseln auf ihr Pult. Es entsteht ein ohrenbetäubender Lärm.

Er drückt die Hoffnung aus, dass die Feinde Israels nie siegen werden, auch wenn sie viel stärker sind.

Zum Fest gibt es ein besonderes Gebäck: die **Haman-Taschen**. Es sind dreieckige Teigtaschen, die mit Mohn, Pflaumen, Aprikosen oder anderem Obst gefüllt sind. Die Form der Haman-Taschen soll den dreieckigen Hut des Haman darstellen. In Israel wird das Gebäck »Hamans Ohren« genannt.

Alle sollen an Purim fröhlich sein – daher verschenkt man etwas von den festlichen Speisen an andere, vor allem an Arme.

DIE JÜDISCHE RELIGION
VON DER GEBURT BIS ZUM TOD

So lebten die Menschen zur Zeit Jesu

INFORMATION

In diesem Material findest Du Informationen darüber, welche Rolle die Religion für einen gläubigen Juden im Laufe seines Lebens spielt.

Die Karten zum Themenkreis »**Von der Geburt bis zum Tod**« gehören zusammen. Bitte bearbeite sie in der richtigen Reihenfolge.

Übernimm die wichtigsten Informationen in Dein Heft / Deinen Ordner – hierzu kannst Du die entsprechenden Bildkopien aus dem Ordner »**So lebten die Menschen zur Zeit Jesu**« verwenden.

Die jüdische Religion: Von der Geburt bis zum Tod — Karte 3

Die **Religion** spielt im Leben eines gläubigen Juden eine **große Rolle**.
Neben den vielen alltäglichen religiösen Bräuchen, dem wöchentlichen Schabbat und den großen Feiertagen sind es vier wichtige Anlässe, bei denen besondere Feierlichkeiten stattfinden: Die Beschneidung, Bar Mizwa, die Hochzeit und die Beerdigung.

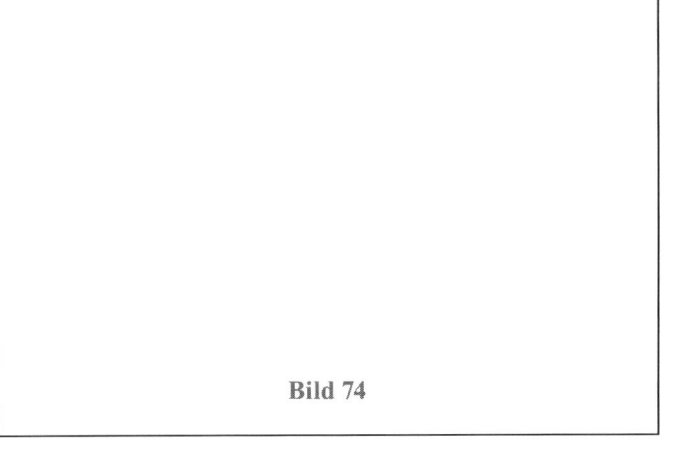
Bild 74

Die **Beschneidung** findet acht Tage nach der **Geburt** eines **Jungen** statt. Bei einer religiösen Feier in der Synagoge wird die Vorhaut an seinem Glied abgetrennt. Der Eingriff wird von einem Arzt oder einem dafür ausgebildeten Beschneider (**Mohel**) vorgenommen. Die Beschneidung ist ein Symbol dafür, dass das Kind in den Bund Gottes mit seinem Volk aufgenommen wurde – es wird dadurch zum »**Sohn Abrahams**«!

Wenn das Kind in die Synagoge getragen wird, stehen alle auf und rufen: »Möge das ganze Volk den Bund halten!« und: »Gesegnet, der da kommt!« Das Kind wird den Paten auf die Knie gelegt, und der Mohel nimmt die Beschneidung vor. Danach spricht die Gemeinde ein Segenswort: »Amen! Wie er in den Bund eingeführt wurde, so möge er in die Thora, in die Ehe und in die Ausübung guter Werke eingeführt werden.«

Die jüdische Religion: Von der Geburt bis zum Tod — Karte 4

> »Unser Gott und Gott unserer Vorfahren erhalte dies Kind seinem Vater und seiner Mutter – und sein Name in Israel soll ... sein.
> Der Vater erfreue sich an seinem Kind und die Mutter singe über ihr Kind ...
> Dankt dem Herrn, denn er ist gut, er ist immer und ewig gnädig.«

Dafür ist die Beschneidung ein lebenslanges **Merkzeichen**.
Bei der Beschneidung trägt der Junge einen besonderen kleinen Mantel – oft wird daraus später ein Thorawimpel genäht, den der Junge bei seinem ersten Synagogenbesuch als Geschenk mitnimmt. Während dieser Feierlichkeit erhält der Junge auch seinen **Namen**.

Bei **Mädchen** gibt es keine entsprechende Feier – sie erhalten ihren Namen bei einem Fürbittengebet. Die Frau wird durch die Hochzeit in den Bund Gottes aufgenommen.

Das nächste wichtige Ereignis im Leben eines jüdischen **Jungen** ist die **Bar Mizwa-Feier**.
Mit 13 Jahren wird der Junge in die Gemeinde aufgenommen und er ist damit religionsmündig; dies bedeutet, dass er in der Gemeinde mitarbeitet und für sein Handeln verantwortlich ist. Er ist nun »**Bar Mizwa**« – »**Sohn der Pflicht**«! Zum Zeichen seiner Verantwortung und Würde wird er an diesem Tag zum ersten Mal »zur Thora« aufgerufen – er darf im Gottesdienst aus der Thora lesen! Der Rabbi

Die jüdische Religion: Von der Geburt bis zum Tod — Karte 5

Bild 75

segnet ihn und erklärt ihm seine neuen Pflichten.

Wenn der Bar Mizwa seine erste Thoralesung beendet hat, werfen die Frauen und Mädchen von der Galerie der Synagoge Süßigkeiten und Nüsse auf ihn herunter – ein Symbol für den Wunsch, dass sein künftiges Leben gesegnet sein möge!

An diesem Tag legt der jüdische Junge auch zum ersten Mal die Gebetsriemen, die Tefillim, an; dies ist ebenfalls ein Zeichen dafür, dass er im religiösen Sinn ein **erwachsener Mann** ist. Zur Bar Mizwa-Feier gehört auch eine festliche Mahlzeit mit Verwandten und Freunden. Der Junge hält eine Rede, in der er viele Verse aus der Thora vorträgt, die etwas mit seiner Thoralesung in der Synagoge zu tun haben. Gleichzeitig dankt er seinen Eltern für die Erziehung.

Heute hat es sich in manchen Gemeinden eingebürgert für Mädchen ein Fest zu feiern, das dem Bar Mizwa entspricht: Das Mädchen wird »Tochter der Pflicht«, **Bat Mizwa**. Da Mädchen den Jungen in diesem Alter biologisch, geistig und seelisch voraus sind, feiern sie das Fest bereits mit 12 Jahren.

Die jüdische Religion: Von der Geburt bis zum Tod — Karte 6

Bild 76

Zur Zeit Jesu war es durchaus möglich, dass ein Junge bereits mit 13 Jahren **heiratete**. Seine Eltern handelten mit den Eltern der Braut den **Brautpreis**, den »Mohar«, aus, den sie an die Brauteltern bezahlen mussten. Dies war der Ausgleich für die Arbeitskraft der Tochter, die der Familie verloren ging. Der Brautpreis durfte nicht verbraucht werden, sondern die Braut erhielt ihn, wenn ihre Eltern oder ihr Mann starben. So war die Braut finanziell etwas abgesichert, denn zur Zeit Jesu war es nicht möglich, dass Frauen einen Beruf erlernten, mit dem sie Geld verdienen konnten. War man sich einig, fand die **Verlobung** statt – sie war schon genauso bindend wie die eigentliche Hochzeit. Sobald der Mann das Haus für sich und seine Frau gebaut hatte, konnte geheiratet werden. Am Hochzeitstag wurde die Braut mit dem Schmuck, den sie zur Verlobung von ihrem Bräutigam bekommen hatte, festlich geschmückt und verschleiert. Der Bräutigam kam mit seinen Freunden zum Haus der Braut. Hier gab es eine kleine Feier. Danach wurde ein großes, fröhliches Fest im Haus der Eltern gefeiert.

Die jüdische Religion: Von der Geburt bis zum Tod   Karte 7

Spät abends geleiteten die Freunde das junge Paar mit Fackeln in ihr neues Haus.
Im Laufe der Zeit haben sich feste **Bräuche** entwickelt, die bis heute bei der Gestaltung der Hochzeit wichtig sind. Dabei hat auch die Religion große Bedeutung!
Die Feier findet in der Synagoge statt. Das Brautpaar tritt unter einen speziellen **Baldachin, die »Chuppa«**. Dies ist ein Tuch, das von vier Stangen getragen wird. Es symbolisiert die gemeinsame Wohnung, in der das Paar von nun an leben wird. Unter der Chuppa empfängt es den Segen des Rabbiners. Braut und Bräutigam nehmen einen Schluck Wein aus einem gemeinsamen Becher. Dann spricht der Mann vor zwei Trauzeugen die **Trauungsformel**:
»Siehe, du bist mir angetraut durch diesen Ring nach dem Gesetz Moses und Israels«. Mit diesen Worten steckt er ihr den Ring an die rechte Hand. Der Brautring ist oft sehr groß und mit der Darstellung einer Synagoge verziert.

Die jüdische Religion: Von der Geburt bis zum Tod   Karte 8

Bild 77

Nach dieser feierlichen Handlung liest der Rabbiner den Ehevertrag, die »**Ketuba**«, vor. Darin verspricht der Mann seiner Frau die Treue: »Du sollst meine Frau sein, ich will dir dienen, dich ehren und versorgen nach der Weise jüdischer Männer, die ihren Frauen dienen, sie hoch schätzen, ernähren und versorgen in Treue.« Außerdem enthält die Ketuba Abmachungen zwischen den Eheleuten.
Nun hält der Rabbiner eine Ansprache und spricht Segensworte. Am Ende der Feier zertritt der Bräutigam ein Glas – es soll daran erinnern, wie zerbrechlich die Liebe ist!
Ein tiefer Einschnitt im Leben einer Familie war der **Tod** eines Angehörigen. Im heißen Klima Palästinas musste man die Toten zur Zeit Jesu sehr schnell bestatten – wenn es irgendwie möglich war, sollte dies innerhalb von 8 Stunden geschehen. Der Tote wurde von seinen Familienangehörigen gewaschen, mit duftendem Öl eingerieben und in Leinentücher eingewickelt.
Auf einer einfachen Bahre trug man den Leichnam zum Grab: Die Frauen führten den **Leichenzug** an, die Männer trugen die Bahre. Alle klagten laut, zerrissen zum Zeichen der Trauer ihre Kleider, streuten Asche auf ihren Kopf. Oft bestellte man

Die jüdische Religion: Von der Geburt bis zum Tod — Karte 9

auch berufsmäßige Klagefrauen und Trauersänger. Die Toten wurden zur Zeit Jesu meistens in Höhlen begraben. Ohne Sarg legte man den Leichnam auf einfache Steinbänke. Der Höhleneingang wurde mit einem Rollstein verschlossen. In den folgenden 7–30 Tagen wurde getrauert – in der Zeit fastete man auch.

Das frische Grab wurde weiß getüncht, um andere Menschen zu warnen, denn es war verboten, eine Leiche zu berühren. Ein Kontakt mit einem Toten machte im religiösen Sinn »**unrein**«.

Da die Grabhöhlen knapp waren, sammelte man die Knochen der Toten nach einiger Zeit ein und legte sie in Urnen aus Holz oder Stein.

Arme Menschen wurden einfach in der Erde beigesetzt. Auch heute ist es bei den Juden üblich, einen Gestorbenen möglichst noch am gleichen Tag zu beerdigen. Die Trauerzeiten entsprechen ebenfalls noch den alten Vorschriften. Das Grab soll möglichst schlicht sein, um keine Unterschiede zwischen Armen und Reichen zu zeigen.

Wenn man ein Grab besucht, legt man einen kleinen Stein darauf, um zu zeigen, dass man den Toten nicht vergessen hat.

Bild 77

Die jüdische Religion: Die Synagoge — Karte 1

DIE JÜDISCHE RELIGION
DIE SYNAGOGE

So lebten die Menschen zur Zeit Jesu

Die jüdische Religion: Die Synagoge — Karte 2

INFORMATION

In diesem Material findest Du Informationen darüber, welche Bedeutung die Synagoge für den jüdischen Glauben hat.

Die Karten zum Themenkreis »**Die Synagoge**« gehören zusammen. Bitte bearbeite sie in der richtigen Reihenfolge.

Übernimm die wichtigsten Informationen in Dein Heft / Deinen Ordner – hierzu kannst Du die entsprechenden Bildkopien aus dem Ordner »**So lebten die Menschen zur Zeit Jesu**« verwenden.

Die jüdische Religion: Die Synagoge — Karte 3

Das Zentrum des jüdischen Glaubens zur Zeit Jesu war der Tempel in der Hauptstadt Jerusalem. In dem großartigen, gewaltigen Bauwerk fanden jeden Tag viele Opfergottesdienste statt. Unzählige Menschen strömten in den Tempel, um an den Festlichkeiten teilzunehmen.

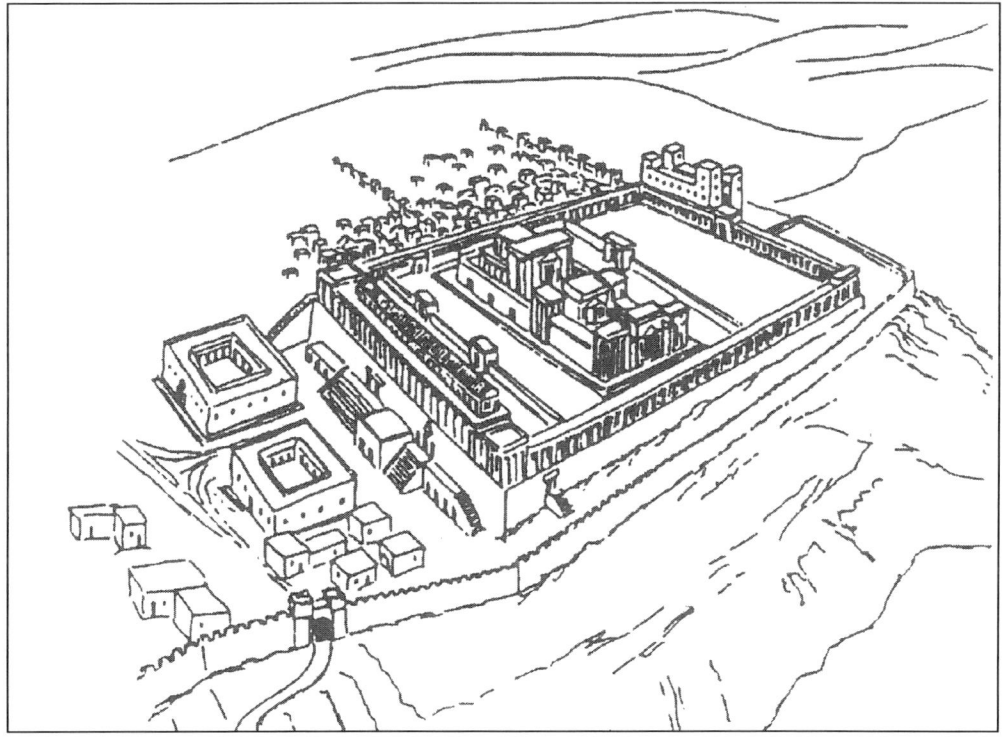

Die jüdische Religion: Die Synagoge — Karte 4

Brandopfer   Weihrauchopfer   Schaubrote

Das Wichtigste bei den Tempelgottesdiensten waren die **Opfer**, die die **Priester** darbrachten:
Beim **Brandopfer** wurden geschlachtete Ziegen, Schafe und andere Tiere auf dem Altar verbrannt – der Rauch stieg zum Himmel und man stellte sich vor, dass Gott mit Freude bemerkte, dass die Menschen an ihn dachten. Außerdem gab es das **Schlachtopfer**; das Tierblut wurde Gott als Gabe überreicht, indem man es an den Altar spritzte. Das Fleisch bekamen zum Teil die Priester, den Rest verzehrten die Leute, die das Opfertier gespendet hatten. Zusammen mit Familie und Freunden feierten sie in der Nähe des Tempels ein religiöses Fest.

Es wurden aber auch andere Opfer dargebracht, zum Beispiel **Speiseopfer**.
Alle Opfer waren als Symbol der Gemeinschaft gedacht: der **Gemeinschaft** mit Gott und der Gemeinschaft der Menschen untereinander. Dabei konnte das Opfer eine Bitte an Gott um Vergebung bedeuten, aber auch Dank zum Ausdruck bringen.

Die jüdische Religion: Die Synagoge — Karte 5

Am Jerusalemer Tempel arbeiteten viele Priester. An ihrer Spitze stand der **Hohepriester**. Sie alle waren verantwortlich für die richtige Gestaltung der Opfer im Tempel und sie leiteten die Tempelgottesdienste.
Die einfachen Priester waren in Weiß gekleidet, der Hohepriester trug ein farbenprächtiges, kostbar besticktes Gewand. Nur er durfte den innersten Bezirk des Tempels betreten: das **Allerheiligste**. Dies geschah nur ein einziges Mal im Jahr, am »Großen Versöhnungstag«! An diesem Festtag brachte der Hohepriester ein besonderes Opfer dar; es galt als Zeichen dafür, dass nichts mehr zwischen Gott und dem Volk stand.

Natürlich konnten nicht alle Israeliten regelmäßig an den Tempelgottesdiensten in Jerusalem teilnehmen. Aber sie kamen zu den großen **Wallfahrtsfesten** Pessach, Schawuot und Sukkoth in die Hauptstadt.
(Nähere Informationen zu diesen Festen findest du in »Die jüdische Religion: Feste 1«).

Die jüdische Religion: Die Synagoge — Karte 6

Bild 79

Bei diesen Wallfahrtsfesten strömten unzählige Menschen in die Hauptstadt: Jerusalem hatte damals etwa 4000 Einwohner – zum Pessach kamen wohl bis zu 150000 Pilger!

Natürlich wurden nicht nur in Jerusalem Gottesdienste gefeiert. – Aber in den anderen Städten gab es keine Opfergottesdienste, denn diese durften nur von Priestern im Jerusalemer Tempel vollzogen werden. Außerhalb von Jerusalem fanden nur **Wort- und Gebetsgottesdienste** statt – hierzu trafen sich die Juden in der Synagoge.

Aus der Zeit Jesu ist keine Synagoge erhalten. Aber durch Ausgrabungen in Kafarnaum, Gamla und Masada kann man sich recht gut vorstellen, wie eine Synagoge damals aussah. Übrigens hat

Die jüdische Religion: Die Synagoge — Karte 7

sich an ihrer Grundform bis heute kaum etwas verändert. Die Synagoge in Kafarnaum war zur Zeit Jesu wohl etwa 18 m breit und 24 m lang. Der Innenraum war in drei Teile gegliedert: Den größten Raum nahm das **Mittelschiff** ein; die beiden **Seitenschiffe** waren wesentlich schmaler, darüber befanden sich Emporen. Die Mauern waren etwa 1,2 m dick. Am Ende des Mittelschiffs steht in jeder Synagoge ein Schrank, der Thoraschrein. In ihm werden die Schriftrollen aufbewahrt, die den Text der Thora enthalten. Mit »Thora« sind die 5 Bücher Mose gemeint, aus denen in jedem Gottesdienst ein Stück vorgelesen wird. Der Schrein enthält außerdem auch Schriftrollen mit anderen Bibeltexten, die man im Gottesdienst benutzt. In vielen Synagogen ist der Thoraschrein durch einen Vorhang verhüllt. Der Thoraschrein wird nur zum Gottesdienst geöffnet. Einen solchen geöffneten Thoraschrein mit kostbar verzierten Thorarollen siehst du auf der nächsten Karte.

Die jüdische Religion: Die Synagoge   Karte 8

In der Mitte des Raums steht ein Podest mit einem **Lesepult**, auf dem die Schriftrollen beim Vorlesen ausgerollt werden.
Vor oder neben dem Thoraschrein steht der siebenarmige Leuchter, die **Menora**. Die Zahl sieben gilt als Zahl der Vollkommenheit – das Licht symbolisiert das Leben; so ist der siebenarmige Leuchter ein **Merkzeichen** für das **vollkommene Leben**, das Gott schenkt!
Die Menora ist für die Juden so wichtig, dass der heutige Staat Israel sie als sein Staatswappen wählte. Das Foto zeigt eine riesige bronzene Menora in der Nähe des Parlamentsgebäudes in Jerusalem.

Bild 80

Bild 81

Die jüdische Religion: Die Synagoge   Karte 9

In den **Seitenschiffen** der Synagoge waren oft steinerne Stufen, die als Sitzbänke dienten. Die **Emporen** über den Seitenschiffen sind für die Frauen bestimmt, die nicht gemeinsam mit den Männern am Gottesdienst teilnehmen dürfen.

Zur Zeit Jesu wurden in den Synagogen häufiger **Gottesdienste** gehalten als heute: Natürlich kam man an jedem Schabbat in der Synagoge zusammen, aber auch an den Markttagen gab es Gottesdienste, damit die Bauern und Handwerker, die in die Stadt kamen, ebenfalls die Möglichkeit hatten, am Gottesdienst teilzunehmen.
Der Gottesdienst in der Synagoge kann nur stattfinden, wenn mindestens zehn religiös mündige Männer anwesend sind. Der Synagogengottesdienst wird nach einem festgelegten Plan durchgeführt. Damit der Ablauf genau eingehalten wird, setzt die Gemeinde einen **Synagogenvorsteher** ein.
Der Gottesdienst enthält fünf Teile:
1. Das **Bekenntnis**. Ein Mitglied der Gemeinde betritt das Podest und trägt zwei Lobsprüche vor. Es folgt das wichtigste Glaubensbekenntnis der Juden, das »**Sch^ema Jisrael**« (= »**Höre Israel …!**«). Es beginnt mit folgenden Worten: »Höre Israel, Jahwe, unser Gott, Jahwe ist einzig. Darum sollst du den Herrn, deinen Gott, lieben mit ganzem Herzen, mit ganzer Seele und mit ganzer Kraft …«
2. Nun folgt ein **Gebet**, die **Tephila**: Es besteht aus Lobsprüchen, Bitten und Danksagungen. Da die Tephila 18 Strophen enthält, nennt man dieses Gebet auch das **18-Bitten-Gebet**.

Die jüdische Religion: Die Synagoge — Karte 10

Der »Aaronitische Segen«

*Jahwe segne dich und behüte dich.
Jahwe lasse sein Angesicht über dir leuchten und sei dir gnädig.
Jahwe erhebe sein Angesicht auf dich und gebe dir Frieden.*

Bild 82

3. Ein **Segenswunsch** aus dem Alten Testament, der nach dem Priester Aaron, einem Bruder von Mose, »Aaronitischer Segen« genannt wird. Auch in unseren christlichen Gottesdiensten wird dieser Segen gesprochen.

4. Die **Lesung aus der Thora** übernehmen Männer aus der Gemeinde. Zunächst wird die Rolle feierlich aus dem Thoraschrein herausgehoben, die Hülle wird entfernt und die Rolle zum Lesepult gebracht. Um das Lesen des schwierigen hebräischen Textes zu erleichtern und um die kostbaren, heiligen Rollen zu schonen, benutzt man einen kleinen Zeigestab in Form einer Hand, die »**Jad**«. Der letzte Vorleser beschließt den Thoratext mit diesem Segensspruch: »Gepriesen seist du, Herr, unser Gott, König der Welt, der uns die Thora der Wahrheit

Die jüdische Religion: Die Synagoge — Karte 11

gegeben und ewiges Leben in uns gepflanzt hat. Gepriesen seist du, Herr, Geber der Thora!« und die Gemeinde antwortet mit »Amen«. Zur Zeit Jesu folgte der Thoralesung noch eine Lesung aus einem anderen Buch des Alten Testaments.

5. Eine **Predigt** schließt den Gottesdienst ab. Jeder religionsmündige Jude darf hierbei das Wort ergreifen und den Bibeltext auslegen. Danach steht die Gemeinde auf und die Thora wird in den Thoraschrein zurückgetragen.

Zum Gottesdienst gehört auch eine bestimmte Kleidung: Die Männer tragen ein kleines Käppchen, die **Kippa**, denn die Juden sind der Meinung, dass man Jahwe nicht mit unbedecktem Kopf begegnen darf – so bringen sie ihre Ehrfurcht vor Gott zum Ausdruck. Außerdem hüllen sie sich in ihren Gebetsmantel (**Tallit**) ein – er ist ein Symbol dafür, dass man ganz und gar von der Liebe Gottes und von der Thora umgeben ist.

Die jüdische Religion: Die Synagoge Karte 12

Zur Zeit Jesu gab es also zwei Formen von Gottesdiensten

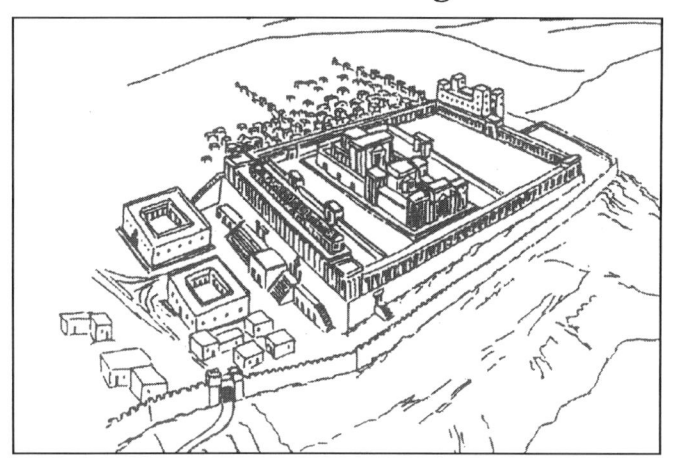

Der Tempelgottesdienst in Jerusalem
Diese Gottesdienste durften nur die Priester leiten. Das Volk war daran nur sehr wenig beteiligt. Im Mittelpunkt standen dabei die verschiedenen Opfer.
Seit der Zerstörung des Jerusalemer Tempels im Jahre 70 n.Chr. ist diese Art von Gottesdiensten nicht mehr möglich.

Synagogengottesdienst in den Städten
An der Gestaltung dieser Gottesdienste waren die Gemeindemitglieder – genauer gesagt: die religionsmündigen Männer – beteiligt. Man benötigte für diese Gottesdienste keinen Priester, nicht einmal ein Rabbi (= ausgebildeter Schriftgelehrter) war nötig. Im Mittelpunkt stehen Thora und Gebet.

Die jüdische Religion: Die Thora Karte 1

DIE JÜDISCHE RELIGION
DIE THORA

So lebten die Menschen zur Zeit Jesu

Die jüdische Religion: Die Thora — Karte 2

INFORMATION

In diesem Material findest Du Informationen darüber, welche Bedeutung die Thora für den jüdischen Glauben hat.

Die Karten zum Themenkreis »**Die Thora**« gehören zusammen. Bitte bearbeite sie in der richtigen Reihenfolge.

Übernimm die wichtigsten Informationen in Dein Heft / Deinen Ordner – hierzu kannst Du die entsprechenden Bildkopien aus dem Ordner »**So lebten die Menschen zur Zeit Jesu**« verwenden.

Die jüdische Religion: Die Thora — Karte 3

Die **Thora** ist für einen Juden und seinen Glauben sehr, sehr wichtig.
Ein weiser jüdischer Mann sagte einmal:
»**Wenn drei an einem Tisch essen und sich dabei über Worte der Thora unterhalten, so ist es, als hätten sie vom Tisch Gottes gegessen.**«

Was ist eigentlich die Thora?
Diesen hebräischen Begriff kann man vielleicht am besten so wiedergeben:
»**Das Wort, das den Weg weist**« – daher wird er oft auch kurz mit »**Weisung**« übersetzt.
Damit ist der Weg zu einem guten, glücklichen, gerechten Leben gemeint, das sich nach Gottes Wort richtet. Das bringt zum Beispiel der Ausschnitt aus Psalm 1 sehr gut zum Ausdruck.

Wer sich an die Thora hält ...
... »der ist wie ein Baum,
der an Wasserbächen gepflanzt ist.
Er bringt seine Frucht zur richtigen Zeit,
und seine Blätter verwelken nicht.
Und was er macht, das gelingt gut.«

(Aus Psalm 1)

Diese Weisungen kann man in den »Zehn Geboten« erkennen, wo es darum geht, das Leben zu schützen und für Gerechtigkeit einzutreten.
Aber auch aus vielen Geschichten der Bibel sind solche Weisungen abzulesen: Die Erzählung von der Errettung der Israeliten aus der Sklaverei in Ägypten zeigt, dass Menschen ohne **Freiheit** nicht leben können.

Die jüdische Religion: Die Thora   Karte 4

Die Erzählungen von Abraham schildern einen Menschen, der mutig in eine ungewisse Zukunft aufbricht, weil er Gott **vertraut**. Die Erzählung von der Schöpfung macht deutlich, dass Gott den Menschen die Erde anvertraut hat und dass sie dafür **verantwortlich** sind.

In vielen deutschen Übersetzungen der Bibel ist das Wort Thora mit »Gesetz« wiedergegeben. Darum wird auch oft behauptet, die jüdische Religion würde die Menschen durch viele Vorschriften und Gesetze einengen. Dies ist aber ein großes Vorurteil, denn für einen jüdischen Menschen ist die Thora der **Wegweiser** für ein **gutes Leben**.

Bild 83

Daher betrachten die Juden die Thora als ein Geschenk, über das sie sich freuen und das sie in Ehren halten.
Für den Gebrauch im Gottesdienst ist die Thora (hier: Die fünf Bücher Mose) auf Pergamentrollen geschrieben. Da die Texte so wertvoll und heilig sind, werden sie schon seit Jahrtausenden von Hand abgeschrieben – der Text darf keinen einzigen Schreibfehler enthalten!

Die jüdische Religion: Die Thora   Karte 5

Bild 84

Die Schreiber werden daher speziell für diese Arbeit ausgebildet. Oft verbringen sie einige Jahre damit, eine einzige Thorarolle abzuschreiben. Dabei müssen sie speziell hergestellte Tinte und Schreibgeräte benutzen. Damit sich ganz gewiss kein Fehler eingeschlichen hat, zählen die Schreiber die vielen tausend Buchstaben ab!
Die beschriebenen Pergamentblätter werden zu Rollen zusammengenäht; sie sind zwei bis drei Meter lang. An jedem Ende ist ein Stab befestigt, so dass man die Rolle leicht dort öffnen kann, wo der Text für die nächste Lesung im Gottesdienst zu finden ist.
Eine Umhüllung aus kostbarem Stoff, der **Thoramantel**, schützt die Rolle. Weiterer Schmuck betont den Wert der Thorarolle: Auf das obere Ende setzt man eine »**Thorakrone**« aus Silber oder Gold – außerdem hängt man einen silbernen »**Thoraschild**« an die Rolle.
Der kostbarste Schatz einer jüdischen Gemeinde ist eine möglichst große **Zahl** wertvoller, reich geschmückter Thorarollen!

Die jüdische Religion: Die Thora   Karte 6

Bild 85

In der Synagoge bewahrt die Gemeinde die kostbaren Rollen in einem besonderen Schrank, dem **Thoraschrein**, auf. Für die Lesungen im Gottesdienst werden sie feierlich herausgeholt (»**ausgehoben**«). Damit sie nicht mit der Hand berührt werden, verwendet man zum Lesen der heiligen Rollen einen kleinen, silbernen Zeigestab, an dessen Ende eine winzige Hand ist. Diese Lesehilfe heißt »**Jad**« (hebräisch für »Hand«).

Da die Thorarollen so wertvoll und heilig sind, dürfen sie auch nicht einfach weggeworfen werden. Wenn sie nach langer Zeit zerlesen sind, werden die Rollen in einer Feier »beerdigt« – manchmal werden sie verbrannt oder in einem besonderen Raum in der Synagoge (**Geniza**) eingemauert. Aus diesem Grund sind auch kaum alte Thorarollen erhalten geblieben.

Die Dankbarkeit, dass Gott ihnen die Thora geschenkt hat, kommt auch besonders gut bei einem großen jüdischen Fest zum Ausdruck, dem »**Thorafreudenfest**« (Simchat Thora). Es ist ein sehr fröhliches Fest, bei dem die Juden ihre Freude über

Die jüdische Religion: Die Thora   Karte 7

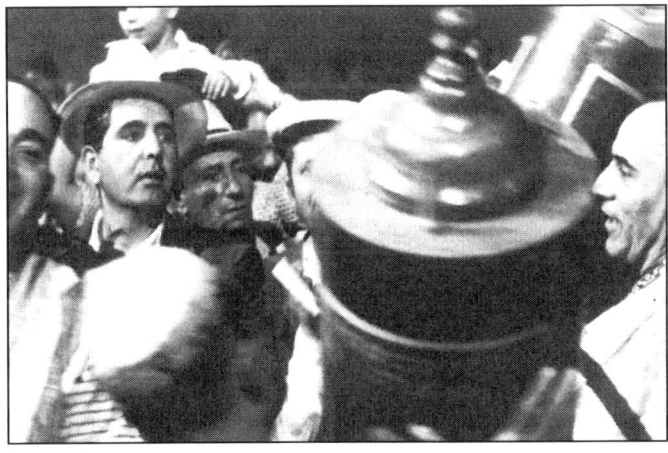

Schema Jisrael – Höre Israel
(Textauszug)

Höre Israel! Jahwe, unser Gott, Jahwe ist einzig. Darum sollst du den Herrn, deinen Gott, lieben mit ganzem Herzen, mit ganzer Seele und mit ganzer Kraft. Diese Worte, auf die ich dich heute verpflichte, sollen auf deinem Herzen geschrieben stehen ...

die **Thora, die Weisungen Jahwes**, zum Ausdruck bringen. An diesem Tag wird im Gottesdienst in der Synagoge nicht nur eine Thorarolle aus dem Thoraschrein geholt, sondern alle Rollen werden mit Freudentänzen durch die Synagoge und durch die Straßen getragen. Selbst Kinder, die noch nicht religionsmündig sind, dürfen an diesem Freudentag aus der Thora lesen!

Wie wichtig für die Juden die Thora ist, kann man auch daran erkennen, dass sie im Alltag eine große Rolle spielt:

In dem wichtigen Text »**Schema Jisrael – Höre Israel**« steht die Anweisung, dass die Thora zu jeder Zeit und an jedem Ort gegenwärtig sein soll.

Daher gibt es an jeder Haustür ein kleines Kästchen, die **Mesusa**. Sie enthält ein Pergamentröllchen, auf dem heilige

Die jüdische Religion: Die Thora — Karte 4

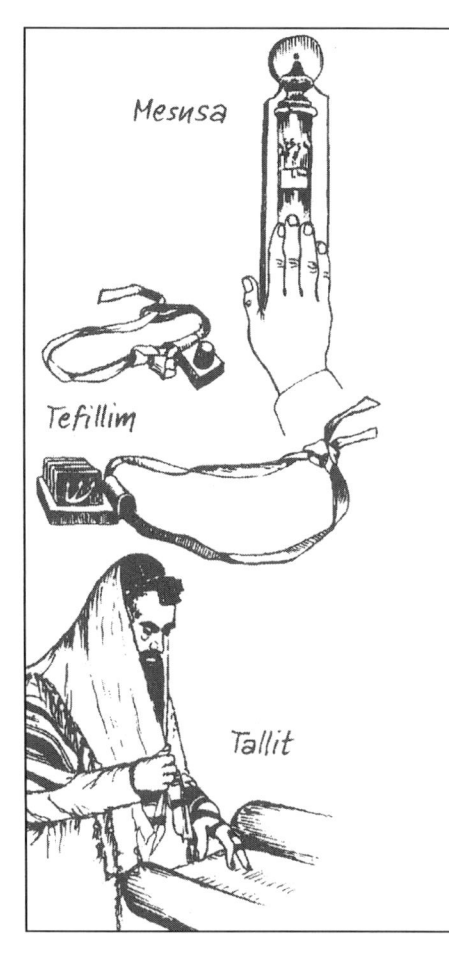

Texte stehen, z.B. das Schema Jisrael. Immer, wenn man durch die Haustür geht, berührt man die Mesusa und wird so an die Thora erinnert.

Andere Erinnerungszeichen sind die Gebetsriemen, die **Tefillim**. Beim täglichen Gebet wickelt der jüdische Mann sie um den linken Arm und die Stirn. Die kleinen Kapseln enthalten ebenfalls heilige Texte der Thora.

Der Gebetsschal, der **Tallit**, den sich der Mann beim Gebet umlegt, erinnert daran, dass das ganze Leben in die Thora eingehüllt ist!

Die Thora bedeutet also für die Juden eine ganz intensive, enge Verbindung zu Gott. Daher heißt es bei einem Propheten, dass Gott sagt:

**»Ich lege meine Thora in ihr Inneres
und schreibe sie in ihr Herz.
Ich will ihr Gott sein,
und sie werden mein Volk sein.«**

(Aus: Jeremia 31)

Die jüdische Religion: Die Thora — Karte 5

Die Thora ist für die Juden so lebensnotwendig, dass es für sie eine **heilige Pflicht** ist, sie von Generation zu Generation weiterzugeben. In der jüdischen Religion sind dafür die Männer verantwortlich.

Als erstes hören die kleinen Jungen von ihren Vätern etwas über die Thora. Das ist allerdings nicht leicht zu verstehen, denn für die heiligen Texte darf nur die **hebräische**, die **heilige Sprache**, verwendet werden!

Das Hebräische war schon zur Zeit Jesu eine Fremdsprache; damals sprachen die Juden in Palästina aramäisch. Dies ist dem Hebräischen zwar eng verwandt, doch die meisten Menschen hatten Schwierigkeiten, hebräisch zu verstehen.

Das gleiche Problem haben die Juden heute noch: Wenn sie sich mit der Thora beschäftigen wollen, müssen sie hebräisch lernen!

So sieht zum Beispiel das Wort »Thora« im Hebräischen aus – es wird von rechts nach links geschrieben und gelesen.

Schon zur Zeit Jesu waren viele Väter mit der Aufgabe überfordert, ihre Kinder die Thora zu lehren. Daher wurden die Jungen etwa im Alter von sechs Jahren zu einem Thora-Lehrer geschickt, der ihnen die nötigen Kenntnisse vermittelte.

Die jüdische Religion: Die Thora Karte 6

Der **Unterricht** fand nicht, wie heute, in einer Schule statt, sondern in der **Synagoge**, dem Bet- und Versammlungshaus der Juden. Und – wie gesagt – es durften nur Jungen daran teilnehmen, denn sie mussten als Erwachsene im Gottesdienst aus der Thora vorlesen können. Auch alle Gebete und Segenssprüche, die bei den täglichen Andachten im Haus gesprochen werden, gibt es nur in hebräisch.

Zum Unterricht versammelten sich die Jungen im Hof der **Synagoge** unter freiem Himmel. Der Thora-Lehrer brachte eine einfache Thorarolle mit, aus der er einen Text Satz für Satz laut vorlas. Die Jungen mussten den Text nachsprechen. Vers für Vers wurde er so lange wiederholt, bis alle ihn **auswendig** konnten. Außerdem lernten sie nach und nach die hebräischen Buchstaben. Manche Thora-Lehrer schnitzten diese Buchstaben aus Holz und tauchten sie in Honig ein. Die kleinen Kinder durften sie abschlecken! So merkten sie sich die Buchstaben leichter; gleichzeitig lernten sie, »wie süß Gottes Thora ist!«

Die jüdische Religion: Die Thora Karte 7

Hausaufgaben wie heute gab es damals nicht – allerdings hatten die Jungen die Aufgabe, die gelernten Buchstaben und Texte den ganzen Tag über zu bedenken und zu wiederholen.

Kaum jemand konnte sich zur Zeit Jesu die teuren Schreibgeräte wie Pergament, Federn und Tinte leisten. Daher malten die Kinder die Buchstaben einfach in den Sand.

Im Hebräischen wird von **rechts nach links** geschrieben, also umgekehrt wie in den meisten anderen Sprachen.

Das hebräische **Alphabet** besteht nur aus **Konsonanten** (= Mitlaute). Die Vokale (= Selbstlaute) werden durch kleine Striche und Punkte hinzugefügt.

Zur Zeit Jesu wurde das Hebräische »unpunktiert« geschrieben, das heißt, es wurden nur die Konsonanten der Wörter aufgeschrieben – die Vokale musste man selber »dazulesen«.

Die jüdische Religion: Die Thora Karte 12

Daher war es auch so wichtig, möglichst viele heilige Texte auswendig zu kennen, damit man beim Lesen in der Synagoge auf gar keinen Fall einen Fehler machte.

Beispiel:
Wenn die Konsonanten
»b t n«
geschrieben stehen, könnte das bedeuten:
beten, Beton, baten, bitten, boten, Boten, bieten, …

* * * * * * * * * * *

Auf der nächsten Karte findest du das hebräische Alphabet abgebildet. Mit diesen Schriftzeichen sind die heiligen Texte der Thora festgehalten worden.
Die folgende Karte zeigt eine künstlerische Darstellung dieses Alphabets von Dan Rubinstein. Er verdeutlicht dabei, dass das hebräische Alphabet einmal aus einer Bilderschrift hervorgegangen ist – das hebräische »g« zum Beispiel leitet sich von »gimel« (= Kamel) her.

Die jüdische Religion: Die Thora Karte 13

Das hebräische Alphabet

Name	Grundform	am Wortende
Aleph		
Bet		
Gimel		
Dalet		
He		
Waw		
Sajin		
Chet		
Tet		
Jod		
Kaph		ך
Lamed		
Mem		
Nun		
Samech		
Ajin		
Pe		
Zade		
Koph		
Resch		
Schin, Sin		
Taw		

Vokale werden als Punkte und Striche unter die Buchstaben gesetzt.

Die jüdische Religion: Die Thora — Karte 14

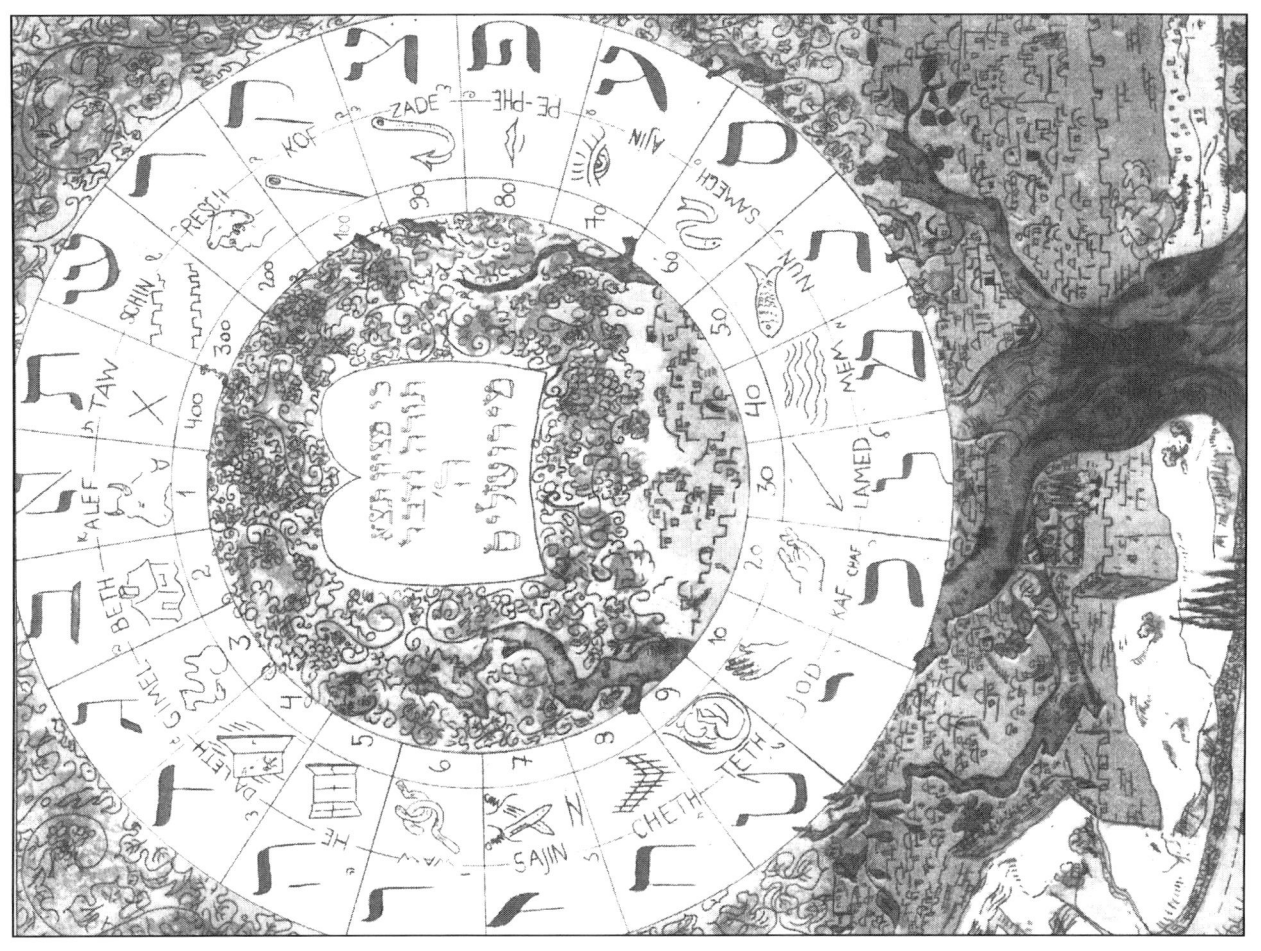

Dan Rubinstein: Alphabet

Die jüdische Religion: Die Thora — Karte 15

Der Text im inneren Teil des Schmuckalphabets lautet übersetzt:

Denn vom Zion geht die Thora aus und das Wort Gottes von Jerusalem.

Hinweis zum Einkleben der Farbbilder:

In den Karten ist Raum zum Einkleben der Bilder freigelassen. Rahmen und Farbbilder sind numeriert; sie können so mühelos einander zugeordnet werden. Schneiden Sie die Bilder aus den Farbbögen aus und kleben Sie sie an die dafür vorgesehene Stelle.

Bitte beachten Sie:

Aus Platzgründen sind die Farbbilder nach dem jeweiligen Format angeordnet. Bilder, die vom Format 6 x 9 cm abweichen, finden Sie im hinteren Teil der Farbbögen.

5

6

7

8

1

2

3

4

13

9

14

10

15

11

16

12

21

17

22

18

23

19

24

20

Mandel   Krapprot   Purpurschnecke

Indigo   grüne Nußschale   Schildlaus

44

45

46

47

41

42

43

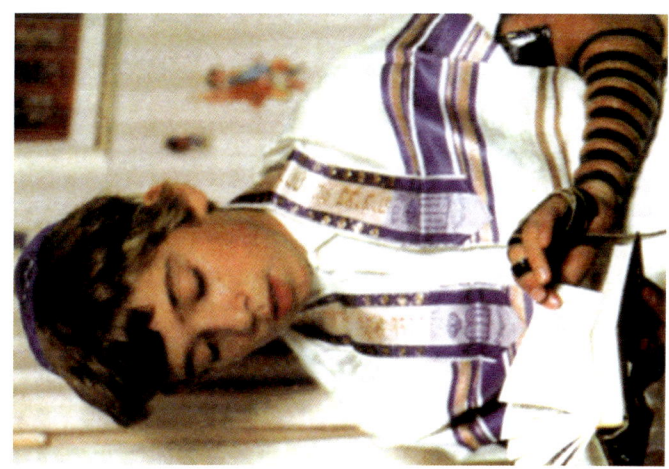

53

48

54

49

55

50

57

52

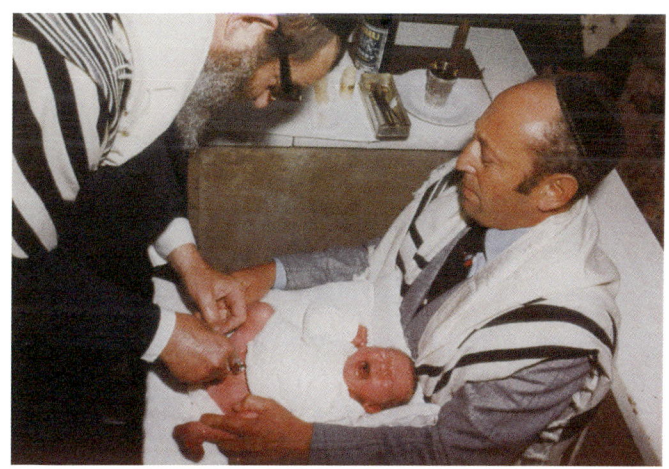

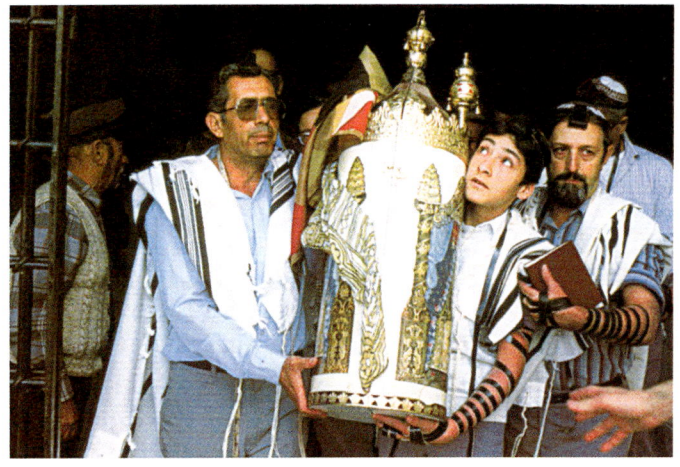

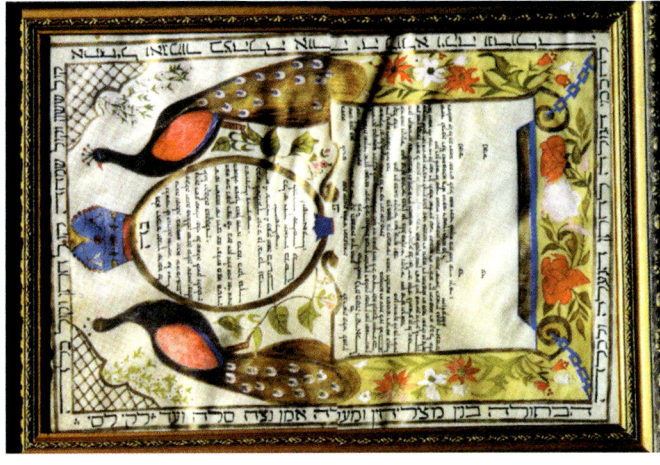

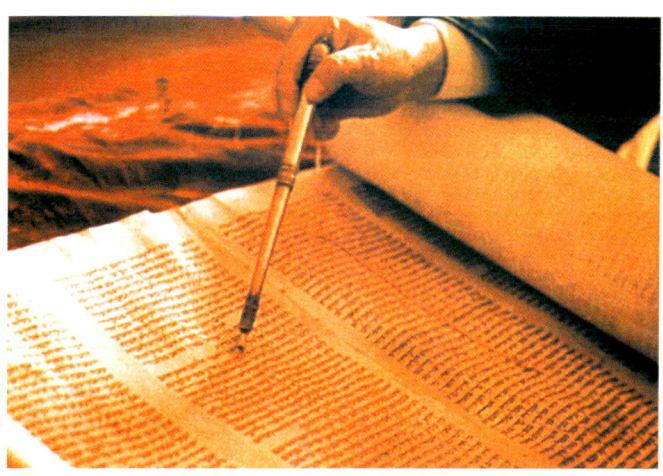

80

75

82

77

83

78

85

79

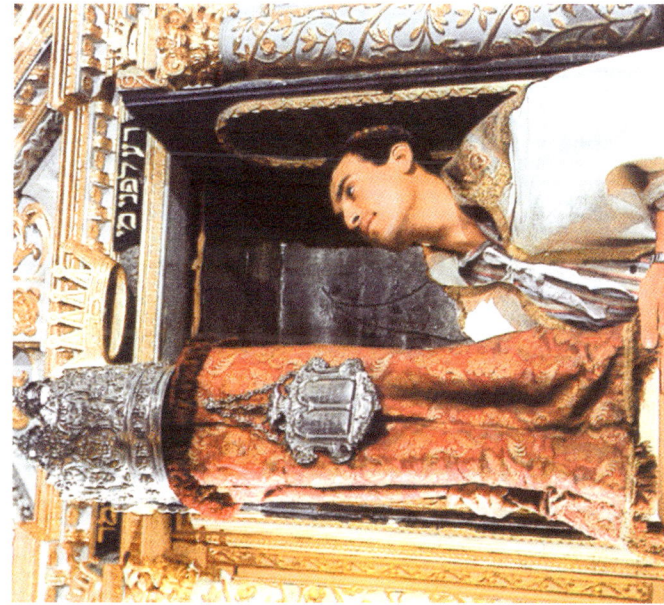

56   51

84

                                        65

71